동학과 동학혁명의 재인식

동학과 동학혁명의 재인식

성주현 지음

국학자료원

■ 책머리에

21세기를 시작하는 우리 사회는 그 어느 시대보다 복잡하고 빠르게 변화하고 있다. 정치적으로는 그 동안 염원이었던 민주적 정권교체가 두어 번 이루어졌지만 갈등의 요소는 오히려 더 증폭되고 있다. 경제 적으로는 IMF 시대 이후 어느 정도 안정을 가져왔지만 여전히 청년을 비롯하여 실업자가 대량으로 쏟아져 나오고 있어 불안은 계속되고 있 다. 더욱이 사회적으로는 윤리 도덕의 가치기준이 파괴되어 정신적으 로 사회적 기능은 통제할 수 없는 성황에 이르고 있으며 문화적으로는 세계화 시대라는 국적 없는 현상 아래 우리의 가치문화는 그 뿌리 째 흔들려 정체성을 잃어버렸다.

이러한 사회 현상적 문제들의 해결 방법으로는 최근 개혁을 통한 구 조조정, 부정부패 척결 등이 나열식으로 거론되고 있다. 그러나 이러 한 방식보다 중요한 것은 의식개혁을 통한 정신개벽으로 인간성 또는 주체성을 회복하는 것이라 할 수 있다.

역사를 돌이켜 보면 어느 시대를 막론하고 그 시대가 안고 있는 문 제점과 모순을 해결하려는 다양한 방안이 전개되었다. 이러한 사실은 역사적으로 잘 인식되고 있다. 이와 같은 관점에서 볼 때 동학은 어떠 한 역할을 하였을까.

동학은 창도된 이후 오늘날까지 이어져 오는 역사는 곧 한국 근대사 의 민중운동사로 맥락 지어졌다. 그 만큼 동학(천도교)은 민족사의 시 련과 발전을 자체적으로 극복하고 민중 앞에 그 방향과 진로를 제시하 여 왔다. 우리가 흔히 동학(천도교)은 민족종교이며 구국의 이념과 행동을 역사와 함께 나아갔다고 하는 것은 이와 같은 역사적 배경과 실증을 통해 그 성과가 역력하기 때문이다.

동학의 역사는 한국 근대 1백년사와 그 궤를 같이 하였다. 동학과 동학혁명. 한국 근현대사에 적지 않은 영향을 남겼지만, 오늘날까지도 늘 논쟁의 대상이 되고 있다. 이는 그만큼 역사연구꺼리로서 아직도 그 가치가 있기 때문이다. 이러한 점이 필자에게도 늘 연구의 대상이 되었다고 본다. 그러한 측면에서 이 책은 몇 가지 논쟁거리를 제공하고 있다.

19세기 접어들면서 조선사회는 두 가지 과제에 직면하였다. 하나는 내적인 과제로 봉건체제의 모순의 극복이고, 다른 하나는 외적인 과제로 서구열강의 도전에 대한 응전의 과제였다. 이와 더불어 19세기 조선사회는 기존사회에 대한 저항이 점차 심화되었다. 조세수탈에 대한 항조운동을 비롯하여 와언투쟁 등을 거쳐 민란으로 발전하였다. 여기에 더하여 후천개벽을 기대하는 민중의 심리도 커 갈 수밖에 없었다. 이러한 시기에 경주 용담정에서 수운 최제우가 동학을 창명하였다. 인간평등을 근본으로 하는 시천주사상, 다시개벽의 혁세사상, 유무상자의 대동사상, 척왜양의 민족주체사상은 그 핵심 사상이었다. 이에 후천개벽을 기대하였던 민중은 동학의 흐름에 서서히 물들었고, 사회개벽을 위한 동학혁명이 주체로서 나서게 되었다. 당시 동학에 입도한 민중, 나아가 동학혁명에 참가한 이들은 자신의 목숨은 이미 희생되었던 것이다. 그러나 그 희생은 후대를 위한 새 희망이었다. 그러한 측면에서 동학과 동학혁명은 단순히 시대적 흐름이 아니라 시대적 과제를 위한 대안이었다.

이 책은 필자가 그동안 동학과 동학혁명에 관해 발표하였던 글을 모아 수정 보완하여 엮은 것이다. 글은 모두 제3부 제14장으로 구성되었다.

제1부는 2개의 장으로 구성되었다. 제1장은 경북지역의 동학문화유적을 다루었다. 동학문화유적은 동학이 창명된 경북뿐만 아니라 동학의 활동무대였던 강원도와 호남, 호서지역 등 다양하게 산재되어 있지만, 이 책에서는 초기 동학의 활동무대였던 경북지역을 중심으로 살펴보았다. 경주 용담정에서 창명된 동학은 시공간의 영역을 넘어 점차 경북지역에 광범위하게 뿌리를 내리게 되었다. 이들 지역은 단순히 동학을 넘어 동학혁명의 공간영역으로 전환되었다. 그 외 지역은 경북지역을 포함하여 빠른 시일 내에 『동학과 문화유적 안내』이라는 제목으로 엮어보고자 한다. 제2장은 동학 연구에 많은 도움을 주었던 삼암 표영삼 선생님의 추모 학술발표회에서 발표하였던 글이다. 표영삼 선생님은 1960년대 이후 동학문화유적을 발굴과 답사, 그리고 정리한 대표적인 인물이다. 이에 표영삼 선생님의 삶과 동학유적지 조사와 정리에 대해 살펴보았다. 뿐만 아니라 표영삼 선생님은 필자가 동학과 동학혁명을 연구할 수 있는 모태였다. 신인간사에 함께 근무하면서 동학과 동학혁명 관련 사적지를 일일이 답사할 수 있는 기회를 마련해주었다. 그 덕분으로 오늘 이 책이 빛을 볼 수 있지 않았을까 생각한다. 이 자리를 통해 다시 한 번 표영삼 선생님께 감사를 드린다.

제2부는 동학혁명의 주요 논쟁거리를 여섯 개의 장으로 구성하였다. 제3장은 동학의 2세 교조로 알려진 해월 최시형이 동학혁명에서 어떠한 역할을 하였으며, 어떤 인식을 가지고 있었는지를 분석하였다. 이는 그동안 전봉준 중심의 동학혁명을 해월 최시형의 관점에서 새롭게 구성해보았다. 제4장은 전봉준에 대한 살펴보았다. 최근까지도 일부에서는 전봉준이 이 동학교인이 아니라는 주장이 끊임없이 제기되었다. 이 글은 전봉준이 동학교인이 아니라고 주장한 바 있는 신복룡 교수에 대한 반론으로 작성되었던 것이다. 다소 과격한 용어가 없지 않았는데, 대부분 초기의 원고를 그대로 반영하였다. 제5장은 논쟁의 핵심이라고 할 수 있는 '홍성의사총'의 진위 문제를 면밀하게 추적해 보았다. 결론적으로 '홍성의사총'은 동학군의 한이 묻혀 있는 곳이라 단정할 수 있다. 이를 위해 1894년 동학혁명과 1906년 병오의병의 현장이었던 홍주성에서의 전투 전개과정, 전투에 참가한 인원수와 희생자 수, 그리고 전투현장의 검증과 당시대의 사회적 인식을 각종 사료를 통해 검증하였다. 제6장은 동학혁명에 참가하였던 동학군의 동학혁명 이후의 활동을 사발통문을 작성하고 고부기포를 주도하였던 고부지역, 김개남의 주요 활동무대였던 남원지역, 그리고 호남지역에 속하면서도 이른바 북접이라고 일컫는 임실지역을 통해 분석하였다. 그 결과 이들은 대부분 동학혁명 직후에는 고향을 등지면서 은신생활을 하였고, 이후 고향에 돌아와 동학교단이 전개하였던 진보회운동(갑진개화운동), 천도교 지방교구 조직, 3·1운동에 참여하는 한국근대사의 주

역으로 활동하였다. 이런 점에서 동학혁명에 참여하였던 중심 세력은 동학조직이었음을 조금이나마 확인할 수 있었다. 제7장은 동학혁명에 대한 천도교단의 인식을 일제강점기를 중심으로 살펴보았다. 제8장은 동학혁명 이후 동학교단에서 전개하였던 진보회의 조직과 정부 및 일본군의 대응에 대해 살펴보았다. 진보회의 조직과정을 통해 동학이 근대를 수용하는 모습과 이를 다시 탄압하는 정부와 일본군의 활동을 추적하였다.

제3부는 동학혁명의 전개과정에서 지역의 역할 및 위상에 대하여 여섯 개의 장으로 구성하였다. 제9장은 원주지역 동학혁명의 배경에 대하여 살펴보았다. 초기 동학은 경북지역이 활동의 중심무대였지만 영해교조신원운동 이후 강원도가 그 중심무대로 등장하였다. 원주는 강원도에서도 일찍부터 동학을 수용하였고 해월 최시형이 마지막으로 활동한 곳이기도 하다. 동학과 유서 깊은 원주는 원주민란과 동학조직의 결합으로 동학혁명의 무대에 등장하였다. 제10장과 제13장은 동학혁명을 거치면서 '백산'과 '삼례'를 지정학적으로 어떻게 위치시킬 것인가에 대한 과제에 대한 의문점에서 접근하였다. 백산은 초기 동학혁명의 전략적 기지였다면 삼례는 후기 동학혁명의 전략적 기지였음을 확인할 수 있었다. 제11장은 동학혁명 1차 기포시 금산지역의 동학혁명의 전개과정을 분석하였다. 금산지역의 동학혁명은 1894년 3월 20일 무장기포보다 앞선 3월 7일 기포하였다. 이 과정에서 고부기포와의 상관관계를 추적하였다. 제12장은 충청 서부지역의 동학혁명

을 박인호를 중심으로 살펴보았다. 박인호는 훗날 천도교의 제4세 대도주로 활동하였을 뿐만 아니라 3·1운동, 신간회운동, 무인멸왜기도 운동에 직간접으로 적지 않은 영향을 주었다. 이러한 박인호를 중심으로 내포지역의 동학혁명의 전개과정을 추적하였다. 끝으로 제14장은 경기지역의 동학과 동학혁명의 전개과정을 살펴보았다. 그동안 동학혁명의 연구 중심은 호남지역이었다. 이러한 점에서 소홀하게 취급되었던 경기지역의 동학 조직의 형성과정과 동학혁명에 참가한 경지지역 동학군의 활동을 살펴보았다.

이 책을 나오기까지는 많은 시간이 소요되었다. 그 첫 단추는 부모님이었다. 천도교 가정에서 태어나 여기까지 올 수 있었던 것은 무엇보다도 부모님의 감응이었다. 그리고 20여 년간 근무하였던 천도교중앙총부와 신인간사 역시 한 자리를 차지하고 있다. 특히 신인간사에서 근무할 때 늘 정신적으로 도움을 주신 수송 김응조 전 주간님, 홍장화 전 교화관장님, 지금은 고인이 되었지만 백호진 교무관장님께 감사드린다. 또한 어려움 속에서도 지금의 필자를 학문적으로 이끌어 준 동학 조규태 한성대 교수와 수요역사연구회 연구자에게도 진정으로 감사를 표하고자 한다. 그밖에 학회를 통해 많은 지도를 해준 수원대 박환 교수님, 독립기념관 김형목 선생님, 그리고 늘 어려운 일이 있으면 서로 편안하게 의논할 수 있었던 황민호 숭실대 교수와 조성운 선생에게도 감사를 드린다. 또 이 책이 나올 수 있도록 교정을 해준 김상현 선생에게도 감사드린다.

그러나 무엇보다도 늘 별 볼일 없는 사람을 여기까지 올 수 있도록 물심양면으로 아낌없는 지원을 해준 내수도 김양주 선생과 딸 지윤, 아들 치헌에게도 감사드린다. 특히 곁에서 묵묵히 지켜봐주시며 지원해주신 장인과 장모에게도 감사를 드린다. 그 외에도 많은 분들로부터 적지 않은 도움을 받았지만 특히 가족의 애정은 가슴 깊이 새겨두고자 한다.

끝으로 별로 흥미도 없고 시장성도 없는 이 책을 출간해 준 국학자료원 정찬용 사장님과 정구형 이사, 그리고 편집팀에게 감사를 드린다.

2010년 3월 21일. 해월 최시형 탄신일에
평택에서 저자

✿ 목차

책머리에

제1부 동학과 문화유적 | 19

제1장 경북지역의 동학문화유적 | 21

1. 머리말 | 21
2. 동북부 지역의 동학유적 | 22
3. 서남부 지역의 동학유적 | 50
4. 맺음말 | 64

제2장 삼암 표영삼의 생애와 동학유적지 조사 | 67

1. 머리말 | 67
2. 생애와 주요활동 | 69
3. 삶과 일화 | 76
4. 동학유적지 조사와 정리 | 83
5. 맺음말 | 91

제2부 쟁점 : 동학혁명의 재인식 | 93

제3장 해월 최시형과 동학혁명 | 95
　　　－ 활동과 인식을 중심으로 －

1. 머리말 | 95
2. 최시형의 사상적 특성 | 98
3. 동학혁명기 활동 | 103
4. 맺음말 | 117

제4장 동학과 전봉준 | 119

　1. 머리말 | 119
　2. 동학접주로 삼례교조신원운동 참가 | 121
　3. 동학혁명의 성격 | 126
　4. 맺음말 | 129

제5장 홍주성의 동학혁명과 의병운동의 재검토 | 131
　－'홍성의사총'의 진위규명을 위한 문제제기－

　1. 머리말 | 131
　2. 동학군의 홍주성전투와 의병의 홍주성전투 | 134
　3. 홍주성전투에 참가 및 희생된 동학군과 의병 | 141
　4. 동학군과 의병의 홍주성전투 현장 | 149
　5. 동학혁명과 의병에 대한 사회적 인식 | 160
　6. 맺음말 | 170

제6장 동학혁명 이후 동학군의 동향과 활동 | 175
　－고부·남원·임실지역을 중심으로－

　1. 머리말 | 175
　2. '사발통문' 서명자의 동학혁명 이후 활동 | 178
　3. 남원지역 동학혁명 참여자의 활동 | 186
　4. 임실지역 동학혁명 참여자의 활동 | 194
　5. 맺음말 | 203

제7장 동학혁명에 대한 천도교단의 인식 | 205
        - 일제강점기를 중심으로 -

        1. 머리말 | 205
        2. 인식의 차이에서 오는 잘못된 역사 | 206
        3. '동적의 난'에서 '동학혁명' 다양한 이름으로 | 208
        4. 3 · 1운동 이후 새로운 인식으로 | 210

제8장 진보회의 조직과 정부 및 일본군의 대응 | 219

        1. 머리말 | 219
        2. 동학혁명 이후 교단의 재건 | 221
        3. 진보회 지회조직과 전개양상 | 226
        4. 정부와 일본군의 대응 | 245
        5. 맺음말 | 256

제3부 동학혁명과 지역의 위상 | 259

제9장 원주지역 동학혁명의 배경 | 261

        1. 머리말 | 261
        2. 한말 원주지역 향촌의 동향 - '원주민란'을 중심으로 - | 264
        3. 동학의 포교와 원주의 동학조직 | 273
        4. 맺음말 | 282

제10장　동학혁명과 '백산'의 역사적 의의　｜285

1. 머리말　｜285
2. 고부에서 백산까지　｜288
3. 백산에서 혁명군으로　｜302
4. 맺음말　｜311

제11장　금산지역의 제1차 동학혁명의 전개　｜317

1. 머리말　｜317
2. 제원기포와 금산점령　｜319
3. 방축기포와 황토현전투　｜327
4. 전주성 점령과 집강소　｜333
5. 맺음말　｜337

제12장　박인호계 동학군의 동학혁명과 그 이후 동향　｜341

1. 머리말　｜341
2. 내포지역 동학 포교와 박인호계 동학조직의 형성　｜348
3. 내포지역 동학혁명과 박인호계 동학군의 활동　｜354
4. 동학혁명 이후 박인호계 동학군의 동향　｜376
5. 맺음말　｜387

제13장　제2차 동학혁명과 삼례기포　｜391

1. 머리말　｜391
2. 전주화약 이후 정세변화와 동학군의 동향　｜393
3. 제2차 동학혁명의 전개와 삼례기포　｜401
4. 맺음말 － 성격 및 의미와 관련하여－　｜415

제14장 경기지역 동학혁명과 동학군의 참여과정 | 421

1. 머리말 | 421
2. 포교와 동학조직의 형성 | 423
3. 경기지역 동학군의 활동 | 432
4. 조일연합군의 동학군 토벌 | 443
5. 맺음말 | 450

찾아보기 | 453

제1부

동학과 문화유적

제1장 경북지역 동학문화유적

제2장 삼암 표영삼의 생애와 동학유적지 조사

제1장

경북지역의 동학문화유적

1. 머리말

일반적으로 유적이란 '과거 인간이나 인간집단이 남긴 물질적 잔존
물이나 또는 터전, 그리고 활동의 흔적이 남아 있는 곳'을 의미한다.
이러한 의미에서 유적은 공간적·지리적인 위치 및 자연환경, 유존하
는 유물들의 시간적인 위치, 문화적 전통, 유물군의 내용 및 성격 등 다
양한 요소가 합쳐져 구성되어 있기 때문에 어느 요소를 표준으로 하는
가에 따라 다양하다. 시간적 요소에 의하면 구석기유적·신석기유적
·청동기유적·철기유적·역사유적 등으로 구분할 수 있다. 그리고
기능과 성격에 따라 주거지유적, 사원 또는 신전 등의 종교적 기념물,
수로·경지 등의 유구, 암석·광석을 채굴하였던 채석장이나 채광굴
등으로 구분할 수 있다. 또한 입지조건에 따라 고지유적·저습지유적
·사구유적·호저유적 등으로, 또한 유적이 형성된 양상에 따라 동굴
유적·패총 등으로 구분이 가능하다.[1]

좀 더 나아가 종교문화유적을 살펴본다면, 불교유적으로는 절터를

비롯하여 마애불·탑·부도·당간지주·사적비 등이 있으며, 유교 유적으로는 서원·향교·정려문·효자비 등이 있다. 그리고 민속신 앙유적으로는 성황당·동제당·산신각·칠성각 등이 있다. 이러한 문화유적은 오랜 세월을 거치면서 다양한 형태를 통해 문화적 가치를 지니고 있다. 이러한 의미에서 문화유적은 문화유산으로서의 가치를 내포하고 있다.[2]

동학의 경우 1860년 4월 5일 창도되어 현재까지 150여 년의 길지 않은 역사를 가지고 있다. 그렇기 때문에 다른 종교에 비해 다양한 문화유적이 없는 형편이다. 그렇지만 동학은 한국근현대의 역사에서 다른 어떤 종교보다 커다란 영향을 미쳤기 때문에 그 유적의 의미 또한 남다른 가치를 지니고 있다. 이에 따라 본고에서는 동학을 창도한 수운 최제우와 그의 제자 해월 최시형의 활동무대를 중심으로 동학유적을 살펴보고자 한다. 지역적으로는 경북지역을 포함한 영남지역을 대상으로 한정하였다. 그리고 유적의 균형을 고려하여 동학이 창도된 경주를 중심으로 하여 동북부지역과 서남부지역으로 구분하였다.

2. 동북부 지역의 동학유적

동북부지역은 지리적으로 보아 영남대로를 경계로 하여 동해안에 이르는 지역으로, 시기적으로는 동학을 창도한 수운과 해월의 초기 활동무대에 해당한다. 우선 동학을 창도한 수운의 출생지 경주시 현곡면

---

1) 송석상·이강승,『그림으로 배우는 우리의 문화유산』, 학연문화사, 1996, 20~21쪽.
2) 문화유산의 사전적 의미는 '다음 세대에 물려줄 민족 및 인류사회의 모든 문화. 유형·무형의 각종 문화재나 문화 양식 따위'로 표현되고 있다.

　　　　　　　　　　　동학과 동학혁명의 재인식

가정리를 포함하여 울산 유곡동, 적멸굴, 용담정과 태묘, 매곡동, 문경 유곡동, 그리고 해월이 동학에 입도할 당시 생활하던 검곡을 비롯하여 울진 죽변, 영해 병풍바위와 성내리, 영양 윗대치, 예천 수산리 등이 있다.

1) 가정리와 용담 일대

가정리(柯亭里)는 동학을 창도한 수운 최제우의 일생을 한눈에 살펴볼 수 있는 곳으로 탄생지의 유허비, 동학을 창도한 용담정,3) 그리고 그가 묻힌 태묘 등이 있다.

용담정(龍潭亭)는 경주시 현곡면 가정리 구미산 기슭에 자리하고 있으며, 수운 최제우가 1860년 4월 5일에 한울님으로부터 교시를 받아 동학의 진리를 창명한 동학의 발상지이다. 이곳 용담정은 최제우 스스로, "용담수가 흘러 온 천하의 근원이 된다(龍潭水流四海源)"고 말한 것처럼 세상을 이끌어나갈 진리가 처음으로 열린 후천개벽의 성지(聖地)이다. 본디 용담정은 최제우의 할아버지 최종하(崔宗夏)가 최제우

---

3) 수운 최제우가 동학을 창도한 곳을 일반적으로 '용담정'이라고 한다. 그러나 여러 가지 정황으로 볼 때 용담정의 원래 명칭은 '용담서사'였다. 그렇다면 '용담서사'가 '용담정'으로 불린 것은 언제부터인가. '용담정'이라고 처음으로 기록한 책은 『최선생문집도원기서』(이하 『도원기서』)이다. 『도원기서』는 현존하는 동학에 관한 기록 중 가장 오래된 사료로 기묘년(1879)에 초고를 작성한 것으로 보인다 ("光陰之如流 及於己卯之秋也 余與主人 欲自繼先生之道源"). 이후 1910년 8월 『천도교회월보』 창간호의 오상준이 쓴 「본교역사」에도 '용담정'으로 기록하고 있다. 하지만 『도원기서』 앞부분에는 "是歲十月 還旋龍潭 龍潭卽山林公 講習之書齋也"로 기록하고 있는데, 이때는 '용담정'이라 하지 않고 '용담'이라고 하였다. 또한 『대선생문집』에서도 "是歲十月 還旋龍潭 龍潭卽山林 講習之齋也", 그리고 『대선생사적』에도 "己未巢穴未定一身難藏率眷 還栖于龍潭古舍"라 하여, '용담'으로 기록하고 있다. 이러한 사실로 보아 '용담서사'가 '용담정'이라고 교인들에게 인식되었던 것은 적어도 『도원기서』의 초고를 작성한 1879년 이전부터였다고 할 수 있다. 그러나 본고에서는 용담정으로 사용하고자 한다.

수운 최제우가 태어난 경북 경주시 현곡면 가정리 일대

의 아버지 근암(近庵) 최옥(崔鋈)을 공부시키기 위해 처음 지었다. 용담
정에 대한 유래는 다음과 같다.

저 무술년(1778년) 무렵에 산사 스님 복령(福齡)이 담 위쪽에 암자를
짓고 원적암(圓寂庵)이라 하였다. 얼마간 지나다 스님들은 흩어지고 암
자는 못쓰게 되었다. 우리 아버지(최종하 : 필자주)는 집과 그밖에 몇 묘
(畝)의 밭과 일대의 산을 사들였다. 저에게 이르기를 젊은 사람들이 글 읽
는 데 힘쓰는 곳으로 마련하리라 하였다. 우리 스승인 기와공[李象源 :
필자주]은 와룡암이라 이름을 지었고 부사 김공 상집[金尙集 : 필자주]
에게 와룡암에 관한 글(記文)을 부탁하니 김공은 와룡암 석자는 사람들
의 눈을 천년이나 내리 깨우치게 하리라고 하였다.

어느 해 이 고장에 큰 흉년이 들어 사람의 손길이 끊긴 후 지금껏 산골
백성의 농막이 되어왔다. 바람을 만나 들보도 꺾이어, 늘 자그마한 집 한
채를 지어 아버지와 스승님의 남겨준 뜻을 이어보려는 생각을 잊지 않고

동학과 동학혁명의 재인식

가슴에 간직한 지 벌써 30년이란 긴 세월이 흘렀다. 과장(科場)에 드나드 느라 쉴 짬도 없었고 또한 비용도 마련할 힘이 없었다. 연전에 두 아우와 의논하고 나와 같이 벗하던 한 두 동지와 더불어 계획을 짜서 못 위쪽에 다 비로소 모두 5칸 집을 지었다. 몇 명의 납자(衲子 : 중 : 필자주)를 데려 다 관리하게 하였고, 그 뒤쪽에 터를 닦아 네 칸짜리 서사(書社)를 지어 주인이 거처하였다. 매우 좁게 지었으나 무릎을 움직이기에는 족했다. 어 찌 꼭 번듯하게 지어야만 하랴. 곧 구호[臥龍庵 : 필자주]의 현판을 달려 했으나 최익지(崔翊之)가 천룡산 밑에 암자를 짓고 또한 와룡암이라 이 름하였으니 겹쳐 쓸 수 없어 용담서사로 고쳤다.[4]

즉 용담정은 와룡암 뒤쪽에 새로 지은 집으로 네 칸짜리 서사(書社) 였다. 이후 이곳은 수운 최제우가 천하를 주유하다 용담으로 돌아와 수도에 전념하던 중 득도하였던 곳이다. 용담정을 감싸 안고 있는 구 미산은 경주 서쪽에 위치한 명산으로 최제우가 태어나던 날 3일 낮밤 을 울었다고 전해진다.

용담정을 최제우가 대구 감영에서 처형된 이후 관에서 불태워버려 폐허가 된 것을 1911년에 황해도 천도교인 오응선·이계하 등이 재건 하였다.[5] 이후 1960년에 천도교부인회의 주최 아래 양이제·권태화 등 주동과 약간의 성금을 모아 중건하였다가 1974년부터 대대적으로 성역화하여 용담정, 용담수도원, 포덕문 등을 갖추어 오늘의 모습을 갖추게 되었다.[6]

---

4) 최옥(최동희 옮김), 『근암집』, 창커뮤니케이션, 2005, 182~183쪽.
5) 소춘, 「성지로부터 성지에-용담정에서」, 『신인간』 161, 1941, 18쪽. "지난 갑자년 분에 스승님께서 순도하시며 이 집은 관으로부터 불사르고 오랫동안 빈 터로 있 던 바, 근 30년 전에 해주 오응선씨가 관내 도인과 힘을 합하여 3칸 정각을 세워서 스승님의 옛일을 사모하는 지정을 세웠다."
6) 『경축 용담정 낙성』, 천도교중앙총부, 1975.

용담정으로부터 1km 정도 떨어진 현곡면 가정리 마을 가운데에는 수운 최제우가 태어난 집터가 있다. 이곳 집터는 그가 20세 때에 일어난 큰 화재로 집과 아버지의 유물이 모두 불타 버리고 말았다. 그후 빈터로 남아 돌보는 사람이 없어 밭으로 변했다.[7] 그런데 이 생가는 수운의 아버지 근암공 때에도 여러 번 화재를 당한 적이 있었다.[8] 최제우는 화재로 집이 불타버리자 가족을 울산의 처가에 맡긴 뒤 구도의 길을 떠나게 된다. 지금은 1971년에 세운 유허비가 서 있다.

한편 최제우 묘소인 태묘는 용담정으로 오르는 길의 오른쪽 구미산 줄기에 있다. 태묘가 조성되던 당시의 기록은 다음과 같다.

> 다음날 길을 떠나 용담에 이르니, 선생의 장조카 맹륜이 뒤따라와 용담 서쪽 언덕에 안장하였다.[9]

---

7) 수운 최제우의 생가는 손병희가 1906년 2월 천도교중앙총부를 설립한 후 김연국·홍병기·이병호·권병덕 등 당시 중앙총부 간부들을 파견하여 용담서사와 생가·묘소를 찾아보도록 하였다. 이후 1911년 5월 손병희는 제자들과 함께 이곳을 확인하였다(표영삼, 『동학』1, 통나무, 2004, 23쪽, 각주 1). 그런데 이 시기는 천도교·시천교가 정통성과 관련하여 서로 용담서사 등 용담일대를 조사하였다. 시천교에서도 가정리 일대를 조사하고 1911년 박형채를 보내 이 일대를 매입하였다. 그리고 용담서사가 있던 곳의 옆 절벽에 '용담정'이라는 세 글자를 암각하였다. 또한 1914년 9월에 용담서사를 중건하였다(박정동, 『侍天敎祖遺蹟圖志』, 시천교본부, 1915, 135~138쪽).

8) 「行狀」, 『근암집』 권 6.

9) 『도원기서』, 갑자년조; 윤석산 역주, 『초기동학의 역사 도원기서』, 신서원, 2000, 107쪽. 이에 비해 시천교측에서는 다음과 같이 기록하였다. "갑자는 3월 17일에 문도 등이 제세주의 영구를 모시고 자인현 종로에 이르니, 주의 장질 세조가 영접하여 모시고, 주의 수양녀 정울산 집에 이르러 그날 밤중에 가정리 구미산하 용담 前麓 橋谷 밭두둑 위에 토감하였더라"(정원섭, 『繪像 靈蹟實記』, 시천교본부, 1915, 60~61쪽).

1907년 10월 시천교의 염창순·박형채·김사영 등 100여 명이 수운 최제우의 묘를 참배한 바 있는데, 태묘의 위치를 "구미산 아래(龜尾山下) 용담 앞 기슭(龍潭前麓) 교곡의 밭두둑 위(橋谷之田壟上)"[10]이라고 하여 보다 구체적으로 밝히고 있다. 이어 1911년 5월에 묘소 앞에 석상을 세웠다.[11]

2) 울산 유곡동 여시바윗골

울산 유곡동 여시바윗골은 수운이 을묘천서(乙卯天書)를 받은 곳이다. 수운이 이곳에서 생활하게 된 것은 박씨 사모님의 고향이 바로 울산이었기 때문이다.[12] 을묘천서에 관한 기록은 다음과 같다.

포덕(布德) 전(前) 6년(1854) 갑인(甲寅)에 대신사(大神師) 경주(慶州)로부터 울산(蔚山)에 이거(移居)하였다. 익년(翌年) 을묘(乙卯) 춘(春) 2월 3일에 대신사 초당(草堂)에 와(臥)하사 종용(從容)히 묵념(默念)하시더니, 시(時)에 일사승사선(一似僧似仙)의 이인(異人)이 대신사께 배(拜)하고 왈(曰), 오(吾) 금강산(金剛山) 유점사(楡店寺)에 재(在)하여 백일기도를 종(終)하고 우연히 탑하(塔下)에서 소면(小眠)하다가 기(起)한즉 이서(異書)가 탑상(塔上)에 재(在)한지라. 일견(一見)한 즉 기자획서의(其字劃書意)가 진세(塵世)에서 초견(初見)한 바요, 범지(凡智)에 이해치 못할 바라. 고(故) 이서(是書)의 해자(解者)를 구(求)코저하여 태(殆)히 각지를 편답(遍踏)하더니, 공(公)을 견(見)하여 처음으로 이서(是

10) 박정동,『시천교조유적도지』, 54쪽.
11) 박정동,『시천교조유적도지』, 55~56쪽. 그런데 같은 해 시천교총부에서 발행한 『회상 영적실기』에서는 기유년(1909년)에 세웠다고 기록하고 있다(정원섭,『회상 영적실기』, 62쪽).
12) 표영삼,『동학의 창도과정』, 천도교 동원포, 1989, 15쪽; 윤석산,『수운 최제우 연구』, 경주대학교 경주문화연구소, 2001, 52쪽.

書)의 유전(有傳)함을 지(知)하리로소니, 청컨대 공(公)은 기진(其眞)을
이회(理會)하시어 천사(天賜)를 부(負)치 물(勿)하소서.

대신사 납(納)하사 견(見)한 즉 유불선제가류중(儒佛仙諸家流中)에
아직 견(見)치 못하던 바로 고금절무(古今絶無)의 이서(異書)러라. 이에
이인(異人)에게 청왈(請曰) 아직 안(案)에 유(留)하여라. 이인(異人)이 왈
(曰) 3일 후에 오(吾) 반드시 재래(再來)할지니 공(公)은 의회(意會)하소
서. 이인(異人)이 과연 기기(其期)에 내(來)하였거늘 대신사 왈(曰) 의회
(意會)하였노라. 이인(異人)이 배사(拜謝)하여 왈(曰) 공(公)은 실로 천인
(天人)이로다. 불연(不然)이면 어찌 능히 차일부(此一部)에 진(眞)을 이
(理)라하리요. 공은 진장(珍藏)하소서. 수(遂)히 계(階)에 하(下)하더니 인
홀불견(因忽不見)이어늘 대신사 처음으로 신령(神靈)의 환상(幻像)임을
지(知)하시다. 시(是)는 과연 천서(天書)이며 서의(書意)의 대략은 인내
천(人乃天)에 의(意)이며 서중(書中)에 우(又) 49일 기천(祈天)의 의(義)
유(有)한지라. 고로 서의(書意)에 의(依)하야 수(遂)히 기의(其意)를 결
(決)하시다.13)

을묘천서를 받았던 울산 유곡동 수운 최제우 집터

<hr />

13) 『천도교서』, 천도교청년회, 1920; 『동학농민전쟁사료총서』 28, 사운연구소, 1996,
5~7쪽.

동학과 동학혁명의 재인식

수운이 여시바윗골에 온 것은 1854년이었다. 당시 수운은 출가구도의 고된 여정을 마치고 한 곳에 정착 수련하기로 결심할 때였다. 수운은 이곳에서 초가와 논밭을 마련, 홀로 생활하였다.

이와 같이 지내던 어느 날 한 이인(異人)으로부터 천서를 받았다.[14] 천서의 의미는 대체로 두 가지로 풀이할 수 있다. 첫째는 주유천하 하면서 떠돌아다니던 생활을 완전히 청산하고 정착생활을 통해 얻어진 종교적 체험이며, 둘째는 이 종교적 체험을 얻은 후 통도사 내원암과 천성산 적멸굴 기도 등 본격적인 기천(祈天)의 종교행위에 들어서게 된다는 점이다.[15] 즉 을묘천서는 수운으로 하여금 구도의 길이 '내면적 종교체험'에 있다는 인식을 갖게 하는 결정적 요소로 작용하였다.

을묘천서를 받은 울산 유곡동 여시바윗골을 처음으로 확인한 것은 1928년 1월이다. 당시의 기록을 보면 다음과 같다.

> 대신사(大神師)의 천서(天書)받은 울산(蔚山) 유곡(裕谷)을 찾아보기로 하였다. 고로(古老)들의 전하는 "옛날에 조화(造化) 부리는 최(崔)북수리가 (여시바윗골) 살았습니다" 하는 것이 오직 유일한 증거이기로 일행 5~6인이 경장(輕裝)을 차려 가지고 유곡리(裕谷里) 여시바윗골을 찾아갔다. 유곡리는 울산읍에서 서쪽으로 10리 가량되는 장곡(長谷)인데 잔 산록(山麓)에 가는 안개 서리오듯 하여 여기가 저기 같고 저기가 여기 같은 곳에 도저히 정처(正處)를 찾아낼 수 없었다. 그래서 연(連)해 산옹(山翁)·야로(野老)를 찾아다니며 위선(爲先) '여시바윗골'을 얻어내었다. 여시바위라는 뜻은 여시는 여우(狐)라는 뜻이요 바위는 바위암자 바위니까 서울말로 말하면 여우바윗골이라는 뜻인데 그 골짜기됨이 심히

---

14) 강수,『최선생문집도원기서』(이하『도원기서』), 을묘년조; 이돈화,『천도교창건사』제1편, 천도교중앙종리원, 1933, 8쪽.

15) 윤석산,『수운 최재우 연구』, 51~67쪽

이상하였다. 좌청룡 우백호 같은 산맥이 곧게 곧게 흘러 완연히 궁을형(弓乙形)으로 구부러져 가지고는 앞에 주먹 같이 둥근 소산(小山)이 골 사이에 묘하게 섰음으로 그 골에 들어 앉으면 도화유수답연거(桃花流水沓然去)는 없다 할지라도 별유천지비인간(別有天地非人間)은 확실히 될만 하였다. 수운의 살던 집은 재작년까지 남아있었다가 그 곳 어떤 부호(富豪)가 풍수설을 믿고 그 곳에 묘를 쓰면 부귀공명이 자손만대에 가리라 하여 그 집을 사서 헌 뒤에 바로 집자리에다는 감히 묘를 쓰지 못하고 집자리뿐은 겨우 남겨 놓고 바로 그 옆에다 묘를 썼다는데 비석에 '처사문모지묘(處士文某之墓)'라 하였다. 우리 일행은 집터를 둘러서서 천서(天書)받은 이야기가 시작되었다.[16]

여시바윗골은 대봉산과 함월산의 서쪽 기슭에 자리잡고 있으며, 행정구역상으로는 울산시 중구 유곡동이다. 유곡동에는 골짜기가 두 개가 있는데 하나는 절터 골이고, 다른 하나는 여시바윗골이다. 여시바윗골은 절터골에서 동북쪽으로 뻗은 골짜기이며 여우가 바위 위에 자주 나타난다고 하여 붙여진 이름이다. 이 여시바윗골은 일명 예수바윗골이라고도 불린다. 수운이 을묘천서를 받았던 집터는 대나무로 우거져 있고 다만 감나무 한 그루만이 옛집 마당가에 표지석처럼 자리를 지키고 있다. 집터의 대나무 속에는 구들장과 굴뚝으로 사용한 것으로 보이는 검게 그을린 돌들이 흔적처럼 남아 있다.

3) 내원암과 적멸굴

천성산 내원암과 적멸굴은 수운이 을묘천서를 받은 후 본격적인 구도를 위한 49일 기도를 행한 곳이다. 비록 득도의 과정에 이르지는 못

---

16) 이돈화, 「昔時無地見 今日又看看」, 『신인간』 22, 1928, 42쪽.

하였지만 49일 기도의 정형을 만든 중요한 곳이다.

> 그 이듬해 병진 여름에 이르러 수운 동자 한 사람을 데리고 집을 떠나
> 양산 통도사 내원암에 들어가 49일 기도를 작정하고 견성공부에 힘쓰더
> 니 … 이때 수운 다시 천성산에 들어가 공부를 계속코저 할새 … 목적한
> 대로 밖에 철점을 설하고 적멸굴에 들어가 49일의 공부를 무사히 마치고
> 돌아왔다.[17)

기록에 의하면 수운이 천성산에서 49일의 기도를 봉행한 것은 두 차
례이다. 첫 번째는 1856년이고, 두 번째는 이듬해인 1857년이었다.

20여 년의 주유천하를 하면서 인심풍속을 살피던 수운은 1855년 처
가가 있는 울산 유곡동 여시바윗골에서 생활하였다. 당시의 정착생활
가운데 얻어진 종교적 체험을 통해 새로운 삶의 틀을 찾던 수운은 이
곳에서 한 이승(異僧)으로부터 천서(天書)를 받고 새로운 구도방식으
로 기도의식을 갖는다. 1여 년 동안 집에서 농사를 지으며 천서의 내용
대로 기도를 하였으나 깨달음을 얻지 못하였다. 수운은 이러한 결과에
도 실망하지 않고 집을 떠나 본격적인 기도를 갖기로 결심하였다. 여
시바윗골을 떠난 수운은 천성산 내원암에서 첫 49일 기도를 단행하였
다. 하지만 49일 기도를 봉행하던 수운은 47일째 되는 날, 문득 숙부의
죽음으로 자신이 상복을 입게 될 것을 예감하고 기도를 중단, 예정된
기일을 채우지 못하고[18) 이틀을 앞당겨 경주로 돌아왔다. 이처럼 수운
의 예감이 적중하자 이때부터 사람들은 수운을 이인(異人)이라 생각하
였다.

---

17) 이돈화, 『천도교창건사』 제1편, 8~9쪽.
18) 『대선생문집』, 병진년조.

수운 최제우가 49일 기도를 하였던 적멸굴.
바위 아래 적멸굴이 있다. 왼쪽은 적멸굴 내부 모습

　내원암에서 49일 기도를 마치지 못한 것이 못내 아쉬움으로 남았던
수운은 이듬해 1857년 다시 49일 기도를 갖기로 결심하였다. 이에 따
라 수운은 내원암 조금 못미쳐 있는 자연동굴인 적멸굴을 기도장으로
마련하였다. 하지만 경제적 여건이 어려웠던 수운은 부득이 여시바윗
골에 있는 6두락의 땅을 7인에게 팔아 자금을 마련하여 천성산 입구에
서 철점을 운영하였다. 그리고 이해 7월 적멸굴에서 계획하였던 대로
49일 기도를 무사히 마쳤다. 49일 기도를 무사히 마치고 집으로 돌아
온 수운은 기도 전에 팔았던 땅이 문제가 되자 "본래 잘못은 내게 있으
니 무슨 답변이 있으리오. 관에 의하여 처결을 바랄 수밖에 없다" 하며
직접 소장을 지어 7인에게 나누어 주었다. 관에서는 먼저 땅을 산 사람
에게 권리가 있다고 하여 소송을 마무리 하였다.[19]

---

19) 『도원기서』, 무오년조.

동학과 동학혁명의 재인식

수운은 비록 적멸굴과 내원암에서 원하였던 49일 기도를 봉행하였으나 별다른 종교적 체험을 얻지는 못하였다. 그러나 당시의 기도는 후일 동학의 종교의식인 49일 기도의 틀을 마련하는데 적지 않은 영향을 미쳤다.

한편 내원암은 의암 손병희가 1909년 12월에 49일 기도를 봉행한 곳이기도 하다. 이 기도에는 최준모(崔俊模)·임명수(林明洙)·조기간(趙基栞)·김상규(金相奎) 등 4명이 동행하였다.[20] 손병희는 당시 49일 기도를 기념하기 위하여 내원암 입구 한 절벽에 기도에 참가한 사람의 이름을 각자해 놓았다.

4) 흥해 매곡동

흥해 매곡동은 수운이 포교를 시작한 이후 처음으로 개접(開接)을 한 곳이다.

> 포덕(布德) 3년 11월 26일에 대신사 흥해군(興海郡) 송곡(松谷) 손봉조가(孫鳳祚家)에 지(至)하시니 각지 도인(道人)이 운집하였더라. 이시(是時)에 대신사 강화(講話)로써 화결(和訣)에 시(詩) 유(有)하시니라.[21]

신유년(1861)에 포교를 시작한 수운은 관의 지목을 피하기 위하여 1861년 말경 남원 은적암에서 한 겨울을 지내고 이듬해 1862년 3월 용담정으로 돌아왔다. 용담정에 다시 도인들이 모여 들고 사람들의 발길이 점차 많아지자 관으로부터 다시 수운에 대한 탄압이 시작되었다. 그래서 이 해 9월 윤선달의 무고로 경주 감영에 10여 일 갇혔다가 풀

---

20) 조기간, 「성사와 적멸굴」, 『신인간』 138, 1939, 12~15쪽.
21) 『천도교서』, 76쪽.

려나자 이곳에 잠시 머무르면서 한 동안 용담정을 떠나 있을 곳을 물색하였다. 이때 해월은 검곡으로 모시고자 하였으나, 수운은 운신하기가 비교적 좋은 흥해읍 매곡동에 있는 손봉조의 집을 택하였다.[22]

동학의 첫 접주제를 실시하였던 흥해 매곡동

이곳 매곡동에 머물면서 수운은 아이들을 불러 모아 글 쓰는 법을 가르치기도 하였다. 흥해 매곡동에 머무는 동안 교세가 크게 진작됨에 따라 수운은 접주제(接主制)[23]를 시행하였다. 이때 임명된 접소의 접주는 다음과 같다.

경주부서(慶州府西) 백사길(白士吉)·강원보(姜元甫), 영덕(盈德) 오명철(吳明哲), 영해(寧海) 박하선(朴夏善), 대구(大邱)·청도 일대 김주서(金周瑞), 청하(淸河) 이민순(李民淳), 연일(延日) 김이서(金而瑞), 안

---

22) 『도원기서』, 임술년조.

23) 접(接)이란 모임을 뜻하는데, 동학에서의 접은 단순한 사람들의 모임이 아니라 도를 주고받는 스승과 제자의 관계에서 형성된 신앙적 공동체이다. 접주제는 동학이 포덕된 일정한 지역에 접소를 설치하고 그 접소에 接主를 두어 일정기간 교인들에게 교리를 강론하고 그 관내의 도인들을 통솔 교화토록 하는 제도로써 동학교단제도의 효시이기도 하다.

동학과 동학혁명의 재인식

동(安東) 이무중(李武中), 단양(丹陽) 민사엽(閔士燁), 영양(英陽) 황재민(黃在民), 영천(永川) 김선달, 신녕(新寧) 하치욱(河致旭), 고성(固城) 성한서(成漢瑞), 울산(蔚山) 서군효(徐君孝), 경주본부(慶州本府) 이내겸(李乃謙), 장기(長鬐) 최중희(崔仲羲)[24]

이와 같이 접주제를 실시함으로써 동학은 본격적인 조직체로서 모습을 갖추게 된다.

그리고 1863년 1월 1일 흥해 매곡동에서 과세한 수운은 결시(訣詩)를 받았는데, 그 내용은 다음과 같다.

도를 묻는 오늘에 무엇을 알 것인가, 뜻이 신원 계해년에 있더라. 공 이룬 얼마만에 또 때를 만드나니, 늦다고 한하지 말라. 그렇게 되는 것을. 때는 그때가 있으니 한 한들 무엇하리, 새 아침에 운을 불러 좋은 바람 기다리라. 지난해 서북에서 영우(靈友)가 찾더니, 뒤에야 알았노라 우리집 이날 기약. 봄 오는 소식을 응당히 알 수 있나니 지상신선의 소식이 가까워 오네. 이날 이때 영우들이 모였으니, 대도 그 가운데 마음은 알지 못하더라.[25]

5) 문경 초곡과 유곡동

문경 초곡과 유곡동은 수운이 1863년 12월 관에 의해 체포된 후 과천까지 이르렀다가 다시 대구 감영으로 귀환한 여로이다. 또한 문경 새재 초입의 초곡은 1871년 이필제가 영해에서 교조신원운동 후 다시 문경작변을 일으키기도 한 곳이다.

---

24) 이돈화, 『천도교창건사』 제1편, 42쪽.

25) 『도원기서』, 임술년조; 이돈화, 『천도교창건사』 제1편, 42쪽; 『천도교경전』, 천도교중앙총부, 1991, 90~91쪽.

과천에서 다시 길을 지나 조령(鳥嶺)으로 길을 잡고 문경(聞慶) 초곡(草谷)에 이르니 수백 도인이 점거하고 바라보며, 혹자는 불을 켜들고 이를 따르고 혹자는 눈물을 머금고 이를 바라보았다. 이러한 지경에 이르니 그 참을 수 없는 정이 마치 어린아이가 부모를 따르는 마음과 같지 않을 수 없었다.26)

정구룡(鄭龜龍)은 조령(朝令)을 받고 다시 대구영(大邱營)으로 향(向)할새 조령(鳥嶺)에 이르매 도제(徒弟) 수천 인(人)이 소식을 듣고 산상(山上)에 모였는지라 대신사 도제들에게 일러 갈으되 "나의 차행(此行)은 천명(天命)에서 나온 것이니 제군은 안심하고 돌아가라" 하시매, 도제들은 좌우로 분립(分立)하야 사배(四拜)하고 눈물로써 보내였었다.27)

수운이 서울에서 파견된 선전관 정구룡에게 피체된 것은 1863년 12월 10일이었다.28) 선전관은 우선 수운과 제자 10여 명을 경주부에 가두었고 다음날 즉시 서울로 압송하였다. 영천·대구·선천·상주를 거쳐 문경 새재를 통해 서울로 향하려고 했다. 그렇지만 문경 새재의 초곡에 동학교인 수천 명이 길목을 지키고 있다는 말에 당초의 계획을 변경하여 상주에서 화령을 거쳐 보은·청주를 지나 과천에 이르렀다.29)

그러나 철종의 승하로 인해 '모든 죄인은 해당 관아에서 문초하라'는 지시에 따라 대구로 향하게 된다.30) 과천까지 이른 수운은 추위와 갖은 고초를 겪으면서 오던 길을 되돌아 이번에는 문경 새재에 이른다. 문경 새재의 제3관문인 조령관을 지나 오솔길을 따라 내려오던 수운은

---

26)『도원기서』, 갑자년조.
27) 이돈화,『천도교창건사』제1편, 51쪽.
28)『승정원일기』, 계해 12월 20일조; 오지영,『동학사』, 영창서관, 1973, 19~20쪽.
29)『도원기서』, 계해년조.
30)『일성록』, 고종 원년조.

동학과 동학혁명의 재인식

수운 최제우가 한양으로 압송되었다가 대구 감영으로 돌아가던 중 머물렀던 문경 초곡

어둠이 깃든 시각에 제1관문 주흘관이 있는 초곡에 도착하게 된다.

초곡에는 수백 명의 교인이 압송되어 가는 수운을 바라보며 또는 횃불을 밝히고 일행을 따랐다. 일부의 기록에 의하면 이때 수운이 "나는 천명을 믿고 천명대로 따를 뿐이다. 내가 이 길을 걷는 것도 역시 천명이니 너희들도 천명을 믿거든 안심하고 돌아가 수도에 힘쓰라"고 제자들을 달랬고, 제자들은 눈물을 흘리면서 수운을 향하여 절을 하며 보냈다고 한다.[31]

초곡을 지난 수운은 늦은 밤 유곡동에 이르러 하루의 긴 여독을 잠시 풀게 된다. 이 날이 세모(歲暮)를 앞둔 12월 29일이었다. 이곳에서 수운은 1863년 마지막 밤을 지내고 새해를 맞게 된다. 유곡동에는 아직도 수운에 관한 얘기가 회자되고 있다. 수운은 유곡동에서 새해를

---

31) 『대선생사전』, 천도교총부 교화관, 1942, 191~195쪽.

맞고 다시 길을 재촉하여 1월 6일 대구 감영에 도착, 옥에 갇히게 된다.

6) 검곡

검곡(劍谷)은 동학의 문화유적 가운데 용담과 비견할 만한 곳으로 해월 최시형이 입도하고 초기 동학 수련을 한 곳이다. 또한 '천어'를 듣고, '만민평등'의 법설을 남긴 곳이다. 먼저 관련기록을 살펴보면 다음과 같다.

포덕 6년전(1854) 갑인(甲寅)에 신사(神師) 흥해(興海)로부터 경주 검곡(檢谷)에 이거(移居)하시니, 방인(坊人)이 신사의 공렴유위(公廉有威)하심을 견(見)하고 중망(衆望)으로 특천(特薦)하여 일방(一坊) 풍강(風綱)의 임(任)을 위(委)한대, 신사 재임 6년에 민은(民隱)을 견제(蠲除)하시고 인미(人美)를 포창(褒彰)하사 일방(一坊)이 몽리(蒙利)하니 방인(坊人)이 비(碑)를 입(立)하여 기념하더라.[32]

포덕 6년(1865) 10월 28일 대신사의 탄신향례(誕辰享禮)를 검곡에서 거행하실 새, 각지 도인(道人)이 내회(來會)한 자 심다(甚多)한지라. 시시(是時)에 신사 문도(門徒)에게 교(敎)하사 왈(曰) "인(人)이 내천(乃天)이라. 고(故)로 인(人)은 평등하여 차별이 없나니, 인(人)이 인위(人爲)로써 귀천을 분(分)함은 시(是) 천(天)에 위(違)함이니 오(吾) 도인은 일체 귀천의 차별을 철폐하여 선사(先師)의 지(志)를 부(副)함으로써 위주(爲主)하기를 망(望)하노라"하시고, 일반 문도로 더불어 선사 전(前)에 영서(永誓)하시니라.[33]

---

32) 『천도교서』 제2편, 포덕 6년전 조.
33) 『천도교서』 제2편, 포덕 6년조.

동학과 동학혁명의 재인식

해월이 검곡으로 처음 온 것은 동학에 입도하기 8년 전이다. 검곡의 왼쪽에는 터일(基日)이 있는데, 이곳은 해월이 어릴 적부터 청년기까지 성장한 곳이다. 이 터일에서 조금 더 안쪽으로 들어가면 올금당이라는 자연촌락이 있다. 해월은 이곳 한지 공장에서 17세 때부터 19세까지 약 2년간 직공으로 생활하기도 하였다.[34]

해월 최시형이 동학에 입도하고 만민평등 법설을 한 검곡

해월은 터일에서 손씨 부인과 결혼을 한 후, 처가가 있는 흥해 매산동에서 한동안 농사를 주업으로 생활을 하였으나 형편이 나아지지 않았다. 여러 가지 고민 끝에 1854년에 자신이 성장하였던 터일의 오른쪽 마을 마복동(馬伏洞)으로 이거하였다. 마복동에서는 대략 6년 동안 지냈는데, 그 마을 사람들이 해월의 공명 정직함과 청렴결백함을 보고 중망으로 천거되었다. 오늘날 이장과 같은 집강이라는 소임을 맡았던

34) 『시천교종역사』 제2편, 1쪽(『동학농민전쟁사료총서』 29, 37쪽).

것이다. 해월은 재임하는 6년 동안 주민들의 억울함을 덜어주고 좋은 일은 표창하는 등 공덕이 많아 마을 사람들이 송덕비를 세워 공로를 칭송하였다고 한다.[35] 그러나 당시 세웠다는 송덕비에 대해서 이런 저런 얘기들이 전해져 내려올 법 한데, 알고 있는 촌로들이 없었다.

해월은 마복동에서의 생활이 여전히 형편이 어렵게 되자, 이곳에서 20여 리 정도 더 산쪽으로 들어간 깊은 계곡의 검곡에 정착하여 화전민 생활을 하였다. 그러나 해월은 비천한 화전민 생활에서도 삶에 대한 새로운 희망을 버리지 않았다. 화전민 생활을 시작한 지 얼마 지나지 않아 경주 지방에서 민중들에게 새로운 희망을 주는 도(道)가 퍼지고 있다는 소문을 들었다. 이러한 소문의 실상은 동학을 창도한 수운 최제우가 1860년 4월 5일 득도를 한 후 1년이 지난 1861년 6월에 이르러 포교를 한 것이다. 해월은 이 소문을 듣고 경주 용담정으로 찾아가 수운의 가르침을 받고 동학에 입도를 하였다.[36]

입도한 해월은 한 달에 서너번씩 수운을 찾아뵙고 설교·강론을 듣고 도와 법을 배우는 데 게을리 하지 않았다. 하루는 '선생이 독공하실 때 한울님 말씀을 들었다 하니 내 성력을 다 하여 한울님 마음을 움직이게 하리라' 굳게 마음을 다지고 추운 겨울 날 집 아래 계곡의 찬물에 매일 목욕을 하였다. 이렇게 하기를 계속하자 물이 차지 않고 밤이 어둡지 않는 듯하였다. 어느 날 문득 공중으로부터 '양신소해(陽身所害) 우한천지급좌(又寒泉之急坐)'라는 소리가 들리므로 냉수욕을 중단하였다.[37]

해월은 이후 수운을 만났을 때 당시의 상황에 대하여 설명하였다.

---

35) 이돈화, 『천도교창건사』 제2편, 1~2쪽.

36) 표영삼, 『동학』 1, 238~239쪽.

37) 이돈화, 『천도교창건사』 제2편, 2쪽.

동학과 동학혁명의 재인식

수운은 "그대가 한울님 말씀을 들은 시간은 내가 수덕문을 읊던 시간이니 나의 글 읊는 소리가 그대의 귀에 영감으로 들린 것이 분명하다"고 하였다. 이를 계기로 해월은 수운으로부터 '포덕에 종사하라'는 명를 받았고 영해·영덕·상주·홍해·예천·청도 등지를 돌아다니면서 포교하였다. 그 결과 해월은 '검악포덕(劍岳布德)'이라는 별칭을 얻게 되었다.38) 이처럼 동학에 입도하고 포교의 전진기지였던 검곡에서 해월은 수운의 순도 이후 떠날 수밖에 없었다. 이는 해월도 관으로부터 지목을 받고 있었기 때문이었다.

해월이 검곡을 다시 찾은 것은 이곳을 떠난 지 1년 만이었다. 해월은 1864년 3월 10일 수운의 순도 후 안동·평해·울진 등지에서 관의 추적을 피하여 은신생활을 했다. 그렇지만 해월은 1865년 10월 28일 자신이 입도하고 천어를 들었던 검곡으로 돌아와서 많은 도인들과 함께 스승의 탄신향례를 봉행하였다. 이날 해월은 최초로 도인들에게 유명한 만민평등에 대한 법설을 하였다.

> 사람은 한울이라 평등이요 차별이 없나니라. 사람이 인위(人爲)로써 귀천(貴賤)을 가리는 것은 곧 천의(天意)를 어기는 것이니, 제군(諸君)은 일체 귀천의 차별을 철폐하여 스승님의 뜻을 계승하기로 맹세하라.39)

뿐만 아니라 이를 실천하기 위하여 우선 도인된 사람부터 적서의 구별을 두지 말라고 강조하였다. 해월은 평등무차별을 법설로만 끝내지 않고 이를 몸소 실천하였다. 1891년 호남에서 양반 출신의 윤상오(尹相五)와 천민 출신 남계천(南啓天)을 따르는 도인간의 갈등이 생기자,

---

38) 이돈화, 『천도교창건사』 제2편, 4쪽.

39) 이돈화, 『천도교창건사』 제2편, 7쪽.

해월은 남계천을 호남좌우도 편의장으로 삼았다.[40]

검곡의 원명은 금등곡(琴登谷)이었는데 이 지방 사람들은 검등곡이라 불렀다. 그 후 교중의 기록에는 검곡으로 기록되었고 오늘날에는 검곡으로 통용되고 있다. 검곡의 행정구역은 현재 경상북도 포항시 신광면 마북리이다. 포항으로부터 서북쪽으로 약 20km 정도 떨어져 있다. 검곡 들어가는 입구에는 현재 포항시의 상수원이 조성되었다. 해월이 머물렀던 마복동은 옛날에는 100여 호의 마을이었으나 현재는 20여 호 정도 있다. 검곡에는 4호 정도의 집터가 아직 남아 있으며 집터 뒤쪽으로는 화전을 하였던 흔적이 어렴풋이 남아 있다.

7) 영덕군 영해면 성내리와 형제봉

영해는 동학교단에서 최초로 교조신원운동을 전개한 곳이다.[41] 영해에 동학이 포덕된 것은 수운 시절인 신유 포덕 때이다. 1861년 6월 이후 용담의 문을 열고 동학을 포교하자 영해에서는 박하선(朴夏善) 등이 입도하였다. 초기에는 박하선을 중심으로 포덕이 되었으나 1862년 해월이 직접 영해·영덕·홍해 등지를 포교하면서 본격적으로 교세가 크게 확산되었다.

1870년 10월 이필제(李弼濟)가 이인언(李仁彦)·권일원(權一元)·박사헌(朴士憲) 등을 보내 수운의 신원운동을 역설하였다. 그러나 해월은 '아직 그 시기가 아니다'라고 이를 거절하였으나 영해를 중심으로

---

40) 오지영, 『동학사』, 69쪽.

41) 영해교조신원운동에 대해서는 張泳敏, 「1871年 寧海 東學亂」, 『韓國學報』 47, 일지사, 1987; 연갑수, 「이필제 연구」, 『동학학보』 6, 동학학회, 2003; 表暎三, 「東學의 辛未 寧海 敎祖伸寃運動에 關한 小考」, 『韓國思想』 21, 韓國思想研究會, 1989 등을 참조할 것.

한 교인들의 설득으로 적극 참여하게 되었다. 이에 따라 이듬해, 3월 10일 수운 순도일을 택하여 신원운동을 전개키로 하고 영해·영덕·상주·문경 등지의 도인에게 통문을 띄웠다. "이제 수운의 억울함을 펼 때가 돌아왔으니 수운을 위하는 자는 천명을 어기지 말고 3월 10일을 기하여 영해로 모이라"고 통문을 돌자 500여 명의 교인이 참여하였다. 이들은 해월의 주도 아래 형제봉에서 천제를 지냈다. 해월은 영양 죽현(윗대치)으로 돌아갔고 강수와 이필제 등은 이날 밤 9시경 성내리에 있는 영해부를 습격하고 부사 이정(李鋌)을 잡아 참형에 처하였다.[42]

이에 경상감사 김공현, 안동부사 박제관, 영덕현감 정세헌 등이 각각 관군을 거느리고 동학교인을 진압하였다. 강수와 이필제 등은 전세가 불리하자 해월이 머물고 있는 영양 죽현으로 퇴진하였다. 이곳에서 기다리던 해월은 이들과 함께 험준한 소백산을 넘어 영월 직동의 박용걸(朴龍傑)의 집으로 피신을 하였다. 영해교조신원운동으로 해월은 양자인 최준이(崔俊伊)를 비롯한 도인 수십 명이 희생을 당하였다. 그렇지만 영해의 형제봉과 성내리는 동학교단에서 최초로 교조신원운동을 전개하였다는 의의를 지니고 있다.

8) 영양 죽현(윗대치)

죽현은 윗대치라고 한다. 해월은 교세가 확장되자 이를 효율적으로 관리하기 위하여 3년 동안 이곳에서 지냈으며 영해교조신원운동을 겪은 곳이다.

---

42) 영해교조신원운동에 대해서는 윤대원, 「이필제난의 연구」, 『한국사론』 6, 서울 대학교 국사학과, 1987; 연갑수, 「이필제 연구」, 『동학학보』 6, 동학학회, 2003; 표영삼, 「동학의 신미교조신원운동에 관한 소고」, 『한국사상』 21, 한국사상연구회 1989.

포덕 9년(1868) 무진(戊辰) 3월에 신사(神師) 한정(閑靜) 수도(修道)하기 위하여 영양(英陽) 일월산(日月山) 죽현(竹峴)에 이거(移居)하사 수림(樹林)으로 가옥을 삼으시고 생활의 방(力)을 곤구(梱屨)에 의(依)하시며 송주(誦呪)로써 일과(日課)를 삼으시다.[43]

해월 최시형이 영해교조신원운동을 전개할 때 머물렀던 영양 윗대치

해월이 윗대치에 이거한 것은 1868년 3월경이다. 해월은 수운 사후 안동·영덕·평해를 거쳐 울진 죽변에서 1년 6개월 동안 지냈다. 그동안 교인들의 왕래가 점차 잦아지고 활동이 많아짐에 한동안 뜸했던 관의 지목이 다시 시작되었다. 죽변에서 오랫동안 머무를 수 없게 되자 해월은 예천 수산리로 잠시 거처를 옮겼다. 가족과 함께 지내게 된 해월은 생활이 어느 정도 안정되자 홀로 경상도 각지를 순회하면서 교세를 확장하는데 주력하였다. 그 결과 경상도 북부지역을 중심으로 교

43)『천도교서』제2편, 포덕 9년조.

　　　　　　　　　　　　　　　동학과 동학혁명의 재인식

세가 급격히 늘어나자 활동하기에 비교적 용이한 영양군 일월면 죽현으로 거처를 다시 옮겼다.

해월이 죽현으로 이거한 것은 관의 탄압으로부터 피신하기 위한 것이 아니라 확장되는 교세를 효율적으로 관리하기 위한 측면이 더 컸다. 관으로부터의 추적을 피할 수도 있고 교인들의 왕래도 비교적 자유로운 곳에 거처를 마련한 해월은 울창하게 우거진 숲을 집으로 여기고 마(麻)로 짚신을 삼으면서 생활을 하였다.[44] 윗대치에 머무는 동안 해월은 영해교조신원운동을 전개하기도 하였다. 영해교조신원운동 이후 관의 탄압으로 교단의 활동무대는 경북지역에서 강원도로 이동하게 되었다.

9) 예천 수산리

경북 예천 고산리 수산은 해월이 정부로부터 동학에 대한 탄압이 극심함에 따라 약 1년 동안 은신하였던 곳이다. 기록을 살펴보면 다음과 같다.

> (포덕 8년) 신사 죽병리(竹屛里)로부터 예천(醴泉) 산수리(山水里)에 이거(移居)하시니 시시(是時)에 대신사 부인 박씨는 상주(尙州) 동관암(東關岩)에 분거(分居)하시다.[45]

수산리는 기록상의 문제가 없지 않다. 이는 기록에 따라 해월이 1864년부터 1868년까지 은신 경로가 일치하지 않기 때문이다. 기록의 차이점은 세 가지로 나타나고 있다.

---

44) 표영삼, 『동학』 1, 333쪽.
45) 『천도교서』 제2편, 포덕 8년조, 산수리(山水理)는 수산리(水山理)의 오기이다.

『천도교서』는 평해 – 울진군 죽병리 – 예천 수산리–영양 일월산 죽현으로, 『시천교사』는 울진군 죽병리 – 예천군 수산역 – 영양군 일월산 용화동 죽현으로, 『천도교회월보』는 울진군 죽병리 – 예천군 수산리 – 영양 일월산 죽현으로, 『천도교사』는 영양 용화동 – 울진군 죽병리 – 예천군 수산리 – 영양군 일월산 죽현으로, 『교회사』는 울진군 죽병리 – 예천군 수산리 – 영양 일월산 죽현으로, 각각 기록하고 있다.

또한 『도원기서』는 영양 용화동으로 각각 기록되어 있다. 즉 『도원기서』는 울진 죽병리와 예천군 수산리가 완전히 누락되어 있고, 『천도교사』는 울진군 죽병리에 앞서 용화동에 있었던 것으로 되어있으며, 여타 대부분의 기록에는 울진 죽병 – 예천 수산 – 영양 죽현으로 기록되어 있다. 그렇지만 해월이 1867년 2월경에 예천 수산리에 온 것만큼은 사실로 보인다.

해월이 예천 수산리로 거처를 옮기게 된 동기는 동학에 대한 관의 탄압 때문이었다. 당시 정부에서는 동학을 서학과 같이 취급하여 탄압하였다. 1866년 10월 프랑스 함대가 통상을 요구하며 군함 7척을 동원하여 강화도에 상륙, 많은 사람이 희생되었는가 하면 『조선왕조실록』을 약탈해 가는 만행을 저질렀다. 특히 이 함대는 천주교의 리델(Ridel, 李福明) 신부가 항해 안내자로 탑승하였고 십자가를 배 위에 매달고 있었다. 이로 인해 정부는 서학에 대한 대대적인 탄압을 하게 되었는데, 동학도 서학이라 하여 같이 탄압을 받게 되었다.

상황이 이렇게 급변하자 해월은 관의 탄압이 강화될 것을 미리 직감하고 여러 교인에게 발각되지 않도록 깊은 산속으로 은신토록 하였다. 그리고 해월 역시 은신할 곳을 물색하다가 예천군 수산리를 택하게 되었다. 수산리 일대는 월성 최씨들이 집단적으로 살고 있는 마을로서 경주 최씨인 해월과 같은 집안이었다. 따라서 동본의 최씨 마을이 가

동학과 동학혁명의 재인식

장 안전하였기 때문으로 풀이된다. 그리고 이곳에 있는 교인들이 해월의 뒷바라지를 하였다. 해월이 이곳에 있는 동안 특별한 활동은 보이지 않고 있다.

10) 울진 죽변리

울진 죽변은 수운 사후 1865년부터 1867년 2월까지 해월이 박씨 사모를 모시고 관의 박해로부터 은신한 곳으로, 『동경대전』과 『용담유사』의 복제, 49일 기도를 봉행한 곳이다.

> (포덕 6년) 을축(乙丑) 정월에 신사 처자를 솔(率)하시고 평해(平海)로부터 울진군(蔚珍郡) 죽병리(竹屛里)에 이거(移居)하실 새, 대신사 부인 박씨를 배행(陪行)하사 동거(同居)하시더니, 시시(是時)에 도인상여자(道人相與者)가 무(無)하며 혹 상우(相遇)하는 인(人)이라도 노상인(路上人)과 동(同)하되, 오직 상주(尙州) 도인(道人) 모(某, 失其姓名)가 조력(助力)하여 그 은근(慇懃)함을 치(致)하더라.
> 신사 각지 도인에게 사시(四時) 사도(四度)로 기도식(祈禱式)을 행(行)케 하되 49일로 일도(一度)를 정(定)하시다. 선시(先時)에 동경(東經)과 유사(遺詞)가 대신사의 피해(被害)되심을 경(經)하여 이미 화신(火燼)에 속(屬)하고 무여(無餘)한지라. 신사 염구영회(念久靈會)하시다가 곧 동경과 유사를 구호(口呼)하사 인(人)으로 하여금 서(書)케 하시다.[46]

앞서 살펴보았듯이, 수운 사후 해월과 박씨 사모의 행적에 대해서는 사료마다 약간의 차이를 보이고 있다. 『천도교회월보』는 평해 – 울진군 죽병 – 예천군 수산리 – 영양 일월산 죽현, 『천도교서』는 평해 – 울진군 죽병 – 예천군 산수리 – 영양 일월산 죽현, 『천도교창건사』는 평

---

46) 『천도교서』 제2권, 포덕 6년조, 죽병리(竹屛理)는 죽변리의 오기이다.

해 - 울진 죽병 - 영양 용화동 - 예천 산수리,『이종해천도교사』는 평해 - 영양 용화동 - 울진 죽병 - 예천 수산리 등으로 각각 기록하고 있다.

이러한 기록의 차이는 당시 관으로부터 쫓겨 다니던 시절인지라 비밀스럽게 움직여야 했기 때문이다. 울진군 죽변의 경우 대부분의 사료가 평해 다음으로 기록하고 있지만『이종해천도교사』만이 영양 용화동 이후로 기록하고 있다. 이러한 점에서 울진 죽변은 해월이 평해 이후 머물렀던 곳이 확실하다고 본다.

해월이 울진 죽변에 온 시기는 1865년 정월이었다. 수운 사후 해월은 대구를 빠져나와 안동 이무중의 집에 의탁하였다가 꿈을 통한 가르침을 받고 영덕 거천리를 거쳐 평해 황주일의 집에서 머무르게 되었다. 그러나 해월을 추적하던 안동 교졸이 이무중을 체포, 해월의 행적을 추궁하는 급격한 상황에 이르자 부득히 평해를 떠나 거처를 옮기지 않을 수 없었다. 이에 해월은 황주일과 상의 후 울진 죽변으로 옮기게 되었다. 해월이 울진 죽변으로 이거한 것은 이곳에 동학교인들이 많아 다른 지역보다 안전하다고 판단하였기 때문이기도 하였다.『이종해천도교사』에 의하면 황재민을 비롯하여 전성문·전덕원·정치겸·전윤오·김성진·백현원·박황언·권성옥·김성길·김계악 등도 이곳에서 지내면서 해월을 뒷바라지하였다. 즉 해월이 울진 죽변을 택한 것은 교인들도 많았고 경제적으로 뒷받침이 가능하였으며 무엇보다도 경주나 대구로부터 멀리 떨어진 해안가로서 관의 지목을 피할 수 있었기 때문이다. 하지만 행동은 자연스러울 수가 없었다. 수운 사후 동학에 대한 강력한 금압정책은 교인들 상호간에도 터놓고 인사조차도 제대로 할 수 없었다.

해월은 죽변에서 2년여 간 머무는 동안 매우 어려운 시기였지만 교단의 기틀을 마련하였다. 해월은 수운으로부터 친히 물려받은 경전을

동학과 동학혁명의 재인식

보따리에 싸서 항상 지고 다니면서 포교를 위해 간행 보급하려 하였다. 그러나 재정적인 여건의 어려움으로 뜻을 이루지 못하였다. 이에 따라 우선적으로 필사본이나마 여러 벌 복제하여 보급키로 하였다. 당시 어느 정도 복제하였는지 알 수 없으나 울진 죽변 인근에 해월을 뒷바라지하는 교인이 많았던 것으로 보아 제법 많은 양이 복사되었던 것으로 추증된다.

또한 해월은 죽변에서 경전 보급과 아울러 밖으로 드러나는 활동보다는 신앙심을 고취하는 수행에 중점을 두었다. 즉 해월은 1년에 네 차례씩 춘하추동에 49일 기도를 갖도록 하고 일반 도인들에게도 참여하도록 지시하였다. 이어 신앙생활에 있어서 정기적인 의식도 중요하다고 인식하고 수운의 탄신일과 순도일을 정기적인 집회일로 정하는 등 의식을 제도화하였다. 그리고 이 모임을 계기로 하여 1866년 10월 28일 수운탄신기념일에 계를 조직하도록 발의하였다.[47) 그리하여 1867부터 매년 두 차례 집회 때 1인당 4전씩 갹출하여 행사 비용으로 충당하기로 하였다. 이때 계원으로는 김경화·김사현·이원팔·유성원·김용여·임만조·구일선·신성우·정창국 등이었으며,[48) 계장은 강수의 아버지 강정이 맡았다.[49)

---

47) 『도원기서』, 병인년조.
48) 『도원기서』, 정묘년조.
49) 『도원기서』, 무진년조.

3. 서남부 지역의 동학유적

1) 상주 높은터

높은터는 한자식 지명으로 고대촌(高垈村)이다. 높은터는 1894년 동학혁명 이후 다시 도피의 생활을 거듭하던 해월이 1896년 2월경부터 4월까지 약 2개월 정도 지낸 곳이다. 이곳에서 주문의 올바른 가르침을 전해주었으며 제사의례의 방침을 정한 곳이기도 하다.

> (포덕 37년) 2월에 이병춘(李炳春)이 신사 계신 곳을 부지(不知)하여 사방으로 주행(周行)하다가 1일은 상주(尙州) 청계사(淸溪寺)에 지(至) 하여 숙(宿)하더니, 몽(夢)에 신사를 배견(拜見)하고 신사 주소를 문(問) 하므로 신사 답(答) "차(此) 근지(根地)에 재(在)하노라", 몽각(夢覺)에 신이(神異)함을 불승(不勝)하여 기근산협(其根山狹) 제촌(諸村)을 가가(家家) 역탐(歷探)할새 고대촌(高垈村)에 지견(至見)한 즉 4~5가촌(家村)에 불과하는데 우연 일소옥문(一小屋門)을 개견(開見)하니, 신사 재좌(在座)라. 이병춘이 차경(且驚) 차배(且拜)한대 신사 왈(曰) "이하도차(爾何到此)오. 오(吾) 몽견(夢見) 이(爾)러니 이과도견(爾果到見)이라" 하시다.[50]

해월은 동학혁명으로 다시 관의 집중적인 표적이 되었다. 해월은 임실 조항리에서 시작된 피신 길은 무주, 영동 용산, 보은 종곡, 음성 되자니, 마르택, 이목정, 홍천 제일동, 인제 느릅정이, 원주 수레너미 등이었다. 한 곳에서 오랫동안 머무를 수 없어 여러 곳을 전전하였다. 당시 해월은 관의 추적이 워낙 심하여 가까운 제자나 교인들에게도 알리

---

50) 『천도교서』 제2편, 포덕 37년조.

지 않고 1896년 3월 초에 상주 높은터로 거처를 옮겼다. 해월은 이곳에서 의암 손병희, 구암 김연국, 송암 손천민 등 삼암으로 하여금 교문의 규칙을 반포케 하였는데 그 내용은 다음과 같다.

우리 선사 '노이무공하다 가서 너를 만나 성공'이라는 한울님의 말씀을 들으시고 처음으로 '시천여부(侍天如父) 사인여천(事人如天)'의 도를 창명하시니, 이는 전성미발(前聖未發)의 이(理)를 가르침이라. 선사가 아니면 어찌 천덕을 알며 천덕이 아니면 어찌 선사에게 강화되어 우리에게 이 법을 가르쳤으리오. 대개 사람들의 행주좌와(行住坐臥) 의복음식(衣服飮食)이 천덕사은(天德師恩) 아님이 없나니, 우리 도인은 이 뜻을 체(體)하여 자폭자기(自暴自棄)와 자긍자존(自矜自尊)하는 마음을 일절 끊어 버리고 시천봉사(侍天奉師)의 대의(大義)를 밝히라.[51)]

이어 "우리 도의 도통연원과 포덕연비는 크게 구분이 있으니 이제 도통연원으로 말하면 오직 유일무이의 대선생의 연원이요 포덕연비라는 것은 다만 스승의 교훈을 이어 도덕을 널리 펴는데 지나지 않은 즉 천주(薦主)라 이르면 가하려니와 결단코 도통연원을 받은 것은 아니로다. 근자에 들은 즉 각 포덕 천주가 모 연원 모 연원이라 칭한다 하니 이 어찌 교문의 성규(成規)리오. 이제부터는 연원과 포덕연비를 서로 혼동하여 대도의 정통을 문란케 하지 말라"고 하였다.

이는 연원 집단 간의 문제점을 지적하는 한편 연원을 어지럽히거나 교문을 문란케 하는 것을 엄중 경고하기도 하였다.[52)]

---

51) 이돈화, 『천도교창건사』 제2편, 74쪽.
52) 이돈화, 『천도교창건사』 제2편, 74~75쪽.

2) 김천 복호동

복호동은 해월이 부인의 수도의 중요성을 강조하는 「내수도문」과 태교의 가르침인 「내칙」을 반포한 곳이다. 교중에는 다음과 같이 기록하고 있다.

포덕 31년 경인(庚寅, 1890)에 신사 수찬(手撰) 내칙(內則) 급(及) 내수도문(內修道文)하야 반시(頒示) 도인(道人)하시다. 정월에 신사의 자(子) 동희(東曦) 생(生)하다.[53]

포덕 30년 을축(乙丑, 1889) 11월에 신사 경상도 금산군(金山郡) 복호동(伏虎洞) 김창준가(金昌駿家)에 왕(往)하사 친히 내수도문(內修道文)을 찬(撰)하사 일반 부인에게 반포하시니 시(是) 수도(修道)의 본(本)이 부인에게 재(在)한 고(故)이더라.[54]

해월 최시형이 「내칙·내수도문」을 반포한 김천 복호동

---

53) 「본교역사」, 『천도교회월보』 23, 1913, 16~17쪽.
54) 『천도교서』 제2편, 포덕 30년조.

해월이 복호동에 머물렀던 시기에 대해서는 약간의 이견이 없지 않다. 『천도교창건사』에 의하면 1889년 11월부터 이듬해인 1890년 3월까지 약 5개월 정도로,[55] 『동학사』에는 1888년 3월에 수운의 환원기도를 한 후 였지만 언제 복호동으로 갔는지에 대한 기록이 없다. 다만 1890년 3월 충주 외서촌으로 이거하였다고 되어 있어, 1890년대의 1년간에 대해서는 기록이 누락되어 있다.[56]

1880년대 후기에 접어들면서 동학의 교세는 삼남 지방을 중심으로 교세가 크게 확장되었다. 이에 따라 관의 지목은 다시 심해졌으며, 해월은 지목을 피하기 위해 육임소를 잠시 폐쇄하고 괴산군 신양동과 인제 갑둔리, 간성군 왕곡리까지 몸을 숨길 수밖에 없었다. 하지만 계속된 관의 지목으로 해월은 한 곳에 머무를 수 있는 공간적 시간적 제한이 많이 따랐다. 해월은 다시 태백산맥을 넘어 1889년 11월 경상도 쪽으로 내려와 금릉군 구성면 복호동 김창준가로 은신하였다. 해월은 이 듬해 1890년 3월까지 이곳에 있으면서 부인들의 실천덕목인 「내수도문」과 태교에 관한 실천항목인 「내칙」을 직접 지어 반포하였다.

「내수도문」은 7개 항목으로 구성되어 있으며 그 내용으로는 가족 화목을 위한 인간관계를 비롯하여 심고하는 법, 위생문제, 환경문제 등으로 짜여져 있다. 그리고 「내칙」은 태아교육의 중요성과 임산부의 섭생·정서·건강관리에 대한 내용으로 구성되어 있다. 포태를 하면 일체의 육식을 금하도록 하였으며, 기운 자리 앉지 말 것, 지름길로 다니지 말 것, 남의 눈을 속이지 말 것 등 임산부의 생각과 행동이 태아에게 직접 영향을 미친다고 보고 이를 삼가하고 더불어 바른 마음을 갖고 정서안정에 노력하면 문왕과 같은 아이를 얻을 수 있다고 하였다.

---

55) 이돈화, 『천도교창건사』 제2편, 40쪽.
56) 오지영, 『동학사』, 66~67쪽.

그리고 임산부가 중노동으로 인한 유산 등의 위급한 상황을 피하도록 하였다.

해월이 반포한 「내수도문」과 「내칙」은 인간의 존엄성을 극도로 강조하고 있으며 봉건적 가부장적인 제도 아래에서 남성의 권위주의를 가지고 부인을 억압하던 그릇된 습관을 버리고 부인을 존중해야 한다는 중요한 메시지를 담고 있다.

3) 상주 전성촌

상주 전성촌은 해월이 1885년 9월부터 1887년 3월까지 약 1년 6개월 동안 지내셨던 곳이다. 해월은 이곳에서 봄, 가을에 한 차례씩 49일 기도를 갖는 한편 사인여천의 생활화와 위생관념을 고취시키는 등 여러 가지 법설을 남겼다.

해월 최시형이 이천식천 등 많은 법설을 남긴 상주 전성촌

(포덕 26년) 9월에 신사(神師)-솔가중(率家衆)하고 왕상주(往尙州) 전성촌(前城村)하야 기접언(寄接焉)하니, 시(時)에 서인주(徐仁周)·황하

동학과 동학혁명의 재인식

일(黃河一)이 조기조도(助其調度)러라. 동한절(當寒節)하야 신사 권실(眷室)이 무면착(無綿着)이러니, 도인 이치흥(李致興)이 헌백목7필(獻白木七疋)하다.

포덕 27년 병술(丙戌)에 신사(神師) 이강화지교(以降話之敎)로 면도인이성심수도(勉道人以誠心修道)하야 사지면악질(使之免惡疾)하시다. 신사 종용위도제(從容謂徒弟) 왈(曰) 금년에 악질(惡疾)이 필대치(必大熾)하야 감다수인(減多數人命)이니, 군배(君輩)는 선섭자심(善攝自心)하야 무자급언(無自及焉)하라 하고, 차고지우각지도인(且告知于各地道人) 왈(曰) 수도(修道)를 배가전일(倍加前日)호되 수심정기(守心正氣)하며 전정송주(專精誦呪)하며 지성봉청심(至誠奉淸水)하야 이비천행(以備天行)하라 하더시니, 과악질(果惡疾)이 대치(大熾)하야 염지자(染之者) 백무일행(百無一幸)호되 유도인가(惟道人家)는 일무소리(一無所罹)하며 신사소거리(神師所居里) 40여 호(戶)에 일무(一無) 기질자(其疾者)러라. 신사 시재전성촌(時在前城村)하야 자혼어야인(自溷於野人)이러니 손천민(孫天民)·박인호(朴寅浩)·이영수(李榮水)·권병일(權秉一)·권병덕(權秉德)·임덕현(林德賢)·서치길(徐致吉)·박치경(朴致京)·송여길(宋呂吉)·박시요(朴時堯) 소소내알(稍稍來謁)이러라.

포덕 28년 정해(丁亥)에 이춘일도(以春一度) 49일과 추일도(秋一度) 49일로 행기천성(行祈天誠)하시다. 정월 1일에 신사 강시(降詩) 왈(曰) '무극대도작심성(無極大道作心誠) 원통봉하우통통(圓通峯下又通通) 불의사월사일래(不意四月四日來) 금토옥토우옥토(金土玉土又玉土) 금일명일우명일(今日明日又明日) 하하지지우하지(何何知知又何知) 일거월래신일래(日去月來新日來) 천지정신령아효(天地精神令我曉)' 시월(是月)에 신사의 자(子) 최솔봉(崔率峯)이 취우청주음선량지녀(娶于淸州陰善良之女)하다. 24일에 신사의 부인김씨 몰(歿)이어늘 장우상주봉산(葬于尙州鳳山)하다. 3월21일은 신사 회갑이라 원근(遠近) 도인이 내회자(來會者) 다의(多矣)러라.[57)]

---

57) 오상준, 「본교역사」, 『천도교회월보』 22, 1923, 23~24쪽.

해월이 전성촌에 온 것은 1885년 9월경이었다. 해월은 전성촌에 오기 전에 보은 장내에 있었는데 이해 6월경 체포령이 내리자 마곡사와 영천군 화계동에 머물고 있었다. 관의 지목이 다소 뜸해지자 해월은 가족과 함께 이곳에 자리 잡았다. 그러나 해월과 가족들은 관군에 의해 가산을 몰수 당하였기 때문에 입고 있던 여름옷만 걸치고 왔다. 이때 서인주와 황하일이 양곡과 가재도구를 주선하여 조금이나마 안정된 生活을 할 수 있었다. 초겨울을 맞아 다시 생활이 곤궁하였으나 이곳에 사는 이치홍과 박치경이 무명 일곱 필을 가지고 와 겨울을 무사히 보낼 수 있었다. 그렇지만 해월에게 이곳에의 생활은 경제적으로나 정신적으로 많은 고통을 겪었다.

1886년에 들어 관의 지목이 잠시 수그러들자, 교인의 왕래가 있기 시작하였으며 찾아오는 두목과 교인들에게 새로운 설법을 하였다. 해월은 전성촌에서 천주직포(天主織布)[58]·이천식천(以天食天)[59]·천주강림(天主降臨)[60]·부화부순(夫和婦順)[61]·위생청결(衛生淸潔)[62]

---

58) "吾 일찍 淸州 徐宅淳家를 過하다가 그 子婦 織布의 聲을 聞하고 徐君에게 問하되, 君의 子婦가 織布하느냐, 天主織布하느냐 한데 徐君이 吾言을 不辦하였나니, 어찌 徐君뿐이리오."

59) "하필 人뿐 天主를 侍하였으랴. 天地萬物이 侍天主 아님이 없나니, 故로 以天食天은 宇宙의 常理니라. 然이나 諸君은 一生物을 無辜히 害하고 一生命을 無辜히 傷함은 天主로써 天主를 傷함이다."

60) "道家 婦人이 幼兒를 打함이 侍天主의 義를 傷한 것이니, 此를 戒할 것이며 又 道家에 人이 來하거든 客이 來하였다 言치 勿하고 天主降臨하였다. 칭하라."

61) "夫婦和順은 吾道의 初步이니, 道의 通 不通이 도시 內外의 和, 不和에 在하니라. 內外가 和順치 못하고 어찌 一家를 和하며, 어찌 他를 禍키하리오. 婦人이 夫名을 不順하거든 夫 誠을 盡하여 拜하라. 溫言順辭로써 一拜 一拜하면 雖盜跖의 惡이라도 반드시 感化가 되나니라. 婦人은 一家의 主人이라. 婦人이 和치 못하면 雖 一로 三牲 用으로써 天主를 養할지라도 반드시 感應할 바 無하니라."

62) "묵은 밥을 새 밥에 섞지 말고 묵은 음식은 새로 끓여서 먹도록 하라. 침을 아무

동학과 동학혁명의 재인식

등에 관한 중요한 법설을 남겼다. 이 법설은 동학이 추구하는 사인여천의 생활화와 위생관념을 고취시켰던 것으로 교인들과 지도자에게는 지녀야 할 덕목, 생활지도 방침을 제시한 것으로 볼 수 있다. 특히 1886년 6월에 강조한 위생청결에 관한 교훈은 동학을 하면 전염병에 걸리지 않는다는 신화를 낳게 했다.

4) 상주 왕실촌

왕실촌에 해월이 수운의 신원운동을 전개하였던 곳으로, 이 기간동안에 공주교조신원운동을 비롯하여 삼례교조신원운동, 광화문 앞 복소 신원운동, 보은 척왜양창의운동을 직접 지휘하였다. 따라서 왕실촌은 동학 교단이 본격적인 신원운동을 전개한 정신적 구심점이 되었던 곳이라 할 수 있다.

(포덕 33년) 5월에 신사 김주원(金周元)의 주선으로 상주군(尙州郡) 왕실촌(旺實村)에 이접(移接)하시다.[63]

(포덕 33년) 5월에 신사 김주원의 역(力)으로 상주군 왕실촌에 이거(移居)하시다.[64]

(포덕 33년) 반이우진천부창리(搬移于鎭川扶昌里) 시시(是時) 금백(錦伯) 조병식소유지척지혐(趙秉式少有指斥之嫌) 5월망간 (五月望間)

곳에나 뱉지 말며 만일 길이면 땅에 묻고 가리라. 대변을 본 뒤에는 노변이거든 땅에 묻고 가라. 가신물은 아무곳이나 버리지 말라. 집안을 하루 두 번씩 청결히 닦도록 하라."

63) 『천도교회사초고』제2편, 포덕 33년조.

64) 『천도교서』제2편, 포덕 33년조.

솔이우(率移于) 상주(尙州) 왕실(旺實) 김주원가(金周元家).[65]

해월 최시형이 교조신원동을 지도할 때 머물렀던 상주 왕실촌

　해월이 왕실촌에 온 것은 충청감사 조병식이 동학에 대한 탄압 때문이었다. 1886년 한불수호통상조규가 체결되어 1년이 지난 후 그 효력이 발생, 사실상 서학에 대해서는 포교의 자유가 보장되었지만 동학에 대해서는 여전히 체포 구금 등으로 탄압이 지속되었다. 이렇듯 그릇된 조정의 종교정책에 대하여 교인들은 불만을 가졌으나 어쩔 수 없었다. 더욱이 1891년과 1892년에 척사령(斥邪令)이 내려 동학을 다시 탄압하게 되자 각지의 수령 방백 등은 교인들을 침해하여 상하게 하거나 재물을 빼앗는 등 탐학이 극에 달하였다. 이에 해월은 관의 탄압을 견디지 못하고 이곳 산중의 외골짜기로 피신한 것이다.

　해월이 이곳으로 피신한지 얼마 되지 않아 서인주(徐仁周)·서병학(徐丙學)이 찾아와 수운의 신원운동을 허락하여 줄 것을 간청하였다. 그러나 해월은 이들에게 자중할 것을 권유하였다. 이는 1871년 영해

---

65) 『해월선생문집』, 임신년조.

　　　　　　　　　　　　　　　　　　동학과 동학혁명의 재인식

교조신원운동 때 많은 교인들의 희생을 경험했기 때문에 신중론을 폈던 것이다. 그러나 서인주와 서병학은 해월의 본뜻을 살피지 못하였고 그러나 호서 지방의 교인들을 공주로 불러 모아 수운의 신원운동을 전개하였다.

그러나 해월은 서인주·서병학 양인이 전개한 공주교조신원운동 후 사태의 추이를 살펴보면서 본격적인 신원운동을 실시키로 하였다. 곧 이어 해월은 삼례에 도회소를 설치하고 경통을 돌려 교인들을 교조신원운동에 참여토록 하였다. 삼례교조신원운동에서 해월은 수운의 신원, 탐관오리의 제거, 교당설치의 허가 등 세 가지를 요구하였다. 그리고 이때부터 교인들은 해월을 '법헌(法軒)'이라 하였으며 새로운 지도체제를 확립하였다. 해월은 수운 신원을 삼례에서 그치지 않고 광화문과 보은에서도 전개하여 동학혁명으로 이어지는 단초를 마련하였다.

해월은 교조신원운동을 전개하면서도 가산을 잃고 고생하는 교인들을 위하여 서로 도울 것을 당부하는 경통을 보내 어려운 상황에서도 교인들끼리 서로 돕고 위하며 생활할 수 있도록 하였다. 뿐만 아니라 지성으로 수련에 힘쓸 것과 천지부모를 잘 봉양할 것도 아울러 지시하였다. 66)

5) 상주 동관음

상주 동관음은 수운 사후 박씨 사모가 관의 추적을 피하기 위해 은신하였던 곳으로 박씨 사모의 삶과 고행으로 점철된 곳이다.

(포덕 6년) … 생계무로(生計無路) 고이천우상주동관남(故移遷于尙

---

66)『천도교서』제2편, 포덕 33년조.

州東關南) 육생지가(陸生之家) 불과삼삭(不過三朔) …[67]

(포덕 8년) 신사 죽병리(竹屛里)로부터 예천(醴泉) 수산리(水山里)에 이거(移居)하시니, 시시(是時)에 대신사 부인 박씨는 상주(尙州) 동관암 (東關岩)에 이거하시다 …[68]

박씨 사모가 상주 동관음에서 생활한 것은 두 차례이다. 첫 번째는 1865년으로 3개월 정도 지냈으며, 두 번째는 1867년 2월부터 1870년 9월까지 3년 6개월 정도 생활하였다. 박씨 사모의 고행은 수운 사후 환원하실 때까지 계속되었다. 수운 사후 용담을 떠나야만 했던 박씨 사모는 조카인 최맹륜의 집에서 한 달 가량 머물렀지만 마을 사람들로 부터 '역적의 마누라'라는 지탄과 관의 지목이 계속됨에 따라 단양접 주 민사엽의 도움으로 강원도 정선군 남면 문두재 넘어 깊은 산골인 문두곡에 은신하여 바깥 세상과 단절하면서 생활하였다. 그러나 이곳 에서 생활한 1년 후 민사엽이 사망하자 고향을 떠나 일가친척 하나 없 는 곳에서 당장 생계가 곤란해졌다. 박씨 사모는 수운의 제자 중 안면 이 있는 상주의 교인을 찾아가기로 하였다. 우여곡절 끝에 상주에 이 른 박씨 사모는 상주 교인들과 의논한 후 속리산 깊은 산속인 동관음 으로 우선 거처를 정하였다. 당시 동관음은 임시방편으로 계셨던 곳이 라 그리 오래 머무를 수 없었다.

박씨 사모는 이곳에서 3개월 정도 지냈다. 처음의 동관음 생활은 육 씨 성을 가진 사람의 집에서 생활을 하였으며, 상주의 황문규·한진우 ·황여장·전문여 등 인근 교인들이 뒷바라지를 하였다. 그러나 동관

---

67)『천도교회사초고』제2편, 포덕 33년조;『동학사상자료집』1, 아세아문화사, 1978, 439쪽.
68)『천도교서』제2편, 포덕 8년조.

음의 생활은 여전히 불안하여 보다 안전한 곳을 물색하지 않을 수 없었다. 이에 박씨 사모는 가장 믿을만한 후원자인 해월이 있는 곳을 수소문하였다. 당시 해월은 영양군 용화동에 은거하고 있었다. 해월의 거처를 확인한 박씨 사모는 가족과 함께 용화동으로 거처를 옮겼다.

박씨 사모의 두 번째 동관음 생활은 1867년 2월부터 1870년 9월까지 3년 6개월간 이어졌다. 울진 죽변에서 해월과 함께 지내시던 박씨 사모는 관의 탄압이 다시 시작되자 이를 분산시키기 위해 해월과 헤어져 2년 전 잠시 생활하였던 동관음으로 다시 거처를 정하였다. 당시 동관음을 택한 것은 2년 전 잠시 머물렀던 인연과 그래도 은신하기에는 적합한 지리적 조건이었기 때문이다. 동관음은 북으로는 속리산, 남으로는 구병산이 둘러싸고 있는 아주 외진 곳으로 화전이 주생활 터전이었다. 이러한 상황에서 맏이인 세정의 내외와 둘째 세청이, 그리고 딸 셋 등 일곱 식구가 지내기에는 불편함 점이 한 둘이 아니었다. 박씨 사모의 3년 6개월의 생활은 말 그대로 고행이었다. 이곳에서 3년 6개월이란 오랫동안 지낸 박씨 사모는 양양 교인들의 권유에 의해 영월 소밀원으로 옮겼다.

6) 대구 관덕정

대구 관덕정은 수운이 1863년 12월 정구룡에 의해 피체되어 이듬해 1864년 3월 10일 순도한 역사의 현장이다.

(포덕 5년) 3월 10일 대신사 장대(將臺)에 수형(受刑)하실새 소호(少豪)도 검흔(劍痕)이 무(無)한지라. 감사(監査) 이하 사위(四圍)가 개노(皆駑)하여 소위(所爲)를 부지(不知)하더니, 대신사 천연(天然)이 옥졸(獄卒)에게 위(謂)하여 왈(曰) 여(汝) 청수일기(淸水一器)를 오전(吾前)

에 봉존(奉尊)하라 하시고 태연(泰然)히 청수(淸水)를 대(對)하사 묵념(默念) 양구(良久)에 왈(曰) 여등(汝等)은 경(敬)히 청수를 철(撤)하라 하시고 곧 형(刑)에 취(就)하시니라.[69]

수운이 피체된 날은 1863년 12월 10일로 추정된다. 이와 관련하여 두 가지 기록이 있다. 하나는 12월 9일(『천도교창건사』)이며, 하나는 12월 10일(『천도교서』)이다. 그러나 이 두 가지 기록과 관변기록(『비변사등록』)을 자세히 살펴보면 12월 10일이 더 확실한 것으로 보인다.

12월 초 9일 선전관 정운구는 양유풍과 민영준 등을 수운이 계시는 용담정으로 위장 잠입케 하여 염탐을 하여 오도록 하였다. 이들은 용담정 주변 환경과 수운의 동정을 염탐한 후 돌아와 그날 밤 체포하기로 작정을 하고 은밀히 경주부졸 30여 명을 이끌고 출동케 하였다. 양유풍 · 장한익 · 이은식 등은 선전관의 명을 받고 이날 밤을 이용하여 용담정으로 들어가 수운을 포박하고 함께 있던 제자 23명도 체포하였다.[70]

앞서 살펴보았듯이 수운은 체포된 후 경주 - 영천 - 대구 - 선산 - 상주 - 보은 - 회인을 거쳐 과천에 당도하였으나 철종의 죽음으로 인해 과천에서 7일간 체류한 후 충주 - 조령 - 문경 - 상주 - 선산을 거쳐 이듬해 정월 초 6일 대구 감영에 도착하였다. 대구 감영에 압송된 수운은 관찰사인 서헌순(徐憲淳)으로부터 22차례의 혹독한 신문을 받았다. 당시 참사관으로 배석한 이는 상주목사 조영화, 지례현감 정기화, 산청현감 이기재 등이었다.

---

69)『천도교서』제1편, 포덕 5년조.
70)『비변사등록』, 계해 12월 10일조.

동학과 동학혁명의 재인식

1월 21일부터 신문을 받은 수운은 2월 하순까지 거의 매일 고초를 당하였다. 당시 대구감영에서 수운과 함께 신문을 받은 사람은 정확하지는 않으나 강원보(姜元甫)·최자원(崔子元)·이내겸(李乃謙)·이정화(李正華)·박창욱(朴昌郁)·박응환(朴應煥)·조상빈(趙相彬)·조상식(趙相植)·정석교(丁錫敎)·백원수(白源洙)·신덕훈(申德勳)·성일규(成一奎) 등 13명이다.[71]

수운의 신문과정은 매우 가혹하였다. 추운 겨울 날 마당에 꿇어앉힌 다음 묶어 놓고 매질을 가하면 얼어붙은 살결은 쭉쭉 갈라지고 선혈이 낭자하여 차마 눈뜨고 볼 수 없는 광경이었다. 처음 신문 시에는 사정없는 매질로 사경을 헤매었으며 재차 신문에서는 어찌나 혹독하였는지 정강이가 부러지기도 하였다.

조정에서 수운에게 씌운 죄목은 당시의 지배이념인 유학, 즉 공자의 도덕을 문란시킨 것과 서학이라는 사술로써 어리석은 백성의 재물을 사취하였다는 것이었다. 그러나 수운은 이러한 죄목이 옳지 않다고 일축하였을 뿐만 아니라 무극대도의 참뜻을 모르는 어리석은 관헌을 오히려 힐책하였다. 서헌순은 수운을 신문한 내용을 그대로 조정에 보고하지 않았다. 이는 애초부터 수운을 참형할 목적이었기 때문이다. 그는 정운구가 장계로 보고한 동학의 핵심이론인 「논학문」이라는 증거물이 있음에도 그 내용은 하나도 인용하지 않고 허황된 이야기만 나열할 뿐 아니라 마치 동학이 사교인양 꾸며 놓았다. 이에 조정에서는 "동학이란 서양의 도술을 그대로 따른 것으로 오직 이름만 바꾸어 세상을 현란시키는 것"이라 하고 "만일 조속히 토벌하여 법으로 철저히 다스리지 않으면 더욱 심해질 것이며 이들은 황건적이나 백련교와 같아질

---

71)『승정원일기』, 고종 원년 3월 초 2일조.

것이 뻔하다"고 하여 서학으로 지목하였다.

그리하여 수운은 1984년 2월 29일 조정으로부터 '좌도난정률'[72]로 다스리라는 명령에 의하여 3월 10일 대구 감영 남문 밖 아미산 아래 관덕정 앞에서 처형되었다.[73] 수운과 함께 신문을 받았던 제자들 중 12명은 강원도 등지로 유배 또는 엄형을, 그리고 나머지는 무죄로 석방되었다. 수운의 순도 후 시신은 김경필·곽덕원·정용서·임익서·김덕원 등이 거두어 구미산 용담정 앞 산발인 다릿골에 안장하였다. 관덕정에서 조금 떨어진 달성공원에는 수운 순도 100주년을 기하여 1964년 3월 21일에 수운의 동상을 건립하였다.

4. 맺음말

이상으로 경북지역을 포함한 영남지역의 동학문화유적을 살펴보았다. 이를 간략히 정리함으로써 맺음말을 대신하고자 한다.

경북지역의 동학문화유적은 동학의 창명 및 초기 발전과 밀접한 관계를 가지고 있다. 경주 가정리와 용담일대는 동학을 창명한 수운 최제우의 출생지뿐만 아니라 동학이 창명된 곳으로 동학의 문화유적 가

---

72) "左道亂正律, 東學魁首 崔濟愚 以邪術濟人疾病 以呪文國家民族欺瞞 以劍歌國政 謀叛 以邪道亂正律 宜當處刑也"

73) 관덕정은 옛 아미산 북쪽 아래 대구읍성 남문 즉, '영남제일문' 밖 서남으로 200보쯤 되는 지점에 있는 대구감영의 도시청(都試廳)이었으며 관덕정 부근은 평소에 무예를 닦던 곳이다. 관덕정 마루는 아미산 등성이로 관덕정 앞을 흐르는 개천을 건너서 언덕까지는 약 140보의 거리인데 이 아미산 언덕에는 복명초등학교가 자리잡고 있다. 이 언덕받이는 조선시대 중죄인들을 처형하던 사형장으로 사용해 왔는데 수운도 이곳에서 순도하신 것으로 추정된다. 그밖에도 을해박해(1815년)와 정해박해(1827년), 기해박해(1839년)와 병인박해(1866년) 등 서학을 탄압하던 조정에서는 이곳에서 천주교 신자를 사형하는 형장으로도 사용하였다.

동학과 동학혁명의 재인식

장 중요한 곳이라 할 수 있다. 뿐만 아니라 남원 은적암을 제외하면 수운 최제우와 관련된 동학문화유적은 경북지역에 산재해 있다. 다만 수운 최제우의 활동시기가 짧았기 때문이 울산 유곡동, 흥해 매곡동, 울산 내원암과 적멸굴, 문경 초곡과 유곡동, 대구 관덕정 등에 불과하다. 그리고 이들 문화유적지는 수운 최제우의 활동무대가 경북 동북부 지역으로 한정되었다는 것을 확인할 수 있다.

그러나 수운 최제우의 동학을 계승한 해월 최시형에 이르러서는 그 활동무대가 경북 서남부지역까지 확대되었다. 해월 역시 초기의 활동무대는 경북 동북부지역이었다. 즉 포항 검곡을 비롯하여 영해 형제봉과 성내리, 영양 윗대치, 예천 수산리, 울진 죽변리 등이 여기에 해당된다. 그러나 동학의 교세와 조직이 확장됨에 따라 해월 최시형의 활동무대는 경북 서남부 지역까지 확대되었다. 상주의 높은터를 비롯하여 김천 복호동, 상주 전성촌, 상주 왕실촌, 상주 동관음 등이 여기에 해당된다. 즉 경북 서남부지역에 동학의 문화유적이 산재한다는 것은 동학의 교세와 조직이 이들 지역까지 미쳤음을 의미한다.

이러한 내용을 종합해 볼 때 경북지역의 동학문화유적은 동학의 초기 활동의 무대였다. 동학을 창명한 수운 최제우와 이를 계승한 해월 최시형의 주요활동 공간이었던 것이다. 그리고 이러한 문화유적지는 경북 동북부에서 시간이 흐름에 따라 그 공간이 경북 서남부지역으로 확대되었다. 이는 결국 동학의 교세와 조직이 지역적 공간적으로 확대되었다고 할 수 있다.

제2장

삼암 표영삼의 생애와 동학유적지 조사

1. 머리말

사회적으로 동학유적지에 대해 관심을 갖게 된 것은 그리 오래되지 않았다. 최근 서점이나 방송에서는 이벤트의 하나로 다양한 기행을 다큐로 소개하고 있다. 필자 또한 이른 아침에 방영되고 있는 '걸어서 세계 속으로'라는 다큐를 즐겨보곤 한다. 아마도 늘 걸어서 동학유적지를 답사하던 시절이 있었기 때문이 아닌가 한다. 당시 동학유적지를 답사하면서 늘 새로운 동학의 면모를 가르쳐 주고자 하였던 분이 삼암 (三菴) 표영삼(表映三, 이하 삼암장) 선생이었다. 필자가 천도교의 교사와 유적지를 공부할 수 있도록 이끌어주신 분 중 가장 많은 영향을 주었다.

삼암장은 1925년 12월 한국과 중국의 경계인 압록강 대안 평북 구성에서 3대째 계대교인으로 출생하여 평생을 천도교 연구에 기여하였다. 삼암장의 천도교 연구는 교리·교사·유적지로 분류할 수 있다.

교리의 경우 현대사회에 맞는 재해석에 주력하였고, 교사와 유적지는 현장 조사와 발굴을 통해 새롭게 정리하였다. 특히 "역사는 저절로 되는 것이 아니고 집단적인 꿈을 실천로 성취해가는 과정"으로 해석하기도 하였다.[1] 이러한 과정 속에서 삼암장의 연구는 각각 독립적인 것이 아니라 서로 통합적인 연구로서 진행되었다. 그래서 그는 늘 교리와 교사 각각으로서의 연구보다는 통합적인 연구를 강조하였다. 이러한 점에서 삼암장은 천도교를 '새로운 삶의 틀을 창조하는' 것으로 이해하였다.[2] 그리고 이를 '다시 개벽'이라고 표현하기도 하였다.[3]

뿐만 아니라 이와 같은 삼암장의 천도교에 대한 인식은 천도교와 학계를 이어주는 가교역할을 담당하였다. 또한 오늘날 사회를 대표하는 지성인들에게도 적지 않은 영향을 주기도 하였다. 삼암장과 교류하였던 대표적인 인사로는 사회운동가 무위당 장일순을 비롯하여 시인이며 생명운동가인 김지하, 철학자이며 영화 '개벽'의 시나리오를 작성한 도올 김용옥 등이 있다. 이외에도 많은 인사들이 삼암장과 교류하면서 동학과 천도교에 심취하기도 하였다.[4]

---

1) 「앞으로 3년동안 경전공부를 다시 할 겁니다(대담)」, 『신인간』 679, 2007, 28쪽.
2) 「앞으로 3년동안 경전공부를 다시 할 겁니다(대담)」, 『신인간』 679, 28쪽.
3) 「천도교의 기본사상」, 『천도교청년회80년사』, 천도교청년회중앙본부, 2000, 69쪽. 삼암장은 천도교를 다음과 같이 이해한 바 있다. "동학의 신념체계는 '다시개벽'을 위한 해답의 체계이므로 신 관념이나 세계와 인간을 보는 시점이 독특하다. 한울님 관념은 시천주의 신 관념에서 나타났으며 이에 따라 인내천과 사인여천을 실천적인 덕목으로 삼았다. 그리고 이원론적 세계관을 극복하고 현세를 중시하는 도학으로서 개체영혼이나 내세를 부정하고 현실세계의 삶만이 소중하다는 철저한 현세주의적 입장을 취했다. … 동학의 목표는 현숙한 군자가 역사의 주체이므로 자신을 한 차원 높이는 동시에 사회제도도 한 차원 높여서 모근 사람이 한울님처럼 대접받을 수 있는 이상적인 세상을 실현시키자는데 있다. 이상사회의 꿈을 실현하기 위해서는 필요조건인 정의로운 국가와 정의로운 사회인 보국안민을 먼저 실현시켜야 한다. 이것이 동학의 목적이며 신념이라 할 수 있다."

동학과 동학혁명의 재인식

이러한 점에서 천도교에서 삼암장의 업적은 실로 평가하기 어려울
정도이다. 아마도 야뢰 이돈화 이후 가장 많은 업적을 남겼다고 본
다.[5] 본고에서는 이러한 삼암장의 생애와 그의 대표적 활동이라고 할
수 있는 동학유적지 조사에 대해 살펴보고자 한다. 다만 삼암장의 생
애와 활동은 자료의 한계상 제대로 살펴보지 못한 점을 양해 바란다.

2. 생애와 주요 활동

삼암장은 1925년 12월 17일(음) 평안북도 구성군 오봉면 봉덕동에
서 아버지 표원묵(表元黙)과 어머니 김안화(金安嬅) 사이에서 3대째
천도교 계대교인으로 출생하였다. 원래 이름은 '표응린(表應麟)'이었
으나 나중에 '표응삼(表應三)'으로 바꾸었다. '표영삼'이라는 이름은
월남한 후 천도교중앙총부에서 근무를 할 때 변경한 것이다. 당시 총
부에는 박응삼(朴應三)이라는 분이 함께 활동을 하였는데 호명할 때마
다 혼동이 생겨 연배가 아래인 표응삼이 '표영삼'으로 이름을 변경하
였다. 이후 천도교단에서는 표영삼으로 일반화되었다. 도호는 삼암(三
菴)이다. 도호를 삼암으로 작명하게 된 것은 천도교의 의암(손병희)·
송암(손천민)·구암(김연국)의 세 분의 삶을 배우고 실천하고자 한 뜻
을 담고 있었다.

구성면 오봉면은 구성군 남동부에 위치하고 있으며, 북쪽은 천방강

---

4) 이와 관련해서는 '표영삼과 주변 인물들'이라는 표제로 다음 기회에 정리해 보고
자 한다.

5) 야뢰 이돈화와 삼암 표영삼은 둘 다 천도교 기관지『신인간』의 주간으로 활동하
였다. 이러한 관계로『신인간』에 가장 많은 글을 게재였는데, 이돈화는 211회, 표
영삼은 219회를 각각 게재하였다.

과 고천강의 영향으로 충적평야가 잘 발달되었고 동쪽과 남쪽은 구릉성 산으로 형성되었다. 비교적 벼농사와 밭농사가 발달되었고, 임산자원도 풍부하였다. 삼암장이 태어난 봉덕동은 삼면이 산으로 둘러싸인 산골이었다. 마을 뒤쪽은 해발 307m의 봉수산, 앞은 신고개, 그리고 봉수산과 신고개를 잇는 해발 300m의 산들이 마을 삼면을 병풍처럼 마을을 감싸고 있다. 그리고 마을 앞은 태천의 지류인 작은 내가 흐르는 전형적인 산촌이었다. 이곳에서 삼암장은 어린 시절을 보냈다. 삼암장은 그가 태어난 고향에 대한 그리움이 적지 않았던 것 같다. 왜냐하면 그의 필명 중 하나가 '성봉덕'이었는데, '성'은 구성군, '봉'은 오봉면, '덕'은 봉덕동에서 가운데 한 글자를 따서 작명한 것이다. 그리고 이 필명을 자주 사용하였다.

삼암장이 천도교인으로써 성장할 수 있었던 것은 그의 조부 표춘학(表春學) 덕분이었다. 조부 표춘학이 천도교[6]에 입교한 것은 북한지역도 비교적 이른 1900년이었다. 구성군에 천도교가 포교된 것은 동학혁명이 일어났던 1894년부터였다. 정주군의 안처흠, 태천군의 이정점, 그리고 구성군의 문익현을 통해 구성군에 천도교가 포교되기 시작하였다. 특히 문익현은 구성군 노동면 덕동리 출신으로 1894년에 천도교에 입도하였고, 1898년에는 자신의 연원을 조직할 정도로 구성군 내에 천도교의 교세를 크게 확장하였다. 1900년 구성군수가 천도교를 탄압할 때 옥고를 치른 바 있으며, 1904년 갑진개화운동에 적극 참여한 바 있는 문익현은 1906년 구성교구장을 역임한 바 있다.[7]

---

6) 조부 표춘학이 입교할 당시에는 동학이었다. 천도교라는 교명은 공식적으로 1905년 12월 1일 이후부터 사용되었다. 그러나 본고에서는 편의상 천도교로 통일하여 사용하고자 한다.

7) 원명준, 「故敎訓文益賢氏追悼文」, 『천도교회월보』 71, 1916, 31~32쪽. 문익현은 1914년 9월 23일 75세를 일기로 환원하였다. 관내 연비는 1,000여 戶였다.

구성군에 천도교의 교세가 크게 확산된 것은 1899년부터였는데, 이 듬해인 1900년에 전학수(全學洙)를 전교인으로 하여 조부 표춘학이 천도교에 입교하였다. 전학수는 천도교 구성종리원에서 전교사로 활동한 바 있다.[8] 전학수의 집은 천마면으로 조부의 집에서 80여 리 정도 떨어져있는 상당히 먼 곳이었지만, 조부 표춘학은 전학수를 찾아가 천도교에 입도하였다. 조부 표춘학이 왜 멀리 떨어져 있는 전학수를 찾아가 입교를 하였는지는 구체적으로 알 수 없지만 당시 '보국안민' 등 천도교에 대한 사회적 인식과 전학수의 인품에 크게 영향을 받았을 것으로 추정된다.

계대교인이었던 부친 표원묵은 비교적 일찍 결혼하여 삼암장과는 17년 차이였으며, 구성교구에서 운영하는 교리강습소를 졸업하였다. 이때 교리뿐만 아니라 영어와 수학도 함께 배웠다. 음악에 소질이 있던 부친 표원묵은 구성교구 7인조 악대원으로 활동하였다. 클라리넷·호른·큰북 등 7개의 악기로 구성된 '7인조 악대'에서 작은북을 담당하였다. 당시 기념일이 있으면 이 악대를 선두로 하여 거리를 순회하면서 볼거리를 제공하기도 하였다. 삼암장도 동네 아이들과 함께 어울려 악대의 공연을 구경하기도 하였다.

평소 음악을 좋아하던 부친 표원묵은 술도 좋아하고 풍류도 즐겼다고 한다. 그래서 늘 악기를 몸에 지니고 다녔으며 이를 배우기 위해 아버지를 찾아오는 사람도 적지 않았다. 뿐만 아니라 굿판이 벌어지면 함께 참여하여 활동하기도 하였다. 아버지의 이러한 행동에 대해 삼암장은 그 모습이 좋아 보이지 않아 부끄럽게 생각한 적이 있다고 술회하기도 하였다. 그러면서도 악대로 활동하던 부친 표원묵은 교구에서

---

8) 「중앙총부휘보」, 『천도교회월보』 66, 34쪽.

는 접대표로 활동하기도 하였다.

삼암장의 집안은 3대를 잇는 계대교인이었을 뿐만 아니라 외가도 독실한 천도교인 집안이었다. 외조부 김원섭(金元燮)은 교구활동에 대해서는 구체적으로 확인은 되고 있지 않지만, 삼암장의 회고에 따르면 포교활동에 많이 노력하였던 것으로 기억하고 있다.

이와 같은 양가의 독실한 천도교인의 집안에서 태어난 삼암장은 자연스럽게 천도교 신앙을 몸으로 익혔다. 5~6세 때부터 어머니의 손을 잡고 봉덕동의 전교실에 나가기도 하였다. 이때의 인상 깊었던 것은 15~16명이 설교하던 장면이었다.

삼암장은 어렸을 적 조부 표춘학으로부터 천자문을 배웠고, 오봉면에서 초등학교를 다니다가 5~6학년 때 구성 읍내로 전학하여 졸업하였다. 당시 학교장은 일본인이었고, 한 학급에 35명 정도였다. 교과과목은 일본어·산술 그리고 이과를 주로 배웠다. 한글은 일제말기의 전시체제기였기 때문에 초기에는 배웠으나 점차 폐지되어 나중에는 일본어만 배우게 되었다. 이때 배운 일본어 실력으로 그동안 일본어로 된 사료와 책을 분석하면서 연구역량을 축적하기도 하였다.

집안의 경제활동은 농사주업으로 하였으나 풍악을 좋아하는 아버지 덕분에 생활은 넉넉하지 못하였다. 그래서 초등학교 시절 신학기마다 교과서를 사지 못하고 네 번 정도만 구입할 수 있었다. 학교 성적은 오봉면에서는 1등을 하였지만 읍내로 전학한 후에는 20등 정도에 머물렀다. 학교에서 집으로 돌아오면 소를 몰고 들판에 나가 목동이 되기도 하였다. 봉덕동에서 구성읍내로 이사하였을 때는 이발소를 경영하기도 하였지만 몇 차례 이사를 하였던 관계로 생계는 어려웠다. 결국 아버지가 일본인이 경영하는 광산에서 콤푸레샤 운영을 맡게 됨에 따라 다시 산골로 이사를 하였지만 해방 전에 그만두었다. 이후 금광의 하청을 맡아 일을 보았으나 중간업자들의 농간으로 헛고생만 한 셈이 되었다. 한 달 수입은 10원 정도였다. 당시 면서기가 20원에서 30원 정도하였는데, 그렇게 많은 품삯은 아니었던 것이다. 이때 삼암장은 특별한 기술이 없어 주로 심부름을 담당하였다. 그러나 삼암장은 아버지가 하는 일이 전망도 없고 또한 기술도 갖추지 못해 댐 공사장, 고무공장 등에서 인부로 일하였다. 즉 단순 노동자였다. 이때가 17~18세의 청년기였는데 당시를 다음과 같이 회고한 바 있다.

힘을 많이 쓰는 일이라, 어린 나는 물건을 싣고 사람들에게 표를 나누어주는 일을 했지요. 운반은 위험해서 담는 일만 했어요. 돈은 좀 됐지만 겨울이 되면 또 일이 없어요. 광산에 다시 가서 취직을 했어요. 일본인을 따라서 지하 갱 사무실에 있었어요. 심부름도 하고 연락하고 오래하지 못하고 그만 두었어요. 떠돌이 생활이었지요. 봄이 오면 또 공사판을 나와서 고무공장으로 무조건 갔어요. 하청업자가 오라고 해서 그리로 또 갔지요. 사무실 지키고 배급타고 서류 정리 같은 것을 했는데, 일지 쓰는 일이 전부였어요. 나중에 감독이 전표 발행하는 일을 맡아서 했지요. 일제 말기까지 그렇게 지냈던 것 같아요.

일제 말기 삼암장은 일정한 직장을 구하지 못하고 여기저기 일이 있는 곳이면 찾아가는 떠돌이생활을 하였다. 비록 떠돌이 노동자 생활을 하였지만 경제적으로는 오히려 비교적 넉넉하였다. 당시 노동자 생활을 경험한 덕분에 후일 삼암장은 노동운동가로서 노동현장에서 노동자를 이해하고 그들을 지도하였다.[9] 여기에는 어릴 적부터 몸에 밴 천

9) 노동현장에서 있었던 일화 하나를 소개하면 다음과 같다.
"YH노조 지부장이 되다.
그러던 어느 날 노동조합을 세우는 데 함께 하자는 제안을 받았다.
이는 1975년 3월 건조반 여성노동자들이 감독의 일방적인 인사이동에 항의하여

도교의 생활도 적지 않게 영향을 주었다.

한편 이 시기 적지 않은 식민지조선의 청년들이 징용을 당하였다. 징용을 피하기 위해서는 만주로 가거나 직장을 다녀야 했는데, 삼암장은 고무공장 화학실에서 근무하였다. 이 덕분에 징용을 면하였다. 이때는 비교적 직장인으로 적지 않은 품삯을 받을 수 있어 생활은 넉넉한 편이었다. 그렇지만 해방을 앞둔 1945년 봄 징집 신체검사를 받았다. 징집을 앞두고 집에서 지내던 중 해방을 맞았다. 당시 삼암장은 집에 있는 동안 무료한 시간을 달래기 위해 야뢰 이돈화가 지은 『수운심법강의』·『신인철학』·『천도교서』 등을 보면서 천도교에 대한 이론적 지식을 쌓아갔다.

20세 때 고향에서 해방을 맞은 삼암장은 이후 천도교 활동에 적극 참여하였다. 초등학교 동창들과 구성교구에서 이른바 '가리방'으로

작업을 거부했던 일이 있은 후였다. 이 때 작업거부에 앞장섰던 4명의 건조반 조장들이 노조결성을 시도했고, 세 번의 실패를 거듭한 끝에 5월24일 노조결성식을 열 수 있었다. 최 지부장은 일이 힘들지만 예전 마장동 염색공장에 비해서는 월등히 나은 조건이었기 때문에 별 문제가 없다고 생각했다. 그러나 노조를 준비하던 사람들과 만나 노동조합을 통해 연장근로수당과 퇴직금 등 노동자들의 권리를 보장받을 수 있다는 얘기를 들으면서 생각을 바꾸게 된 것이다.

그러나 노조 결성식을 조직하는 데 도움만 주고 회사를 그만두려 한 그는 이 날 지부장으로 선출되었고, 노조 결성 일주일 후 해고되었다. 해고된 그에게 회사는 공장을 차려준다거나 결혼자금을 대주겠다며 지부장을 그만두라고 온갖 회유를 했지만, 최 지부장은 섬유노조로 출근하며 노동조합 활동을 하나씩 배우기 시작했다. 당시 섬유노조에는 회사와 적당한 선에서 타협하라는 간부도 있었지만, 뜻있는 일꾼도 있었다. 특히 표응삼 교선부장은 그에게 원풍모방 박순희 부지부장과 동일방직, 반도상사노조 활동가들을 소개시켜 주었고, 일요일마다 산에 오르면서 노조가 가야할 길이나 회의진행법 등을 꼼꼼히 가르쳐주었다. 또한 크리스찬 아카데미와도 연결시켜 주었고, 여기서의 교육으로 최 지부장은 노동운동의 필요성을 조금씩 깨닫게 된다." 이 글은 YH무역의 노조지부장, 민주노동당 비례대표 국회의원을 역임한 최순영씨와의 대담에서 일부 인용하였다. 최순영, 「열아홉 노동자에서 지역운동가로」, 『노동사회』, 2002년 2월호.

동학과 동학혁명의 재인식

문서를 작성하는 등 적극적으로 교회 활동을 하였다. 이로 인해 삼암장은 구성교구 상무로 선임되었다. 이때 후일 천도교 교령을 역임하였던 김재중은 종학원을 졸업하고 순회강사로 활동하였다. 이외에도 시일이면 설교자로 활동하였다. 뿐만 아니라 구성군 내 전교실을 순회하면서 설교를 하기도 하였다.

1950년 6월 25일 남과 북이 전쟁으로 소용돌이칠 때 삼암장은 홀홀단신으로 월남하였다. 이 민족 간의 전쟁을 그는 가장 안타까웠다고 회상하였다.[10] 전쟁이 한창 중인 1951년 삼암장은 전북 부안군 줄포 면사무소에서 임시로 근무하였다. 이곳에서 그는 배급을 담당하였는데, 집집마다 돌아다니면서 가족 수를 확인하는 등 합리적인 방법으로 일을 처리하였다. 뿐만 아니라 주인 없는 시신을 직접 묘를 만들어주는 등 주민들을 위해 노력하였다. 삼암장은 이곳에서 천도교적인 그의 삶을 체행하였던 것이다. 이러한 일들이 주민들로부터 인정을 받아 줄포를 떠날 때 만류를 하기도 하였다. 당시의 일에 대해 삼암장은 다음과 같이 회고하였다.

> 모두가 힘들고, 모든 것이 부족한 시절이었지만 그래도 마음만은 항상 행복했죠. 사람들을 도와준다는 것에 대해 큰 보람을 느꼈어요.[11]

휴전에 앞서 1952년 12월경 부안에서 서울로 올라온 삼암장은 천도

---

10) 한국전쟁에 대한 삼암장의 회고는 다음과 같다. "참 비참해요. 거제도에서 꼬박 이틀을 굶고 갔어요. 배에서 내리니까 전신이 휘청휘청하고 거기다 15리 정도 고개를 넘어가야 되는데, 아이고 참 그때 이불이 있나 맨당에서 자니 겨울에 주문을 얼마나 많이 읽었는지 몰라. 주문 읽고 낮에 가서 나무해서 밤에 불 때고 고생이라는 건 말할 수 없죠. 무엇보다 희망이 없고 전쟁이 언제 끝날지 모르니 처참했죠." 「앞으로 3년동안 경전공부를 다시 할 겁니다(대담)」, 『신인간』 679, 30쪽.

11) 「앞으로 3년동안 경전공부를 다시 할 겁니다(대담)」, 30쪽.

교청년회를 부활하는데도 적극 노력하였다. 1952년 12월 24일에 부활된 천도교청년회에서 문화부장 겸 중앙상임위원으로 선임된 것[12]을 비롯하여, 휴전 이후 1953년 8월 17일 개최한 제1차 확대위원회에서도 총무부장 겸 중앙위원으로 선임되어 청년회 활성화에 기여하였다.[13] 이어 1960년 6월 1일 개최된 천도교중앙총부 임시대회에서 교화관 부장으로 선임되어 이듬해 1961년 4월 5일까지 근무하였다.

이후 삼암장은 10여 년 동안 노동현장에 투신하여 체신노조, YH노조 설립 등을 지도하였다.[14] 노동현장에서 물러난 삼암장은 1977년 다시 천도교로 돌아와 신인간사 주간, 교화관장, 상주선도사, 교서(교사)편찬위원 및 위원장, 전주 동학혁명기념관장 등을 역임하면서 남은 일생을 천도교 연구에 매진하였다. 저술활동으로는 주간으로 활동하였던 천도교 기관지인『신인간』에 가장 많은 기고를 하였다. 설교를 비롯하여 사적지 답사기, 논문 등 모두 130여 편이 실렸으며, 역저로는『동학』1과『동학』2가 있다. 그리고 유작인『동학』3이 곧 발간 예정이다. 이외에도『천도교월보』와 학술지・잡지 등에도 많은 글이 실렸다.

3. 삶과 일화

어릴 적부터 천도교 집안에서 성장한 삼암장은 다양한 일화를 남기고 있다. 대부분 천도교 생활을 하면서 주변인 또는 언론인과 인터뷰를 통해 알려진 것이지만 몇 가지 사례를 살펴보고자 한다.

---

12) 고문해 도정 증언;『천도교청년회80년사』, 천도교청년회중앙본부, 2000, 691쪽.
13) 「천도교청년회 제1차 확대중앙위원회 회의록」, 1953년 8월 17일;『천도교청년회80년사』, 천도교청년회중앙본부, 2000, 692쪽.
14) 이에 대해서는 자료의 부족으로 후일 기록하고자 한다.

삼암장은 생활 그 자체가 검소하였다. 그러다 보니 보는 사람에 따라 인색하게 인식되기도 하였다. 필자가 중앙총부에 근무하기 시작한 것은 1984년 말경이었는데, 당시 삼암장은 상주선도사로 재직 중이었다. 첫 근무지인 신인간사와 상주선도사가 소속된 현기사 사무실이 중앙대교당 2층에 함께 있었기 때문에 자주 볼 기회가 있었다. 초기에는 별로 탐탁하게 여기지 않았지만 시간이 지남에 따라 많은 것을 지도해 주었다. 특히 사적지 답사를 나설 때면 늘 동행하여 많은 것을 발로 체험할 수 있었다. 이 자리를 들어 다시 한 번 감사의 마음을 전하고 싶다. 한때 삼암장과 필자는 도로 하나를 두고 같은 구역에 있으면서도 한 번도 집에 초대받지 못하였다. 이는 아마도 당시 지내시던 집이 누추하고 불편하기도 하였겠지만 평소 깔끔하고 검소한 생활 탓이 아닌가 생각해 본다.

삼암장은 식사를 늘 스스로 챙겼다. 이는 20여 년 동안 체질화되었기 때문이기도 하였지만 천도교적 삶을 살아가는 실천적 사례이기도 하였다. 그가 식사를 스스로 챙긴 것은 처음부터 그런 것은 아니었다. 아들이 중학교 3학년 때부터였다.

> 아들 녀석이 중학교 3학년 때였는데, 아내는 내 출근과 아들 녀석의 등교 준비에 여념이 없는데 내가 늦잠이나 자는 게 미안해 아침식사를 맡게 되었죠. 그러나 20여 년 전부터 아예 모든 식사는 제가 도맡아 하고 있어요. 시장 보러가는 것도 제가 해요. 내수도는 몰라요.[15]

필자가 삼암장을 알게 된 이후 종종 들었던 얘기지만 늘 신선하게 다가왔다. 삼암장은 늘 식사는 스스로 준비하면서 가족을 염려하였다.

---

15) 「앞으로 3년 동안 경전공부를 다시 할 겁니다(대담)」, 31쪽.

외부 강의 등으로 집을 비우거나 늦을 때면 부엌살림에 익숙하지 않았던 부인은 식사를 제대로 챙겨먹는 경우가 적어 걱정될 정도였다.

이렇다 보니 음식솜씨 또한 베테랑급이었다. 뿐만 아니라 그의 식단의 건강관리의 일환이기도 하였다.

> 내가 이 나이에 특별히 건강관리라고 해서 하는 것은 없지만 식생활만큼은 이것저것 생각하면서 먹어요. 아침은 우리 밀로 만든 빵과 야채 위주로 먹고, 저녁에는 여느 집과 마찬가지로 한식 위주로 먹어요. 북엇국·시래깃국·콩나물국·미역국·배춧국을 끓여 식혀 냉장고에 넣어두고 먹을 때 마다 데워 먹지요.[16]

늘 준비된 식단으로 건강관리까지 신경썼던 것이다. 삼암장이 빵과 샐러드로 아침마다 준비한 밥상은 헬렌 니어링의 '소박한 밥상'을 무색케 하였다. 빵은 우리 밀 통밀가루로 반죽하여 효모를 넣고 두 차례 걸친 8시간의 발효를 거친 뒤 전기밥솥에 쪄서 식사 때 마다 보기 좋게 썰어 놓았다. 곁들인 샐러드는 케일과 오이·피망·양배추·양상추·사과 등 다섯 가지 이상의 채소, 그리고 기름에 살짝 익힌 당근과 약간 볶은 양파를 꿀에 버무려 내놓는다. 특히 채소는 다섯 가지 이상 곁들여 고루고루 섭취하였다. 뿐만 아니라 시간이 있을 때는 북엇국·시래깃국·미역국·배춧국 등을 끓여서 식힌 다음 냉장고에 넣어두었다가 끼니 때가 되면 먹을 만큼만 덜어서 데워서 식사를 하였다.

이러한 삼암장의 식단은 바로 건강관리를 위한 프로그램이었다. 늘 건강을 자신하기도 하였다. 그래서 사적지 조사를 나갈 때면 항상 앞장서서 길을 인도하였다. 이러한 경험으로 사적지 조사 때면 식단에

---

16) 「앞으로 3년 동안 경전공부를 다시 할 겁니다(대담)」, 31쪽.

동학과 동학혁명의 재인식

대해 자주 말씀하기도 하였는데, 이때만 되면 언제나 침이 입안에 가득 고일 정도였다. 삼암장의 대표적인 요리 가운데 하나가 빵을 만드는 것이었다. 우리 밀 밀가루를 반죽하여 효모를 넣고 부풀려 전기밥솥에 쪄서 빵을 만들었다. 매번은 아니지만 사적지 답사를 떠날 때면 직접 만든 빵의 맛을 느낄 수 있었다. 덕택에 사적지 조사는 늘 입이 즐거웠다.

뿐만 아니라 삼암장의 부부관계는 평등하였다. 식사 때면 늘 부인에게 "진지 잡수세요"라고 권하였다. 삼암장이 그의 부인에게 늘 존대어를 사용하였다. 처음에는 어색하였지만 어느 순간부터는 자연스럽게 대할 수 있었다고 하였다. 그가 부인에게 존대어를 사용한 것은 소춘 김기전의 영향을 적지 않게 받은 탓이기도 하였다. 나아가서는 천도교인의 실천적 삶의 모습이기도 하지만.

> 소춘 선생님께서 하셨듯이 실천해야겠다는 일념으로 경어를 하였지요. 간혹 불각 중에 반말을 쓰면 다시 고쳐서 말했어요. "밥 잡쉬요"까지는 했는데 "진지 드세요"라고 말하기까지는 약 10년의 시간이 흘러간 것 같아요. 동학이 인내천 사상을 강조하는데 자기가 윗사람이라고 해서 아랫사람에게 반말하는 것은 안돼요.[17]

앞서 언급하였듯이 삼암장에게 사람을 대할 때 경어로써 대할 수 있도록 영향을 주었던 분은 소춘 김기전이었다. 소춘 김기전은 삼암장과 같은 고향인 구성 출신이었다. 보성전문학교를 졸업하고 한때 『매일신보』에 입사하여 언론인으로 사회활동을 하였으나 이내 천도교청년회에서 경영하는 『개벽』의 주필을 맡아 천도교청년회와 개벽사를 실

---

17) 「앞으로 3년 동안 경전공부를 다시 할 겁니다(대담)」, 30~31쪽.

질적으로 이끌어갔다. 특히 소춘 김기전의 어린이 사랑은 남달랐다. 우리나라에서 처음으로 어린이운동을 전개할 때 소춘은 어린이에게 경어를 사용할 것을 누구보다도 먼저 주장하고 실천하였다. 그래서 어린이에게 존대말을 하면 '미친 사람' 취급을 당하기도 하였다. 천도교 중앙대교당 정문에서 어린이들이 들어오면 늘 공대어로 맞이하였다. 심지어 자식들에게도 공대어를 사용하였다. 그런 소춘 김기전은 삼암장에게 "언제나 만나고 싶고, 뭐든 가져다 드리고 싶고, 같이 있으면 계속 곁에 머무르고 싶은 분"이었다.[18] 동향인으로 평소 존경하였던 소춘 김기전의 삶은 바로 삼암장에게로 전이되었던 것이다. 삼암장 역시 집에서 뿐만 아니라 처음 만나는 어린이에게도 꼭 경어를 사용하였다.

삼암장은 자신이 글을 쓰며 연구하듯이 부인이나 아들의 일에 대해서도 존중하였다. 부인이 하는 일에 대해 간섭을 하지 않았고, 아들에 대해서도 마찬가지였다. 삼암장에게는 아들이 하나 있다. 미술대를 나와 그림을 그리다가 이제는 전문번역가로 활동 중이다. 아들이 결혼 적령기가 되었을 때 결혼을 권유하였지만, 아들이 결혼에 대한 관심을 보이지 않자 더 이상 강요하지 않았다.

---

18) 소춘 김기전과 관련된 일화 하나를 소개하면 다음과 같다. "한 달 동안 생활을 같이 했죠. 그런데 그 양반이 하루 종일 말씀을 안 해요. 몇 가지 물어봐도 말을 아주 한참 있다가 그저 서너 마디하고 딱 끊어요. 수행을 해서 그런지 잔말을 안 해요. 누가 여럿이 와서 물어도 별로 관여하지 않아요. 언젠가 구성 사람들이 한 열댓 명 왔는데 누군가 소춘 선생께 묻기를 "강령 상태하고 아편 먹은 거하고 어떻게 틀리느냐" 하니, 소춘 선생님이 "하하, 내가 아편을 먹어보지 못해서 모르겠습니다" 그리고는 대답을 안 해요. 그건 말이 되지 않는다 그런 얘기야. 긴말 않고 딱 끊어 얘기한 거지. 그리고 해방 후 북한에서는 전기료를 안 냈거든요. 그런데 소춘 선생이 일어서서 직접 꺼요. 여기서 돈을 안 물지마는 어느 사회에서나 다 전기세를 무는데 습관을 그렇게 하여야 된다고 일어서서 당신이 꺼요. 그리고 무슨 일을 하든지 항상 생각하라. 그리고 생각하면 미루지 말고 빨리 하라고 하셨어요." 「앞으로 3년 동안 경전공부를 다시 할 겁니다(대담)」, 29쪽.

이러한 그의 삶은 철저한 천도교인으로써 인내천을 실천하고자 한 삶이었다. 그렇다면 그는 천도교를 어떻게 이해하고 있었을까. 이에 대해 많은 글을 남기지 않아 내면적으로까지 확인하기는 어렵지만 단편적인 글을 통해 살펴보자.

삼암장은 천도교의 참맛을 알려면 경전을 가까이 할 것을 늘 입버릇처럼 말하였다. 그만큼 경전의 가르침에 충실하고자 하였다.

> 천도교를 신앙하는 참맛을 알고 참 즐거움을 얻으려면 결코 경전을 멀
> 리 해서는 안 될 것이다.[19]

이에 따라 삼암장은 경전의 올바른 이해를 위해 『신인간』에 「동학 경전의 편제와 내용」라는 글을 20여 회 연재한 바 있다.[20] 때문에 삼암장은 교회사 외에도 경전 발굴과 해의, 그리고 용어 해설에도 남다른 열정을 보이기도 하였다. 나아가 역작이었던 『동학』(1-3)을 마무리한 다음에는 경전공부에 집중 연구하고자 하였다.

그는 또한 참된 천도교의 신앙을 위해서는 종교적 수행을 강조하였다. 종교적 수행은 신앙생활의 기본이지만 수행에만 국한하지 말고 사회화에 중점을 두기도 하였다.

> 동학의 종교적 수행은 기복적 신앙을 극복하고 구도적 수행에 만족하
> 면 그만인가. 아니다. 구도적 수행은 개인구제나 구원을 이룰 수는 있어
> 도 사회구제는 안 된다. 동학의 진정한 수행 목적은 한 걸음 나아가서 역
> 사를 새롭게 창조한다는 현숙한 군자가 되자는데 있다. … 동학의 종교적
> 이상은 인간의 존엄성이 최대로 보장되며 사회정의가 확립된 새문화의

---

19) 「수행과 경전 읽기」, 『천도교월보』 55, 1983.
20) 삼암장, 「동학경전 편제와 내용」, 『신인간』 422~441, 1984~1986까지 참조할 것.

새세상을 건설하는데 있다.[21]

즉 천도교의 신앙은 개인적 구원뿐만 아니라 사회구제도 포함시키고 있다. 나아가 천도교는 병든 사회를 새로운 규범으로 개혁하고 하는 종교로 인식하기도 하였다.

> 우리 동학 즉 천도교 역시 대신사께서 말씀하신 바와 같이 '유도 불도 누천년에 운이 역시 다했던가'라고 단정하시며, 병든 사회를 시천주의 본체관에 의한 새로운 규범으로 개혁하기 위해 등장한 것이라 할 수 있다.[22]

이러한 점에서 삼암장은 천도교는 '병든 사회를 새로운 규범으로 개혁'하기 위한 것으로 인식하였다. 그래서 천도교의 사회적 역할을 강조하였다. 이에 따라 그는 기계만능의 현대사회를 비판하고 있다. 즉 "기계문명과 경영조직의 강화에 따른 인간성의 소외, 고도산업 사회화에 따른 생활패턴의 변화와 가치기준의 변동은 매우 심각하다"고 하여, 인간을 소외한 변형적 기업경경에 비판하였다. 그래서 그는

> 지금 우리는 인간의 존엄성이 소외된 타산적이며 금권이 앞서는 시대에 살고 있다. 도처에서 일어나는 비인간화를 우리는 방관자로 보고만 있을 것인가. 사람이면서 사람대접을 못 받고 자기를 자기마음대로 못하는 타유화(他有化)되고 있는 현실에 무관심할 수가 없는 것이다.[23]

---

21) 그러나 삼암장은 『동학』 3의 간행을 보지 못하고 환원하였다.

22) 「용시용활의 교훈을 살리자」, 『천도교월보』 54, 1983.

23) 「방관자가 되지 말자」, 『천도교월보』 53, 1983.

동학과 동학혁명의 재인식

라고 하여, '현실참여'를 강조하였다. 이러한 인식은 1960년대 노동현장에 있었던 경험을 통해 사유화된 것이라 할 수 있다. 그래서 그는 "후천개벽의 새규범을 세우려는 우리 후학들은 오늘의 때를 알고 오늘의 때를 맞추어 무엇인가 몸부림쳐야 한다"[24]고 주장하기도 하였다. 이러한 점에서 삼암장은 종교는 인간의 사후보다는 현재 살고 있는 사회를 우선으로 해야 한다고 보았던 것이다.[25]

4. 동학유적지 조사와 정리

삼암장이 천도교와 관련된 연구성과를 크게 교리·교사·동학유적지 등 세 분야로 구분할 수 있다. 그 중에서도 가장 큰 업적을 남긴 분야가 교사와 동학유적지의 조사 및 정리였다.[26] 유적지는 교사와 밀접한 관련을 가지고 있지만 삼암장에게는 독자적인 하나의 영역을 구축하였다.

삼암장이 동학유적지에 관심을 갖게 된 것은 1977년 천도교 기관지 『신인간』 주간을 맡게 되면서부터였다. 노동현장에서 천도교로 복귀한 삼암장은 1926년 4월에 창간되어 50여 년의 역사를 가지고 있는

---

24) 「용시용활의 교훈을 살리자」, 『천도교월보』 54, 1983.

25) 「우리 구실 다하는 신앙자세 갖자」, 『천도교월보』 2, 1978.

26) 그렇다고 교리에 대한 연구가 소홀하였다는 것은 아니다. 삼암장은 늘 교리를 현대적으로 재해석하고자 하였다. 삼암장은 "천도교의 교리 교사는 따로 떼서 공부하면 안돼요. 왜냐하면 수운 선생이 확립한 신념체계를 시대적 역사적으로 실천하는 과정에서 동학의 역사이기 때문이에요. 다시 말해 교리를 공부하고 재해석해서 실천하는 것이 동학사입니다"라고 한 것처럼 교리와 교사를 구분하지 않고 늘 하나의 범주로 인식하였다. 나아가 그는 동학의 신념을 바탕으로 오늘날에 무엇을 할 것이냐를 찾아서 실천할 것을 강조하였다.

『신인간』의 새로운 편집방향을 스승님들의 행적이 남아있는 사적지를 정리하는 것에 두었다. 삼암장이 사적지에 관심을 갖게 된 결정적인 이유는 다음과 같다.

사적지를 조사하게 된 건, 청년시절에 어르신들께 의문점을 물어보는데도 원로들이 자기가 경험한 것 외에는 잘 모르더군요. 그래서 나라도 조사해야겠다 싶었죠.[27]

즉 삼암장이 사적지에 관심을 갖게 된 동기는 교회 원로들이 스승님의 거쳐 갔던 곳을 알지 못하였기 때문이었다. 여기에 더하여 삼암장은 평소 산을 좋아했던 것도 덤으로 작용하였다. 이에 따라 삼암장은 스승님의 흔적이 남아 있는 동학유적지를 매월 한 차례씩 현장을 답사하고 확인하였다. 그리고 이를 답사기 형식으로 정리하여『신인간』을 통해 '성지순례'라는 표제로 연재하였다. 처음으로 정리하여 발표한 동학유적지는 '여시바윗골'이었다.[28] 여시바윗골은 수운 최제우가 주유팔로를 통한 구도의 길을 청산하고 1854년 10월에 정착하여 사색으로 구도의 방법을 전환한 곳이다. 또한 이곳에서 종교체험을 통해 '을묘천서'를 받은 곳이기도 하였다. 여시바윗골을 처음으로 답사한 것은 1928년 1월 이돈화였다. 이돈화는 울산종리원에 순회를 갔다가 고로(古老)들의 안내를 받아 확인하였다. 당시 이돈화가 남겨놓은 기록[29]

---

27) 「앞으로 3년동안 경전공부를 다시 할 겁니다(대담)」,『신인간』679, 24쪽.

28) 여시바위골은 狐岩谷으로, 1997년 울산광역시 지방문화재 제12호로 지정되었으며, 현재 유허비와 팔각정이 세워져 있으며, 수운 최제우가 생활하였던 초가 세 칸이 복원되어 있다.

29) 이돈화가 처음으로 답사한 것을『신인간』22(1928.3)에「昔時此地見 今日又看看」이라는 제목으로 발표하였다. 그 내용은 다음과 같다. " … 그 골짜기 됨은 심히 이상하였다. 左靑龍右白虎 같은 산맥이 곱게 곱게 흘러 완연히 弓乙形으로 구

　　　　　　　　　　　　　동학과 동학혁명의 재인식

을 기초로 삼아 50년 후 삼암장이 다시 확인한 것이었다. 삼암장이 여시바윗골을 확인하게 된 결정적인 것은 이돈화의 기록 중 '처사문모지묘(處士文某之墓)'라는 내용이었다. 처음으로 시작된 동학유적지 조사는 이렇게 성공적으로 마칠 수 있었다. 이후 삼암장은 현장을 배낭을 둘러매고 매월 유적지를 발로 답사하였다. 당시 교통도 그렇게 편리한 상황이 아니었음에도 불구하고 한 번도 거르지 않고 조사가 계속되었다. 삼암장이 『신인간』을 통해 유적지를 조사 정리한 곳은 <표>와 같다.

〈표〉 삼암장이 『신인간』에 연재한 동학유적지

유적지	위치	사적 의미	발표 권호
여시바윗골	울산광역시	을묘천서를 받은 곳	351호, 1977.11
천성산 적멸굴	경남 양산시	수운 최제우 첫 49일 기도한 곳	352호, 1977.12
구미용담	경북 경주시	동학을 창도한 곳	353호, 1978.1
은적암	전남 남원시	동학의 탄압을 피해 은신하며 도수사, 권학가, 논학문 등을 지은 곳	354호, 1978.2
관덕당	대구광역시	수운 최제우 순도한 곳	355호, 1978.3
태묘	경북 경주시	수운 최제우 묻힌 곳	357호, 1978.5
해월 최시형 묘소	경기도 여주시	해월 최시형 묻힌 곳	358호, 1978.6
송골	강원도 원주시	해월 최시형 피체된 곳	359호, 1978.7
전거언(전거론)	경기도 여주시	해월 최시형 이천식천 법설 남긴 곳	360호, 1978.8 · 9
앵산동	경기도 이천시	해월 최시형 향아설위 법설 남긴 곳	361호, 1978.10

부러져 가지고는 앞에 주먹 같이 둥근 小山이 골 사이에 묘하게 서있음으로 그 골에 앉아있으면 桃花流水沓然去는 없다할지라도 別有天地非人間은 확실히 될 만 하겠다. 大神師의 사던 집은 재작년까지 남아있었다가 그곳 어떤 富豪가 風水說을 믿고 그곳에 묘를 쓰면 富貴功名이 子孫萬代에 가리라하여 그 집을 사서 헌 뒤에 바로 집 자리에다는 감히 묘를 쓰지 못하고 집 자리뿐은 경우 남겨놓고 바로 그 옆에다 묘를 썼다는데, 碑石에 '處士文某之墓'라 하였다."

높은터	경북 상주시	해월 최시형 해월장(인장) 처음으로 사용한 곳	362호, 1978.11
느릅정이	강원도 인제군		363호, 1978.12
되자니	충북 음성군	호서동학군 해산한 곳	364호, 1979.1 · 2
문바위골	충북 보은군	동학혁명 9월 총기포령 내린 곳	365호, 1979.3
장내리	충북 보은군	척왜양창의 운동 전개한 곳	366호, 1979.4
신평리	충남 공주시	호남 포덕의 전진 기지로 손화중 등이 해월 최시형을 처음으로 예방한 곳	368호, 1979.6
금성동	충북 진천군	해월 최시형 통유문 10조 발표한 곳	369호, 1979.7
복호동	경북 김천시	해월 최시형 내칙, 내수도문 발표한 곳	370 · 371호, 1979.8, 9 · 10
앞재(전성촌)	경북 상주시		372호, 1979.11
가섭사	충남 공주시	해월 최시형, 손병희 등과 49일 수도한 곳	373호, 1979.12
샘골(천동)	충북 단양군	용담유사 간행한 곳	374호, 1980.1
적조암	강원 정선군	해월 최시형 49일 수도한 곳	375호, 1980.2 · 3
직곡(직동)	강원 영월군	해월 최시형 대인접물 설법한 곳	376호, 1980.4
댓치(죽현)	경북 영양군	영해교조신원운동을 겪었던 곳	378호, 1980.6
검곡	경북 포항시	해월 최시형 동학에 입도할 당시 지내던 곳, 만민평등 법설한 곳	379호, 1980.7
수산리	경북 예천시		384호, 1981.1
수레촌 (수레너미)	강원 원주시		393호, 1981.11
세성산	충남 천안시	동학혁명 전투가 있었던 곳	408호, 1983.5
왕실촌(효곡)	경북 상주시	교조신원운동 지도한 곳	409호, 1983.6
삼례	전북 완주군	교조신원운동 전개한 곳	410호, 1983.7 · 8

<표>에 의하면, 수운 최제우 관련 유적지 6곳, 해월 최시형 관련 유적지 24곳이며, 지역적으로는 영남권 12곳, 호남권 2곳, 충청권 8곳, 경기·강원권 8곳으로 모두 30곳이다. 이들 지역은 동학 초기의 유적지로서 대부분 해월 최시형의 활동무대인 충청지역과 강원·경기지역에 해당한다.

동학과 동학혁명의 재인식

이들 지역 외에도 내원암,30) 상주 동관음,31) 울진 죽변,32) 홍해 매곡
동,33) 인제 귀둔리34)와 갑둔리,35) 영월 소밀원36)과 노루목,37) 정선 무
은담38)과 미천,39) 영해 병풍바위,40) 진천 부창,41) 문경 새재,42) 단양
가산리,43) 천안 목천 구내리,44) 임실 새목터,45) 괴산 신양리,46) 공주

---

30) 내원암은 수운 최제우가 49일 기도를 한 곳으로, 울산광역시 울주군 운화리 위치
에 위치하고 있다.

31) 동관음은 대신사의 부인 박씨가 대신사 순도 이후 은신하였던 곳으로, 경북 상주
시 화북면 동관2리에 위치하고 있다.

32) 죽변은 해월 최시형이 1865년부터 약 2년동안 최제우 부인 박씨를 모시고 지내
면서 동경대전과 용담유사를 복사하였고 49일 수도를 한 곳으로, 경북 울진군
죽변리이다.

33) 매곡동은 수운 최제우가 최초로 교단조직인 접제를 실시한 곳으로, 경북 포항시
흥해읍 매산리에 위치하고 있다.

34) 귀둔리는 수운 최제우의 큰아들 세정이 체포된 곳으로, 강원도 인제군 인제읍 귀
둔리이다.

35) 갑둔리는 동학교단에서 경전의 하나인 『동경대전』을 김현수의 집에서 처음으로
간행한 곳으로, 강원도 인제군 남면 갑둔리이다.

36) 소밀원은 소미원으로도 기록되었으며, 최제우 부인 박씨가 1869년부터 3년간
은신한 곳이다. 강원도 영월군 중동면 화원리에 위치하고 있다.

37) 노루목은 최제우 부인 박씨가 1871년부터 1년간 은신한 곳으로, 강원도 영월군
하동면 와석리에 위치하고 있다. 현지명은 장현곡이다.

38) 무은담은 유시헌의 집이 있는 곳으로 해월 최시형이 1870년대 교단을 지도하였
던 접소를 설치하였던 곳이다. 강원도 정선군 남면 문곡리에 위치하고 있다.

39) 미천은 싸내로 불리며 수운 최제우의 부인 박씨가 1872년 9월부터 1년 3개월 정
도 은신하였던 곳이다. 강원도 정선군 동면 화암리에 위치하고 있다.

40) 병풍바위는 1871년 3월 영해교조신원운동을 준비하였던 영해접주 박사헌의 집
이 있었던 곳으로, 경북 영양군 창수면 형제봉에 위치하고 있다.

41) 부창은 해월 최시형이 1892년 1월부터 5월까지 머물면서 통유문을 반포하는 등
교단의 규범을 마련한 곳으로, 충북 진천군 초평면 용정리에 위치하고 있다.

42) 새재는 수운 최제우가 경주에서 피체되어 서울로 압송되었다가 철종의 승하로
다시 대구로 돌아갈 때 지나단 곳이며, 또한 영해교조신원운동을 일으켰던 이필
제가 문경작변을 한 곳이기도 하다. 경북 문경시 문경읍 상초리에 있다.

활원47)과 동막,48) 부안 신리49)와 쟁갈리,50) 익산 사자암,51) 양양 관
아52) 등을 조사 발굴하였다.53)

삼암장은 동학 관련 유적지뿐만 아니라 동학혁명과 관련된 전적지
또한 대부분 현장을 조사하였다. 1999년 들어 삼암장은『교리교사연
구』를 시리즈로 간행한 바 있다.54) 이 시리즈는 동학혁명에 관한 연구

43) 가산리는 1871년 영해교조신원운동 이후 해월 최시형이 변성명하고 잠시 은신
   해 있던 곳으로, 충북 단양군 단성면 가산리이다.
44) 구내리는 해월 최시형이 1883년 봄 김은경의 집에서『동경대전』을 간행한 곳으
   로, 충남 천안시 목천읍 죽계리이다.
45) 새목터는 1894년 동학혁명 당시 해월 최시형이 머물면서 전세를 보고받던 곳으
   로, 전북 임실군 청웅면 조항리에 위치하고 있다.
46) 신양리는 1889년 해월 최시형이 은신하였던 곳이다. 신양리는 삼암장과 몇 차례
   조사를 하였으나 명확하게 위치를 비정하지 못한 곳이다. 최근 한 자료에 의하면
   괴산군 사양동이 이곳이라고 하고 있다. 그러나 충주와 괴산의 경계인 주덕면에
   신양리가 있다. 이곳도 앞으로 좀 더 확인해 볼 계획이다.
47) 활원은 궁평으로 윤상오의 집이 있던 곳이다. 해월 최시형이 1890년 8월 초에 이
   곳에서 지냈다. 충남 공주시 정안면 운궁리에 위치하고 있다.
48) 동막은 1891년 해월 최시형이 은신하였던 곳으로 손병희 등과 함께 지냈다. 충
   남 공주시 정안면 평정리에 위치하고 있다.
49) 신리는 윤상오의 집이 있던 곳으로 1891년 천민 출신 남계천과 양반 출신 윤상
   오 간의 갈등이 생기자 해월 최시형이 직접 가서 이를 해결하였다. 전북 부안군
   동진면 내기리에 위치하고 있다.
50) 쟁갈리는 1891년 부안대접주 김낙철의 집에서 육임첩을 발행한 곳으로, 전북 부
   안군 부안읍 봉덕리에 위치하고 있다.
51) 사자암은 남원 은적암과 호남지역 동학 포교의 전진기지로 1874년 해월 최시형
   이 손병희·박인호 등과 49일 수도를 한 곳이다. 전북 익산시 금마면 신봉리에
   위치하고 있다.
52) 양양 관아는 수운 최제우의 큰아들 세정이 처형된 곳으로, 강원도 양양군 양양읍
   군행리 양양군청 뒤편에 잇다.
53) 이들 지역에 대한 답사기는 직접 남기지 않았으나 필자가 신인간사에 근무하는
   동안 함께 답사하였던 곳이다. 필자 또한 삼암장의 안내로 동학유적지 대부분을
   답사하게 되었고, 이를 답사기를『신인간』에 게재한 바 있다.

동학과 동학혁명의 재인식

성과를 지역별로 정리한 것으로 남원·진주와 하동·내포·금산지역 등이 이에 해당한다. 그런데 삼암장은 이들 지역의 동학혁명사를 집필할 때 문헌 자료만으로 한 것이 아니라 반드시 직접 현장을 답사한 후에야 탈고를 하였다. 덕택에 필자도 동학혁명 전적지 대부분을 답사할 기회가 되었다. 이러한 동학유적지와 동학혁명 전적지의 답사는 삼암장의 역작인 『동학』 집필에도 적지 않게 반영되었다. 따라서 그의 동학과 동학혁명에 관한 연구는 '현장이 살아 숨 쉬는 역사'이기도 하였다.

삼암장의 경우 동학유적지나 동학혁명 전적지의 현장을 답사하는 것은 일종의 구도행위라 해도 지나치지 않았다. 특히 동학유적지가 대부분 산중이다 보니 더욱 그러하였다. 그는 "산은 종교와 같아요. 자꾸 꾸준히 가면 그냥 산이 아닐 수 있어요. 경건한 마음을 느끼면 자연과 내가 둘이 아니라는 생각에서 일상적으로 보고 느끼던 것과 다른 세계를 볼 수 있어요"라고 하면서, 그의 산행답사는 일상에서 비일상적인 시공간으로 종교적 행위로 인식하기도 하였다.

또한 "경전의 면면을 모두 현장에서 확인해보자는 생각에서 발품을 팔았어요. 그런데 수운대신사님과 해월신사님이 다닌 곳이 모두 산이에요. 나도 스승님처럼 주로 걸어 다녔지요"라고 밝힌 것처럼, 답사는 고절한 시간이면서도 스승님과 대화를 하는 시간이기도 하였던 것이다.

---

54) 『교리교사연구』는 동학혁명에 대한 연구한 것으로 천도교중앙총부 교서편찬위원회 명의로 2000년 10월부 11번 정도 간행하였다. 분량은 매회 30쪽 내외였다. 「전라좌도 남원지역 동학혁명운동」(제2호), 「장흥지역 동학혁명」(제3호), 「충청서부지역 동학혁명」(제5호), 「경남 남서부지역 동학혁명」(제6호), 「나주지역 동학혁명」(제7호), 「전라도 남서부지역 혁명운동」(제8호), 「손병희 통령과 동학혁명」(제9호), 「경기지역 동학혁명운동」(제10호), 「전라도 남동지역 동학혁명운동」(제11호), 「금산지역 동학혁명」 등이 있다.

이러한 그의 구도적 답사는 독학으로 경전을 공부한 탓이기도 하였다. 그러나 이러한 답사는 어렵고 배고픈 시절 '배때지 불러 소화가 안되는 사람'으로 비난받기도 하였다. 때로는 이른 아침부터 산을 헤매이다 '간첩'으로 오인되어 신고하는 바람에 경찰서 신세를 진적도 없지 않았다. 직장 내에서도 놀러 다니는 것으로 오해받을 때가 한두 번이 아니었다. 이는 필자도 적지 않게 겪은 일이기도 하였다.

삼암장은 유적지 답사를 통해 교사 기록에 나타난 적지 않은 오류를 바로 잡기도 하였다. 대표적인 것이 '검곡'이었다. 교사에는 검곡이라고 기록하였지만 현장을 조사한 결과 검곡은 '검등곡'의 잘못된 기록이었다. 이러한 오류는 한곳에 오래 머무르지 못하면서 은신을 해야하는 한편 주로 밤에만 활동하였던 관계로 정확한 지명을 확인하고 기록하기는 어려웠을 것으로 보인다. 그렇지만 삼암장의 유적지 현장 조사와 정리로 대부분 바로 잡게 되었다.

뿐만 아니라 삼암장은 조사 및 답사를 하면서 현장을 늘 카메라에 담았다. 유적지나 전적지에 도착하면 우선 사진을 찍을 위치를 확인하였다. 그리고 현장을 돌아본 후에는 사진 찍을 위치로 이동하였다. 중요한 것은 삼암장의 유적지 사진은 평면적이기보다는 입체감이 있다는 점이다. 삼암장은 사진을 찍을 때면 반드시 현장 전체를 담을 수 있는 지점을 선정하였다. 그러다보니 때로는 산으로 올라가 사진을 찍기도 하였다. 필자가 함께 당진 승전곡을 답사할 때였다. 이 답사는 삼암장이 일전에 답사하였던 곳인데, 그때 사진을 찍었던 필름을 현장에서 잃어버렸기 때문이 다시 답사를 한 곳이다. 때는 겨울이라 찬 공기가 엄습했지만 승전곡 현장을 확인한 다음 그 반대편 산으로 올라가서 마침내 동학군과 일본군의 전투현장인 승전곡을 카메라에 담았다. 이렇게 찍은 사진들은 추후에 중요한 사료로써 평가될 것으로 본다. 현재

동학과 동학혁명의 재인식

당시의 현장 사진들은 전주 동학혁명기념관의 전시용 사진으로 아직도 활용되고 있다.

5. 맺음말

이상으로 삼암장의 생애와 주요 활동, 그리고 동학유적지 조사와 정리에 관하여 살펴보았다. 이를 정리하면서 결론을 대신하고자 한다.

삼암장은 일제강점기 좌우로 분화되었던 민족주의 세력이 통합을 도모하는 시기였던 1925년 12월 17일(음) 평북 구성군에서 3대째 계대교인으로 태어났다. 뿐만 아니라 외가 역시 천도교의 집안이었던 관계로 어릴 적부터 천도교 신앙을 몸으로 체험하면서 성장하였다. 초등학교를 졸업한 후 청년기에는 일정한 직업을 갖지는 못하였지만 노동현장을 전전하면서 생계를 유지하였다. 이러한 그의 청년기 삶은 후일 노동현장에서 현대문명과 산업사회에서 소외되었던 노동자를 위한 교육을 실천적으로 보여주기도 하였다. 해방 후에는 고향인 구성군에서 천도교 교역자로 발을 들여놓은 이후 1960년대 노동현장 활동을 제외하고는 일생을 천도교 연구에 매진하였다. 그의 천도교 연구는 교리, 교사, 그리고 동학유적지의 조사와 정리였다. 이러한 삼암장의 연구성과는 천도교에 관한 연구발전을 한 단계 성숙시켰다고 할 수 있다.

삼암장의 삶은 천도교 신앙을 실천적으로 보여주는 사례였다. 부인에게 경어 사용과 식사준비는 삶의 일부였다. 이러한 그의 실천적 삶에 가장 크게 영향을 준 인물은 동향인이며 스승이기도 한 소춘 김기전이었다. 뿐만 아니라 천도교는 '새로운 삶의 틀을 창조하는 것'으로 이해한 그는 '개혁'을 중요시하였다.[55]

삼암장의 연구 중 가장 큰 업적은 동학유적지 조사와 정리라 할 수 있다. 그가 유적지를 조사하게 된 것은 원로선배들이 제대로 못하였기 때문이었다. 1977년 4월『신인간』주간을 맡은 이후 2년 동안 거의 한 번도 거르지 않고 매달 유적지를 조사하였다. 그가 조사한 유적지는 『신인간』에만 소개한 곳이 30곳에 불과하지만, 이외에도 수운 최제우와 해월 최시형, 그리고 동학혁명에 관한 유적지·전적지는 모두 섭렵하였다고 할 수 있다. 특히 유적지 조사와 정리는 천도교 연구에 적지 않은 성과를 남긴 것만은 분명하다. 그리고 중요한 기록으로 평가할 만하다. 이를 토대로 향후 삼암장에 대한 본격적인 연구와 평가를 기대해 본다.

---

55) 이와 관련하여 삼암장은 다음과 같이 말한 바 있다. "나는 개혁이 좋아요. 인간의 존엄함을 보장하는 세상을 만들려면 새로운 틀을 만들어야 해요. 사회의 틀이 바뀌면 사람들이 지향하는 희망이 바뀌어요. 꿈이 달라지죠."

동학과 동학혁명의 재인식

제2부

쟁점 : 동학혁명의 재인식

제3장 해월 최시형과 동학혁명
－활동과 인식을 중심으로－

제4장 동학과 전봉준

제5장 홍주성의 동학혁명과 의병운동의 재검토
－'홍성의사총'의 진위규명을 위한 문제제기－

제6장 동학혁명 이후 동학군의 동향과 활동
－고부 · 남원 · 임실지역을 중심으로－

제7장 동학혁명에 대한 천도교단의 인식
－일제강점기를 중심으로－

제8장 진보회의 조직과 정부 및 일본군의 대응

제3장

해월 최시형과 동학혁명
─ 활동과 인식을 중심으로 ─

1. 머리말

일반적으로 동학혁명을 연상하게 되면 무엇보다도 먼저 '전봉준(全
琫準)'을 떠올리게 된다. 이어 김개남(金開南)·손화중(孫華中) 등이
생각난다. 이는 지금까지 대부분의 연구들이 전봉준을 중심으로 동학
혁명을 이해하고 있기 때문이다.[1] 하지만 이들만으로 동학혁명을 이

---

1) 그동안 동학혁명을 주제로 다른 연구성과 중 인물에 관해서는 주로 전봉준(全琫
準)에 촛점을 맞추고 있다. 전봉준을 주제로 다룬 연구 성과는 다음과 같다.
金義煥,『전봉준실기』, 정음사, 1974; 申福龍,『전봉준의 생애와 사상』, 양영각,
1982; 신용하,『동학과 갑오농민전쟁연구』, 일조각, 1993; 우윤,『전봉준과 갑오
농민전쟁』, 창작과 비평사, 1993; 장도빈,『갑오동학란과 전봉준』, 부흥서림,
1926; 전하우,『巨儒 全琫準의 개혁사상』, 영원사, 1993; 강창일,「전봉준 회견기
및 취조기록」,『사회와 사상』9월호, 1988; 김광래,「전봉준의 고부 백산 기병」,
『나라사랑』15, 외솔회, 1974; 김길신,「전봉준과 갑오농민전쟁」,『갑오농민전쟁
100돌기념논문집』, 집문당, 1995; 김용덕,「전봉준-민족의 파랑새-」,『인물한국
사』5, 박우사, 1965; 김용덕·김의환·최동희 공저,『녹두장군 전봉준』, 동학출
판사, 1973; 김용섭,「전봉준 공초의 분석-동학란의 성격 일반-」,『사학연구』2,
한국사학회, 1958; 김창수,「동학혁명운동과 전봉준」,『한국사상』19, 한국사상

해하는 데에는 한계가 적지 않다. 그래서 동학혁명에 대한 연구도 사회적·경제적 측면에서 많은 연구성과가 이루어져 왔다.[2] 그러나 이러한 연구들은 동학혁명의 전체를 보는 것이 아니라 어느 한 개인이나 한 단면을 중심으로 접근하고자 하는 극단적인 경향도 없지 않았다.

해월 최시형은 동학 2세 교조로서 뿐만 아니라 1894년 동학혁명 당시에도 적지 않은 역할을 하였다. 이러한 그의 역할에 비해 아직도 일반 학계나 사회적 인식은 최시형[3]보다 전봉준·김개남·손화중 등에

연구회, 1982; 이이화, 「전봉준과 동학농민전쟁」, 『역사비평』 7-9, 1989~1990; 이태호, 「전봉준과 강증산의 사회사상」, 『공동체문화』 1, 1983; 정창렬, 「전봉준의 변혁사상」, 『마당』 9월호, 1981; 정창렬, 「동학교문과 전봉준의 관계-교조신원운동과 고부민란을 중심으로-」, 『19세기 한국전통사회의 변모와 민중의식』, 고려대 민족문화연구소, 1982; 조경달, 「甲午農民戰爭指導者 全琫準의 硏究」, 『朝鮮史叢』 7, 朝鮮史叢編輯委員會, 1983; 최승범, 「녹두장군과 파랑새 노래」, 『나라사랑』 15, 외솔회, 1974; 한우근, 「全琫準-동학혁명의 기수-」, 『한국의 인간상』 2, 신구문화사, 1965; 橫川正夫, 「全琫準についての一考察-甲午農民戰爭硏究にとせて-」, 『朝鮮史硏究會論文集』 13, 1976.

김개남과 관련된 연구성과로는 李眞榮, 「金開南과 동학농민전쟁」, 『한국근현대사연구』 2, 한국근현대사연구회, 1995; 李眞榮, 「東學農民戰爭과 全羅道 泰仁縣의 在地士族 -道康金氏를 中心으로 -」, 全北大 史學科 博士學位論文, 1996; 姜松鉉, 「南原圈 東學農民戰爭의 展開」, 『청람사학』 3, 한국교원대 청람사학회, 2000 등이 있다.

손화중과 관련된 연구성과는 정민영, 「무장(茂長)의 동학농민운동」, 한국교원대 역사교육학과 석사학위논문, 1995가 있다.

2) 동학혁명의 연구와 과제에 대해서는 정창렬, 「동학농민혁명 연구의 어제, 오늘 그리고 내일」, 『동학농민혁명의 동아시아적 의의』, 동학농민혁명기념사업회, 2002를 참조할 것.

3) 최시형에 관한 연구는 다음과 같다
이이화, 「인간과 신의 차이-최시형의 역사적 재평가-」, 『역사비평』 봄호, 1988; 장영민, 「최시형과 서장옥-남북접 문제와 관련하여-」, 『동학농민혁명과 농민군 지도자 성격』, 동학농민혁명기념사업회, 1997; 박맹수, 『崔時亨硏究』, 한국정신문화연구원 박사학위 논문, 1996; 박맹수, 「해월 최시형의 초기행적과 사상」, 『청계사학』 3, 한국정신문화연구원 청계사학회, 1986; 睦貞均, 「東學運動의 求心力

더 치중하고 있다.

해월 최시형은 수운 최제우로부터 1864년 8월 동학의 최고지도자의 직임을 물려받은 후 그 책임을 다하면서 교단 조직의 확장을 비롯하여 1892년과 1893년 교조신원운동,[4] 1894년 동학혁명, 그리고 그 이후 동학교단의 재정비 등 1898년 6월 2일 교수형을 당할 때까지 34년간 동학의 지도자로서 동학교도들을 이끌어 왔다. 그러나 최시형은 늘 양면적인 평가를 받아 왔다. 이러한 경향은 특정 사건 내지 활동과 관련해서 더욱 두드러진다. 특히 1871년 영해교조신원운동,[5] 1892~1893년에 전개되었던 교조신원운동, 1894년 동학혁명과 관련하여 그러하다.

과 遠心作用-東學敎團의 컴뮤니케이숀을 中心으로-」,『韓國思想』13, 한국사상연구회, 1975; 박맹수, 「1893년 동학교단의 報恩聚會와 최시형의 역할」,『청계사학』13, 한국정신문화연구원 청계사학회, 1997; 박맹수, 「최시형의 종교사적 위치」,『한국종교사연구』5, 한국종교사학회, 1996; 조성운, 「해월 최시형의 道統傳受와 初期布敎活動」,『동학연구』7, 한국동학학회, 2000; 표영삼, 「신사 최시형의 생애」,『동학연구』7, 한국동학회, 2000; 申一澈, 「崔時亨의 汎天論的 東學思想」,『崇山朴吉眞博士古稀紀念 韓國近代宗敎思想史』, 崇山朴吉眞博士古稀紀念事業會, 1984.

4) 동학교단의 교조신원운동에서 해월 최시형에 대한 평가는 대부분 부정적이거나 비판적이었다. 그러나 최근 연구성과에 의하면 해월 최시형의 역할이 매우 컸던 것으로 밝혀지고 있다. 이에 대해서는 표영삼, 「교조신원운동」,『한국사상』24, 한국사상연구회, 1998; 박맹수, 「1893년 동학교단의 보은취회와 최시형의 역할」,『청계사학』3, 청계사학회, 1997; 신영우, 「1893년 보은집회와 동학교단의 역할」,『실학사상연구』10 · 11합집호, 무악실학회, 1999; 이희근, 「동학교문의 보은 · 금구집회」,『백산학보』42, 백산학회, 1992 등을 참조할 것.

5) 영해교조신원운동은 그동안 동학교단에서는 '이필제의 난'이라 하였을 정도로 부정적인 측면이 없지 않았다. 그러나 최근에는 해월 최시형의 역할이 재조명됨에 따라 교단 내에서도 '이필제의 난'을 최초의 교조신원운동으로 인식하고 '영해교조신원운동'으로 자리매김하고 있다. 이에 대해서는 성봉덕(표영삼), 「영해교조신원운동」,『한국사상』24, 한국사상연구회 및 장영민, 「1872년 영해 동학란」,『한국학보』47, 일지사, 1987 등을 참조할 것.

본고에서는 이 가운데 동학혁명과 관련하여 해월 최시형의 활동을 기존의 연구성과를 참고로 하여 새롭게 조명해보고자 한다. 이에 따라 동학사상의 특성과 최시형의 종교적 특성을 먼저 검토해 보고 그가 동학혁명을 보는 인식과 동학혁명 과정에서 어떠한 역할을 하였는가를 중점적으로 추적해보고자 한다.

2. 최시형의 사상적 특성

1860년 4월 5일 최제우에 의해 창도된 동학의 사상적 특성은 크게 개벽(開闢)[6]의 혁세사상(革世思想), 시천주(侍天主)[7]의 평등사상, 유무상자(有無相資)[8]와 동귀일체(同歸一體)[9]의 대동사상, 척왜양(斥倭洋)[10]의 민족주체사상 등으로 요약할 수 있다.

최제우는 『용담유사』에서 자신의 득도 이전의 세계를 '개벽후 5만년(開闢後 五萬年)'[11]·'하원갑(下元甲)'[12]·'전만고(前萬古)'[13]·'효

---

6) 「안심가」·「몽중노소문답가」, 『龍潭遺詞』, 癸巳版(『東學思想資料集』1, 아세아문화사, 1978).

7) 「論學文」, 『東經大全』, 癸未版(『東學思想資料集』1).

8) 有無相資는 최제우 초기부터 그의 제자 중에 경제적 능력이 있는 자들로 하여금 가난한 자를 위하여 적극 돕는 것으로 이 같은 초기 동학의 공동체적 분위기가 貧窮者로 하여금 동학에 입교하는데 중요한 한부분을 차지하였다. 이러한 유무상자는 최제우의 순도 후에도 수십 년간 지하조직으로 존립하였다.

9) 「안심가」, 『龍潭遺詞』, 癸巳版(『東學思想資料集』1).

10) 「布德文」, 『동경대전』, 癸未版(『東學思想資料集』1).

11) 「용담가」, 『龍潭遺詞』, 癸巳版(『東學思想資料集』1).

12) 「몽중노소문답가」, 「권학가」, 『龍潭遺詞』, 癸巳版(『東學思想資料集』1).

13) 「교훈가」, 『龍潭遺詞』, 癸巳版(『東學思想資料集』1).

박한 이 세상'14) 등으로 표현하였으며, 득도 이전의 시대는 온갖 모순이 가득 찬 시대로 극복되어야 할 시대임을 밝히고 있다. 또한 최제우는 1860년 4월 5일을 기점으로 '다시 개벽' · '상원갑(上元甲)'15) · '후만고(後萬古)'16) · '오만년지운수(五萬年之運數)'17) 등으로 표현하면서 새로운 세계의 도래를 역설하였다. 즉 최제우는 모순에 가득 찬 지금까지의 혼란한 시대는 반드시 무너지고 다가오는 새 시대, 다시 개벽의 시대야말로 지상천국의 이상적 사회가 될 것이라고 제시하였다.

이와 더불어 최제우는 무위이화(無爲而化)라는 개념을 통하여 제국주의 침략과 조선왕조 지배층에 대한 비판적 의견을 개진하였다. 최제우는 다시 개벽과 무위이화를 통해서 낡은 시대와 낡은 문명을 극복하고 새로운 시대와 새로운 문명을 개척하고자 하였는데, 이는 현실 비판사상이자 천도(天道)를 회복하는 새 시대, 새 문명사회 건설을 지향하는 진보적 사상의 일면을 보여주고 있다.

이러한 일면은 1894년 동학혁명에서 잘 드러나고 있으며 반봉건 · 반침략의 사상적 연원이 되고 있다.18) 최제우는 『동경대전』에서 '오심즉여심(吾心卽汝心)'19) · '천심즉인심(天心卽人心)',20) 『용담유사』에서 "나는 도시 믿지 말고 한울님만 믿었어라. 네 몸에 모셨으니 사근취원 하단말가"21) 라는 표현을 통해 한울님과 인간이 둘이 아니고 하나

14) 「몽중노소문답가」, 『龍潭遺詞』, 癸巳版(『東學思想資料集』1).

15) 「몽중노소문답가」, 『龍潭遺詞』, 癸巳版(『東學思想資料集』1).

16) 「교훈가」, 『龍潭遺詞』, 癸巳版(『東學思想資料集』1).

17) 「용담가」, 『龍潭遺詞』, 癸巳版(『東學思想資料集』1).

18) 장영민, 「최시형과 서장옥-남북접 문제와 관련하여-」, 『동학농민혁명과 농민군
지도자성격』, 134쪽.

19) 「논학문」, 『東經大全』, 癸未版(『東學思想資料集』1).

20) 「논학문」, 『東經大全』, 癸未版(『東學思想資料集』1).

임을 밝히고 있다. 이와 같이 모든 인간은 존귀하고 평등하다는 시천주 사상을 통해 최제우는 조선왕조 신분제를 타파하고 근대적 평등사상을 확립하고 있다.

최제우의 시천주 사상은 최시형에 의해 "천지만물이 시천주 아님이 없나니 만물을 일체 공경으로 대하라"[22], "사람은 한울이라 평등이요 차별이 없나니라. 사람이 인위로써 귀천을 가리는 것은 한울님의 뜻에 어기는 것이니 제군은 일체 귀천의 차별을 철폐하여 선사(先師)의 뜻을 맹세하라"[23], "어린 아이를 때리는 것은 한울님을 때리는 것이다[24]" 라는 범천론적 동학사상으로 확대되어 민중들 속으로 전파됨으로써 1894년 동학혁명 당시 동학혁명에 참여한 동학군을 결속하는 중요한 요소로 작용하였다.

최제우는 동국(東國)의 학(學)인 동학(東學)[25]은 당시 민중들 사이에 이미 널리 포교되고 있는 서학(西學)을 제압하고자 한 것으로 밝히고 있다. 이러한 최제우의 반외세적 척왜양 사상은 줄곧 동학의 기본사상으로 이어졌으며 특히 1893년부터 전개된 교조신원운동에서도 잘 나타나고 있다. 보은 장내에서 전개된 보은집회에서는 척왜양창의(斥倭洋倡義)를 기치로 내걸고 수만 명의 동학도인이 모여 20여 일간 집단적으로 시위를 하였다. 이어 1894년 기포된 동학혁명 과정에서 수많은 격문(檄文)과 포고문(布告文)을 통해 반침략적 의지를 드러내고 있다.

이외에도 최제우는 포교 과정을 통해 경제적 여력이 있는 제자들로

21) 「교훈가」, 『龍潭遺詞』, 癸巳版(『東學思想資料集』1).
22) 「天道敎書」, 『新人間』 377, 신인간사, 1980, 75쪽.
23) 「天道敎書」, 『新人間』 374, 신인간사, 1980, 75쪽.
24) 「天道敎書」, 『新人間』 377, 78쪽.
25) 「논학문」, 『東經大全』, 癸未版(『東學思想資料集』1).

동학과 동학혁명의 재인식

하여금 생활이 어려운 사람을 적극 돕도록 가르쳤다. 유무상자(有無相資)라 하여 경제적 공동체 정신을 발휘하도록 한 것이다.[26] 이러한 관계 속에 형성된 동학의 조직은 최시형에 이르러 더욱 견고하게 다져졌으며 교조신원운동과 동학혁명을 통해 그대로 계승·실천되었다.

최제우에 의해 확립된 동학의 사상적 특성은 최시형에 이르러 더욱 확대 발전되었다. 특히 시천주 사상은 "천지만물이 한울님 아님이 없다(天地萬物 莫非侍天主)"[27]로 재해석되었다. 이를 토대로 하여 최시형은 사람뿐만 아니라 우주 만물 자체가 바로 한울님이므로 어린이도, 며느리도, 남의 종도, 날아가는 새도, 들에 핀 꽃도 모두 한울님으로 인식하였다. 뿐만 아니라 이를 기본사상으로 하여 최시형의 사상적 특성도 '만민평등'[28]·'천주직포(天主織布)'[29]·'새 소리도 한울님 소리'[30]·'이천식천(以天食天)'[31] 등으로 확대되었다.

또한 최제우 당시 교인간의 유대강화를 하는데 근본이 되었던 유무상자의 대동사상은 최시형에 이르러 더욱 활성화되었다. 1875년부터 1892년에 이르기까지 최시형은 통문을 통해 유무상자의 실천을 강조하였다. 더욱이 최시형도 몸소 실천하였다. 이와 같은 유무상자의 대동사상은 교조신원운동을 비롯하여 동학혁명을 통해서 실천적으로 나타나고 있다.

최시형은 어린 시절 매우 불우하게 보냈다. 일찍 부모를 여의고 청소년 시절 내내 남의 집에서 머슴살이와 제지소(製紙所) 직공으로 일

---

26) 「天道敎書」 포덕33년조.

27) 「天道敎書」, 『新人間』 377, 75쪽.

28) 「天道敎書」, 『新人間』 374, 75쪽.

29) 「天道敎書」, 『新人間』 377, 75쪽.

30) 「天道敎書」, 『新人間』 377, 78쪽.

31) 「天道敎書」, 『新人間』 374, 79쪽.

한 적이 있다. 특히 최시형은 이때의 불우한 생활로 인해 "내가 가장 한스러웠던 것은 머슴을 살면서 '머슴 놈'이라는 말을 들으며 살아야 했다"[32]고 회고하고 있다. 이와 같은 성장과정은 그의 사상적 특성을 결정하는데 중요한 계기가 되었다. 최시형은 최제우의 가르침에 충실 하였지만 가장 큰 영향을 받은 것은 바로 최제우가 두 명의 여자 몸종 을 며느리와 수양딸로 삼은 것을 통해서였다. 최제우의 이러한 실천행 동은 머슴생활을 했던 최시형에게 충격적인 것이었다. 이러한 까닭으 로 최시형은 동학에 입도한 후 정성스럽게 수련에 힘쓰는 한편 적서차 별·남녀차별·귀천차별의 철폐를 철저하게 강조하였다.[33]

최시형의 가르침은 당시 신분제 하에서 고통받고 있던 서얼 출신의 양반과 중인층, 그리고 일반 평민과 천민들 사이에 새로운 메세지였으 며 동학 교세 확대에 크게 기여하였다. 1863년 경상도 북부의 영해 영 덕 지방의 새로운 신분상승 세력으로 등장했던 신향(新鄕)들이 대거 동학에 입도했던 것[34]이나, 1891년 천민 출신의 남계천(南啓天)을 호 남 좌우도 편의장(便義長)으로 과감하게 임명한 사실[35] 등은 모두 최 시형의 평등사상이 실천된 사례들이다.

또한 다시 개벽의 혁세사상은 최시형에 이르러 "이 세상 운수는 천 지가 개벽하던 처음의 운수를 회복한 것이니 세계만물이 다시 포태의 수를 정치 않는 것이 없나니라. … 새 한울 새 땅에 사람과 물건이 또한 새로워질 것이라"고 확대 해석하고 있다.

---

32) 표영삼, 「최시형과 금등골」, 『新人間』 485, 1990, 14쪽.

33) 해월 최시형은 동학 최고지도자로 부각된 이후 처음으로 행한 법설이 嫡庶差別 撤廢와 萬民平等에 관한 것이었다(『天道敎書』, 천도교중앙총부, 1920).

34) 이 부분에 대해서는 장영민, 「1871년 寧海 동학란」, 『한국학보』 47, 일지사, 1987 년 참조.

35) 「天道敎書」, 『新人間』 377, 79쪽.

3. 동학혁명기 활동

1890년대 초반에 동학이 삼남 지방을 중심으로 하여 교세가 확장되었다. 그러나 이들 중에는 초기처럼 순수 종교적 성향을 가진 사람보다는 공공연히 정치적 사회변혁적 활동을 추구하는 경향이 없지 않았다. 이러한 변화성향의 변화는 당시의 시대적 상황도 배제할 수 없다. 즉 민중들은 차마 죽지 못해 살아갔으며 특히 가진 자들의 횡포는 더욱 심했으며 뿐만 아니라 외세의 침략으로 인해 민족의 자존심과 생존마저 위협을 당하였다. 더욱이 동학에 대한 탄압은 일반 민중보다 가중되었다. 새로운 세계와 삶을 추구하려는 교도들은 이러한 시대적 모순에 대해서 누구보다도 강한 위기의식과 비판의식 그리고 저항의식을 가지고 있었다. 이는 동학교도 자신들이 바로 억압받고 탄압 받는 민중들이었기 때문이었다.

이러한 시대적 모순과 척왜양의 저항의식은 최시형을 비롯하여 교도 누구나가 지니고 있는 공감대였다. 그러나 이와 같은 시대적 모순을 해결하려는 방법 및 인식에 대해서는 내부적 갈등이 없지 않았다. 전봉준을 비롯한 김개남·손화중 등 급진적인 해결방안을 추구하려는 이들에게는 더 이상 시대적 모순을 좌시할 수 없어 당장이라도 해결해야 한다는 입장이었다.[36]

---

36) 해월 최시형과 전봉준의 당시 사회적 모순의 해결방안을 남접·북접으로 구분하여 대립적인 요소로 이해하고 있다. 그러나 필자의 생각으로는 조직에 있어서 하나의 문제를 보는 시각은 다양할 수 있다고 본다. 이러한 관점에서 동학에서도 당시 사회적 모순을 해결하려는데 강경파 내지 온건파라는 양면성을 내포하고 있다고 본다.

한편 이와 관련하여 남접·북접에 관한 기존의 연구성과에서는 그 실체를 인정하고, 이에 따라 해월 최시형의 지도력을 폄하하기도 하였다. 그러나 최근 연구 최시형 역시 이러한 시대적 모순을 외면하지 않았다. 이러한 관점에서 최시형도 전봉준과 마찬가지로 같은 맥락에서 인식을 하였다. 그러나 최시형은 전봉준 등과 같이 급진적인 인식보다는 후천개벽지운(後天開闢之運)의 종교적 차원에서 해결하려는 원칙을 유지하였다.[37] 따라서 최시형은 이와 같은 원칙의 틀에서 동학혁명을 인식하고 상황에 따라서 변화되는 모습을 보이고 있다고 할 수 있다.[38]

동학혁명에 대한 최시형의 활동과 인식은 크게 두 가지 관점에서 추적해 볼 수 있다. 1차적인 시점은 1894년 1월 봉기로서 전봉준이 고부에서 봉기하였을 때이고, 2차적인 시점은 1894년 9월 18일 재차 기포령을 내렸을 때이다. 이 1차적 시점과 2차적 시점 간에는 상당한 변화를 보이고 있다. 우선 1차적 시점에 대한 인식부터 살펴보자.

전봉준이 1894년 1월 정읍 고부에서 기포할 당시 최시형은 청산 문바위골에서 강석(講席)을 열고 각 지방에서 올라온 접주들에게『동경대전』과『용담유사』를 강론하고 있었다.[39] 최시형은 강석 중에 전봉준이 고부에서 봉기하였다는 소식을 전해들었다. 전봉준의 봉기 소식을 전한 사람은 부안의 김낙봉(金洛鳳, 부안대접주 金洛喆의 동생)이었는데 당시의 상황을 다음과 같이 기록하고 있다.

성과에 의하면 새로운 사료의 발굴로 남북·북접에 대해 보다 많은 연구가 필요하다고 본다. 최근 연구성과로는 박맹수, 「동학과 동학농민혁명 연구에 대한 재검토」,『동학연구』9·10합집호, 한국동학학회, 2001이 있다.

37) 장영민, 「최시형과 서장옥-남북접 문제와 관련하여-」,『동학농민혁명과 농민군 지도부의 성격』, 서경문화사, 1997, 125~126쪽.

38) 이 부분에 대해서는 오문환,『해월의 뜻과 사상, 사람이 한울이다』, 솔, 1996을 참조할 것. 이 글은 「해월 최시형의 생활정치사상연구」(연세대 정치학과 박사학위논문)를 단행본으로 간행한 것이다.

39) 「天道敎書」,『新人間』378, 신인간사, 1980, 79쪽.

익년(翌年) 갑오(甲午) 춘(春)을 당하여 고부군(古阜郡) 전봉준이가 기부친(其父親)이 해군수(該郡守) 조병갑(趙秉甲)이의 사(死)한 사(事)로 보수(報讐)하기 위(爲)하여 민요(民擾)을 야기하다가 불사여의(不事如意)하여 무장군거(茂長郡居) 손화중(孫華中)을 운동하여 대란(大亂)이 장기(將起)할 기미를 견(見)라고 심신(心神)이 송황(悚惶)하여 사백(舍伯)의 서간을 봉(奉)하고 불일내(不日內) 기마상거(騎馬上去)하여 대신사를 청산(靑山) 문암리(文岩里)에 배알(拜謁)하옵고 사유(事由)를 고달(告達)한대 대신사분부내(大神師分付內)의 차역시운(此亦時運)이니 금지키 난(難)하다.[40]

그런데 문제는 김낙봉이 전봉준의 기포에 대해 '부친의 원수를 갚기 위한' 것으로 인식하고 이를 자의대로 해월 최시형에서 보고하였다는 점이다. 이는 해월 최시형이 동학혁명 초기 전봉준과 동학혁명을 인식하는데 적지 않은 영향을 주었던 것으로 보인다. 왜냐하면 전봉준의 기포 소식을 전해들은 최시형이 전봉준에게 보낸 유서(遺書)에서도 확인할 수 있다.

부(父)의 수(讐)를 보(報)코자 할진대 마땅히 효(孝)할지요, 민(民)의 곤(困)을 극(極)코자 할진대 마땅히 인(仁)할지라. 효의 소감(所感)이 인륜(人倫)이 가명(可明)이요 인의 소추(所推)에 민권(民權)을 가복(可復)이니라. 더구나 경(經)에 운(云)한 바 현기(玄機)를 불로(不露)하고 심급(心急)히 말라 하였나니 시(是)는 선사(先師)의 유훈(遺訓)이시라. 운(運)이 아직 미개(未開)하고 시(時) 또한 미정(未定)하였나니 망동(妄動)치 물(勿)하고 진리(眞理)를 익구(益究)하여 천명(天命)을 물위(勿違)하라.[41]

40) 「金洛鳳履歷」, 筆寫本, 3쪽; 박맹수, 『崔時亨硏究』, 231쪽 재인용.
41) 「天道教書」, 『新人間』 379, 신인간사, 1980, 72쪽.

즉 해월 최시형은 비록 '시운이 금지하기 어렵다'라고 이미 당시의
상황을 나름대로 인식하고 있었지만 아직 동학혁명을 일으킬 정도로
시기가 성숙되지 않았다고 판단하였던 것이다. 더욱이 해월 최시형은
이를 경계하고 교인들로 하여금 신중히 처신하라는 발문(發文)을 각
접에 보내 효유하고 있다.

> 여(余) 외(猥)히 선사(先師) 전발(傳鉢)의 은(恩)을 승(承)하여 사도(斯
> 道)를 창명(彰明)치 못하고 반(反)히 시인(時人)이 지목(指目)을 횡피(橫
> 被)하여 누(屢)히 화망(禍網)에 이(罹)하며 황곡(荒谷)에 원(寃)한지 우금
> (于今) 십수 년에 마못 지능(智能)의 부족함이 아니라 천명(天命)을 경
> (敬)하며 천시(天時)를 대(待)코자 하여 은인(隱忍)하고 차(此)에 지(至)
> 하였더니 근일(近日)에 문(聞)한 즉 오(吾) 도인(道人)이 본분(本分)에 불
> 안(不安)하며 정업(正業)에 불무(不務)하고 각각 당여(黨與)를 수(樹)하
> 여 호상성원(互相聲援)하여 석일(昔日) 애자(睚眦)의 원(怨)까지라도 상
> (償)치 않은 바 무(無)하여 상(上)으로 군부(君父) 소오(宵旰)의 우(憂)를
> 이(貽)하고 하(下)으로 생령(生靈) 도탄(塗炭)의 환(患)을 기(起)한다 허
> 니 언념(言念)이 차(此)에 급(及)함에 어찌 한심(寒心)치 않으리오. 전후
> (戰後) 포유(布喩)가 일재(一再)에 부지(不止)하되 상(尙)히 미각(未覺)
> 하고 일향(一向) 집미(執迷)하여 동악(同惡)을 상제(相濟)하니 시(是)는
> 역천배사(逆天背師)함이라. 단당제안(斷當除案)하리니 실준물위(悉遵
> 勿違)하라.[42]

이와 같은 최시형의 인식은 동학 조직의 최고지도자로써의 종교적
숙고(熟考)와 이미 1871년 3월 영해교조신원운동에서 수많은 교도들
을 희생한 경험 때문으로 풀이된다.[43] 해월 최시형의 이러한 입장은

---

42) 「天道敎書」, 『新人間』 379, 72쪽.
43) 영해교조신원운동은 최시형에게 많은 영향을 미쳤다. 그 중 첫째는 당시 경북 북

자신이 교단의 최고의 최고 책임자로서 교단의 조직과 교도의 생명을 보호할 의무가 있었기 때문으로 풀이된다. 이에 따라 해월 최시형은 교단 조직과 교도의 피해를 최소화하기 위해 '금석지전'을 발표하지 않을 수 없었다.[44] 이는 교단의 책임자인 해월 최시형과 접주로서 사회변혁을 추구하는 전봉준의 입장 차이가 아닌가 한다.

그러나 최시형의 이러한 인식은 관으로부터 동학에 대한 탄압이 점차 강화되자 변화되고 있다. 전봉준이 1월 고부에서 소식을 처음 접할 때는 해월 최시형은 앞서 살펴보았듯이 그 불가피성을 인정하면서도 한편으로는 아직 때가 아님을 힐책한 바 있었다. 하지만 전봉준이 손화중과 함께 3월 백산(白山)에서 재차 기포함에 따라 관병과 보부상의 탄압으로 각지에서 교도들이 살상 당한다는 보고를 받자 인식의 전환을 가져온다.[45] 이러한 변화의 기본적 시각은 동학의 조직을 무너지는

부 지역을 중심으로 형성된 교단의 조직이 크게 와해되었으며 해월 최시형은 강원도 태백산으로 은신하였다. 『최선생문집도원기서』에 의하면 영해교조신원운동에 교인 500여 명이 가담하였으며 그중 200여 명이 죽거나 체포되어 귀양가는 피해를 입었다. 또한 나머지 300여 명의 교인들 또한 더욱 가혹해진 지방 수령의 탄압과 체포의 위험에서 뿔뿔이 흩어졌다. 뿐만 아니라 해월 최시형의 양자 최준이도 죽음을 당했다. 태백산에서 은신생활을 하던 최시형은 한때 자살까지 결심한 적이 있다. 두번째는 영해교조신원운동의 실패는 후일 동학의 최고 지도자로 성장한 최시형의 지도노선에 상당한 영향을 끼친 것으로 보인다. 최시형은 이후 공주교조신원운동을 비롯하여 동학혁명에 이르기까지 매우 신중한 태도를 보이는데 바로 영해교조신원운동으로 인한 경험에서 바탕된 것이다.

44) 『시천교종역사』 제2편, 18~19쪽.

45) 이와 같은 인식은 해월 최시형이 1894년 1월 5일 문암리에서 강석을 할 때 이미 가지고 있었던 것으로 보인다.
"이때에 관리의 도인 침해와 살상이 날로 심하여 도인된 자-모두 유리하여 갈 바를 알지 못하더라. 각처 두목들이 자주 신사(해월 최시형)께 와서 고하여 가로사되 '일이 이에 이르렀으니 하는 수없이 도인을 단합하여 생명을 보존함만 같지 못하다' 하거늘, 신사 가로사되 '내 도한 그 뜻이 없는 것이 아니로되 아직 천명을 순히 하여 천시를 기다림만 같지 못하다' 하시니, 여러 두목이 또다시 고하여

것을 방지하고 최제우의 가르침인 광제창생을 위한 최선의 방법이었던 것으로 보인다. 이에 따라 해월 최시형은 보다 적극적으로 동학혁명에 참여하는 방안 외에는 다른 선택의 길이 없었다. 이 과정을 좀 더 구체적으로 살펴보자.

1894년 3월 초 진산에서 기포한 동학군은 금산읍과 용담읍을 점령하였으나 이 지역 유림들은 보부상을 동원하여 동학군의 근거지인 진산 방축리를 공격하였다. 이 과정에서 동학군 114명이 살육 당하였다.[46] 뿐만 아니라 4월 5일 진잠(鎭岑)에서는 동학교인의 집 9채가 불타버리는 등 각처에서 동학도에 대한 탄압을 도외시 할 수 없었다. 이에 해월 최시형은 마침내 기포령을 내렸다. 이때의 상황을 백범 김구는 다음과 같이 기록하고 있다.

> 남도 각 관청에서 동학당을 체포하여 압박을 하는 한편 전라도 고부에서는 전봉준이 벌써 군사를 일으켰다는 것이다. 뒤이어 속보가 들어왔다. 어떤 고을 원이 도유(道儒)의 전 가족을 잡아 가두고 가산을 강탈하였다는 것이다. 이 보고를 들은 선생은 진노하는 낯빛을 띠고 순 경상도 어조로 "호랑이가 물러 들어오면 가만히 앉아서 죽을까! 참나무 몽둥이라도 들고 나가서 싸우자" 하시니, 선생의 이 말씀은 곧 동원령이다.[47]

가로되 '만일 이때에 우리 도인이 단합하지 아니하면 앉아서 죽음을 기다리는 수밖에 다시 묘책이 없다'고 애걸하는 자 많은지라, 신사 가로사되 '만일 제군의 마음이 이와 같을진대 이 또한 한울이라' 하시다(김재계, 「교회사」, 『천도교회월보』 277, 1935, 18~19쪽).
이는 당시 교단 내에서도 최소한 무력적 행사를 기도하였다고 보여진다. 그렇다면 해월 최시형은 전봉준의 기포 소식을 듣고 '시운이 아직 아니라'고 한 것은 묵시적 동의로 해석이 가능하지 않을까 한다.
46) 황현, 『梧下記聞』首筆. "錦山行商 接長 金致洪 任漢錫等 倡率商人與邑民千 擊珍山賊斬與一百十四名"; 『隨錄』營寄條. '4月 2日 申時出 錦山郡行商 金致洪 任漢錫 ○偲卒行商 與邑民千餘名 直向珍山防築里 東學徒聚黨處之 戮殺一百十四名"

이 기포령은 종래 해월 최시형이 전봉준이나 1차 동학혁명에 대한 부정적인 인식 내지 비난하였던 것과는 상당한 차이를 보이고 있다.[48] 이러한 사실에 대한 관변측 기록과 일본측 기록에서도 확인할 수 있다. 먼저 관변측 기록인 『동비토록(東匪討錄)』에 의하면 다음과 같은 기록이 있다.

> 동학도 최법헌이 동문을 돌려 이르기를 호남의 교도들이 한꺼번에 타살당하는 것을 앉아서 기다릴 수 없다. 초 6일(1894년 4월 6일) 청산 소사전으로 모이라고 했다고 한다.[49]

이와 같은 내용은 일본측 기록에서도 확인할 수 있다. 일본측 기록인 『주한일본공사관기록』에 의하면 다음과 같은 기록하고 있다.

> 본영(本營)의 교졸(校卒)이 정탐한 보고를 보면, 동학도(東學徒) 최법헌(崔法軒)이 돌린 통문 내용에 호남에 있는 그 무리를 모두 타살한 것에 대해, 더 기다릴 것 없이 초 2일 청산(靑山) 소사전(小蛇田)으로 모두 모이기 바란다고 하였습니다. 그들의 기세가 더욱 확대되고 있으니 매우 민망스럽습니다.[50]

1894년 3월, 4월경에 수만 명의 동학교인들이 모였다는 기록은 동학교단측 사료에도 보이고 있다. 이는 기포령과 직접적인 관계를 확인

---

47) 김구, 『白凡日誌』(학술원판), 나남출판, 2002, 44~45쪽.

48) 장영민은 1차 동학혁명 당시 해월 최시형의 기포령에 대해 부정하고 있다(장영민, 『동학농민운동연구』, 한국정신문화연구원 박사학위논문, 1994, 255쪽).

49) 『東匪討錄』, "東徒崔法軒輪通內 自湖南渠徒一幷打殺 不可坐待 初六日來會于靑山小蛇田云"(『동학농민전쟁사료총서』6, 사운연구소, 1996, 162쪽)

50) 『주한일본공사관기록』1, 국사편찬위원회, 1986, 7쪽(한국판) 및 339쪽(일어판).

할 수는 없지만 적어도 이를 뒷받침하기에는 충분한 것으로 여겨진다. 그 내용은 다음과 같다.

갑오년(1894) 봄에 인심이 안정되지 않아 거치고 잡된 사람들이 오늘 입도했다가 내일 행패를 부리는 일이 있어 그런 일을 금지하였으나 어쩔 수 없었다. 3월 어느 날 수만의 도인들이 이 고을 읍내 근처의 수풀이 우거진 시냇가에 모여 여러 모로 의논하여 규약을 정하였다.[51]

기포령을 발포한 해월 최시형은 이에 그치지 않고 보다 적극적으로 동학혁명을 지도하는 사례도 적지 않다. 일본측 기록인『주한일본공사관기록』에는 다음과 같은 내용을 확인할 수 있다.

동학도의 수괴 최법헌(崔法軒)이 통문(通文)에서 이르기를, "우리 진(陣) 지로군(枝路軍) 200명이 가볍게 나주 땅에 들어갔다가 오합지졸에게 패배를 당하여 우리 군병 20여 명이 체포되어 갔다고 하므로, 명령을 어긴 그 지로군을 먼저 참수한 다음 삼로(三路)로 행군하여 먼저 나주로 향하는데, 제1로장(路將)은 본부(本府) 수하 5,000명으로 하여금 약속한 곳에 가서 기다리도록 하고, 제2로장은 본부 수하 5,000명을 거느리고 약속한 지경에 가서 기다리도록 하며, 제3로장을 본부 수하 5,000명을 거느리고 사방으로 파견되어 그 외부를 순찰하면서 각로(各路)의 장병들이 함부로 행동하지 못하게 하고 산채를 긴급히 수비하도록 한다."고 하였습니다. 이 동학도들의 행위는 갈수록 더욱 통탄 · 해괴하기만 합니다.[52]

---

51) 『해월선생문집』(설동관, 「해월선생문집」(번역본), 『신인간』 471, 1989, 70쪽) 및 『한국사상』 24, 416쪽.

52) 『주한일본공사관기록』 1, 10쪽. 이와 같은 내용은 일본 외무성 외교사료관에 소장되어 있는 「조선국 동학당 동정에 관한 제국공사관 보고일건」(문서번호 5문 3류 2항 4호)에도 보이고 있다.
"저들 무리의 괴수 최법헌이 통문을 발하여 말하기를 우리의 군진에는 9개의 부이 사례는 해월 최시형에 대한 기존의 시각에서 새롭게 접근할 수 있도록 하고 있다. 이는 기존의 연구사례에서 해월 최시형이 동학혁명에 대한 반대로 일관하였을 뿐만 아니라 비판적인 시각을 가졌다는 인식을 근본적으로 바꿔놓을 수 있지 않을까 한다. 더욱이 해월 최시형은 동학혁명 과정에서 동학군의 정보 역시 나름대로 파악하고 있었던 것으로 보인다.

이러한 사례는 해월 최시형이 1894년 5월 중순경 무장(茂長) 동학군 진영에 황해도와 평안도 동학군의 동향을 전달하였던 사실에서 알 수 있다. 즉 청산 문암리에 있던 해월 최시형은 무장 동학군들에게 "지금 황해도와 평안도의 회답을 받아보니, 5회(晦)에 접응한다고 함으로 동남(東南) 제부(諸部)에 서한을 보냈습니다. 그리고 회덕에 있는 제3대의 두령 박이 파견한 정찰대가 청산영(靑山營)의 포졸(捕卒)들에게 붙잡혀 가지고 있던 문부도 모두 빼앗겼다고 하니 이 분통을 어찌하면 좋겠습니까?"하는 문장(文狀)을 보냈던 것이다.[53] 그리고 이 무장 말미에는 "절대로 동요하지 말고 이곳에 와서 지휘를 하는 것이 좋겠다"는 내용이 포함되어 있는데, 이는 최시형과 전봉준과의 연락체계가 어느 정도 갖추어졌다고 보여진다. 이러한 연락관계에 따라 충청도 지역

___

대가 있는데 기로군 200명이 경솔하게 전라도에 들어갔다가 오합의 부대에게 패배를 당하여 우리 군 20여 명이 체포되었다고 한다. 명령을 어긴 기로장은 먼저 참수를 하고 나머지 부대는 세 길로 행군하여 먼저 전라도 경계로 향하라. 제1로장은 본부의 수하 5,000명 등을 거느리고 약속한 장소에서 기다릴 것이며, 제2로장은 본부 수하 5,000명을 거느리고 약속한 경계에서 기다릴 것이며, 제3로장은 본부 수하 5,000명을 거느리고 사방으로 파견하여 그 외곽을 순찰하되 망동하지 말고 산의 요새를 견고하게 지키라고 하였다고 하니 이들 무리의 행동은 갈수록 통분할 일입니다(한국정신문화원 근현대사자료팀 편, 『동학농민전쟁관계 사료집』 1, 선인, 2002).

53) 『주한일본공사관기록』 1, 24쪽.

의 동학군이 전라도 지역 동학군에 합세를 하고 있다.

전주화약 이후 전라도 지역 53개 군현에 집강소를 설치, 민정(民政)을 실시하는 동안 잠시 소강상태에 있던 동학군은 9월에 접어들어 새로운 사태에 직면하였다. 정부는 일본군과 연합하여[54] 대대적인 동학군 토멸작전을 전개한 것이다. 서울에서 서로(西路)・중로(中路)・동로(東路) 등 통해 진압작전을 전개하자 관군과 일본군은 동학군을 무차별적으로 진압하였다.[55] 특히 토벌 노상(路上)에 자리한 경기도 용인・안성・장호원 등지와 충청도 진천・괴산・음성 등지의 교인들은 토벌대에 쫓기어 최시형이 있는 청산으로 몰리기 시작하였다. 이러한 소식은 바로 최시형에게 전달되었으며 동학 조직에 대해서도 근본적인 위기상황에 이르게 되었다. 즉 관군과 일본군의 토멸작전에 의해 각지에서 동학군의 살상과 조직이 점차 와해되어 가는 상황에 직면하

---

54)『주한일본공사관기록』1, 147~148쪽.
　관군과 일본군은 동학군에 대한 토멸작전을 세 갈래로 진행하였는데 보병 일개중대는 서로(西路), 즉 수원 천안 공주를 경유 전주부 街道를 전진하여 은진 여산 함열 부안 만경 금구 고부 흥덕 방면을 엄밀히 수색하고 나아가 영광 장성을 거쳐 남원으로 향하였으며, 또 보병 일개중대는 중로(中路), 즉 용인 죽산 청주를 경유하여 성주 街道로 전진하며 청안 보은 청산 지방을 엄밀 수색한다. 마지막 보병 일개중대는 동로(東路), 즉 가흥 충주 문경 및 낙동을 경유 대구부 街道로 전진하여 특히 좌측은 원주 청풍 우측은 음성 괴산을 엄밀히 수색한다. 이상의 세 갈래 방면으로 동학군을 진압하였다.
55)『주한일본공사관기록』1, 153~156쪽 참조.
　동학당 진압을 위한 파견대장에게 내리는 훈령에 따르면 그 내용은 다음과 같다. 첫째, 동학당은 현재 충청도 충주 괴산 및 청주 지방에 군집해 있으며, 그 밖의 나머지 동학당은 전라도 충청도 각지에 출몰한다는 보고가 있으니, 그 근거지를 찾아내어 이를 초절(剿絶)하라. 둘째, … 조선군과 협력, 연도에 있는 동학당을 격파하고 그 화근을 초멸하므로써 동학당이 재흥하는 후환을 남기지 않도록 해야 한다. … 넷째, … 만일 비도들을 강원도와 함경도 쪽, 즉 러시아 국경에 가까운 곳으로 도피케 하면 적지 않게 후환이 남을 것인 즉 엄밀히 이를 예방한다.

게 되자 최시형은 다음과 같은 초유문(招諭文)을 발표하고 교도들을 청산 문바위골로 모이도록 했다.

주역(周易)에 이르기를 대재(大哉)라 건원(乾元)이여 만물(萬物)이 자시(資始)하고 지재(至哉)라 곤원(坤元)이여 만물(萬物)이 자생(資生)이라 하니 사람이 그 사이에 만물의 영(靈)이 된지라. 부모(父母)는 낳고 스승을 가르치고 임금은 기르나니 그 은혜를 갚는 데 있어 생삼사일(生三事一)의 도(道)가 있는 것을 알지 못하면 어찌 사람이라고 이를 수 있겠는가. 선사(先師)께서 지나간 경신년(庚申年)에 천명(天命)을 받아 도를 창명하여 이미 퇴폐한 강상(綱常)을 밝히고 장차 도탄에 빠진 생령(生靈)을 구(救)하고자 하더니 도리어 위학(僞學)이라는 지목(指目)을 받아 조난순도(遭難殉道)하였으되 아직도 원통함을 씻지 못한 것이 지금까지 31년이라. 다행이도 한울이 이 도를 망(亡)케 하지 아니하여 서로 심법(心法)을 전하여 전국을 통(通)한 교도(敎徒)가 10만인지 알 수 없으되 사은(四恩)을 갚을 생각은 없고 오로지 육적(六賊)의 욕(欲)을 일삼으며 척화(斥和)를 빙자하여 도리어 창궐(猖獗)을 일으키니 어찌 한심(寒心)하지 않으리오. 돌아보건데 이 노물(老物)이 나아가 70에 가까운지라. 기식(氣息)이 엄엄(奄奄)허되 전발(傳鉢)의 은혜를 생각하면 눈물이 옷깃에 차는 것을 견디지 못하여 어찌 할 바를 모르겠도다. 이에 또 통문을 발(發)하노니 바라건데 여러분은 이 노부(老夫)의 마음을 양찰(諒察)하고 기필코 회집(會集)하여 비성(菲誠)을 다하여 천위주광(天威紂纊)의 아래 크게 부르짖어 선사의 숙원을 쾌히 펴고 종국(宗國)의 급난(急難)에 동부(同赴)할 것을 천만(千萬) 바라노라.[56]

최시형의 초유문을 받고 청산 문바위골에 모인 손병희·손천민 이하 주요 대두목들은 오지영으로부터 호남의 정세를 듣고 최시형에게

---

56) 「天道敎百年略史(上)」, 천도교중앙총부 교사편찬위원회, 1981, 250쪽.

거의(擧義)하기를 권하였다. 이에 최시형은 "이 또한 천명(天命)에서 나온 바이니 누가 옳고 그름을 과히 탓하지 말라"[57] 하였다. 이어서 "인심(人心)이 천심(天心)이다. 이것이 천운소치(天運所致)니 군등(君等)은 도인(道人)들을 동원하여 전봉준과 협력해서 사원(師寃)을 펴며 우리 도(道)의 대원(大願)을 실현하라"[58]고 당부하였다. 이어 최시형은 각 포(包)에 재차 기포령을 내렸다. 이를 조석헌은 다음과 같이 기록하고 있다.

> 팔도의 우리 교도가 죄가 있건 없건 이 세상에서는 삶을 보전하기 어려운 형편이다. 여차하면 각처의 모든 두령들은 낱낱이 모두 살해당할 지경이니, 이 글을 받는 즉시 속속 기포하여 각자 자기가 속한 접포에 모여 자생하도록 하라.[59]

즉 더 이상 앉아서 당할 수만은 없었다. 영해교조신원운동 이후 교단 최대의 위기를 맞은 해월 최시형은 기포를 하지 않을 수 없었던 것이다.

경기·충청지역 동학군이 청산에 집결하자 해월 최시형은 직접 통령기(統領旗)를 손병희에게 주면서 혁명 대열에 참가하도록 하였다. 통령기를 받은 손병희는 행군하기 전에 치성식(致誠式)을 지냈다. 제단을 설치한 후 첫잔은 통령 손병희가, 다음 잔은 영장 임정제(任貞宰)가, 축문(祝文)은 참모 손천민, 봉향(奉香)은 이관영(李觀永), 봉로(奉爐)는 이원팔(李元八), 장령에 이종옥(李鍾玉, 鍾勳)·신택우(申澤雨)·정경수·조재벽·장건희·박용구·이상옥·신재련(辛在璉) 등의 두령이

---

57) 『天道敎百年略史(上)』, 251쪽.
58) 『天道敎創建史』, 천도교중앙종리원, 1934, 65쪽.
59) 『조선헌역사』

차례로 참석하여 치성 맹약을 하였다.

1894년 9월 18일 청산 문바위골에서 재차 기포령을 내린 최시형은 이후 해월 최시형은 통령 손병희가 이끄는 동학군을 따라 호남 지방으로 향하였다. 각지에서 동학군과 관군·일본군과의 격전을 치루는 과정에서 동학군의 전황(戰況)을 살피면서 임실군(任實郡) 조항리 이병춘(李炳春)의 집60)에서 10여 일을 머물면서 혁명의 전세(戰勢)를 보고 받고 지휘하였다.61) 최시형은 어느 날 "오(吾) 이기(異機)를 견(見)하였으니 도인(道人)을 견(遣)하여 갈담시(葛潭市)에 왕견(往見)하라"62) 한 후 이내 임실군 갈담으로 향하였다.

한편 손병희는 전봉준과 논산에서 합류하여 공주 우금치에서 관군과 일본군의 연합군과 치열한 격전을 치루었으나 형세 불리함에 따라 후퇴하여 갈담(葛潭)에서 최시형과 조우하였다. 갈담에서 손병희를 만난 최시형은 무주(茂朱)를 향하다가 장백리(長白里)에서 이응백(李應伯)이 이끄는 민보군과 접전하여 크게 물리친 다음 계속 북상하여 영동군(永同郡) 용산(龍山)에 이르렀다. 이때 뒤에서는 일본군이 추격하고 앞에서는 관군이 포위하여 절대 위기에 직면하였으나, 최시형은 군중(軍中)을 향하여 다음과 같이 지시하였다.

한울님께 심고(心告)하고 일심(一心)으로 포위망을 뚫고 나아가면 탄

---

60) 「天道敎書」에는 李炳春家로, 『天道敎百年略史』에는 梁景寶家로 기록되어 있다.

61) 해월 최시형이 임실지역에 머문 것은 임실지역의 동학세력과 관련이 있는 듯하다. 이 지역의 동학세력은 해월 최시형으로부터 직접 교화를 받은 곳으로 1차 동학혁명 당시 기포하였던 곳이다. 임실지역 동학세력은 1894년 3월 25일 기포하여 최승우·김영원의 지휘 아래 임실 관아에 집강소를 설치하고 6개월 동안 통치하였다(『천도교임실교구사』, 16～17쪽).

62) 「天道敎書」, 『新人間』 379, 74쪽.

환이 들지 않으니라.[63]

포위망을 무사히 빠져나온 최시형은 보은 종곡(鍾谷)과 음성군 도장리(道場里)에서 각각 관군과 한 차례씩 격전을 치루고 미완의 동학혁명을 뒤로하고 또다시 도산검수(刀山儉水)의 피신길에 올랐다.

이 과정에서 주목할 점은 손병희가 이끌던 동학군이 갈담에서 해월 최시형을 조우한 이후의 상황이다. 이에 대해『주한일본공사관기록』에 의하면 다음과 같이 기록하고 있다.

> 황간 현감으로부터 통보해 오기를, 동학도 1만여 명을 최법헌이 이끌고 전라도 무주로부터 행진해와 이미 황간 부근 옛 근거지인 서수원에 머물고 바야흐로 황간을 습격하려 한다 하였다.[64]

이는 해월 최시형은 손병희로부터 동학군의 지휘권을 넘겨받아 실질적으로 동학군을 지휘하였던 것이다. 이러한 사실은 다음의 기록에서도 확인할 수 있다.

> 동학도의 척후 2명을 붙잡아 심문하였더니, 수괴 최법헌이 이끌고 있으며, 임국호(任局昊)와 기타 4명의 수괴가 이에 따르고 있다.[65]

즉 손병희와 합류한 이후 동학군은 해월 최시형이 이끌었다고 할 수 있다.

이상에서 살펴보았듯이 해월 최시형은 동학혁명 초기에는 비록 신

___

63)「天道敎書」,『新人間』, 379, 74~75쪽.
64)『주한일본공사관기록』 6, 68쪽(한글판).
65)『주한일본공사관기록』 6, 69쪽.

동학과 동학혁명의 재인식

중한 자세였으나 기포령을 내린 이후 보다 적극적으로 대응하였으며, 공주 우금치전투 이후에는 손병희로부터 지휘권을 넘겨받아 실질적인 지휘자로서의 역할을 하였던 것이다.

4. 맺음말

동학혁명에 대한 최시형의 인식은 앞서 살펴보았듯이 초기 신중론에서 점차 적극론으로 변화하며 마침내 직접 전투현장을 지휘하였다. 최시형이 동학혁명 초기의 인식과 후기의 인식 및 활동에 대하여 다소 상이점이 없지 않지만 그 기본틀에는 자신의 종교적 사상적 특성에서 벗어나지 않고 있다. 최시형이 신중론을 전개할 때나 적극적인 참여를 하였을 때나 그것은 동학 교단의 최고 지도자로써 그의 인식과 행동에는 많은 갈등이 없지 않았을 것이다. 즉 시대적 모순에 대한 인식의 차이와 관으로부터 탄압에 대한 대응 방안 역시 그에게는 전봉준과 상당한 차이를 보이고 있다.

전봉준은 무력적인 수단을 활용해서라도 현실적 모순을 극복하려 하였다면 최시형은 무력적인 항쟁보다는 보다 성숙한 동학이 가지는 종교적 틀에서 해결하려는 의지를 강력하게 피력하였다. 이러한 점 때문에 일부에서는 최시형이 동학혁명에 대하여 소극적인 태도를 보였다고 지적하기도 한다.

하지만 이는 나무만 보고 숲을 보지 못하는 오류를 남기고 있다. 전봉준의 경우 접주로서 자신이 추구하고자 하는 목표만을 설정하여 운신하였다면, 최시형은 동학 전체의 지도자로써 종교적 권위를 유지해야만 했다. 최시형도 전봉준과 마찬가지로 현실에 대한 모순과 민중의 고통을 모르지도 외면하지도 아니 하였다. 그러나 우주적인 대변화를 고대하는 초월적이며 종교적인 그의 자세는 고통의 인내와 새로운 세계의 기다림을 강조하지 않을 수 없었다.[66]

이러한 인식에서 최시형은 동학혁명을 천운(天運)이라 하였으며 훗날 "군자(君子) 환난(患難)에 처하여는 인궁(因窮)의 도를 행하나니 오배(吾輩) 마땅히 천리(天理)를 순(順)할 따름이니라"[67]하였다.

끝으로 최시형과 제자인 신택우와의 대화가 최시형이 동학혁명을 어떻게 인식하고 있는지를 분명히 밝히는 것이 아닐까 한다.

> 갑오 전란으로 인하여 우리 도를 비방하여 평하고 원망하는 사람이 많으니 어떤 방책으로 능히 이 원성을 면할 수 있습니까?
> 갑오 일로 말하면 인사로 된 것이 아니오 천명으로 된 일이니, 사람을 원망하고 한울을 원망하나 이후로부터는 한울이 귀화하는 것을 보이어 원성이 없어지고 도리어 찬성하리라. 갑오년과 같은 때가 되어 갑오년과 같은 일을 하면 우리나라 일이 이로 말미암아 빛나게 되어 세계 인민의 정신을 불러일으킬 것이니라.[68]

---

66) 장영민, 「최시형과 서장옥-남북접 문제와 관련하여-」, 『동학농민혁명과 농민군 지도자성격』, 147쪽.
67) 「天道敎書」, 『新人間』 379, 75쪽.
68) 「吾道運數」, 『天道敎經典』, 天道敎中央總部, 1991, 391~392쪽.

제4장

동학과 전봉준

1. 머리말

2006년 들어 신복룡 교수가 또다시 '전봉준은 동학교도가 아니었다'는 주장을 제기하였다. 이러한 그의 주장은 새삼스러운 것이 아니다. 이미 1981년「실록 전봉준」[1]과「동학혁명의 기수 전봉준」,[2] 그리고 그의 저서『전봉준의 생애와 사상』[3] 등에서 여러 차례 주장한 바 있다. 이번에 신 교수가 다시 '전봉준이 동학교도가 아니었다'라는 주장[4] 역시 당시 논리의 재론에 불과하다. 이러한 신 교수의 편협적 주장에 대해 그동안 여러 번 반론이 제기되었음에도 불구하고 여전히 자기 주장을 굽히지 않고 있다.

신 교수의 주장에 반론을 제기하기에 앞서 그가 20여 년 전에「실록

---

1) 신복룡,「實錄 全琫準」,『월간조선』 9월호, 1981.

2)『한국일보』, 1983년 1월 23일자.

3) 신복룡,「그는 과연 東學徒였을까?」,『全琫準의 生涯와 思想』, 養英閣, 1982.

4)『동아일보』, 2001년 6월 2일자.

전봉준」에서 주장하였던 논리와 최근『동아일보』에서 주장하였던 논리를 먼저 비교하면 다음과 같다.

「실록 전봉준」

첫째, 1차 신문에서 자신의 직업을 선비(以士爲業)라고 대답하였을 뿐 '동학'과 관련하여 직업을 말하지 않았다.

둘째, '동학'을 믿어도 별로 이득이 없다.

셋째, 1894년 정월에 처음으로 기포하여 전주성을 물러날 때까지 그의 어느 직함에도 '동학'이라는 글자가 나오지 않으며, 그가 쓴 격문과 폐정 개혁안 그리고 소청서에도 '동학'을 비호하거나 교조 대신사(최제우)의 신원에 관한 내용, 동학의 교리에 대한 설명이나 찬양이 없다.

넷째, 전봉준의 입도의식과 신앙고백을 한 사실이 없다.

다섯째, 그가 고부 접주였다는 사실을 아무런 무리없이 받아들이고 있다.

여섯째, 접주가 하는 일이 별로 없다.

일곱째, 결국 전봉준이 동학교도였다거나 아니면 고부의 접주였다는 주장이 그가 동학혁명을 주도한 지도자라는 선입견에서 온 성급한 단정이거나 아니면 영웅을 자신의 동일시를 통해 위광효과(威光效果)를 얻으려는 동학교단측의 일방적인 견해에 지나지 않는다.

『동아일보』

첫째, 종교학자 존 폴스의 '(1) 종교적 체험을 겪은 후 (2) 그 종교에 귀의하고 (3) 기도하고 헌신하면서 (4) 예배에 참석한 연후에야 완전한 신자라고 할 수 있다'는 서양종교학의 이론을 대입하여 전봉준이 어느 단계에도 입증이 되지 않는다.

둘째, 동학을 '몹시 좋아한다'는 것과 '동학을 믿는다'의 비약적 해석

셋째, 1차 신문과정에서 '주접(住接)'의 해석

넷째, 전봉준이 서당의 선생으로 동학을 가르친 바가 없다는 사실

다섯째, 타의에 의해 동학의 접주가 되었다는 사실로 진정한 동학도가

아니라는 사실

여섯째, 영웅과 자신들의 동일시를 통해 효과를 얻으려는 교단측과 학
문적 수련이 철저하지 못한 몇몇 학자의 일방적 해석

일곱째, 따라서 동학혁명의 성격은 민란의 요소가 독립변수이고 종교
는 종속변수이다.

이상의 주장에서 본 바와 같이 20년 전에 주장한 것이나 지금 주장
한 것이나 별반 새로운 내용이 없는 것으로 구차스럽기만 한 논쟁에
불과하다.

이에 대해 당시 교단측에서는 표영삼 상주선도사[5]와 학계측에서는
김창수 동국대 교수[6]가 각각 반론을 제기하였으며, 『한국일보』에 대
해서도 박충남씨가 반박한 바 있다.[7] 필자는 앞서 반론한 선학의 자료
를 참고로 하고 새로 발굴된 사료를 통해 신 교수의 견강부회를 논박
하고자 한다.

2. 동학접주로 삼례교조신원운동 참가

신 교수는 전봉준을 동학교인으로 기록한 최초의 저술을 장도빈(張
道斌)의 『갑오동학란과 전봉준』[8]으로, 천도교측의 기록으로는 이돈

---

5) 표영삼, 「全琫準은 東學教徒이다:申福龍 교수의 해석에 이의 있다」, 『월간 조선』
   12월호, 1981; 표영삼, 「동학접주 전봉준」, 『신인간』393, 1981.
6) 김창수, 「全琫準과 東學革命」, 韓國思想發表會, 1981; 김창수, 「全琫準과 東學革
   命」, 『신인간』394, 1982.
7) 박충남, 「번복된 학자의 양심-신복룡 교수의 한국일보 기사를 읽고」, 『신인간』
   406, 1983.
8) 장도빈, 『甲午東學亂과 全琫準』, 덕흥서림, 1926.

화의 『천도교창건사』9)라고 주장하고 있다. 그리고 전봉준이 동학교인이 아니라는 주장은 「전봉준 공초(全奉準 供草)」를 그 근거로 하고 있다.

우선 전봉준이 동학교인임을 기록하고 있는 사료를 살펴보자. 학계 측에서는 앞서 신 교수가 지적한 장도빈은 『갑오동학란과 전봉준』에서 "전봉준이 웅도(雄圖)를 펴기 위해 1874년경에 동학에 입도했다"고 기록하고 있으며,10) 김상기 교수는 『동학과 동학란』에서 "전봉준이 1890년에 이르러 그의 용무지지(用武之地)가 동학교문에 있음을 발견하고 비로소 서장옥의 부하인 황해일의 소개로 동학에 입도하였다"11)라고 기록하고 있다. 그리고 교단측 기록으로는 이돈화의 『천도교창건사』에 "전봉준은 30세(1884: 필자주)에 도에 드러 수도에 극진하더니"로,12) 오지영의 『동학사』에는 "무자년간(1888: 필자주)에 손화중 선생을 만나 도에 참여하여"13)라고 각각 기록하고 있다.

이처럼 전봉준이 동학에 입도한 시기에 대해서는 기록자마다 차이를 보고 있으나, 필자는 오지영의 입도설을 가장 신빙성이 있다고 판단된다. 왜냐하면 오지영은 여산(礪山: 지금의 익산) 출신으로 동학혁명에 참여하였을 뿐 아니라 당시 정황에 가장 밝았기 때문이다. 오지영의 입도설에 대한 뒷받침이 되는 사료로는 『종리원사부동학사(宗理院史附東學史)』14)와 『남원군동학사(南原郡東學史)』,15) 그리고 『고부

---

9) 이돈화, 『천도교창건사』, 천도교중앙종리원, 1933.
10) 장도빈, 『甲午東學亂과 全琫準』, 18쪽.
11) 김상기, 『동학과 동학란』, 대성출판사, 1947, 78~79쪽.
12) 이돈화, 『천도교창건사』 제2편, 57쪽.
13) 오지영, 『동학사』, 영창서관, 1940, 161쪽.
14) 『宗理院史附東學史』는 南原郡宗理院의 沿革과 인근에 있는 雲峰郡敎區史 및 求禮郡敎區史의 연역을 소개하는 내용으로 꾸며져 있는데 특히 다른 사료에서는

동학과 동학혁명의 재인식

종리원연혁(古阜宗理院沿革)』(1931) 등이 있다.『남원군동학사』는 전
봉준과 함께 1893년 삼례교조신원운동에 참가하였던 유태홍(柳泰洪)[16)]
의 구술을 남원군종리원 주임종리사 최병현(崔炳鉉)이 기록한 것이다.
이 사료에서 전봉준과 관련된 내용은 다음과 같다.

> 동 33년(1892: 필자주) 임진(壬辰) 추(秋)에 대신사(大神師) 신원차(伸
> 冤次)로 각도 교인이 전주 삼례역에 회집할 시(時)에 본군(本郡) 도인 수
> 백이 왕참(往參)하야 의송(義訟)할 새, 관리의 압박 위험으로써 소장(訴
> 狀)을 고정(告呈)할 인(人)이 옵셔서 의아황공(疑訝遑恐) 중에 좌도(左
> 道) 유태홍(柳泰洪), 우도(右道) 전봉준(全奉準) 씨가 자원출두(自願出
> 頭)하야 관찰부(觀察府)에 소장을 제정(提呈) 즉 …

찾아볼 수 없는 전봉준의 행적이 실려있어 주목되는 사료이다. 물론 다른 사료와
비교하여 검증할 수 없는 한계가 있으나 著者인 최병현이 1892년 삼례집회 당시
전봉준과 함께 관찰부에 呈訴한 체험당사자인 柳泰洪의 口述을 1924년 9월에 정
리한 것으로 기록의 상세함이나 정확성으로 미루어 보아 믿을 수 있는 사료로 보
인다.

15)『南原郡東學史』역시 1924년 12월에 최병현(崔炳鉉)이 국한문 혼용으로 기술한
책자로서 특히 1892년부터의 남원지방 농민군의 동향을 매우 상세하게 기록하
고 있다. 저자가 남원지방 동학 교단의 인물이라는 점과 앞서 말한 유태홍의 口
述을 토대로 작성되었다는 점에서 전봉준에 관한 기록 중 특히 남원 및 전라남도
에서 활약했던 내용은 신빙성이 있어 보인다.

16) 柳泰洪은 1867년 9월 2일 전북 남원근 이백면 남계리에서 출생하여 22세 전후인
1889년경에 동학에 입도하였다. 1894년 1년전인 1893년 삼례교조신원운동에
참가하여 전봉준과 전라좌우도를 대표로 소장을 議送하였으며, 동학혁명에서는
남원에서 김홍기·황내문·이규순·이기동·박세춘·변홍두·최진악·심
노환·조동섭·김우직 등과 운봉과 방아재에서 민보군과 전투를 치루었다. 이
후 1904년 진보회 활동에 참여하였으며 1906년 6월 19일 남원교구를 설립하는
한편 1919년 3·1운동과 1927년 신간회 남원지회 설립에 적극 참여하였다.
1929년에는 신간회 남원지회장을 역임하였으며, 1949년 10월 16일 83세를 일기
로 환원하였다. 성주현,「남원의 항일운동가 유태홍」,『신인간』569, 1998.

또한 『고부종리원연혁』에는 1889년에 전봉준·손화중·손여옥(孫汝玉)·김개남 등이 포교활동에 종사하였다고 기록하고 있다. 이러한 기록은 전봉준이 1888년에 동학에 입교하였다는 오지영의 동학입교설을 뒷받침하고 있다. 여기에 하나 더하여 1917년에 기록된 「고부교구실기」에도 전봉준이 동학교인임을 분명히 기록하고 있다.[17]

다음으로 신 교수는 한 종교의 신자임을 입증하기 위해서는 첫째 종교적 체험을 겪은 후, 둘째 그 종교에 귀의하고, 셋째 기도하고 헌신하고, 넷째 예배에 참석한 연후에야 완전한 신자라는 종교학자 폴 존슨의 논리를 제시하고 있다. 이 점에 대해서는 앞서 살펴보았듯이 전봉준은 동학의 교조 수운 최제우의 신원운동에 참여하였다는 그 자체가 동학교인을 입증하기에 충분하며, 정략적으로 훗날 동학 조직을 이용하기 위해 참여한 것은 아니었다. 더욱이 동학을 엄금하고 있는 시대적 상황에서 전봉준이 교조의 억울한 죽음을 풀어달라는 집회에 참가한 것은 폴 존슨의 논리 이상의 의미를 지니는 것이다. 또 하나 밝혀둘 것은 우리 풍토에서 자생한 동학을 '신앙고백' 등 서학에서 말하는 신학적 논리로 규정 비판하려는 것은 편협한 독단에 불과하다는 점을 지적해 둔다. 오늘날 천도교에는 신앙고백이라는 말 자체가 없다.

그리고 신 교수는 전봉준의 직업을 '접주(接主)'라 하지 않고 '선비(士)'라 하였다 하여, 동학교인이 아니라고 주장하고 있다. 이것 또한 모순된 주장이다. 직업이란 일반적으로 생계의 수단으로 가지고 있는 직(職)이나 업(業)을 의미한다. 그러므로 기독교의 목사나 불교의 승려, 천주교의 신부의 경우 신 교수의 주장처럼 직업이라 할 수 있다. 그러나 당시 동학을 절대 금기시하던 상황에서 동학의 접주는 직업이라

---

17) 송재섭, 「고부교구실기」, 『천도교회월보』 83, 1917, 16~17쪽.

할 수 없다. 더욱이 신 교수는 전봉준이 "서당의 선생으로 아동을 가르쳤을 뿐 동학의 교리를 준행하거나 가르친 바가 없다"고 하였는데 이는 당연한 것이다. 유교를 통치이념으로 하고 동학을 탄압하던 조선 사회의 서당에서 동학의 교리를 가르친다면 이는 동학교인임을 스스로 드러내는 것으로 곧 희생을 각오하지 않으면 안된다.

3·1운동 당시 일제에 검거된 천도교인 중 직업이 서당교사인 사람이 적지 않았는데, 신 교수의 논리대로라면 이들은 서당교사였기 때문에 천도교인이 아니라는 이야기가 된다. 이러한 인식은 서당교사였기 때문에 이들이 모두 유교를 신봉자라는 논리와 같다. 3·1운동의 민족대표의 한 분인 이승훈(李昇薰)은 누구나 기독교인으로 알고 있다. 그러나 이승훈은 재판과정에서 자신의 직업을 '농업'으로 밝히고 있다. 신 교수의 논리라면 이승훈 역시 기독교인이 아니라는 논리가 성립될 것이다. 그리고 오늘날 학교 교사가 '신앙인'이라면 자신이 맡은 교과보다 자신의 '종교교리'를 가르쳐야 한다는 논리와 같다고 할 수 있다. 만약 신 교수 자신에게 '직업이 뭐냐'고 묻는다면 어떻게 대답할지 궁금하다. 과연 '교수'가 직업인지 아니면 '종교적 직위'가 직업인지 본인 스스로가 더 잘 알 것이다.

마지막으로 신 교수는 전봉준이 재판과정에서 '동학접주'라고 밝히지 않았다고 하였는데, 전봉준은 분명히 '접주'임을 밝히고 있다. 전봉준 직업이 뭐냐고 물었을 때는 선비(士)라 하였지만, 1895년 3월 7일 5차 신문에서는 '동학교도 중 접주를 차출하는 것은 누구인가?(東徒中差出接主是雖之爲)'하고 물었을 때 '모두 법헌(法憲: 최시형)이 한다(皆出於崔法憲)'고 하였으며, 또 '네가 접주가 된 것은 최시형이 차출한 것인가?(汝之爲接主崔之差出乎)'라고 물었을 때도 분명하게 '그렇다(然矣)'라고 대답하고 있다. 만약 전봉준이 동학교인이 아니었다면 굳이 '그렇다'라고 대답하지 않았을 것이다. 그리고 공초(供草)에 의하면 전봉준은 동학의 육임인 교장(敎長)·교수(敎授)·도집(都執)·집강(執綱)·대정(大正)·중정(中正)을 비롯하여 동학의 용어인 접사(接司)·접(接)·접주(接主)에 관한 질문에 대해서도 아주 상세하게 답변하고 있다.

그밖에도 신 교수는 전봉준이 재판과정에서 밝힌 '오도(吾道: 나의 도)'의 해석을 전봉준이 동학에 대한 믿음에서 우러나온 것이 아니라 전략적으로 사용하였다고 하면서 '아도(我道)'라고 해야 한다고 주장하고 있다. 그러나 동학의 교조 수운 최제우도 동학을 '오도'라 하였으며, 전봉준을 접주로 임명한 해월 최시형도 동학을 '오도'라고 표현하고 있다. 그렇다면 수운·해월이 표현한 '오도'와 전봉준의 '오도'는 어떻게 해석해야 할까? 전봉준은 앞서 살펴본 바와 같이 동학교인이고 접주였기 때문에 개인적이고 전략적인 차원인 '아도'보다는 '오도'라고 표현하였다.

3. 동학혁명의 성격

한편 신 교수는 전봉준이 동학교인이 아니기 때문에 동학혁명의 성격을 '갑오농민혁명에서는 민란의 요소가 독립변수이고, 종교는 종속변수일 뿐이다'라고 단언하고 있다. 이러한 주장은 유독 신 교수만이 아니라 동학혁명을 연구하는 대부분의 학자들이 주장하고 있다. 특히 1894년 1월 10일 고부에서 전봉준을 중심으로 사발통문에 서명한 사람들은 동학교도가 아닌 일반 농민 또는 원민(冤民)으로 인식하고 있으며, 이로 인해 동학혁명의 성격 규명에서도 동학외피설(東學外皮說)

동학과 동학혁명의 재인식

을 주장하고 있다.[18)]

그러나 이 역시 사료의 철저한 분석이 따르지 않은 일부 학자의 주장에 불과하다. 알다시피 1894년 1월 10일 고부기포는 전봉준을 비롯하여 송대화(宋大和)·김도삼(金道三)·송국섭(宋國燮)·최경선(崔景善) 등 사발통문에 참여한 20여 명의 주도로 고부군수 조병갑의 가렴주구에 대해 항거한 것인데, 사발통문에 서명한 인물의 이후 활동에 대한 철저한 조사가 필요하다. 왜냐하면 이들의 활동은 동학혁명의 성격 규명에서 동학이 '외피설'이냐 '주도설'이냐의 중요한 판단이 되기 때문이다. 즉 고부기포 역시 전봉준을 중심으로 분석하고 있으나 당시 사발통문에 참여한 인물에 대해서도 세밀히 분석해야 동학혁명의 성격을 밝히는데 올바른 평가를 내릴 수 있다.

사발통문에 서명하였던 인물은 모두 동학혁명에 참여하였으나 전봉준·최경선 등은 일본군에 의해 희생되었다. 그러나 목숨을 부지하였던 송대화·송주성(宋柱晟)·이성하(李成夏)·최흥렬(崔興烈)·송국섭·임노홍(林魯鴻) 등은 동학혁명 이후 고향을 떠나 은신하여 지내다가[19)] 1904년 고향으로 돌아와 진보회 활동에 참여하였으며 1906년

---

18) 동학혁명의 성격 규명에서 '동학외피설'은 북한 학계에서 주로 주장하였다. 북한에서는 이미 1950년대부터 동학외피설을 제기하였으며 대표적인 논고로는 오길보(「갑오농민전쟁과 동학」, 『력사과학』 3, 1959;「1894~1895년(갑오)농민전쟁의 성격에 대하여」, 『력사과학』 3, 1964) 등이 있다. 국내에서는 김용섭이 「전봉준 공초의 분석-동학란의 성격일반-」(『사학연구』 2, 1958)에 처음으로 주장하였으며, 1980년대부터 널리 확산되었는데 동학외피설을 주장하는 연구자들의 대표적인 논고로는 박종근(「동학과 갑오농민전쟁에 대하여」, 『동학혁명의 연구』, 백산서당, 1982), 정창렬(『갑오농민전쟁연구-전봉준의 사상과 행동을 중심으로』, 연세대 박사학위논문, 1991;「동학과 농민전쟁」, 『한국사연구입문』, 지식산업사, 1981), 김용섭(「동학란연구론」, 『역사교육』 3, 역사교육연구회, 1985), 안병욱(「갑오농민전쟁의 성격과 연구현황」, 『한국근현대사연구입문』, 역사비평사, 1988) 등이 있다.

고부교구를 설립할 당시 핵심인물로 활동하였다. 고부기포 당시 도소이며 사발통문을 작성하였는데 장소를 제공하였던 송두호(宋斗浩)와 그의 종형 송주옥(宋柱玉)은 나주 옥중에서 희생되었으며, 사발통문에 참여하였던 이문형(李文炯)의 종제인 이원형(李元炯)과 이봉근(李鳳根)의 종제인 이춘근(李春根) 등도 고부교구 설립에 적극 참여하였다.[20] 특히 송두호의 아들인 송대화는 1891년 동학에 입도하여 봉훈·교훈·강도원·교구장 등의 원주직을 역임하였다.[21] 송국섭은 교구장[22]·전제원[23]·공선원[24]·강도원,[25] 송주성은 교구장,[26] 임노홍은 공선원,[27] 이성하는 공선원[28]·전교사[29]·금융원,[30] 최흥렬은 전교사[31]를 각각 역임하였다.

이처럼 사발통문에 서명한 인물은 바로 동학교인이었으며 이들은 후일 천도교인으로 활동하였다. 즉 1894년 1월 10일 고부기포에 참가한 주도인물은 일반농민 또는 원민이 아니라 바로 동학교인이었다. 이

19) 동학혁명 이후 동학교인의 참상을 「고부교구실기」에서는 "비록 조그만 혐의만 있더라도 동학군 접주라고 관청에 말하여 곧 잡아다가 죽이게 하니 이때에 다시 도 믿는 사람의 씨가 어디 있으리오"라고 기록하고 있다.
20) 송재섭, 「고부교구실기」, 『천도교회월보』 83, 1917, 16~18쪽.
21) 「還元一束」, 『天道教會月報』 112, 1919, 74쪽.
22) 「중앙총부휘보」, 『천도교회월보』 창간호, 1910, 55쪽.
23) 「중앙총부휘보」, 『천도교회월보』 34, 1913, 43쪽.
24) 「중앙총부휘보」, 『천도교회월보』 78, 1917, 41쪽.
25) 「중앙총부휘보」, 『천도교회월보』 79, 1917, 41쪽.
26) 「중앙총부휘보」, 『천도교회월보』 30, 1913, 45쪽.
27) 「중앙총부휘보」, 『천도교회월보』 8, 1911, 45쪽.
28) 「중앙총부휘보」, 『천도교회월보』 55, 1915, 35쪽.
29) 「중앙총부휘보」, 『천도교회월보』 78, 1917, 41쪽.
30) 「중앙총부휘보」, 『천도교회월보』 79, 1917, 41쪽.
31) 「중앙총부휘보」, 『천도교회월보』 86, 1917, 39쪽.

러한 사실은 신 교수의 주장처럼 단순히 전봉준을 이용하여 위광효과를 얻으려고 하는 천도교단측의 호교론(護敎論)으로만 치부할 수는 없을 것이다. 1894년 1월의 고부기포, 3월의 무장기포, 9월의 청산기포 등은 모두 동학교단의 주도적 역할을 하였다. 따라서 동학혁명은 단순한 호교론이 아니라 주도론임을 인식해야 한다.

4. 맺음말

이상의 몇몇 논증을 살펴보더라도 전봉준이 동학교인임을 명확하게 밝혀주고 있다. 그동안 많은 학자들이 전봉준이 동학교인으로 의심을 두지 않는 것은 선입견 때문이 아니라 이처럼 명확한 논증이 있기 때문이다. 그리고 동학혁명의 성격도 외피설이 아니라 주체설임을 인식해야 한다고 본다.

그렇다면 신 교수가 '전봉준이 동학도였다거나, 아니면 고부의 접주였다는 주장은 그가 동학을 주요 변수로 해 전개된 혁명의 지도자라는 사실을 지나치게 의식한 선입견에서 나온 성급한 단정이라고 본다. 아니면 영웅과 자신들의 동일시(同一視)를 통해 효과를 얻으려는 교단측과 학문적 수련이 철저하지 못한 몇몇 학자들의 일방적인 해석에 지나지 않는다'고 한 주장이야말로 오히려 학문적 수련이 철저하지 못한 학자가 아닐까. 영국의 역사학자 E. H. 카의 지적처럼 역사학자가 문헌을 정확히 해석한다는 것은 하나의 미덕이기 이전에 신성한 의무임을 새삼스럽게 느껴진다. 역사의 해석은 그 시대적 상황과 문제의식 속에서 이루어져야지 개인적인 편견이나 자의적인 해석으로 판단한다면 오히려 역사를 왜곡하는 오류를 남기고 있음을 명심해야 한다.

제5장

홍주성의 동학혁명과 의병운동의 재검토
- '홍성의사총'의 진위규명을 위한 문제제기 -

1. 머리말

홍성(洪城)[1]은 충청남도 중서부에 위치한 소도시이지만 우리나라 근대사에 있어서 중요한 의미를 담고 있다. 근대사에 있어서 홍성과 관련된 역사적인 사건은 세 가지가 있다. 첫째는 1894년의 동학혁명 당시 홍주성전투이며, 둘째는 1896년의 을미의병, 셋째는 1906년의 병오의병 활동이다. 이들 중 항일의병사의 중요한 위치를 차지하는 1896년과 1906년에 걸쳐 전개된 두 차례의 의병활동은 그 동안 나름대로 많은 연구성과가 이루어졌지만,[2] 1894년의 동학혁명에 관해서

---

1) 홍성(洪城)은 1894년 동학혁명 때나 1906년 병오의병 때는 홍주(洪州)로 불리웠다. 그러다가 1914년 일제가 행정구역을 개편할 때 홍주군(洪州郡)과 결성군(結成郡)과 합하여 홍성군(洪城郡)이라 하였다. 본고에서는 이하 '홍주'로 포기하였다.
2) 관련 논문은 다음과 같다.
　姜秉植, 「韓末 洪州城 義兵에 대한 一研究 ─ 義兵將 閔宗植을 중심으로─」, 『民族思想』 2, 1984; 金祥起, 「甲午·乙未義兵研究」, 한국정신문화연구원 박사논문, 1990; 金祥起, 「1985~1896년 홍주의병의 사상적 연원과 전개」, 『윤병석화갑기

는 아직 연구가 미진한 면이 없지 않다.[3] 더욱이 이러한 연구 결과는 잘못된 역사적 오류를 가져오기도 한다. 특히 충청남도 기념물 제4호로 지정된 홍성의사총(洪城義士塚, 일명 구백의총)의 경우 올바른 사료의 검증과 판단을 거치지 않고 단순히 1906년 병오의병의 홍주성전투에서 희생된 의병들의 유해로 판단하는 착오를 범하고 있다.

홍성의사총은 1949년 4월 5일 홍성군수 박주철과 홍성경찰서장 박헌교가 직원들을 인솔하고 현재의 의사총이 있는 대교리(大校里) 동록(東麓)에서 식수하다가 우연히 수많은 유골을 발견하고 옛 노인으로부터 병오의병항쟁 때 전사한 유골이라는 얘기를 듣고 이를 알리기 위해 만든 의사총인데, 당시 발견된 유골이 900여 구가 된다고 하여 구백의총(九百義塚)이라 이름을 붙였다. 그러나 1906년 병오의병항쟁에서 희생된 의병은 82명이며, 145명이 피체되었을 뿐이다.[4] 그리고 당시

넘한국근대사논총』, 1990; 金祥起, 「조선말 홍주 을미의병의 문화적 기반과 전개」, 『한국민족운동사연구』 5, 한국민족운동사연구회, 1991; 金祥起, 「충청지역 의병전쟁의 성격」, 『대전문화』 4, 대전광역시사편찬위원회, 1995; 全炳喆, 「韓末 홍주의병의 성격」, 『한성사학』 2, 한성대 사학회, 1984; 安志永, 「規堂 安炳瓚 義士의 生涯와 忠節」, 『敎壇餘情』, 1986; 柳漢喆, 「洪州城義陣(1906)의 組織과 활동」, 『한국독립운동사연구』 4, 독립운동사연구회, 1990; 김영국, 「한말 의병의 사상적 고찰-병오(1906) 유림의병운동과 척사사상의 배경을 중심으로-」, 『한국사회과학논집』 10, 한국사회과학원, 1969; 홍이섭, 「수당 이남규와 홍주성전투」, 『나라사랑』 28, 외솔회, 1977; 이은숙, 「1905~10년 홍주 의병운동의 연구」, 숙명여자대학교 대학원 박사학위논문, 2004; 김상기, 「한말 일제하 홍성지역 유림의 형성과 항일민족운동」, 『한국근현대사연구』 31, 한국근현대사학회, 2004; 김상기, 「1906년 홍주의병의 홍주성전투」, 『한국근현대사연구』 37, 한국근현대사학회, 2006.

3) 梁晉錫, 「충청지역 농민전쟁의 전개양상」, 공주대 개교 45주년학술세미나 발표, 1993; 표영삼, 「충청도 서부지역의 혁명운동」, 『동학혁명백주년기념논총』 상권, 동학혁명백주년기념사업회, 1994; 李道行, 「충남 서북부 지역의 동학농민전쟁」, 공주대 교육대학원 석사학위논문, 1993.

4) 朝鮮駐箚軍司令部, 「朝鮮暴徒討伐誌」, 『독립운동사자료집』 3, 독립운동사편찬위원회, 1971, 577쪽.

홍성의사총. 홍성의사총의 주인공은 의병이 아니라 동학군이다.

의병항쟁에 참가했던 유준근은 300여 명으로 기록하고 있다.[5] 이러한 편차는 동학혁명 당시의 홍주성전투에 대한 철저한 고증이 없이 단순히 병오의병항쟁으로 당시의 유골 발견 사건을 처리했기 때문이다. 이러한 상황에서 홍성의사총에 안장된 유골의 신원을 위해서도 올바른 역사적 사실을 밝혀져야 한다고 본다.

　따라서 본고에서는 홍주성(洪州城)을 중심으로 전개되었던 1894년 동학혁명 당시의 전투와 1906년 병오의병의 전투를 먼저 검토하고, 이 전투로 희생된 동학군과 의병들의 숫자 등을 당시에 보고된 신문기록과 개인기록, 일본측 사료를 비교 검증하면서 홍성의사총에 안장되어 있는 유골의 진위를 살펴보고자 한다.

---

5) 유준근, 「馬島日記」, 『독립운동사자료집』 3, 독립운동사편찬위원회, 1971, 97쪽.

2. 동학군의 홍주성전투와 의병의 홍주성전투

1) 동학군의 홍주성전투

홍주를 중심으로 한 내포지역(태안·서산·예산·당진·아산·홍주 등 충청도 서북부지역을 일컬음)의 동학 세력은 초기에는 미약하였으나 1893년 3월 보은 척왜양창의운동을 계기로 점차 교인의 수가 증가하였다. 이듬해 1894년 전라도에서 동학혁명이 일어나자 더욱 세력이 확대되었다.[6] 내포지역의 동학 조직은 덕산(德山)의 박인호(朴寅浩, 道一), 예산(禮山)의 박희인(朴熙寅, 德七), 아산(牙山)의 안교선(安敎善), 면천(沔川)의 이창구(李昌九) 등이 대두목으로서 동학혁명 당시 이 지역의 동학군을 지휘하였다.[7] 1894년 9월 동학혁명의 재기포령이 내리자 내포지역은 서산과 태안에서 10월 1일 첫 기포하였으며, 10월 24일에는 내포지역의 동학군 수만 명이 서산 여미(餘美)벌에 집결하였다.[8] 이곳으로 집결한 충청도 내포지역의 동학군은 당진의 승전곡(勝戰谷)과 신례원(新禮院) 전투에서 승리한 후 내포지역에서 유일하게 남아있는 홍주성을 공격하기로 하였다.

---

6) 金允植, 『續陰淸史』, 갑오 4월 9일조; 표영삼, 「충청도 서부지역의 혁명운동」, 『동학혁명백주년기념논총』 상권, 618쪽.

7) 「避難錄」, 『東學農民戰爭史料叢書』 9, 史芸研究所, 1995, 5쪽.
   "湖中巨魁崔濟遇朴德七朴道一李昌九孫士文安敎善黃河一李鍾弼李聖時也 朴德七則居禮山 故脅從於朴德七者謂之禮包 朴道一居德山 故脅從於朴道一者謂之德包"

8) 「昌山后人 曺錫憲歷史」, 『東學農民戰爭史料叢書』 10, 史芸研究所, 1996, 135~136쪽.
   "일반 교도의 소원이 當此之時하여난 충남 東徒를 일처에다가 會集更立하야 후회가 무케하자 하노나 千思萬念하여도 좌우가 難便이로되 부득이 欲罷不能이라. 소 15일에 포군 30명과 두령 三四員을 솔하고 즉입 海瑞泰 동도진하야 전후 사실을 설유하고 대회 일진을 統하 합세하니 五十萬衆이 성하엿더라."

동학과 동학혁명의 재인식

홍주성전투는 10월 28일(음)부터 29일까지 양일간 전개되었다. 이 틀 전 예산전투에서 승리한 동학군은 박인호(朴寅浩)[9]의 지휘 아래 10월 28일 오후 덕산 역말을 지나 홍주로 향하여 진격해 들어갔다. 이 날 관군과 일본군은 동학군의 동정을 살피기 위하여 홍주향교 뒤편 야산에 진을 치고 있었으나 동학군의 위세에 압도되어 홍주성 안으로 후퇴하였다. 홍주향교 주변에 진을 친 동학군은 홍주향교를 지키고 있던 유생 7명이 항거하자 즉시 처형을 하였다.[10]

당시 동학군은 홍주성을 공격하기 위해 회의를 했는데, 3~4일 정도 성을 포위한 뒤 공격하자는 의견도 있었으나 그동안 전투에서 승리한 경험을 바탕으로 곧바로 홍주성을 공격하기로 하였다. 동학군은 홍주성을 공격하기 위하여 민가에서 볏짚을 한 묶음씩 가지고 성 밑으로 가서 짚단을 쌓아 성을 넘기로 했다. 그러나 이러한 작전은 관군에 의해 역이용 당하였다. 관군은 동학군이 성밑에 쌓아놓은 볏단에 불을 놓아 오히려 동학군을 역공하였다. 불빛으로 사방이 환해지자 관군과 일본군은 일제히 사격을 가해 동학군은 불에 타죽거나 총에 맞아 수백 명의 사상자를 내었다.[11] 뿐만 아니라 동문인 조양문을 공격해 들어가던 박덕칠과 결사대는 일단 성문까지 접근은 성공했으나 조양문을 격파하는 데는 실패하였다.[12]

이 날 홍주성전투에 참가한 일본군 적송국봉(赤松國封) 소위는 당시

---

9) 朴寅浩는 천도교 제4세 대도주로 존칭은 春菴上師이다. 동학혁명 당시 다. 동서부지역을 총지휘하였으며, 홍주성전투에 직접 참가하여 당시 상황을 「甲午東學起兵實錄」(中央 16호, 1935.2)에 자세하게 기록하고였다. 박인호는 이 기록에서 홍주성에 참가한 동학군은 6만여 명이며 사망자는 3만여 명으로 밝히고 있다.

10) 「七義碑」, 『東學農民戰爭史料叢書』 10, 史芸硏究所, 1996, 285쪽.

11) 洪楗, 「洪陽紀事」, 『東學農民戰爭史料叢書』 9, 史芸硏究所, 1996, 154~159쪽.

12) 車相瓚, 「甲午東學과 忠淸南道」, 『開闢』 46, 1924, 124쪽.

의 전투상황을 다음과 같이 보고하고 있다.

　25일 오후 2시 홍주성(洪州城) 북쪽에 있는 응봉(鷹峰)의 영산(嶺山)
에 이르러 바라보니, 적(賊)이 전방 4km 지점에서 행진해 오고 있었다.
그래서 곧 홍주성에서 제2·4분대를 동북문 사이에, 제3분대와 제3소대
의 제1분대를 서문 앞에서 빙고(氷庫) 언덕에 걸쳐 배치했으며 제5분대
를 북문 왼쪽에, 제3소대의 제2분대를 서남문 중앙으로 산개하고 빙고
언덕에 있는 우리 군의 퇴각을 엄호할 것을 명령했다. 또 제1분대를 응원
부대로 하여 남문 뒤쪽 약 300m를 두고 적의 내습을 기다렸다. 그리고 한
국 병사를 8명씩 나누어 각 문의 일본 병사 사이에 섞어 배치했다.
　오후 4시 적이 덕산(德山)가도 왼쪽 고지의 진지를 점령하였다.
　오후 4시 25분 적의 한 부대가 빙고 언덕을 향해 전진해 왔다. 거리 약
400m에 있는 벼 수확 끝낸 논(旱田)으로 접근해 오자 언덕 위에 있던 우
리 군이 몇 번 일제 사격을 퍼부어 적 수명을 쓰러뜨렸다. 그래서 적은 잠
시 머뭇거렸으나 자기편의 인원이 많은 것을 믿고 끝내 빙고 언덕에까지
전진해 왔다. 언덕 위에 있던 분대는 중과부적으로 퇴각하여 서문의 오른
쪽과 왼쪽에 의지해서 가까이 다가오는 적을 저격했다. 이와 동시에 제5
분대는 덕산가도 서쪽 북문 앞 가까이에 있는 고지에 모여있는 적을 향해
세 번 일제 사격을 했다(거리 800m). 적은 이 사격에 놀라 두 대열로 갈라
져 도로 동쪽 고지 숲 속에 진을 쳤다. 이때 홍주병(洪州兵)이 북문에 배
치해 있던 대포 2발을 발사했다. 그 거리는 300m였다. 적이 흩어져 북쪽
숲 속으로 들어가 갈라졌던 두 대열이 합쳐졌다. 이때 또 제2분대가 일제
사격을 가해 적의 기세를 꺾었다. 적의 한 부대가 동문 전방 600m에 있는
숲 속으로 들어가 서서히 전진해 왔다. 그리고 민가에 불을 지르고 연기
와 불길이 솟아오르는 것을 이용하여 성 밖 100m 앞으로 가까이 다가와
연달아 맹격해 오므로 응원대를 동문으로 증파하여 응전시켰다. 적은 밤
이 되자 야음을 이용하여 대포를 동문 앞 40m 지점에 끌고 와, 동문을 마
구 쏘았다. 우리 군은 최선을 다하여 싸웠다. 오후 7시 30분 총소리가 거

　　　　　　　　　　　　동학과 동학혁명의 재인식

의 멈췄다. 우리 군과 홍주 민병은 성 벽에 의지해서 밤을 세워 경계했다.

26일 오전 6시 적은 세 방면에 엄호병을 남기고 약 1,500m 되는 곳에 있는 응봉 고지로 퇴각하여 진지를 점령하고 오후 4시 30분 패잔병을 응봉으로 모아(빙고 언덕은 제외) 퇴각했다. 오후 5시 빙고 언덕의 적도 해미 방면으로 퇴각했다. 그래서 1개 부대(홍주병)를 내보내 추격했다. 오후 6시 속속 부상자와 도망자를 잡아 왔다. 포로의 말에 따르면 총인원이 6만이라고 했다. 그 실제는 3만 남짓 될 것이다.

27일 새벽부터 황혼에 이르기까지 속속 적의 도망자와 부상자를 잡아 왔고, 적이 해미로 퇴각했다고 보고를 해왔다.

28일 오후 12시 30분 적의 1개 부대가 갈산(葛山: 洪州에서 12km 떨어진 곳)에 모여 머무르고 있다는 것을 듣고, 추격하기 위해 하사(下士) 이하 45명을 이끌고 오후 1시 출발하여 오후 5시 갈산에 도달했다.

그 지방민의 말에 따르면 같은 날 오전 해미로 퇴각했다고 한다. 잔당 10명을 잡아 오후 9시 성으로 돌아왔다.[13]

이 보고에 의하면, 10월 28~29일 양일간의 홍주성전투에서 동학군은 수천 명의 희생자[14]만을 내고 홍주성을 점령하지 못했다.

2) 의병의 홍주성전투

다음은 1906년 병오의병이 홍주성에서 일본군과 전개했던 전투과정을 살펴보자.

병오의병의 홍주성전투는 1906년 을사5조약이 체결되자 이설(李偰)과 김복한(金福漢)이 이에 반대하는 상소를 올림으로써 비롯되었다.[15]

---

13) 『駐韓日本公使館記錄』 1, 국사편찬위원회, 1986, 211~212쪽.
14) 홍주성전투에서 희생된 동학군의 숫자는 기록마다 다양하다. 이에 관해서는 다음 장에서 논하기로 한다.
15) 柳漢喆, 「洪州城義陣(1906)의 組織과 활동」, 『한국독립운동사연구』 4, 7쪽; 『洪

이렇게 시작된 홍주지역의 의병은 전 참판 민종식(閔宗植)을 중심으로 3월 15일 대흥군(大興郡) 광수(光水) 장터에서 약 300~600여 명의 규모로 첫 기치를 올렸다.[16] 이들은 대장단(大將壇)을 세워 천제(天祭)를 올리고 이튿날 곧바로 홍주로 향하였으며 동문 밖 하우령(夏牛嶺)에 진을 쳤다. 그리고 홍주성 안에 있는 일본인을 잡아오면 머리 하나에 1,000냥을 상금으로 준다고 하면서 홍주성 공격을 시도하였다. 하지만 관군의 저항이 예상보다 완강하여 오히려 대장소(大將所)마저 위태로운 상황에 빠졌다. 그러나 재기를 도모한 의병들은 홍산(鴻山)·서천(舒川)·비인·남포(藍浦) 등지를 점령하였다. 계속해서 의병들은 광천을 거쳐 결성(結城)으로 진군하여 이곳에서 하루를 유숙하고 5월 19일(양) 홍주로 들어갔다.

홍주의 삼신당리(三神堂里)에서 일본군과 싸워 이긴 250여 명의 의병은 구식 화포 2문을 선두에 내세워 홍주성을 공략하였다. 의병의 우세한 공격을 당해내지 못한 일본군들은 북문을 통해 덕산 방면으로 도주하였다. 이로써 홍주성은 의병들에게 점령되었다.[17] 의병들이 홍주성을 점령하자 인근 지역에서 지방 유생들이 적극적으로 의병에 가담하였으며 의병의 규모도 점차 확대되었다.[18]

한편 홍주성에서 퇴각한 일본군은 의병들을 진압하기 위한 계획을

城郡誌(增補版)』, 1293쪽.

16) 柳漢喆, 「洪州城義陣(1906)의 組織과 활동」, 『한국독립운동사연구』 4, 8쪽.

17) 조선주차군사령부, 「조선폭도토벌지」, 『독립운동사자료집』 3, 독립운동사편찬위원회, 1971, 674쪽. 홍주 병오의병이 홍주성을 점령하기까지의 과정은 柳漢喆의 「홍주성의진(1906)의 조직과 활동」을 참조하면 된다.

18) 홍주성 병오의병의 전성기 때의 규모가 대략 1,000여 명으로 파악되고 있다. 成德基, 「義士 李容珪傳」, 『독립운동사자료집』 2, 독립운동사편찬위원회, 1970, 335쪽 참조.

동학과 동학혁명의 재인식

수립하였다. 당시 통감(統監)으로 있던 이등박문(伊藤博文)으로부터 진압 명령을 하달받은 장곡천호도(長谷川好道) 한국주차군 사령관은 재경성(在京城) 남부수비대 동조(東條) 소장에게 필요한 병력을 홍주성으로 파견하여 헌병 및 경찰관과 협력하여 의병을 진압하되 가급적이면 생포하도록 훈령하였다. 동시에 헌병대장 소산(小山) 대좌에게 홍주에 있는 헌병을 위의 파견부대와 협력시켜 필요하다면 그 부대장의 지휘를 받도록 지시하였다.[19] 이에 따라 남부수비대 사령관은 곧 보병 제60연대장에게 대대장 전중(田中) 소좌를 지휘관으로 하는 보병 2중대, 기병 반소대로 구성된 1지대(支隊)를 편성하여 홍주성으로 보내고 동시에 전주수비대의 보병 1소대로 하여금 그에 협력시켰다.[20] 이렇게 구성된 일본군은 홍주성을 5월 31일 새벽에 공격키로 결정하였다. 그리고 지휘관인 전중 소좌는 다음과 같은 작전계획을 시달하였다.

적은 홍주성을 점령하고 있다.

헌병 및 경찰은 모두 나의 지휘를 받는다.

지대(支隊)는 내일 날이 밝기 전에 홍주성을 탈취(奪取)한다.

2중대의 1소대는 갈매지(葛梅芝) 남쪽 고지를 굳게 지켜 적의 퇴로를 차단하되 만일 실패할 경우에는 폭발과 동시에 서문 밖 가옥에 불을 지르라.

제4중대에서 하사(下士)가 지휘하는 반소대(半小隊)를 교동(校洞) 서쪽 장애물 도로 입구에 보내어 그 부근을 점령하고 적의 퇴로를 차단하라.

제4중대에서 1분대를 평리(坪里) 북단(北端)에 보내어 그 곳을 점령하고 적의 퇴로를 차단하라.

이상의 제대(諸隊)는 되도록 적을 생포하는데 힘쓸 것이며, 그렇지 못

---

19) 朝鮮駐箚軍司令部, 「朝鮮暴徒討伐誌」, 『독립운동사자료집』3, 675쪽.

20) 朝鮮駐箚軍司令部, 「朝鮮暴徒討伐誌」, 『독립운동사자료집』3, 675쪽.

할 때에는 사격을 가하라.

나머지 제대 중 제2중대 1소대, 제4중대 3분대 기관포대, 기마병 소대, 폭발반, 헌병대, 경찰대는 당일 오전 11시까지 될 수 있는대로 발각되지 않도록 홍주 동쪽 약 500m 지점 숲 속에 집합하라.

대행이(大行李)는 천촌리(川村里)에서 오후 11시 이후에 출발 준비하라.

나는 오후 11시 홍주 동쪽 약 500m 지점 삼우(三又)에 있겠다.[21]

이상의 작전 계획에 따라 일본군의 공격은 이날 새벽 2시 30분에 전개되었다. 당시의 전투상황은 다음과 같다.

31일 오전 2시 30분 등(藤) 소위가 인솔하는 제2중대의 1소대는 서문 밖 독립 가옥에 방화하고 맹렬한 사격으로써 적을 견제하고, 성(星)기병(騎兵) 소위는 오전 2시 50분 폭파병을 이끌고 동문으로 진격, 총화 투석을 무릅쓰고 오전 3시 10분 대폭성(大爆聲)과 함께 문짝을 비산(飛散)시켜 돌입구를 터놓자 돌격대는 곧 성내로 돌입하였다. 북문은 오전 3시 30분 폭파하였다.

폭도(의병 : 필자주)는 우리의 신속 과감한 돌입으로 인해 크게 혼란을 일으켜 그 대부분은 가옥 내에서 우리를 사격하고 다른 일부는 큰 길에서 종사(縱射)를 해 와 마침내 시가전을 야기하였다. 이때 날은 아직 새지 않아 수색이 곤란하였으므로, 우선 적의 퇴로를 막기 위해 제4중대는 주로 동문에서 남문을 거쳐 서문에 이르는 성벽을, 제2중대는 주로 서문에서 북문에 거쳐 동문에 이르는 성벽을 점령하고, 헌병 및 경찰관의 일부는 동문과 북문을 감시하였다.

동이 틀 무렵부터 옥내 수색을 개시하여 사력을 다해서 저항하는 자는 사살하고, 그렇지 않은 자는 포획하여 오전 7시 30분 성내외의 수색을 끝냈다.[22]

---

21) 「韓國內部警察局,『顧問警察小誌』, 1910, 114~115쪽.
22) 朝鮮駐箚軍司令部, 「朝鮮暴徒討伐誌」, 『독립운동사자료집』 3, 676~677쪽.

이상으로 홍주성에서 전개되었던 1894년 동학혁명 당시의 전투과
정과 1906년 당시 병오의병의 전투과정을 살펴보았다.

3. 홍주성전투에 참가 및 희생된 동학군과 의병

1) 홍주성전투에 참가한 동학군과 의병

이 절에서는 앞에서 살펴본 각각의 홍주성전투 과정에서 참여한
동학군과 의병의 참가자 수, 희생자 및 부상자 수에 대하여 살펴보고
자 한다.

먼저 1894년 동학혁명 당시 홍주성전투에 참가한 인원수에 관한 기
록은 다음과 같다.

> ① 이상 제포(諸包)는 난봉(亂蜂)과 여(如)히 일시병(一時兵)을 기(起)
>   하야 해미군(海美郡) 여미평(余美坪)에 집중하니 불과 수일(數日)
>   에 기중(其衆)이 수만에 달하얏다[23]
> ② 동군(東軍)은 수(數) 3일을 혹공혹위(或攻或威)하되 여가(如可)치
>   못하고 부득이 수만의 결사대를 조직하야[24]
> ③ 이때 적이 대대(大隊) 만여 명을 합해서 성을 세 겹으로 포위했다[25]
> ④ 박덕칠(朴德七)·박인호(朴寅浩) 등은 7,000군(軍)을 거느리고 홍
>   주·예산 등 방면을 지키어[26]
> ⑤ 다음 28일 오전 10시 포로 중 김재현(金載鉉)이라는 자를 심문하여

---

23) 車相瓚,「甲午東學과 忠淸南道」,『開闢』46, 123쪽.

24) 車相瓚,「甲午東學과 忠淸南道」,『開闢』46, 124쪽.

25) 黃炫(李民樹 譯),『東學亂-東匪記略草藁-』, 을유문화사, 1985, 224쪽.

26) 吳智泳,『東學史』, 대광문화사, 1984, 159쪽.

병사수를 물으니 6만이라고 했으나 실제는 3만 명에 달하며[27]

⑥ 포로의 말에 따르면 총인원이 6만이라고 했다. 그 실제는 3만 남짓 될 것이다[28]

⑦ 그러나 아무리 군율이 서지 못한 교군(敎軍)이라도 무려 수만 명에 이르는 대군인데다[29]

⑧ 산과 들을 뒤덮은 것은 모두 적(동학군 : 필자주)들의 기운이었고, 연기가 하늘을 가득하여 수십리에 걸쳐 있었다.(漫山蔽野皆是賊 氣 煙焰漲天撗亙數十里)[30]

⑨ 11월 28~29일 동학도 수만 명(예산・해미・태안・서산서 모인 자)이 홍주를 습격했으나[31]

한편 1906년 병오의병이 홍주성전투에 참가한 의병의 수에 관한 기록은 다음과 같다.

① "의거(義擧)할 때에 군병(軍兵)은 얼마나 되었는가" 하기로 나는 대답하기를 "총을 멘 군사가 600명이요, 창 가진 군사가 300명이 요, 유회군(儒會軍) 300여 명으로 도합 1,000여 명이었다."[32]

② 동월 26일에 홍주성에 들어가니 총을 멘 군사가 600여 명이요, 창을 잡은 병사가 200여 명이요, 무기를 가지지 못한 백면 서생이 300여 명되는데[33]

---

27) 『大阪朝日新聞』, 1894년 12월 16일자;『東學農民戰爭史料叢書』23, 127~129쪽.

28) 『駐韓日本公使館記錄』1, 213쪽.

29) 曺錫憲,「北接日記」,『韓國思想』13, 한국사상연구소, 1975, 323쪽.

30) 洪楗,「洪陽紀事」,『東學農民戰爭史料叢書』9, 155쪽;『동학농민혁명국역총서』4, 동학농민혁명참여자 명예회복심의위원회, 2008, 101쪽.

31) 『駐韓日本公使館記錄』1, 232쪽.

32) 이진구,「義士 李容珪傳」,『독립운동사자료집』2, 321・335쪽.

33) 「閔宗植判決宣告書」,『독립운동사자료집』1, 1970. 339쪽.

동학과 동학혁명의 재인식

③ 동남 지역까지 뻗쳤다는 것을 보면 홍주성전투에 참가한 의병 병력
은 상당수였다는 것을 알 수 있다. 1,000명까지는 안되었다 하더라
도 거기에 가까운 수를 가름해 보면 일본 경찰이 500명은 된다 했
으니 가운데를 잘라도 700~800 정도는 되지 않았는가 추측할 수
있다.[34]

④ 일방(一方)으로 인민에게 병기·양식을 징발하고 병(兵)을 모집하
니 기수(其數) 500여 인(人)에 달하얏다[35]

⑤ 비도(匪徒) 200여 명으로 충청남도 홍주성에 웅거[36]

⑥ 주요한 폭도 및 폭도의 수요 : 민종식(閔宗植) 이하 약 500명[37]

⑦ 4월 26일(음) 홍주 남산 꼭대기에 이르렀을 때의 병력은 5,000여 명
에 이르렀다. 마침 이 날은 홍주 장날이기도 하였다[38]

⑧ 소위 의병 300여 명이 홍주성에 입거(入據)하고 동일(同日) 석시
(夕時)에 우유(又有) 400명(四百名)이 증가 입성(入城)하였는데[39]

⑨ 금(今)에 의병이 홍주 전성(全城)을 거(據)하야 대포와 소총의 제반
무기를 지(持)하고 400~500 병중(兵衆)을 옹(擁)하였으나[40]

이상으로 1894년 홍주성전투에 참가한 동학군의 인원수와 1906년
홍주성전투에 참가한 의병의 인원수를 당시 전투에 참가한 사람의 기
록 또는 당시 발행되었던 신문 기사, 그리고 그 후 연구 발표된 기록을
통하여 살펴보았다.

---

34) 홍이섭, 「수당 이남규와 홍주성전투」, 『나라사랑』 28, 56~57쪽.

35) 車相瓚, 「甲午東學과 忠淸南道」, 『開闢』 46, 26쪽.

36) 朝鮮駐箚軍司令部, 「朝鮮暴徒討伐誌」, 『독립운동사자료집』 3, 661쪽.

37) 朝鮮駐箚軍司令部, 「朝鮮暴徒討伐誌」, 『독립운동사자료집』 3, 665쪽.

38) 洪淳大, 「海庵事錄」, 『洪州義兵實錄』, 1986, 310쪽; 柳漢喆, 「洪州城義陣(1906)의
組織과 활동」, 『한국독립운동사연구』 4, 17쪽 재인용.

39) 『大韓每日申報』, 1906년 5월 24일자.

40) 『萬歲報』, 1906년 6월 28일자.

동학군이 홍주성전투에 참가한 인원을 살펴보면 최소 7,000명(④항)이며 많을 때는 수만 명(①·②·③·⑦항) 또는 6만 명(⑤·⑥항)으로 기록하고 있다. 의병의 경우에는 최소 200여 명(⑤항)에서 최대 5,000여 명(⑦항)으로 기록하고 있다.

양측의 기록에서 과장되거나 축소된 것도 없지 않을 것이다. 동학군에 대한 기록은 최소와 최대의 편차는 비록 크지만 최소 인원인 7,000명은 1회, 최대 인원인 6만 명은 2회를 기록하고 있다. 6만 명의 기록은 일본군에 포로가 된 김재현이 밝힌 수이지만 당시 일본군은 3만 명으로 보았다. 그리고 대부분의 기록은 수만 명이 참가한 것으로 기록하고 있다. 여기서 수만 명의 개념을 어떻게 보아야 하는 지가 문제이다. 다소 무리가 있겠지만 상기의 기록을 살펴볼 때는 대체적으로 3만 명으로 보아도 타당할 것이다.

한편 의병은 당시 전투에 참가한 민종식이나 이용규(李容珪)는 1,000여 명으로 재판과정이나 자전적 기록에서 밝히고 있다. 그러나 당시 홍주성전투에 관하여 기사를 게재한 『대한매일신보』나 『만세보』는 700명 또는 400~500명으로 기록하고 있다. 일본군은 적게는 200명, 많게는 500명 정도로 보고 있다. 그렇다면 홍주성에 참가한 의병의 수는 과연 얼마 정도일까. 앞에 열거한 기록 중 ③항을 살펴볼 필요가 있다. ③항의 경우 대략 800명 정도로 보고 있다. 아마 이 정도가 가장 타당할 것으로 사료된다.

2) 홍주성전투에서 희생된 동학군과 의병

다음은 1894년 동학군의 홍주성전투와 1906년 의병의 홍주성전투에서 희생된 사망자 및 부상자 그리고 포로의 수를 살펴보아야 할 것

이다. 그럼 먼저 1894년 동학혁명 당시 홍주성전투에서 희생된 동학
군의 수를 살펴보면 다음과 같다.

① 홍산(鴻山) 도인(道人) 김현필(金顯弼)은 홍주접전(洪州接戰)에
  갔다가 관병(官兵)에게 피금(被擒)되어 수백 명의 다수(多數)를 한
  곳에 모아 놓고 난총(亂銃)질로 죽이는 중에[41]
② 이 때 이승우가 비로소 탄환을 넣고 일제히 쏘니 적은 이미 뒤가 막
  혀서 한 발자국도 물러서지 못하고 탄환에 맞는 자가 서서 죽는다.
  다시 뒤로 돌이킬 수 없으므로 계속해서 그 자리에 쌓여서 시체가
  성(城)보다 높아 마치 둑과 같은 것이 셋이 되었다[42]
③ 적도(賊徒) 전사자 200여 명, 부상자 미상[43]
④ 사자(死者) 200여 명, 부상자 무수(無數), 잔당(殘黨) 10명 박(縛)[44]
⑤ 당시 일본 군대와 조선 군사 약 2,000여 명이 여기서 적을 격퇴, 적
  수천 명을 살상하고 그 거괴(巨魁) 이창구(李昌九)·이군자(李君
  子) 2명을 죽였다 한다[45]
⑥ 현재(12월 8일 : 필자주) 홍주성 안에는 적을 잡아 아직 처형이 결정
  되지 않은 자가 수백 명이 있다[46]
⑦ 이 날(12월 10일 : 필자주) 도중 해미에 잠복해 있던 적 수십 명을 잡
  아 모두 홍주성으로 호송하였다.[47]
⑧ 오늘(12월 10일 : 필자주) 이후 잡는 적도(賊徒)는 계속해서 그곳(홍
  주성 : 필자주)으로 호송할 터이니, 신속히 처형할 것을 목사(牧使)

---

41) 오지영, 『동학사』, 172쪽.
42) 黃炫(李民樹 譯), 『東學亂-東匪記略草藁-』, 225쪽.
43) 『駐韓日本公使館기록』 1, 212쪽.
44) 『大阪朝日新聞』, 18947년 12월 16일자.
45) 『駐韓日本公使館記錄』 1, 232쪽.
46) 『駐韓日本公使館記錄』 1, 235쪽.
47) 『駐韓日本公使館記錄』 1, 235쪽.

에게 충고하라. 그렇지 않으면 내외로 걱정이 앞서기 때문이다[48]

⑨ 일시에 사상자가 수천에 달하고 행오점차문란(行伍漸次紊亂)할 제(際)에 관군이 승승추격(乘勝追擊)하니 시(尸)가 야(野)에 편(遍)하고 혈(血)이 천(川)을 성(成)하야 기(其) 참상(慘狀)이 목도(目睹)키 난(難)하얏다(其時 死者 累 3만여 명)[49]

⑩ 이틀 동안 성 아래에서 죽은 적(동학군 : 필자주)은 대략 600~700명이 되었다.(兩日城下之殺賊約 六七百人[50]

다음은 1906년 병오의병이 홍주성전투에서 희생된 의병의 사망자와 포로의 수를 살펴보면 다음과 같다.

① 윤월 9일, 성이 함락되어 죽은 자가 300여 명이고 잡혀간 자가 80여 명이었다.[51]

② 토벌 결과의 개요 : 약 반수의 손상을 주고 수괴는 놓쳤으나[52]

③ 이번에 죽은 자가 100여 명이요, 잡혀간 자가 83명이다.[53]

④ 이 싸움에 일본 군사의 죽은 자가 300여 명이나 되었고, 우리 나라 남녀 죽은 자도 역시 60~70명이 되었다.[54]

⑤ 이 날(5월 31일: 필자주) 자신이 패하여 도피할 무렵에 성의 동문 밖에서 전사한 자가 반드시 몇 명 있었으나 그 수를 상세히 알지 못하고[55]

---

48) 『駐韓日本公使館記錄』 1, 236쪽.

49) 車相瓚, 「甲午東學과 忠淸南道」, 『開闢』 46, 124쪽.

50) 洪楗, 「洪陽紀事」, 『東學農民戰爭史料叢書』 9, 158쪽; 『동학농민혁명국역총서』 4, 104쪽.

51) 유준근, 「馬島日記」, 『독립운동사자료집』 3, 97쪽.

52) 朝鮮駐箚軍司令部, 「朝鮮暴徒討伐誌」, 『독립운동사자료집』 3, 665쪽.

53) 洪楗, 「洪陽紀事」, 『東學農民戰爭史料叢書』 9, 299쪽.

54) 이진구, 「義士 李容珪傳」, 『독립운동사자료집』 2, 318쪽.

⑥ 의병여(義兵與) 거민(居民)이 각자도생(各自逃生)에 투동분서(投東奔西)하여 혹피총사(或被銃死)하며 혹자상천답(或自相踐踏)에서각서요이피사자(逝脚逝腰而被死者) 수천여 명이오 피금자(被擒者) 수백 명인데[56]

⑦ 폭도는 시체 82, 포로 145로 수괴 민종식(閔宗植) 이하 약간은 도망쳐 나가게 한 것은 유감이었다.[57]

⑧ 의병으로 대란(大亂)을 지내매 사자(死者)는 기수(其數)를 모르거니와 생자(生者)도 사방에 도피하야 경내(境內)가 참혹한 중에[58]

이상으로 1894년 동학혁명 다시 홍주성전투에서 희생당한 동학군의 사망자 수와 1906년 병오의병운동 당시 홍주성전투에서 희생당한 의병의 사망자 수를 기록한 사료를 살펴보았다.

앞에서 본 기록과 같이 동학군의 경우 사망자가 최소 200여 명(③·④항), 600~700명(⑩항), 수백 명(①항), 수천 명(⑤·⑨항), 그리고 많게는 3만 명(⑨항)으로 나타나고 있다. 이 중 일본측의 기록은 200여 명과 수천 명으로, 관변측 기록은 600~700명, 그리고 동학측의 기록은 수천 명에서 많게는 3만 명까지 나타나고 있다. 여기에 동학군이 포로로 잡혀 처형되지 않은 수백 명(⑥·⑦·⑧항)과 부상자까지 포함한다면 사망자는 더 늘어날 것이다.

의병의 경우에는 대체적으로 80~100여 명(③·⑦항), 300여 명(①·②·④항), 그리고 많게는 1,000여 명(⑥항)으로 나타나고 있다. 이 중 일본측 기록은 82명, 홍주성전투에 참가하였던 의병이 남긴

---

55)「閔宗植判決宣告書」,『독립운동사자료실』1, 1970, 339쪽.

56)『大阪朝日新聞』, 1906년 6월 6일자.

57) 朝鮮駐箚軍司令部,「朝鮮暴徒討伐誌」,『독립운동사자료집』3, 577쪽.

58)『萬歲報』, 1906년 6월 17일자.

자서전에는 300 또는 100여 명으로 기록하고 있으며 당시 보도된『대한매일신보』만 유일하게 1,000여 명으로 기록하고 있다.

여기서 한 가지 짚고 넘어가야 할 부분이 있다. 대체적으로 1906년 병오의병이 홍주성전투에서 희생된 사망자 수를 일본측이 의도적으로 축소·조작하였다고 보고 있다.[59] 이러한 측면에서 본다면 동학혁명 당시 동학군의 희생자 역시 축소·조작되었다고 보아야 할 것이다. 일본측이 기록한 양측의 자료에서도 동학군은 사망자 200여 명과 부상자 무수(無數), 의병은 82명으로 공사관에 보고를 하고 있다. 여기서 일본측의 기록이 축소·조작되었다면 이를 무시해도 좋을 것이다. 그러면 동학군은 적게 잡아도 1,000여 명이며, 의병은 300여 명이다.

그러나 단순히 희생자의 수만으로는 홍성의사총의 유골의 진위를 밝히는 데는 어려움이 없지 않을 것이다. 보다 정확하게 의문을 해결하기 위해서는, 첫째 홍주성전투 과정에서의 전투현장, 둘째 당시 조정이나 유생 그리고 일반 민중의 시각, 셋째 사후 시신 수습과정도 살펴보아야 할 것이다.

---

59) 柳漢喆,「洪州城義陣(1906)의 組織과 활동」,『한국독립운동사연구』4, 26·27쪽. 이 논문에서는 일본측의 기록이 조작되었다고 지적하고 있으며,『大韓每日申報』를 근거로 1,000여 명의 의병과 민간인이 사망하였다고 보고 있다. 한편『洪城郡誌(增補版)』에 의하면 다음과 같이 기록하고 있다.
"이 전투에서 … 100여 명 이상이 전사한 것으로 보인다. 여기에 학살당한 양민의 수를 합하면 그 수는 더욱 많아질 것이다"(1296쪽) 및 "수백 명의 사상자 속에 의병항쟁운동의 절정을 이룬다"(235쪽).
그러나『洪城郡誌(增補版)』는 1894년 동학혁명 당시 홍주성전투에 대해서는 단한 줄의 언급도 없다(226쪽).

　　　　　　　　　　　　　　　동학과 동학혁명의 재인식

4. 동학군과 의병의 홍주성전투 현장

1) 동학군의 전투현장

앞서 홍주성에서의 1894년 동학혁명 당시의 전투과정과 1906년 홍주의병의 전투과정에 대하여 간략하게 살펴보았다. 하지만 홍성의사총의 유해 진위를 정확히 확인하기 위해서는 의사총에 묻힌 유해의 발견 장소와 동학군 및 의병의 전투현장을 보다 정밀하게 비교 검토할 필요가 있을 것이다.

홍성의사총에 묻힌 유골이 처음 발견된 것은 1949년 4월 5일이다. 이날 홍성군수 박주철과 홍성경찰서장 박헌교가 직원들과 함께 식목일을 맞아 대교리 동록(東麓)에서 식수사업을 하다가 유골이 나와[60]이에 대한 조사 결과 900여 구[61]의 유골이 발견되었다. 이리하여 처음에는 구백의총(九百義塚)[62]이라 불렸으나 1991년 6월 홍성의사총(洪城義士塚)으로 이름을 변경하였다.[63]

---

60) 『洪城郡誌(增補版)』, 236쪽.

61) 『洪城義士塚聖域化事業造成記』. 이 『造成記』는 홍성의사총 안에 있으며 그 내용에는 '900여 의사공(義士公)의 屍身'이라고 기록하고 있다. 이 기록이 유일하게 홍성의사총에 묻힌 유골이 900여 임을 밝히고 있다.

62) 1993년 12월 30일 간행된 『洪城郡誌(增補版)』에는 '구백의사총'이라고 설명하고 있다(236쪽). 당시 구백의사총의 조성 경위에 대해 다음과 같이 기록하고 있다.
   "1949년 4월 5일 홍주군수 박주철과 경찰서장 박헌교가 직원을 인솔하고 현재의 의사총이 있는 대교리 동록(東麓)에서 식수를 하다가 의외로 수많은 유골을 발견하고 옛 노인에게 여쭈어 보니 병오 항쟁시 전사한 유골이 임시 매장된 것으로 판명되어 군수 박주철이 도에 이 사실을 보고하게 되었다. 이 보고를 받은 당시 도 사업국장 정낙헌은 도비 300만 환을 영달해 분묘 조성을 착수, 현장감독으로 윤대영이 그 일을 보아 의사총을 이룩해 놓고…"

63) 현재의 명칭인 '홍성의사총'은 1949년 4월 5일 발굴 당시 900여 구의 유골이 나

1894년 동학혁명 당시 내포지역에서 유일하게 남은 홍주성 점령을 목표로 동학군이 진격, 관군 및 일본군 그리고 유생을 중심으로 구성된 민보군과의 전투현황과 장소를 자세히 살펴보면 다음과 같다.

(가) 10월 28일 이른 아침, 나는 장관(將官) 몇 명과 함께 간동(諫洞) 뒤의 고개에 올라 적(동학군)이 진을 치고 있는 땅을 바라보았는데, 즉 주(州: 洪州)와의 거리가 30리인 덕산(德山)의 땅이었다. 온 산과 온 들이 모두 적의 기운으로 타올랐으며 하늘에 비낀 것이 수십리였다. 오시(午時)에 적의 수를 헤아려 보는데 기(旗) 하나가 펄럭이며 바로 덕산로(德山路)를 따라 본주(本州: 洪州)로 향하고 있었다. 전군(前軍)은 이미 주(州)의 북쪽 10리쯤에 도착하였다. 나는 이에 산에서 내려와 성으로 들어

와 초기에는 '구백의총'이라는 명칭을 사용하였으나 1991년 6월 27일 제45회 충청남도 문화재위원회에서 '홍성의사총'으로 명칭을 변경하였다. 당시의 회의 내용은 다음과 같다.

"조광휘 위원: 홍성의사총이라 할 경우 범위가 적어집니다. 정부에서 성역화를 지원하는 조건이라면 몰라도 이 곳 주민들은 구백의총이라는 900 숫자에 긍지를 갖고 있습니다. 홍성의사총이라 할 경우 문제가 나올 것입니다.

윤병무 위원: 중앙문화재위원회에서도 얘기가 되고 있습니다. 허선도 위원을 비롯해서 중앙의 몇몇 위원들이 이곳을 다녀갔습니다. 원안대로 홍성의사총이라 하는 것이 좋겠습니다. 중앙위원들도 명칭을 홍성의사총으로 변경하는 것을 원하고 있습니다.

조광휘 위원: 지역 주민이나 성역화 추진위원들은 칠백의총보다 숫자가 많은 것을 자랑으로 알고 있습니다.

박만식 위원: 중앙에서 문제가 된다면 홍성의사총이라 하고 구백의총은 가칭으로 해서 올리면 좋을 것 같습니다.

위원장: 900이라는 숫자는 확실치 않으니 추진위원회의 의견을 수렴하는 것이 좋을 것 같습니다.

간사: 홍성의사총이라는 명칭은 지난번 구백의총 제향 때 유림들에 의해 이름 붙여진 것입니다.

위원장: 그럼 이 문제는 일단은 홍성의사총으로 하고 문화예술과와 홍성군에서 관련 단체들의 의견을 수렴하는 것으로 가결되었음을 선포합니다."

동학과 동학혁명의 재인식

가 주공(主公: 이승우)에게 말을 하고 각문(各門)을 지휘하여 그 자물쇠를 견고히 하고 각진(各陣)을 단속하여 성첩(城堞)에 나누어 두게 했다. 다시 서남쪽 성곽에 올라 멀리 적을 바라보니 적현(赤峴: 붉은 고개)에 이르러 두 부대로 나뉘고, 하나는 간동(諫洞)으로 향하고 하나는 서문(西門)으로 향하고 있었다. 일본 병사 30명을 서문 밖 빙현고(氷庫峴)에 보내어 매복시켰다. 포(砲)를 쏘아서 적의 선봉부대의 예기를 꺾었으나 중과부적으로 대적하지 못하고 다시 성으로 돌아와 성문을 굳게 닫았다. 적은 동·서의 양산(兩山)에서 진을 이루고 섰는데, 그 형세가 마치 새의 날개 같았고 기고마축단(旗鼓馬畜團)은 중앙에 모여 있었다. 양날개의 군인들은 쑥대머리에 흰옷을 입었고 손에는 무기가 없어 몽둥이를 들고 있었는데 어지러이 대오가 없었다. … 날이 이미 저무니 적들은 먼저 동문 밖 민가 여러 채를 불지르고 오로지 노략질을 일삼아서 성 근처의 민가에 몸을 숨기고 나와서 총탄을 쏘고 다시 그 몸을 숨겼다. 성 위에 늘어서 있던 군인들은 헛되이 약환(藥丸)만을 허비하여 적 한 명도 맞추질 못했다. 주공(主公)이 이에 군교에게 청야법(淸野法)[64]을 쓰게 했다. 많은 불화살을 쏘아 노사(蘆舍)를 태웠다. 잇따라 대포를 적의 중북(中北)에 쏘았는데 불에 타 죽은 자가 많았다. 별안간 적 한 명이 대포를 끌고 동문 아래에 이르러 위로 환(丸)을 쏘아 집 서까래를 부수었는데 그 환이 다시 떨어져 포를 쏜 자가 즉사하였다. 문루(門樓) 위에 있던 우리 군사들이 내려다보고 비웃으며 꾸짖었다. 이때에 적의 무리들이 다시는 감히 성으로 접근하지 못했다.

서문에 있던 적은 허수아비를 만들어 옥상에 세우고 우리를 속여 헛되이 환약(藥丸)을 허비하도록 했지만 우리 군사들은 이미 그 간사함을 알고서 그 계책에 넘어가지 않았다. … 하룻밤의 전투에 다만 포환(砲丸)만을 사용하였는데 우리의 대포는 멀리까지 미쳤고 일본 병사 중에는 (총을) 잘 쏘는 자가 있어 쏘면 반드시 맞추고 한 발도 헛되이 발사하는 것이 없

---

64) 청야법(淸野法)은 전쟁 때 적이 이용할 수 있는 집이나 기타 건물 등을 비롯하여 식량 등을 조달하지 못하도록 하는 방법으로 초토화 작전에 많이 사용하고 있다. 이에 따라 동학군들이 민가 등 건물 등을 이용하거나 은폐할 수 없었다.

었다. 그러나 저들의 병기는 이미 날카롭지 않아 멋대로 쏘아대니 마침내는 우리 군인 한 사람도 다치게 할 수 없었다. 또 성중(城中)의 군민(軍民)은 이미 규율을 잘 지켜 밤새도록 시끄러운 소리를 내지 않았고 개와 닭도 놀라지 않았다.

29일 아침이 지나 초토사 이하의 사람들이 동쪽 누대에 올라 멀리 간동(諫洞)의 둔치고 있는 적들을 바라보았는데, 어제와 비교하니 이미 많은 수가 흩어지고 없었으며, 또 그 대오가 더욱 어지러워 우왕좌왕하고 당황하여 마치 장비를 꾸리고 도망가려는 모양새였다. 서문(西門)의 적들이 산허리에 숨고 때때로 포를 쏘았는데 포의 소리가 힘이 없으니 필시 화약이 거의 떨어진 듯하여 내가 윤부안에게 말하기를 "저 적들이 기운이 다하고 탄알이 떨어져 마땅히 도망갈 듯하니 지금 정예 일대를 성 밖으로 보내어 공격해도 될 듯하오. 저들은 반드시 급히 도망갈 것이니 비록 다 쫓아가 죽이지는 못하더라도 그 군대의 물건들은 모두 뺏을 수 있을 것이오" 초토사도 또한 그렇게 생각했다. 바로 출병하여 공격하려 했으나 성문을 지키는 일본군들이 굳게 닫고 열지 않았다. 서로 따지는 사이에 간동의 적들은 과연 모두 흩어져 도망가고 서문의 적들 또한 점점 흩어져 도망갔다. 성 위의 관병들이 스스로 격분하여 앞 다투어 성을 넘어 아래로 내려간 자가 수백여 인이었다. 그들을 추격한 지 1리쯤에 포를 맞고 죽은 자가 매우 많았다. 서문 밖의 민가에서 노략질한 물건들을 거의 다 도로 빼앗았다. 이날 본주(本州) 및 대흥(大興)의 유병(儒兵)들이 모두 적이 성을 포위한 것으로 알았는데 다투어 서로 지원하려 달려온 병사가 5,000~6,000은 되었다. 주(州)의 남산 위에 주둔하고서 성원(聲援)하였다. 적들 중 도망치다가 사로잡힌 자가 또한 많았다. 양일간 성 아래에 죽은 적들이 대략 600~700명은 되었다.[65]

---

65) 洪楗, 「洪陽紀事」, 『東學農民戰爭史料叢書』 9, 154~159쪽. 洪楗에 대해서는 黃炫의 『東學亂-東匪記略草藁-』에 다음과 같이 평하고 있다.
"원래 남양 사람인데 의기와 담력과 지혜가 있었다. 본래 이승우와 좋게 지내더니 이때(홍주성전투: 필자주)에 그의 막객(幕客)이 되어 그 성을 지킬 때의 계획이 楗에게서 나온 것이다."

동학과 동학혁명의 재인식

동학군의 별동대가 공격하였던 조양문.
이 조양문 아래에서 동학군 600~700여 명이 희생되었다.

(나) 동군(東軍)은 수삼 일을 혹공혹위(或攻或威)하되 여하(如何)치 못
하고 부득이 수만의 결사대를 조직하야 박덕칠(朴德七)은 동문(東門)을
파쇄(破碎)하기로 하고 일반 결사대는 인가에서 누만속(累萬束)의 고초
(藁艸)를 지(持)하야 성외(城外)에 적치(積置)하고 성(城)을 월(越)하야
격(擊)하랴고 결의(決議)하얏다. 이것은 동군의 대실책이오 전승 후 교계
(驕計)다. 즉시 고함하며 성으로 육박하니 비록 의기와 용기가 있으나 적
나라의 군중이 어찌 성에 의하야 난사하는 관군의 총포를 당하리오.[66]

(다) 25일 오후 2시 홍주성 북쪽에 있는 응봉(鷹峯)의 영산(嶺山)에 이
르러 바라보니 적이 전방 4km 지점에서 행진해 오고 있었다. 그래서 곧
홍주성에서 제2·제4분대를 동북문 사이에, 제3분대와 제3소대의 제1분
대를 서문 앞에서 빙고(氷庫) 언덕에 걸쳐 배치했으며 제5분대를 북문
왼쪽에, 제3소대의 제2분대를 서남문 중앙으로 산개하고 빙고 언덕에 있

---

66) 車相瓚,「甲午東學과 忠淸南道」,『開闢』46, 124쪽.

는 우리 군의 퇴각을 엄호할 것을 명령했다. 또 제1분대를 응원부대로 하여 남문 뒷쪽 약 300m를 두고 적의 내습을 기다렸다. 그리고 한국 병사를 8명씩 나누어 각문의 일본 병사 사이에 섞어 배치했다.

오후 4시 적이 덕산(德山)가도 왼쪽 고지의 진지를 점령하였다. 오후 4시 25분 적의 한 부대가 빙고 언덕을 향해 전진해 왔다. 거리 4100m에 있는 벼 수확을 끝낸 논(早田)으로 접근해 오자 언덕 위에 있던 우리 군이 몇 번 일제 사격을 퍼부어 적 수명을 쓰러뜨렸다. 그래서 적은 잠시 머뭇거렸으나 자기편의 인원이 많은 것을 믿고 끝내 빙고 언덕까지 전진해 왔다. 언덕 위에 있던 분대는 중과부적으로 퇴각하여 서문의 오른쪽과 왼쪽에 의지해서 가까이 다가오는 적을 저격하였다. 이와 동시에 제5분대는 덕산가도 서쪽 북문 서 가까이에 있는 고지에 모여있는 있는 적을 향해 세 번 일제 사격을 가했다(거리 800m). 적은 이 사격에 놀라 두 대열로 갈라져 도로 동쪽 고지 숲 속에 진을 쳤다. 이때 홍주병이 북문에 배치했던 대포 2발을 발사했다. 그 거리는 300m였다. 적이 흩어져 북쪽 숲 속으로 갈라졌던 두 대열이 합쳐졌다. 이때 또 제2분대가 일제 사격을 가해 적의 기세를 꺾었다. 적의 한 부대가 동문 전방 약 600m에 있는 숲 속으로 들어가 서서히 전진해 왔다. 그리고 민가에 불을 지르고 연기와 불길이 솟아오르는 것을 이용하여 성밖 100m으로 가까이 다가와 연달아 맹격해 오므로 응원대를 동문으로 증파하여 응전시켰다. 적은 밤이 되자 야음을 이용하여 대포를 동문 앞 40m 지점에 끌고 와 동문을 마구 쏘았다. 우리 군은 최선을 다하여 싸웠다. 오후 7시 30분 총소리가 거의 멈추었다. 우리 군과 홍주 민병(民兵)은 성벽에 의지해서 밤을 세워 경계했다.

26일 오전 6시 적은 세 방면에 엄호병을 남기고 약 1,500m 되는 곳에 있는 응봉 고지로 퇴각하여 진지를 점령하고 오후 4시 30분 패잔병을 응봉으로 모아 (氷庫 언덕은 제외) 퇴각했다. 오후 5시 빙고 언덕의 적도 해미 방면으로 퇴각했다. 그래서 1개 부대(홍주병)를 내보내 추격했다.[67]

---

67) 『駐韓日本公使館記錄』 1, 211~212쪽.

동학과 동학혁명의 재인식

위 자료 중 (가)는 관군 또는 민보군의 홍건(洪楗)이 직접 홍주성전투에 참가하고 남긴 기록이며, (나)는 차상찬이 1926년 홍주성전투에 참가한 동학군으로부터 증언을 듣고 기록한 자료이다. 그리고 (다)는 일본군의 자료로 당시 홍주성전투 후 일본공사관에 보고한 전투상황 보고이다. 이들 자료 중 관군 기록이나 일본군 기록은 비교적 상세하게 기록하고 있어 나름대로 홍성의사총 유골 진위 여부에 많은 도움을 주고 있다.

관군 자료 (가)의 간동(諫洞)은 처음에 홍건이 이끄는 민보군과 관군이 동학군을 정찰하기 위해 먼저 주둔하였으나 동학군이 덕산에서 진격해오자 후퇴, 북문을 통해 홍주성 안으로 돌아갔다. 동학군이 덕산가도를 따라 적현(赤峴)에 이르러 한 부대는 서문(西門)으로, 다른 한 부대는 대교리 간동으로 진출하였다. 그리고 서문과 간동의 중간인 북문 앞에도 한 부대가 주둔하였다. 서문에 진을 친 동학군은 서문과 북문을 향하여 집중 공격하였으며, 간동에 진을 친 동학군은 동문을 향해 공격하였다. 간동에 주둔한 동학군이 동문(東門)을 공격하려면 현재의 홍성의사총이 있는 대교리 동록을 가로 질러야 한다. 즉 동록은 동학군의 진격로이며 전투현장이며 퇴각로인 곳이다.

그리고 일본군 자료 (다)에 보면 동문 600m에 있는 숲 속 지점에서 100m 지점까지 동학군이 맹렬히 공격하였음을 알 수 있다. 이 600m의 지점이 바로 유골이 발견된 동록 지점이며, 100m 이르는 지점에는 홍성천이 흐르고 있다. 특히 자료 (나)에 의하면, 동문을 공격한 동학군을 박덕칠(朴德七)이 지휘하였는데 1만여 명의 결사대를 이끌고 동문 40m 지점까지 진출하였다. 그러나 이 결사대는 관군과 일본군, 그리고 민보군의 결사적 저항에 부딪혀 수많은 희생자만 내고 퇴각하지 않으면 안되었다. 동학군으로서는 최정예부대가 이곳에서 결정적인 피해를 입었으며 이로 인하여 홍주성 공격은 실패로 돌아가고 말았다. 홍주성 공격에 실패한 동학군은 다시 간동에서 잔여세력을 정비한 후 해미 방면으로 후퇴하였다.

한편 남산은 대흥(大興)과 결성(結城)지역의 유회소에서 홍주성이 동학군에 포위를 당하였다는 소식을 듣고 유생들을 모아 관군을 지원하기 위하여 진을 친 곳이다. 이들은 다만 진을 치고 성원만 한 것으로 볼 수는 없다. 당시 민보군은 동학군을 직접 토멸하기 위하여 조직되었다. 그리고 이들은 끝까지 동학군을 색출하였다. 홍주성전투에서 희생된 동학군은 전투현장에서만 희생된 것이 아니었다. 동학군은 홍주성 공격에 실패한 후 민보군에 의해 많은 희생을 당하였는데 남산에 주둔한 유회군에게도 적지 않은 희생자가 있었을 것으로 사료된다. 따라서 남산에서 발견된 유골 역시 동학군이 아니라고만 판단할 수는 없을 것이다.

홍주성전투에 참가한 동학군은 홍주성의 북문과 동문에서 가장 치열한 격전을 전개하였으며 이들은 홍성천 주변에 그냥 내버려졌다. 누구 하나 이를 수습할 수가 없었다. 그러한 분위기가 마련되지 않았다. 1949년 유골이 발견된 곳은 바로 동학군이 가장 치열하게 전투를 한 곳이며 또한 희생자를 낸 격전지인 곳이다. 이를 살펴보면 아래 <그림>과 같다.

동학과 동학혁명의 재인식

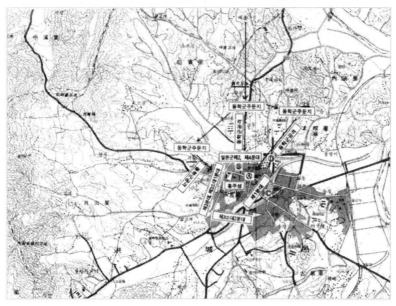

2) 의병의 전투현장

다음으로 1906년 당시의 의병들이 홍주성에서 일본군과 전개한 전투현황을 살펴보면 다음과 같다.

(가) 31일 오전 2시 30분 등(藤) 소위가 인솔하는 제2중대의 제1소대는 서문 밖 독립 가옥에 방화하고 맹렬한 사격으로 적을 견제하고, 성(星) 기병(騎兵) 소위는 오전 2시 50분 폭파병을 이끌고 동문으로 진격, 총화투석을 무릅쓰고 오전 3시 10분 대폭성(大爆聲)과 함께 문짝을 비산(飛散)시켜 입구를 터놓자 돌격대는 성내로 돌입하였다. 북문은 오전 3시 30분 폭파하였다.

폭도는 우리의 신속 과감한 돌입으로 인해 크게 혼란을 일으켜 그 대부분은 가옥 내에서 우리를 사격하고 다른 일부는 큰길에서 종사(縱射)를 해와 마침내 시가전을 야기하였다. 이때 날은 아직 새지 않아 수색이 곤란하였으므로 우선 적의 퇴로를 막기 위해 제4중대는 주로 동문에서 남문을 거쳐 서문에 이르는 성벽을, 제2중대는 주로 서문에서 북문을 거쳐 동문에 이르는 성벽을 점령하고, 헌병 및 경찰관의 일부는 동문과 북문을 감시하였다.

동이 틀 무렵부터 옥내 수색을 개시하여 사력을 다해서 저항하는 자는 사살하고 그렇지 않은 자는 포획하여 오전 7시 30분 성내외의 수색을 끝냈다.[68]

(나) 27일에 일본경찰부 토방(土方) 이외 6명과 송(宋) 총순(總巡), 즐교(櫛橋) 순사를 사살하고 일시 성세(聲勢)가 진(振)하더니 29일에 일본 전중(田中) 소좌의 지휘인 보병 2개 중대, 기병 1개 소대가 경성으로부터 홍주에 내(來)함에 척후병(斥候兵)이 월계촌(月溪村) 부근에서 차(此)를 응전하다가 패하고 성을 고수(固守)하야 수일을 격전하다가 익(翌) 31일에 일병(日兵)이 서문 외(外)에 화(火)를 방(放)하고 기병 폭파대가 동북 양문에 폭약을 장치(裝置)하야 성문을 파쇄(破碎)하고 보병을 선두로 하야 헌병 경관이 서문으로 입격(入擊)하니 성중에 재(在)한 의병이 사력을 진(盡)하야 격전하얏스나 지(支)키 불능하야 사방으로 도주하고 오후 4시에 성이 함락되얏다.[69]

1906년 의병들이 일본군과 전개한 전투현장은 동학군의 홍주성전투 현장과 상황 전개양상이 다르다. 동학군은 성 밖에서 성 안으로 공격을 하였으나 의병은 성 안에서 방어를 하는데 주력하였다. 즉 의병은 홍주성 내에 진을 치고 일본군을 대항하였다. 의병과 일본군과의

---

68) 朝鮮駐箚軍司令部, 「朝鮮暴徒討伐誌」, 『독립운동사자료집』 3, 676~677쪽.
69) 車相瓚, 「甲午東學과 忠淸南道」, 『開闢』 46, 126쪽.

      동학과 동학혁명의 재인식

전투는 5월 27일(양) 홍주성 밖인 월계 마을에서 소규모의 전투가 있었는데 이 전투에서는 의병이 승리하였다. 그리고 피해가 컸던 전투는 5월 31일 홍주성 안에서 전개되었다. 이 전투에서 일본군은 동문과 북문을 부수고 진입, 시가전을 벌였다. 전투 시간은 1시간 30분이었다.

이상으로 홍주성에서 있었던 1894년 동학혁명 당시 동학군과 관군 일본군·민보군과의 자세한 전투상황과 1906년 의병과 일본군과의 전투상황, 그리고 직접 전투한 곳을 아울러 살펴보았다.

1949년 홍성의사총의 유골이 발견된 곳은 대교리의 동록(東麓) 즉 간동(諫洞) 일대이다. 그리고 홍성의사총의 안내문에는 홍성천과 남산 부근으로 기록하고 있다. 남산은 의병들이 홍주성을 점령하기 전 주둔을 한 곳이며, 동학혁명 당시에는 대흥과 결성지역의 유생들이 동학군을 토멸하기 위하여 관군을 지원 및 성원한 곳이다.

현재 홍성의사총은 대교리 124번지로 월계천(月溪川)[70]과 홍성천이 만나는 곳 즉 간동에 위치하고 있다. 대교리는 바로 동학군이 동문을 공격하기 위해 주둔한 곳이며 홍주성에 체포되어 있던 동학군을 처형한 북문 밖과도 500m 거리에 불과하다. 뿐만 아니라 1949년 홍성천 제방공사 당시 유골이 많이 발견된 홍성천 역시 동학군이 가장 치열하게 전투를 전개한 동문 앞을 흐르고 있다.

하지만 의병들은 홍주성 안에서 일본군과 시가전을 벌였기 때문에 유골이 발견된 홍성천이나 대교리 동록과는 전혀 무관하다고 볼 수 있다. 더욱이 일본군이 홍주성에 진입, 시가전이 전개되자 의병대장 민종식(閔宗植)은 그의 막료 및 많은 의병들과 함께 홍주성을 빠져나갔다.[71] 이로 보아 1949년 대교리 동록 즉 간동을 비롯하여 홍성천 주변

---

70) 넓은 의미에서 보면 월계천은 홍성천의 일부이다. 월계천은 북문 앞을 흐르며 홍성천의 지류이다.

에서 발굴된 유골은 의병이라기보다는 1894년 동학혁명 당시 홍주성을 공격하다 희생당한 동학군으로 보아야 타당할 것으로 사료된다.

5. 동학혁명과 의병에 대한 사회적 인식

1) 동학혁명에 대한 사회적 인식

앞서 홍성의사총에 안장된 유해가 동학군인지 의병인지 알아보기 위하여 홍주성전투 과정에서의 참가자 수와 사망자 수, 그리고 전투현황에 대하여 자세하게 살펴보았다. 하지만 이것만으로는 미흡한 점이 없지 않을 것으로 판단된다. 따라서 1894년 동학혁명 당시의 정부와 유생, 그리고 일본군의 동학혁명에 대한 인식과 1906년 의병항쟁 당시 정부와 유생, 그리고 일본군의 입장을 살펴봄으로써 보다 올바르게 판단할 수 있을 것으로 본다.

당시 정부나 유생들은 동학군과 의병에 대한 인식이 서로 상반되게 나타나고 있다. 이들은 동학혁명에 대해서는 유교를 정치이념으로 하는 왕조에 대한 반란으로 규정하고[72] 일본군과 연합하여 적극적인 토

---

71) 홍주성을 탈출한 의병들은 해미 방면에서 민종식을 대장으로 기백명(幾百名), 청양(靑陽)지역에서 160여 명, 그리고 홍주 주변에서 160여 명이 지속적으로 활동하였다.

72) 東學과 儒林의 관계는 敵對的이었다. 당시 유림은 완전히 左道·異端으로 여겼으며, 전라도에서는 유생 200여 명이 연명하여 金澤柱를 대표로 동학 토벌을 청원하였으며 경상도에서는 金相虎 등이 상소를 올려 동학에 대한 대책으로 書院과 祠堂의 부설을 청원하였다. 뿐만 아니라 당시 영의정 沈舜澤은 "양호관찰사의 전보를 연달아 보니 허황된 무리들이 양호간에 날로 더욱 모여들어 깃발을 세우고 호응하여 그 행적을 예측하기 어렵다하니 효유함으로써 귀화시킬 수는 없는 것입니다. 돌아보건대 예방책은 오직 단속하여 막아내는데 있으니, 다시 관문

동학과 동학혁명의 재인식

멸을 전개하였다. 그러나 의병들에 대해서는 이들의 거병 명분이 유교의 이념에 두고 있음에 근거하여 소극적으로 진압하거나 또는 이에 적극적 참여하였다.

1894년 1월 고부에서 반봉건의 기치로 동학혁명이 기포하자 3월 이후부터 정부는 동학군에 대한 본격적인 탄압을 시작하였다. 정부는 당시 사회의 부패상에 대해서는 부정적인 인식을 하면서도 이에 대한 개혁보다는 동학군에 대한 토멸을 우선하였다. 즉 선탄압 후개혁의 방침을 정한 것이다. 그리하여 동학혁명에 대한 문책 인사와 강경대응책인 토멸에 나섰다. 더욱이 4월 27일(음) 동학군이 전주성을 무혈입성 하기에 이르자 정부는 마침내 청병차용을 결정하였다.

그러나 동학군과 정부 사이에 전주화약으로 청일 양군의 철병을 요구하자 일본은 청에 대한 속방론(屬邦論)과 조선의 내정개혁을 빌미로 자국군의 주둔 명분을 내세우는 한편 청일전쟁을 앞두고 6월 25일 김홍집을 내각으로 하는 갑오정권을 수립하였다. 이에 따라 갑오정권은 "원임대신(原任大臣) 중에서 특별히 삼남도선무사(三南都宣撫使)의 일을 맡긴다는 것은 이미 의논하여 계(啓)를 받은 바 있다. 그런데 현재 위민(萎民)의 경화(梗化)는 양호(兩湖) 지방이 심하므로 먼저 몇 사람을 파견하고 군사를 대동하여 길을 나누어 주재하여, 한편으로는 탄압하고 한편으로는 선유하면서 은위(恩威)를 행하고 요(妖)를 확청하는 것이 목하(目下)의 급무이다"라는 안(案)을 확정하고[73] 사실상 동학군 토멸에 전력을 투구하였다. 더욱이 갑오정권은 일본에 의해 수립된 관

을 보내어 빨리 해산시킨 후에 보고할 것을 기약하는 것이 어떻습니까"하고 고종에게 건의하였다.

73) 『군국기무처안』, 8월 24일 자; 양상현 ·왕종현·정진영, 「농민전쟁기의 국내 지배세력의 동향」, 1894년 농민전쟁100주년기념 제5차년도 학술심포지움 – 1894년 농민전쟁의 역사적 성격, 한국역사연구회, 1994, 69~70쪽 재인용.

계로 동학군 토멸에 나서도록 강요를 받았다.[74]

따라서 정부는 일본의 동학군 토멸 강요를 그대로 수용하고 같은 날 호서·호남의 동학군 초토를 결정하는 한편 일본 군대의 출병을 요청하였다.[75] 그리고 9월 22일 도순무사(都巡撫使)로 신정희(申正熙)[76]를 임명하고 양호순무영(兩湖巡撫營)을 설치하여 일본군과 함께 본격적인 동학군 토멸작전을 전개하였다.[77]

동학군이 1894년 9월 반외세의 기치로 재봉기 후 정부에서 대대적인 동학군 토멸을 전개하였다. 이에 따라 각 지역의 보수지배층도 자신의 기득권을 유지하기 위하여 적극 호응하였으며, 정부 또한 동학군

---

74) 『駐韓日本公使館記錄』 1, 133쪽. "지금 本使는 京城과 釜山 두 곳에 약간의 우리 兵士들을 파견하여 貴國 兵士와 합세한 후 그들을 剿討하는 우리를 도와서 기어이 그 匪黨들을 소탕하여 일국의 禍根을 영원히 제거하고자 하오니 … 우리가 兵力을 파견한 本意를 多事多忙한 각 지방관과 陳頭에 임한 各隊의 軍官에게 자상하고 간절한 諭示로 선포하며 우리 병사들과 마음을 함께 하고 또 죽을 힘을 다하여 그 匪徒들을 剿滅하도록 하며 … 조속히 우리의 勸告를 시행하시기 바랍니다. 그렇게 해야만 될 것입니다. 이에 다시 照會를 하는 것입니다."

75) 『日省錄』, 고종 31년 9월 18일조.

76) 申正熙는 동학혁명이 일어나자 동학군을 모두 죽여야 한다고 고종에게 진언하였다.

77) 동학군 토벌에 동원된 일본군은 특별히 파견된 후비보병 독립 제19대대 외에 병참부에 소속된 수비병 약 5, 800명, 해군 군함 築波號·操江號 두 척과 해병대 2개 중대였다. 또한 관군은 선봉진 722명을 비롯하여 총 2,800명 정도였고, 각 감영의 영병이 보조 병력으로 투입되었다(구양근, 『갑오농민전쟁원인론』, 아세아문화사, 1993, 414~428쪽 참조). 그리고 일본군은 동학군 토벌을 위해 특별히 파견된 후비보병에게 다음과 같은 작전을 시달하였다.
"… 1. 그 (동학당의) 근거를 찾아내어 이를 초멸하라. 2. 조선정부의 요청에 의해 후비보병 제19대대는 다음 항에서 지적하는 세 개의 길로 분진하여 조선군과 협력하여 연도에 있는 동학당을 격파하고 그 화근을 초멸함으로써 동학당이 다시 흥기하는 후환을 남기지 않도록 해야 한다 …" 『駐韓日本公使館記錄』 1, 153~156쪽 참조.

　　　　　　　　　　　　　동학과 동학혁명의 재인식

토멸을 위한 민보군의 조직을 권유하였다. 보수지배층 즉 양반사족층·향리층·수령층 등으로 구성된 민보군은 9월 이후 전면적으로 조직되어 동학군을 토멸하는데 일익을 담당하였다.[78] 특히 이들 민보군들은 동학군 토멸에 무자비하였다.

민보군들은 그들 독자적으로 또는 일본군과 관군의 지휘통제를 받아 닥치는대로 동학군을 살육하였으며, 그들의 재산마저 빼앗았다. 뿐만 아니라 동학군의 근거지인 도소(都所)와 가옥을 모조리 불태웠다. 더욱이 민보군은 현지 사정에 밝고 동학군을 잘 알고 있기 때문에 동학군 토멸뿐만 아니라 동학의 잔여세력을 색출하는데 더 효과를 보았다.

이러한 민보군의 활동은 일본군과 관군의 진압활동에 커다란 도움이 되었음은 자명한 일이다. 즉 동학군을 토멸하는데 군사력이 일본군을 중심으로 하였다면 그것을 가능케 한 것은 바로 유교적 사회질서를 유지하고자 하는 양반사족층과 향리·수령층이 이끄는 민보군이었다. 그리고 일본군과 관군이 물러간 후 각 지방에서는 필연적으로 동학군 토멸에 일익을 담당한 민보군이 무너진 지배질서를 회복하기 위해 물리적인 힘을 사용하였다.[79]

이러한 민보군의 활동은 충청도 지역에서는 홍주지역이 가장 극심하였다. 특히 조광조·이황·이이·송시열·한원진 등으로 이어지는 학문적 연원을 지니고 있는 홍주의 유림 세력은 타 지역보다도 보

---

78) 「東學黨征討人錄」(『東學農民戰爭史料叢書』17, 289~363쪽 참조)에 의하면 義旅로 분류되는 자는 345명인데 이중 幼學이 68%인 235명, 進士가 10명으로 유생층이 가장 많으며, 나머지는 전직 현직 향리층, 수령, 말단관리들이다. 당시 양반들은 집강소는 인륜을 저버리는 것이므로 양반과 유교의 적이라고 규정했다. 특히 충청도 지역의 민보군은 양반 사족들의 영향력이 컸던 만큼 주로 유회군 또는 의병 명의로 민보군을 조직하였다.

79) 김상식, 『근대 한국의 사회변동과 농민전쟁』, 신서원, 1996, 356~362쪽 참조.

수적이었다.[80] 이들 홍주지역의 유림은 충청도 서북부지역의 동학군이 홍주성을 점령하려 하자 각 유회소를 통해 의병을 모집하는 한편 보부상과 연결하여[81] 민보군을 조직하였다. 홍주의 민보군은 홍주목사 이승우[82]를 도와 동학군의 홍주성 공격을 막았으며 이후 동학군 색출에도 앞장섰다. 이때 조직된 민보군은 그 이듬해 단발령이 공포되자 의병으로 재기하였다.[83]

이처럼 유림의 활동이 강하고 민보군의 활동이 왕성한 홍주지역에서 동학군의 수난은 그리 짐작하기 어렵지 않을 것이다. 이러한 상태에서 동학군의 홍주성 공격이 참패로 끝남에 따라 전투에 참가하였다가 죽은 동학군의 시신은 제대로 수습이 되었을 리가 없다.[84] 뿐만 아

---

80) 홍주지역의 사상적 특성은 주리학의 의리관과 척사론에 입각한 화이론에서 찾을 수 있다. 특히 南塘 韓元震의 사상이 이 지역에 영향을 끼쳤으며, 南塘의 영향을 받은 安炳贊·李偰·金福漢·林翰周·李世永 등은 1894년 동학혁명이 일어나자 홍주목사 이승우를 도와 동학군의 홍주성 공격을 물리치고 주자학 질서를 지키고자 하였다. 그리고 이들은 1895년과 1906년 의병활동을 전개하였다.

81) 충청도 지역에서 활약한 보부상 가운데 충남의 苧産八邑의 보부상단이 유명하였다. 이들은 1894년 홍주 관군과 함께 동학군을 토벌하는데 활약하였다. 보부상들은 홍주성 뿐만 아니라 광천·목리·합덕 등지에서도 혁혁한 전공을 세웠으며, 신례원전투에 참여하였다가 전사한 中軍 金秉暾의 전공을 기리기 위해 광천 구장터에 褓負商感義碑를 세웠다. 현재 이 비는 광천에서 대천로 가는 길 옆에 옮겨져 있다.

82) 동학혁명에 참가한 吳智泳은 홍주목사 이승우에 대하여 '목사로 재임시 동학군을 무수히 죽인 공로로 전라관찰사로 영직 승전까지 한 자이다. 세상에서 이르기를 살인귀라는 악한이다.'라고 기록하고 있다(오지영, 『동학사』, 140쪽). 이승우는 홍주성을 수호한 공로로 전라관찰사에 임명되었으나 홍주 유생들이 남아있기를 간청해 초토사를 겸직으로 유임되었다.

83) 金祥起, 「1895∼1896년 홍주의병의 사상적 연원과 전개」, 『윤병석교수화갑기념 한국근대사논총』, 지식산업사, 1990, 189∼201쪽 참조

84) 동학군은 홍주성 공격에 실패한 후 해미지역에서 재기하여 海美城을 점령하였다. 그리고 남포와 한산 지역에 집결하고 있었다. 홍주의 유생들은 일본군이 홍

니라 홍주성전투 후 민보군은 일본군과 함께 보령(保寧)[85]을 비롯하여
홍산(鴻山)·해미·덕산 등지의 동학군을 색출하여 홍주성으로 압송
하였다.[86]

한편 일본군은 홍주성에 동학군 수백명이 사로잡혀 있자 만일의 사
태에 대비하여 조속한 시간 내에 이들을 처형할 것을 이승우 홍주목사
에게 시달하였다.[87] 이승우 홍주목사는 홍주성 북문 밖 월계천(月溪
川) 변에서 동학군을 효수하였다.[88] 동학군의 처형장이었던 월계천은
홍성의사총 앞을 흐르고 있다. 1949년 유골이 발견된 대교리 동록은
홍성천과 월계천이 만나는 지점이다. 홍성천 역시 동학군이 가장 격렬
하게 전투한 동문 앞을 흐르고 있다. 동학군은 바로 이 동문 전투에서

주성에서 철수하면 동학군이 다시 홍주성을 공격할 것을 두려워 일본군이 머물
러 줄 것을 희망하였다(『駐韓日本公使館記錄』1, 227쪽). 당시 일본군은 홍주성
에 1개 소대를 남겨 놓았는데 그 이유는 다음과 같이 밝히고 있다.
"1. 敵黨들이 藍浦와 韓山 방면에 집합하여 洪州를 습격하려 한다는 朝鮮人의 풍
설이다.
2. 현재 洪州城 안에는 적을 잡아 아직 처형이 결정되지 않은 자가 수백명이 있
다. 만일 우리 군대가 일시에 철수할 때는 어쩌면 위험한 상태가 일어날지도 모
른기 때문이다."

85) 『駐韓日本公使館記錄』1, 238쪽. 12월 12일 홍주의 민보군 100여 명은 일본군과
함께 보령으로 출발했다.
86) 『駐韓日本公使館記錄』1, 231~236쪽 참조. 일본군은 12월 중순까지 동학군을
토벌하기 위해 태안·서산·해미·덕산 등 충청도 서부지역을 철저하게 수색
하였으며 이때 체포한 동학군은 홍주성으로 압송되었다.
87) 『駐韓日本公使館記錄』1, 236쪽.
88) 손규성,『하늘의 북을 친 사람들-충청의병』, 문예방, 1994, 127쪽.
한편『洪陽史』를 저술한 향토사가 孫在學은 다음과 같이 증언하고 있다.
'사로잡힌 동학군들은 홍주성 밖에 서서 처형했어요. 모두가 목이 잘리는 효수
형으로 말입니다. 문루에서부터 건너편 산까지 줄을 빨래줄처럼 늘이고 동학군
의 상투머리를 모두 매달았습니다. 그리고는 목을 친 다음 목사(이승우: 필자주)
가 직접 줄을 흔들어 목이 잘린 것을 확인했습니다.'

가장 많은 희생자를 내었으며 이로 인하여 홍주성 공격에 실패하였던 것이다. 뿐만 아니라 동학혁명 막바지에 이르자 동학군에 참여하였던 일부 유생과 관리 등은 오히려 동학군 토멸에 앞장 섰으며 이로 인하여 동학군의 참상은 더 늘어갔다.[89]

　이상과 같이 홍주의 경우 관군과 일본군, 그리고 강력한 민보군에 의해 철저하게 토멸된 동학군은 월계천과 홍성천 주변에서 산화되어 갔다. 이때 희생을 당한 동학군은 대부분 서산을 비롯하여 태안·당진·아산·덕산 등지에서 참여한 관계로 홍주와는 연고가 없어 그들의 시신은 그냥 버려질 수밖에 없었다. 그리고 그렇게 버려진 동학군의 시신을 수습한다는 것 자체가 당시 상황으로는 동학군으로 몰리어 참형을 당하였다.[90]

---

89) 오지영, 『동학사』, 175~176·162쪽. "동학군이 패하고 관병이 승한 시기를 타서 조선 팔도에 육도 이상은 곳곳마다 모두 수성군의 천지가 되어 동학군을 모두 잡아 죽이는 광경이었다. 동학군이 성하던 시대에 있어서는 모두가 동학군이라 칭하던 것들이 동학군이 패하는 때에 와서는 모두가 수성군을 화하고 말았다. 그러한 인물들이 어떠한 층 인물이냐 하면 땅이나 파먹고 무식군이라고 하는 사람 중에서는 그런 인물을 볼 수 없고 제 소위 말마디나 글자나 한다고 하는 자 중에서는 그런 인물이 많이 나오는 것이다"(175~176쪽), "관리나 양반이나 小吏나 使卒輩로서 동학당에 참여했던 자들은 一朝 貌變하여 동학당의 원수가 되었었다. 제 頭目이나 將師나 제 친구를 잡아주고 벼슬깨나 얻어 한 놈은 모두 다 坼名 동학군 놈이다"(162쪽).

90) 오지영, 『동학사』, 167쪽. "各 地方에서 慘殺된 東學軍의 姓名은 이루 다 記錄치 못하나 大略으로 말하면 甲午 以來 擧事한 頭領 接主의 大將旗를 받고 다니던 사람은 勿論이오, 其他 接司, 省察, 砲士, 砲軍이며 執綱, 禁察, 運糧 등 東學軍이라면 모조리 잡아 주깅는 판이며 甚至於 東學軍의 族屬까지라도 連坐로 걸려 죽은 사람도 많았다. 이와같이 죽은 사람의 罪目은 모두 逆賊罪며 逆賊于連罪라고 하는 것이다."

2) 의병에 대한 사회적 인식

하지만 1906년 당시 홍주의병은 1894년 동학혁명과는 상당한 인식의 차이가 나타나고 있다. 정부는 가급적이면 의병을 긍정적으로 보았으며 이에 대한 대처 방안도 동학혁명과는 사뭇 달리하였다. 관군이나 유생들은 홍주의병에 적극 가담하였으며 정부에서 파견한 진압군 역시 지극히 소극적이었다.

1906년 홍주의 의병이 홍주성을 점령하였다는 소식이 정부에 보고되었으나 조정에서는 그에 대한 처리방안이 매우 소극적이거나 방관적이었다.[91] 당시 고종은 유생들이 자신의 학문적 근거인 유학의 이념에 따라 의병들이 기병을 하자 그 명분을 인정해 줌으로써 무력적인 탄압보다는 회유적인 방법을 지시하여 피해를 최소화하였다. 이에 따라 홍주의병 진압에 나선 관군 역시 대처방법이 소극적일 수밖에 없었다.[92]

이와 같은 상황에서 일본군이 5월 20일부터 28일까지 홍주성을 공격하였으나 작전에 동원된 관군들은 소극적인 태도로 일관하여 성과를 거두지 못하였다. 이에 일본군은 정부에 속히 홍주성 의병을 진압할 것을 요청하였으나 정부는 의병해산 조칙(詔勅)을 내는데 그치고 있다.[93] 즉 정부는 의병의 활동을 공식적으로는 인정하지 않았지만 그들이 활동하는 데는 동학군보다 비교적 제약을 받지 않았다. 이것은 의병들의 주요 세력이 유생을 비롯하여 전직 관료 등이 포함되었기 때

---

91) 柳漢喆,「洪州城義陣(1906)의 組織과 활동」,『한국독립운동사연구』4, 22~24쪽 참조.
92) 朝鮮駐箚軍司令部,「朝鮮暴徒討伐誌」,『독립운동사자료집』3, 673쪽
93)『官報』, 광무 10년 5월 29일조.

문이다. 이러한 인식으로 인하여 의병들은 동학군보다 피해를 덜 보았다고 할 수 있다.

이에 앞서 동학혁명 이듬해인 1895년 4월 동학혁명의 열기가 채 가기도 전 홍주에서는 단발령에 대한 의병활동을 전개하였다. 이들 의병 역시 홍주지역의 유생을 중심으로 관군과 보부상, 그리고 동학혁명에 참가하지 않은 농민들로 구성되었다. 이들은 바로 1894년 홍주성전투에 참가, 동학군을 토멸하는데 일익을 담당하였던 주요세력이었다. 이때 홍주향교 전교인 안병찬(安炳贊) 등이 유회군을 조직하여 관군을 도와 동학군을 토멸하였다.94)

1895년 홍주의병은 1906년 홍주의병으로 이어졌다. 특히 1895년 홍주의병의 주도적 역활을 담당한 이설(李偰)·김복한(金福漢)은 갑오년에 중앙의 관직을 버리고 낙향하여 이승우 홍주목사를 협력하여 동학군 토벌에 적극 협력하였다.95) 이설은 조정에서 사간(司諫)으로 재임시「논남요진소회소(論南擾陳所懷所)」를 올려 고종에게 동학혁명에 대한 대책을 개진하였다.96) 갑오년 4월에는 고향인 홍주 구황으로 낙향하였고 9월 동학혁명이 일어나자 이승우 홍주목사와 동학군 진압책을 논의97)하는 한편, 월산(月山)에 나가 진지를 구축하고 군량미를 비축하였으며 망보는 장소로도 사용하였다.98)

한편 1906년 의병에 참가하였던 유생들의 지도부는 홍주성전투에

---

94) 金祥起,「1895~1896년 홍주의병의 사상적 연원과 전개」,『윤병석교수화갑기념 한국근대사논총』, 196~201쪽.

95) 金福漢,『竹山先生文集』坤, 경인문화사, 1990, 458쪽.

96) 李偰,「復菴私集」,『東學農民戰爭史料叢書』10, 2~21쪽 참조.

97) 李偰,「復菴私集」,『東學農民戰爭史料叢書』10, 56~95쪽 참조.

98) 이도행,「동학혁명의 홍주전투」, 동학혁명100주년기념 홍주전투실황학술발표회, 1994, 47쪽.

동학과 동학혁명의 재인식

서 대부분 후일을 기약하며 피신을 하거나 피체되었다.[99] 홍주성전투에서 희생당한 의병은 이미 앞에서 살펴보았듯이 대부분 82명 또는 300여 명으로 기록하고 있다. 이들의 시신은 당시 선유사(宣諭使)로 파견된 윤시영에 의해 성 밖으로 옮겨져 한 곳에 매장되었다. 이때의 상황을 윤시영은 다음과 같이 기록하고 있다.

> 윤 4월 17일 일찍 민부(民夫)를 내어 죽은 사람을 옮겨 묻으니 어제 찾아 묻은 자와 합하여 83명이다, 당일에도 목 잘린 자를 15명을 찾았는데 혹시 결성·서산 사람이 있는 것 같다.[100]

이때 매장된 의병들은 홍주지역의 의병보다는 결성이나 서산 등의 지역에서 참가한 의병으로 보인다. 윤시영은 의병의 매장에 앞서 윤 4월 14일(양 6월 5일) 사람들의 왕래가 빈번한 곳에 방(榜)을 붙여 "이번 성 함락 때 죽은 사람을 오는 17일 다른 곳으로 옮겨 묻고자 하니 시친자(屍親者)가 있으면 그날 이른 아침에 성 아래에 기다렸다가 시체를 찾아가라"고 하였다.[101] 유림의 주도로 전개된 홍주의병은 사후 선유사로 파견된 윤시영 홍성군수의 선처에 의해 홍주지역의 연고자가 있는 대부분의 시신은 찾아갔다고 보여진다. 이리하여 연고자가 없어 찾아가지 못한 시신 83구만 성 밖 어느 한 곳에 매장된 것이다.[102]

---

99) 1906년 홍주성전투에서 성재평(成載平)·채광묵(蔡光黙) 부자가 전사했고 남규진·이세영·유준근·이식·신현두·이상구·문석환·신보균·최상집·안항식 등 주도 인물은 피체되어 대마도에 유배되었다. 그리고 민종식은 일부 의병들과 해미 방면으로 피신하였다. 민종식은 이해 11월 20일 체포되어 교수형을 받았으나 내각회의에서 종신유배형에 처해져 진도에 유배되었으나 12월 특사로 석방되었다(金祥起,「홍주의병사」,『洪城郡誌』, 1297쪽).

100) 손규성,『하늘의 북을 친 사람들-충청의병』, 277쪽, 재인용.

101) 손규성,『하늘의 북을 친 사람들-충청의병』, 277쪽.

또한 1906년 홍주성전투에서는 145명의 의병이 피체되었는데 일본군은 이들 중 79명만 서울로 압송하였으며 나머지는 바로 풀어주었다. 그리고 서울로 압송된 79명도 일본군사령부에 의해 70명이 다시 석방되었으며 나머지 9명만이 대마도로 유배되어 감금생활을 하였다.[103]

이처럼 1906년 홍주성전투에서 체포된 대부분의 의병들은 석방이되는 등 처형을 면하였으나 1894년 홍주성전투에서 체포된 동학군은 일본군과 이승우 홍주목사에 의해 효수를 당하였다.

6. 맺음말

이상으로 1894년 동학군이 홍주성을 중심으로 관군과 일본군, 그리고 홍주지역의 민보군과의 전투와 1906년 홍주의병이 일본군과의 홍주성전투에 참가한 동학군과 의병의 수와 희생자 수, 전투현장, 피체된 동학군과 의병의 처리방안, 동학군과 의병의 시신 수습과정 등을 비교 검토하여 보았다. 당시 동학군은 관군뿐만 아니라 일본군과 민보군을 상대로 전투를 전개하여 의병보다는 참상이 컸다. 더욱이 유림의 세력이 강한 홍주에서 동학군의 피해는 말할 나위가 없을 것이다. 이처럼 피어린 희생을 당한 동학군의 죽음이 홍주지역에서 유림의 활동이 강하였다는 이유로 동학군의 원혼이 피해를 입어서는 안되며 특히

---

102) 이때 의병들이 매장된 곳을 홍성의사총의 유골이 발견된 대교리 간동이냐 하는 것은 좀 더 확실한 고증이 필요하다. 왜냐하면 당시 유림의 세력이 강하였던 홍주지역에서 선유사로 파견된 홍주군수 윤시영이 83명의 시신을 매장하였다면 홍주지역의 정서상으로 보아도 정성들여 매장을 하였을 것이다. 홍성천 주변에 그냥 내버려두어 방치하지는 않았을 것이다. 그렇다면 윤시영 홍주군수가 군이 매장이라는 표현도 사용하지 않았을 것이다.

103) 金祥起, 「홍주의병사」, 『洪城郡誌』, 1296쪽.

편견을 가지고 비하되어서는 더욱 안될 것이다.

1894년 동학혁명 당시 홍주성전투와 1906년 홍주의병의 홍주성전투의 모든 상황을 살펴본 결과 다음과 같이 결론을 내릴 수 있다고 보여진다.

첫째, 홍주성전투에 참가한 인원수이다. 동학군은 최대 6만 명에서 최소 7,000명이었으며, 의병은 최대 5,000명에서 최소 200명으로 기록하고 있다. 참가 인원수에서도 동학군이 절대적으로 많은 수가 참여하고 있다.

둘째, 홍주성전투에서 희생당한 인원수이다. 동학군은 최소 200명이며(홍주성에 압송되어 효수당한 동학군 제외) 최대 수천 명 내지 3만 명으로 나타나고 있으며, 의병은 최소 82명이며 최대 1,000여 명으로 기록하고 있다. 최대 1,000명의 기록 역시 정확한 것보다는 정황으로 판단한 것이다.

셋째, 전투현장이다. 동학군의 전투현장은 서문과 동문, 그리고 북문을 중심으로 홍주성을 공략하였으며, 의병은 홍주성 안에서 일본군을 상대로 방어적인 전투를 전개하였다. 이는 유골이 발견된 지점과 중요한 상관관계가 있다. 또한 체포된 동학군은 유골이 발견된 북문과 간동에서 처형을 당하였으며, 그리고 동문 앞을 흐르는 홍성천에서 가장 큰 희생자를 내었다.

넷째, 정부나 유림의 인식이다. 동학군은 정부와 유림이 중심이 된 민보군·일본군의 토멸 대상이었으며, 의병의 경우 정부는 소극적 내지 방관적, 유림은 적극적 참여, 일본군은 적극적 탄압으로 분산되고 있다. 특히 홍주지역에서 활동한 유림 중심의 민보군은 최후까지 동학군을 토멸하였다. 이들은 바로 동학혁명 당시 동학군 토멸의 핵심적 역할을 하였다.

다섯째, 포로의 처리방안이다. 동학군은 관군과 일본군에 의해 즉시 처형되었으며 그 처형장이 바로 홍성의사총 앞을 흐르는 월계천과 간동이었다. 그러나 의병은 대부분이 석방되었다. 특히 홍주의병대장 민종식도 체포되었으나 당시 조정에 의해서 결국 석방되었다.

여섯째, 시신의 수습과정이다. 이는 유골 진위를 확인하기 위한 가장 중요한 변수가 되는데 당시 유림의 활동이 왕성하였던 홍주에서 동학군 시신을 수습한다는 것은 불가능하였다. 홍주성전투 후 민보군과 일본군이 동학군을 색출하는 과정에서 동학군의 시신을 수습한다는 것은 곧 죽음이었다. 그리고 동학군은 대부분 해미와 한산 방면으로 집결되어 있어 홍성천에 버려진 동학군의 시신은 그대로 버려질 수밖에 없었다. 그러나 의병의 경우는 홍주성전투 후 선유사로 파견된 윤시영 홍주군수에 의해 대부분 연고자가 찾아갔으며 시친자(屍親者)가 없는 83명만이 매장되었다.

이상으로 보아 홍성의사총에 묻혀있는 유해는 1906년 의병이기보다는 1894년 홍주성전투에서 희생당한 동학군의 유해일 가능성이 더 크다고 볼 수 있다.

일부 기록에 의하면 홍성의사총에 묻힌 유골이 1894년 동학혁명 당시 홍주성전투에서 죽은 동학군의 유해라는 주장에 이 지역 유림들이 왜병에 맞서 구국항쟁을 벌인 의병들의 넋을 모독하는 발언이라며 크게 분노했다고 밝히고 있다. 그리고 그들이 분노한 이유는 의병과 동학군을 같은 반열에 올려 놓고 왈가왈부하느냐는 유림적 사고에서 비롯되었다고 하고 있다.[104] 그러나 여기서 우리가 주목해야 할 것은 1894년 동학혁명이나 1906년 홍주의병이나 다같이 항일운동이었다

---

104) 손규성, 『하늘의 북을 친 사람들-충청의병』, 275쪽.

　　　　　　　　　　　　　　　동학과 동학혁명의 재인식

는 사실을 명심해야 할 것이다.

이 글이 홍성의사총 유해의 진위를 밝히는 데는 아직 부족한 점이 없지 않지만 앞으로 홍성의사총의 유해가 동학군인지 의병인지 진위를 확인하기 위해서는 보다 많은 연구가 필요할 것이다. 그러기 위해서는 감정적인 대응보다는 사료에 의한 올바른 판단이 우선적으로 요구된다. 이러한 관점에서 홍성의사총에 묻힌 유골의 진위는 객관적인 사료의 검증과 당시의 시대적 상황까지도 고려해야 가능할 것으로 보인다.

제6장

동학혁명 이후 동학군의 동향과 활동
─ 고부 · 남원 · 임실지역을 중심으로 ─

1. 머리말

동학혁명은 한국근대사에 있어서 아래로부터의 민중적 혁명이자 최초로 반봉건 · 반침략적의 민족운동의 선구적 역할을 담당하였다는 점에서 그 동안 학계에서 다양하게 연구가 되었다. 그럼에도 불구하고 동학혁명이 지니고 있는 역사상 의의가 적지 않기 때문에 아직도 많은 논란이 되고 있다.

동학혁명의 역사적 전개에 관해서는 그동안 학계의 많은 연구업적이 이루어진 바 있지만 동학혁명이 한국근대사에서 차지하는 위치와 성격, 그리고 평가가 아직 충분히 정립되지 못한 상태이다. 동학혁명 100주년을 기해 이러한 노력의 결실이 맺어지는 듯 하였지만 오히려 논쟁만 더욱 가열되었다. 이에 따라 동학혁명의 핵심이라 할 수 있는 개념 규정마저도 '동학란' · 동학농민봉기 · 동학농민혁명 · 동학혁명 · 동학농민전쟁 · 갑오농민전쟁 · 동학혁명운동 · 동학농민운동 ·

갑오농민운동・동학민중운동 등 다양하게 불려지고 있는 것도 그에 대한 성격이나 평가가 정립되지 못하고 있음을 보여주고 있다.

이와 같은 동학혁명의 개념이나 성격이 규명되지 못한 것은 그동안 의 연구경향이 크게 두 개의 편견에서 비롯되었다고 할 수 있다. 즉 동 학혁명에서 동학사상 및 동학교도의 역할을 적극적으로 평가하는 견 해와 이를 소극적으로 평가하는 견해이다. 이러한 시각을 극복하기 위 해 학계에서 거듭 논의를 하였지만[1] 합의점을 찾지 못하고 있다. 뿐만 아니라 동학혁명의 성격을 보다 명확하게 규명하기 위해 동학혁명의 주도층에 대한 분석도 없지 않았다.[2]

이러한 점에 비추어 이 글에서는 앞서 전개되었던 논쟁은 논의 대상 에서 제외하더라도 당시 동학혁명 전개과정에서 참여하였던 참여자[3]

---

1) 학계에서 크게 논쟁이 되었던 것은 동학혁명 100주년인 1994년에 집중적으로 논 의되었다. 대표적인 것으로는 한국역사연구회,『1894년 농민전쟁연구』5-농민전 쟁의 역사적 성격, 역사비평사, 1997; 한국정치외교사학회,『갑오동학농민혁명의 쟁점』, 집문당, 1994;「특집;동학혁명인가 농민전쟁인가」,『동학학보』3, 동학학 회, 2002; 우윤,「고종조 농민항쟁・갑오농민전쟁에 대한 연구성과와 과제」,『한 국사론』25, 국사편찬위원회, 1995 등이 있다.

2) 한우근,『동학과 농민봉기』(전정판), 일조각, 1983; 신용하,『동학과 갑오농민전 쟁연구』, 일조각, 1993; 정진상,『갑오농민전쟁에 관한 사회사적 연구-농민군의 역사적 지향과 전쟁의 결과를 중심으로』, 서울대 박사학위논문, 1992; 정창렬, 『갑오농민전쟁연구-전봉준의 사상과 행동을 중심으로』, 연세대 박사학위논문, 1991; 조경달,「동학농민운동과 갑오농민전쟁의 역사적 성격」,『조선서연구회논 문집』19, 1982; 박찬승,「동학농민전쟁의 사회경제적 지향」,『한국민족주의론』 3, 역사비평사, 1985; 동학동민혁명기념사업회 편,『동학농민혁명과 농민군 지도 부의 성격』, 서경문화사, 1997; 신영우,『갑오농민전쟁과 영남 보수세력의 대응- 예천・상주・김산의 사례를 중심으로』, 연세대 박사학위논문, 1991; 이이화, 「농민전쟁의 지도부연구-전봉준・김개남・손화중을 중심으로」,『1894년 농민 전쟁연구』5, 역사비평사, 1994.

3) 여기에서 참여자는 동학혁명을 주도적으로 이끌었던 지도자뿐만 아니라 중간지 도자를 포함한 일반참여자까지도 포함시키고자 한다. 그리고 참여자의 범위를 어

동학과 동학혁명의 재인식

를 중심으로 동학혁명 이후 활동을 추적하고자 한다.[4] 그리고 이를 위해 동학혁명 참여자의 지역으로 고부·남원·임실지역의 사례를 실증적으로 고찰해보고자 한다. 특히 고부지역을 선택한 것은 동학혁명의 1차 단계인 고부기포에 참여하였던 경우 동학교도가 적고 대부분 봉건적 탐학에 시달려온 '농민' 또는 '원민(冤民)'이라고 하였기 때문이다.[5] 이에 대해 일부에서는 전봉준·최경선·김도삼 등 고부기포를 주도자 이외의 참가자가 모두 조병갑의 학정을 참고 또 참다가 인내의 한계점을 넘어섬으로써 자연발생적으로 민란을 일으킨 농민으로 평가하기도 하였다.[6] 이러한 점에서 고부지역의 경우 전봉준을 포함한 사발통문에 서명하였던 참여자를 중심으로 살펴보고자 한다. 그리고 남원지역은 김개남과 함께 동학혁명에 참여하였던 지역이라는 점, 임실지역은 호남지역이지만 이른바 '북접'이라고 하였던 점을 중요시하여 선택하였다. 이들 지역의 사례를 통해 동학혁명에 참가하였던 참여자를 중심으로 동학혁명 이후 활동을 1910년대를 전후하여 고찰해보고자 한다.

디까지 한정하느냐 하는 데는 약간의 문제를 제기할 수도 있지만 활동이 확인 가능한 경우만 한정하였다.

4) 여기서 활동의 시기를 1919년 3·1운동 참여까지 확대하였다. 이는 동학혁명과 3·1운동의 민족사적 성격을 규명해보고자 하는 상관관계를 추적해보고자 하였기 때문이다.

5) 「전봉준공초」(初招), 『동학란기록』(하), 국사편찬위원회, 1985. "起包時冤民 東學雖合 東學少 而冤民多"

6) 정창렬, 「동학교문과 전봉준의 관계」, 『19세기 한국 전통사회의 변모와 민중의식』, 고려대 민족문화연구소, 1982, 288쪽.

2. '사발통문' 서명자의 동학혁명 이후 활동

고부기포는 동학혁명 전단계로 인식함으로써 그동안 동학교단과는 무관한 것으로 평가되어 왔다.[7] 이에 대해 다양한 자료의 발굴과 해석으로 반론이 제기되기도 하였다.[8] 그렇다면 고부기포는 동학 및 동학조직과 어떠한 연관성을 가지고 있었을까?

고부지역에 동학의 교세가 형성된 것은 대체로 1890년대 초로 추정된다. 호남지역에 동학이 본격적으로 포교되기 시작한 것은 1884년 해월 최시형이 익산 사자암에 머물면서부터이다.[9] 이어 1887년 호남의 수부인 전주에도 포교가 되었으며,[10] 이후 전주의 인근지역인 김제·임실·정읍으로 동학이 포교되었다. 이러한 점에서 고부와 인접 지역인 정읍에 동학이 처음으로 포교된 것은 1889년이었다. 현재 확인가능한 인물로는 정읍군 태인면 태흥리 양응삼(梁應三)과 태인면 궁사리 이홍화(李弘嬅)가 1889년 초에 각각 입교하였다.[11] 그러나 고부일대는 1882년에 동학에 입도한 손화중에 의해 포교가 이루어진 지역이었다.

이러한 점에서 볼 때 고부는 이미 1880년대 중반 이후 동학이 들어

---

7) 정창렬, 「동학교문과 전봉준의 관계」, 『19세기 한국 전통사회의 변모와 민중의식』 및 김용섭, 「전봉준공초의 분석」, 『역사연구』 2, 한국사학회, 1958, 152~158쪽.

8) 이에 비해 장영민은 고부기포의 주도적 역할을 하였던 사발통문 서명자를 모두 동학교도로 보고 있다. 장영민, 『동학농민운동연구』, 한국정신문화연구원 박사학위논문, 1994, 179쪽; 장영민, 『동학의 정치사회운동』, 경인문화사, 2004, 218쪽.

9) 「益山宗院沿革」, 『천도교회월보』189, 31쪽.

10) 「天道敎全州宗理院」, 『천도교회월보』168, 30쪽. 그러나 전주에 동학이 처음 포교된 것은 1861년 이었다.

11) 『천도교회월보』164호 30쪽, 168호 29쪽.

왔으며, 1890년대를 넘어가면서 일정한 조직체를 갖추었다. 이는 고부 기포를 전개한 중심인물인 전봉준도 1890년에 동학에 입도하였다.[12]

이후 1892년 삼례교조신원운동, 1893년 보은과 원평의 척왜양창의 운동, 1894년 1월 고부기포 겪으면서 호남지역에 동학이 크게 확산되었는데,[13] 이때 고부에도 교세가 크게 발전하였다. 『천도교회월보』 「환원소식」에 따르면 이 시기 입교한 인물로는 강도회(姜道會)[14]·황제원(黃悌源)[15]·황충원(黃忠源)[16]·손영석(孫永錫)·유흥철(柳興轍)[17]·육근춘(陸根春)[18]·김영두(金盈斗)[19]·송대화(宋大和, 宋大化)[20] 등이 있다. 이밖에도 『천도교창건록』에 의하면 이용준(李容俊)·서광옥(徐光玉)·이명국(李明國)·양하순(梁河淳)·이장환(李章煥)·박춘봉(朴春奉)·장경호(張庚鎬)·유학순(劉學順)·김경삼(金景三)·박상윤(朴尙鈗)·강군익(姜君益) 등이 있다.[21]

이들 기록은 대부분 1920년대 내지 1930년대 작성된 자료이기 때문에 누락된 경우도 없지 않았을 것이다. 동학혁명 이전이나 동학혁명 시기에 입교하였던 동학교인들은 당시 사정으로 미루어보아 대부분 동학혁명에 참여하였다고 보여진다.

---

12) 송재섭, 『갑오동학혁명난과 전봉준장군실기』, 1954.

13) 표영삼, 「전라도 서남부 혁명운동」, 『교사교리연구』 8, 천도교중앙총부, 2000, 1쪽.

14) 『천도교회월보』 144, 78쪽.

15) 『천도교회월보』 155, 72쪽.

16) 『천도교회월보』 160, 35쪽.

17) 『천도교회월보』 185, 33쪽. 손영석은 손화중의 장질이다.

18) 『천도교회월보』 221, 34쪽.

19) 『천도교회월보』 226, 32쪽.

20) 『천도교회월보』 112, 74쪽.

21) 이돈화, 『천도교창건록』, 천도교중앙종리원, 1934, 594~596쪽.

이처럼 현재 확인할 수 있는 기록 중 고부기포 당시 사발통문에 서명한 인물로는 송대화만 유일하게 그 기록이 보이고 있다. 「환원소식」에 따르면 송대화는 "1891년 동학에 입교하여 동학변란(東學變亂)의 풍찬노숙(風餐露宿), 갑진풍상(甲辰風霜)의 천신만고(千辛萬苦)를 겪었다"라고 기록하고 있다.[22]

1893년 가을 고부에서는 만석보 수세 징수로 인해 민심이 적지 않게 흉흉해졌다. 전봉준·김도삼·정익서를 소두(疏頭)로 하여 40여 명이 이해 11월 고부관아로 몰려가 수세의 감면을 진정하였다. 그런데 군수 조병갑은 오히려 양민들을 선동하는 '난민'이라 하여 소두를 구금하였다.[23] 이후 전봉준 등 동학교인을 중심으로 20명이 비밀리에 고부군 서면 신중리 송두호(宋斗浩)의 집에 모여 대책을 논의하고 고부기포를 위한 사발통문을 만들기로 했다. 이때 작성되어 각리(各里) 집강(執綱)에게 돌린 사발통문의 내용은 다음과 같다.

> 계사(癸巳) 11월 일
> 각리(各里) 리집강(里執綱) 좌하(座下)
> 우(右)와 여(如)히 격문을 사방에 비전(飛傳)하니 물론(物論)이 정비(鼎沸)하였다. 매일 사망(亂亡)을 구가(謳歌)하던 민중들은 처처(處處)에 모여서 말하되 "났네 났어. 난리(亂離)가 났어" 에 "마침 잘되었지 그냥 이대로 지나서야 백성이 한 사람이나 어니 남아있겠나" 하며 기일이 오기만 기다리더라.
> 이때에 도인(道人)들은 선후책을 토의결정하기 위하여 고부 서부면(西部面) 죽산리(竹山里) 송두호가(宋斗浩家)에 도소(都所)를 정하고 매일 운집하여 차서(次序)를 결정하니 그 결의된 내용은 좌(左)와 여(如)

---

22) 『천도교회월보』 226, 32쪽.
23) 최현식, 「고부와 갑오동학혁명」, 『전라문화논총』 7, 전라문화연구소, 1994, 131쪽.

동학과 동학혁명의 재인식

하다.

一. 고부성(古阜城)을 격파하고 군수 조병갑을 효수할 사(事)

一. 군기창과 화약고를 점령할 사

一. 군수에게 아첨하여 인민을 침어(侵魚)한 탐리(貪吏)를 격징(擊懲)
할 사

一. 전주영(全州營)을 함락하고 경사(京師)로 직향(直向)할 사

우(右)와 여(如)히 결의가 되고 따라서 군략(軍略)에 능하고 서사(庶
事)에 민활(敏活)한 지도자될 장(將)(이하 缺)

전봉준(全琫準)·송두호(宋斗浩)·정종혁(鄭鍾赫)·송대화(宋大
和)·김도삼(金道三)·송주옥(宋柱玉)·송주성(宋柱晟)·황홍모(黃
洪模)·최흥렬(崔興烈)·이봉근(李鳳根)·황찬오(黃贊五)·김응칠
(金應七)·이문형(李文炯)·송국섭(宋國燮)·이성하(李成夏)·손여
옥(孫如玉)·최경선(崔景善)·임노홍(林魯鴻)·송인호(宋寅浩)

이 사발통문에서 우선 검토되어야 할 점은 진위논쟁이라 할 수 있지
만[24] 여기서는 제외하기로 하였다. 그리고 사발통문 문구 중에 '집강
(執綱)'과 '도인(道人)', 그리고 '도소(都所)'의 의미를 밝혀야 할 것으
로 본다. 이에 대해서는 다음 기회에 살펴보기로 하고 여기서는 서명
에 참가한 인물을 중심으로 그들의 관계와 행적을 추적해보기로 한다.

먼저 고부지역에 동학혁명에 참여하였던 인물들을 살펴보자

『천도교창건록』에 의하면 정종혁·차치구·송대화·정덕원·정
윤집·전동팔·홍광균·김개남·김지풍·최영찬·김한술,[25] 『동학
사』에 의하면 정일서·김도삼·송경삼·정종혁·송대화·송주옥·

---

24) 사발통문에 대한 진위논쟁에 대해서는 장영민, 『동학농민운동연구』, 174~184
쪽 참조.

25) 이돈화, 『천도교창건록』 제2편, 61~62쪽.

정덕원·정윤집·전동팔·홍광균·주관일·주문상·윤상홍·임
정학·김영하·김한술·김련구·김지풍·최영찬[26] 등이 있다. 그리
고 여기에 사발통문 서명자와 동학혁명 이전 또는 혁명기에 입교한 교
인을 포함하면 다음과 같다.

> 전봉준 송두호 정종혁 송대화 김도삼 송주옥 송주성 황홍모 최흥렬 이봉
> 근 황찬오 김응칠 이문형 송국섭 이성하 손여옥 최경선 임노홍 송인호 차
> 치구 정덕원 정윤집 전동팔 홍광균 김개남 김지풍 최영찬 김한술 정일서
> 김도삼 송경삼 주관일 주문상 윤상홍 임정학 김영하 김한술 김련구 양응삼
> 이홍화 강도회 황제원 황충원 손영석 유흥철 육근춘 김영두 이용준 서광옥
> 이명국 양하순 이장환 박춘봉 장경호 유학순 김경삼 박상윤 강군익

동학혁명에 참여하였던 사람은 대부분 희생되거나 고향을 등지는
사례가 적지 않았다. 「고부교구실기」에 의하면 고부기포와 동학혁명
당시의 상황을 다음과 같이 기록하고 있다.

> 갑오년에 북을 쳐서 천하에 동학이란 이름을 진동케 한 고부라. 그때
> 고부군수 조병갑의 포학이 자심하여 도인을 견디지 못하게 하므로 전봉
> 준씨가 그 폐단을 막고자 하다가 필경 뜻과 같지 못하므로 도인 수만 명
> 이 회집하여 호소하는 끝에 서로 상치하다가 필경 접전까지 되어 강약이
> 부동하므로 도인의 죽엄은 산과 들에 쌓이고 피흘려 내를 이룬지라. 이렇
> 게 혹독한 서리와 추운 바람을 겪은 뒤에는 도 믿는 행적도 밖에 나타나
> 지 못할 뿐 아니라 비록 조그만 혐의만 있더라도 동학군 접주라고 관청에
> 말하여 곧 잡아다가 죽이게 하니 이때에 다시 도 믿는 사람이 어디 있으
> 리오.[27]

---

26) 오지영, 『동학사』, 영창서관, 1938, 113쪽.
27) 송재섭, 「고부교구실기」, 『천도교회월보』 83, 언문부 16~17쪽.

이 기록에 의하면 당시 군수의 학정은 '도인' 즉 동학교인들에게 집중되었다고 할 수 있다. 이를 전봉준이 대표로 시정을 하였으나 뜻을 이루지 못하자 마침내 동학교인들이 혁명의 불길을 당겼던 것이다. 그리고 이로 인해 동학교인의 죽음은 산과 내를 이루었고, 살아남은 동학교인들은 풍찬노숙을 하였다. 뿐만 아니라 '동학군'이라는 혐의로 목숨이 위태로운 상태에 이르러 동학을 믿는 사람의 행적이 없을 정도였다는 것이다.

이러한 모습은 사발통문에 참여하였던 서명자를 살펴보면 보다 분명하게 드러나고 있다. 사발통문에 서명하였던 20인 중 전봉준 · 송두호 · 김도삼 · 송주옥 · 황홍모 · 황찬오 · 김응칠 · 황채오 · 손여옥 · 최경선 등 10인은 동학혁명이 일어났던 갑오년 또는 이듬해에 희생되었다.[28] 그리고 당시 살아남았던 인물은 황해도 등지로 귀양을 가거나 대부분 변성명으로 고향을 등지고 유리걸식을 하였다. 이와 관련하여 「고부교구실기」에서는 이렇게 기록하고 있다.

> 이 집터는 본시 송대화씨 집 자리라. 갑오년에 동학대접주의 지목으로 잡아죽이려고 하는 고로 성명을 변하여 도주하고 그 부친 두호씨와 그 종형 주옥씨는 또한 동학 혐의로 잡혀 전라남도 나주군 옥중에서 참혹한 죽음을 당하였고, 그 아우 주성과 기호씨는 황해도 송화군으로 귀양살이 가고 그 집은 경군이 다 불살라 버리고 빈터만 있더니[29]

즉 도소이며 사발통문을 작성하였던 집의 주인 송대화는 고향을 등졌고,[30] 송두호와 송주옥은 죽음을 당하였으며 송주성과 송기호는 귀

---

28) 최현식, 「고부와 갑오동학혁명」, 『전라문화논총』 7, 132쪽.
29) 송재섭, 「고부교구실기」, 『천도교회월보』 83, 17~18쪽.
30) 송대화는 동학혁명 막바지에서 전봉준이 "너라도 살아 남으라"는 당부를 받고

양을 갔다. 이처럼 고향을 등지거나 귀양을 갔던 동학혁명 참여자는 동학에 대한 정부의 탄압이 진정되자 고향으로 돌아올 수 있었다. 그렇다고 동학혁명에 참여하였던 때처럼 동학을 신앙할 수는 없었다.

1904년 동학교단이 흑의단발과 정부개혁을 기치로 진보회를 조직하고 개혁운동을 전개하자 동학혁명에 참여하였던 송대화·김련구·강도회 등은 진보회운동에 적극 참여하였다.[31] 이어 1906년 동학교단은 천도교로 이름을 바꾸고 근대적 종교로 성장하였다. 그리고 중앙에 중앙총부를 설치하게 됨에 따라 지방에서는 교구가 설립되었다. 동학혁명의 진원지인 정읍지역에는 1906년 고부교구, 정읍교구, 태인교구가 각각 설립되었다. 1860년 동학 창도 이후 끊임없이 관의 지목과 탄압으로 질곡에 있던 동학은 천도교로 근대적 종교로 탈바꿈하면서 신앙의 자유로 얻게 되었다.

이에 따라 동학혁명에 참여하였던 동학교인들은 교구 설립과 운영에 적극 참여하였다. 고부지역 동학교인들은 1917년 고부기포 당시 사발통문을 작성하였던 송대화의 집 즉 도소를 매입하여 교구실을 마련하였다. 당초 사발통문을 작성하였던 송대화의 집은 동학혁명 당시 불타버렸지만 1910년대 중반 그 터에 새 집이 건립되었다. 즉 송대화의 집터에 새로 건립된 집을 매입하여 고부교구실로 마련한 것이다.

> 몇 해 전에 그 동내 어떤 사람이 4, 5칸 집을 화려하게 건축하였는데 가히 공청집으로 사무도 불만한지라. 그러나 그 집을 매득할 획책이 없어서 항상 생각하기를 어떻게 하면 다시 그 집에 천도교 궁을기를 높이 달고

나주를 거쳐 배를 타고 전북 옥구군 임피로 피신하였다. 그리고 이곳에서 머슴생활로 10년을 보냈다. 이이화, 『발굴 동학농민전쟁 인물열전』, 한겨레신문사, 1994, 62~64쪽.

31) 이돈화, 『천도교창건사』 제3편, 48쪽.

원통하던 마음이 상쾌하게 할꼬 하였더니 천사의 감화하심을 힘입어 과연 그 집에 천도교 교구실 문패를 부치고 궁을기를 높이 달아 시일마다 일반교인이 단회하여 시일예식을 거행하니[32]

고부교구실을 마련할 때 사발통문에 서명하였던 송대화, 이성하, 이문형, 최흥렬, 송국섭 등이 각각 의연금을 기부하였다.[33] 그리고 사발통문 서명에 참여하였던 교인들의 활동을 살펴보면 다음과 같다.

송국섭 : 교구장,[34] 전제원,[35] 공선원,[36] 강도원[37]
이성하 : 고부 · 흥덕 · 무장교구 감독,[38] 공선원,[39] 전교사[40]
임노홍 : 공선원[41]
송대화 : 강도원,[42] 교구장[43]
송주성 : 교구장[44]
최흥렬 : 전교사[45]

32) 송재섭,「고부교구실기」,『천도교회월보』83, 18쪽.
33) 「원고부교구」,『천도교회월보』5, 언문부 22~23쪽. 송대화와 송재섭 35원, 이성하 10원, 송국섭 5원, 이문형 2원, 최흥렬 1원.
34) 『천도교회월보』창간호, 55쪽.
35) 『천도교회월보』34, 43쪽.
36) 『천도교회월보』78, 41쪽.
37) 『천도교회월보』79, 41쪽.
38) 『천도교회월보』2, 54쪽.
39) 『천도교회월보』55, 35쪽.
40) 『천도교회월보』78, 41쪽.
41) 『천도교회월보』8, 45쪽.
42) 『천도교회월보』9, 50쪽.
43) 『천도교회월보』48, 44쪽.
44) 『천도교회월보』30, 45쪽.
45) 『천도교회월보』86, 39쪽.

특히 송대화는 '환원기사'에서 "갑오변란(甲午變亂)의 풍찬노숙(風餐露宿)과 갑진풍상(甲辰風霜)의 천신만고(千辛萬苦), 봉훈, 교훈, 강도원, 교구장, 봉황각 49일 기도를 봉행하고 1919년 4월 환원"으로 그의 활동을 압축하고 있다.[46] 그리고 강도회의 경우도 1894년 동학에 입교하여 동학혁명과 갑진개화운동에 참여하였을 뿐만 아니라 교구실 건축에 100원을 기부하고 봉훈·전교사·금융원 등으로 활동하였다.[47]

이상에서 살펴보았듯이 1894년 1월 사발통문의 서명뿐만 아니라 이후 동학혁명에 참여하였던 20인 중 10인은 동학혁명 과정에서 희생을 하였고, 나머지 10인 중 정종혁을 제외한 9명은 동학교단과 그 맥을 같이하였다. 이들은 1905년 12월 동학이 근대적 종교인 천도교로 탈바꿈하고 고부교구를 설립하였을 때 모두 참여하였다. 이러한 점에서 고부기포에 참여하였던 이들을 동학교인이라고 보는 것이 타당하다고 본다.

3. 남원지역 동학혁명 참여자의 활동

남원에 동학이 처음으로 접하게 된 것은 1861년 12월 중순이었다. 당시 동학이 정부로부터 탄압을 받게되자 수운은 최중희(崔仲羲)를 대동하고 남원에 도착하였다. 남원종리원의 『종리원사부동학사(宗理院史附東學史)』에 의하면 다음과 같이 기록하고 있다.

포덕 2년 신유(辛酉) 6월에 대신사 호남으로 향하사 산천풍토 인심풍

---

46) 『천도교회월보』112, 74쪽.
47) 『천도교회월보』144, 78쪽.

속을 관하시고 본군(本郡)에 도(到)하사 광한루하(廣寒樓下) 오작교변
(烏鵲橋邊) 서형칠가(徐亨七家:당시 약방)에 유(留)하시고 주인 생질 공
창윤가(孔昌允家)에 숙침(宿寢)하사 누수십일(留數十日)에 서형칠(徐
亨七)・공창윤(孔昌允)・양형숙(梁亨淑)・양국삼(梁局三)・서공서
(徐公瑞)・이경구(李敬九)・양득삼(梁得三) 제현(諸賢)의 동정(同情)
으로 포덕하시다.[48]

즉 동학이 남원에 첫 포교가 된 것은 1861년 12월 말경이었다. 수운
이 남원 서형칠의 집에 머무는 동안 집주인 서형칠을 비롯하여 공창윤
・양형숙・양국삼・서공서・이경구・양득삼 등이 동학에 입교하였
다. 그러나 이들은 1864년 3월 10일 수운이 순도하였다는 소식을 듣고
탄압을 피하기 위하여 숨어서 신앙활동을 하였다. 최근 남원에서 당시
입교하였던 이들의 후손을 찾기 위해 백방으로 노력하였으나 아직 뚜
렷한 효과를 보지 못하고 있다.

이후 남원에 동학이 본격적으로 포교되기 시작한 것은 1885년 이후
이다. 당시 임실에서 활동하던 최봉성(崔鳳成)[49]이 남원 오수에 사는
강윤회(姜允會)와 그의 종형 김홍기(金洪基)를 포교하였다.[50] 이어 김
홍기의 포교로 1890년 김영기(金榮基)・김종우(金鍾友)・이기면(李
起冕)・이기동(李起東)・유태홍(柳泰洪)・황내문(黃乃文)・이규순
(李圭淳)・최진악(崔鎭岳)・변홍두(邊洪斗)・정동훈(鄭東勳) 등이 입
교하였다.[51] 이밖에도 장형기・하영석(河永錫)・장남선(張南善)・김

---

48) 남원종리원,『宗理院史附東學史』, 1924.
49) 崔鳳成은 자는 贊國, 호는 芝圃이며 1873년 동학에 입교하여 壬辰・癸巳 교조신
　　원운동과 동학혁명에 참여하였다(『천도교임실교사』).
50) 표영삼,「전라좌도 남원지역 동학혁명운동」,『교리교사연구』2, 교서교사편찬
　　위원회(천도교중앙총부), 1999, 4쪽.
51) 남원종리원,『宗理院史附東學史』.

종황(金鍾黃)・김창길(金昌吉) 등이 동학혁명 이전에 입도하였다.[52] 그리고 동학혁명 당시 남원지역 출신 또는 남원에서 활동하였던 접주 또는 참가자를 사료별로 살펴보면 다음과 같다.

▲ 金洪基 李基東 崔鎭學 金泰玉 金鍾學 李起冕 李昌守 金禹則 金淵鎬
　　金時贊 朴善周 鄭東勳 李敎春[53]
▲ 李圭淳 張南善 趙東燮 邊漢斗[54]
▲ 李圭淳 張南善 趙東燮 柳泰洪 邊漢斗[55]
▲ 李文卿[56]
▲ 姜監役 劉學圭 金開南 南應三 金洪基 金大爰 金龍關 金禹則[57]
▲ 金介男 李士明 劉福萬 南應三 金洪基 金禹則 李春宗 朴定來 朴仲來
　　金元錫 金京律 李用右 高漢相 曺漢承 黃京文 李春興 權一先 崔鎭岳
　　黃乃文 表子景 崔鎭哲 高良信[58]

한편 남원지역 동학혁명 과정을 『종리원사부동학사(宗理院史附東學史)』에 의해 재구성해 보면 다음과 같다.

김홍기・황내문・이규순・이기동・박세춘・유태홍・변홍두・최진악・심로환・조동섭・김우칙 등 대접이 수천 인과 함께 남원군의 동쪽 방아재에서 박봉양과 접전하다가 패진하여 사상자가 적지 않

52)『천도교교회월보』 82, 39~40쪽;『천도교교회월보』 110, 65쪽;『천도교교회월보』 136, 104쪽;『천도교교회월보』 284, 34~35쪽; 이돈화,『천도교교창건록』, 597쪽.
53) 오지영,『동학사』, 115쪽.
54) 이돈화,『천도교교창건록』제2편, 63쪽.
55)『천도교교회사초고』제2편 地統.
56) 황현,『오하기문』제3필 10월조.
57)『영상일기』, (갑오년) 8월 19일조.
58) 국사편찬위원회,「박봉양이력서」,『동학란기록』하, 1985.

게 발생하였다. 이후 남원성을 수성하고자 하였으나 운봉의 민포군과 남원 민포군의 내응으로 남원성에서도 물러날 수밖에 없었다. 이때 유태홍은 500여 명을 이끌고 순천 방면으로 향하였으나 역시 순천 민포군에 의해 해산 당하였다.

동학혁명 과정에서 김홍기·황내문·이규순·이사명 등 수백 인이 남원장터와 오수장터 등에서 총살당하였다. 그리고 유태홍은 월산도수(越山渡水)로 연명하였다. 그밖에도 동학혁명에 참가한 동학교인들도 만패가산(萬敗家産)하여 유리걸식하는 생활을 하였다.[59] 『동학사(東學史)』[60]에 의하면 김홍기·이규순·황내문·이사명 외에도 변홍두·최진악·심노환·김소호(金沼鎬) 등도 희생되었다고 기록하고 있다.

앞서 고부지역에서도 살펴보았듯이 동학혁명에 가담하였던 참여자들은 동학혁명 이후 대부분 고향을 떠나 산에서 피신생활을 하거나 유리걸식하며 지냈다. 그리고 동학에 대한 정부의 탄압이 어느 정도 진정되자 고향으로 돌아오곤 했다. 이러한 상황을 남원지역도 예외가 아니었다.

남원지역의 경우 고부지역보다 비교적 일찍 생활의 터전으로 돌아왔다. 즉 2~3년 후에 대부분 고향으로 돌아온 것이다. 아마도 이 시기는 서학에 대한 신앙활동이 비교적 자유롭게 됨에 따라 동학에 대한 탄압도 어느 진정되었기 때문이었다. 이에 따라 동학혁명에 참여하였다가 고향을 등졌던 남원지역 참여자들도 한 둘씩 다시 집으로 돌아왔으며, 조심스럽게 동학을 다시 포교하였다.

---

59) 남원종리원, 『宗理院史附東學史』.

60) 이 『동학사』는 천도교 남원군종리원에서 1924년 10월에 정리한 지방교구사이다. 이 교구사는 앞서 정리한 『종리원사부동학사』를 보완한 것으로 보인다.

동학혁명 이후 1906년 천도교중앙총부가 조직되기 전까지 동학혁명 참여자들의 동향을 『종리원사부동학사』를 중심으로 살펴보자.

1895년 가을 장남선·김종황·유태홍·김재홍·박진경 등 동학혁명 당시 핵심 지도자들은 동학혁명에 참여하였던 교인들을 수소문하거나 찾아다니면서 동학 조직을 복원하는 한편 새로운 포교활동을 전개하여 동학 교세를 점차 회복하였다. 그리고 1900년 의암 손병희가 남원성 남쪽 수정리(水晶里)에서 설법식을 갖게되자 전라남북도 동학교인들이 참여할 정도로 동학 교세가 크게 확장되었다. 이어 1902년 춘암 박인호가 남원을 순회할 때 장남선·김종황·김종웅·이기동·박진경 등이 동학교인들을 이끌고 환영한 바 있다.

1904년 동학교단이 '흑의단발'로 상징되는 문명개화운동을 전국적으로 전개하게 되자 동학혁명에 참여하였고 이후 동학교단을 이끌어온 장남선·김종황·이기동 등이 중심이 되어 적극 참여하였다. 이해 8월 5일(음) 서울에서 8월 30일까지 각 지역에서 진보회를 조직할 것을 내용으로 하는 통문[61]이 내려오자, 남원에서도 진보회를 조직하고 동학교인은 장남선·김종황·이기동의 주도 아래 일제히 단발하였다. 이어 진보회는 이해 11월 일진회와 통합 이후에는 김종황·박희영

---

61) 당시 서울에서 전국 지방에 발송한 '진보회 통문'의 내용은 다음과 같다.
"대져 인민은 국가의 원긔요 회샤는 인민의 정론이니 잠시도 서로 떠나지 못홀 쟈는 원긔요 흔날도 업지 못홀 쟈는 정론이라. 우리나라 삼천리 강토와 이쳔만 인민이 족히 풍교를 유지흐야 문명의 진보흐겟거늘 정부 졔씨가 취흔 꿈을 깨지 못흐야 비단 교식지계로 구차이 지낼 뿐 아니라 안으로 셩총을 옹폐흐고 밧그로 생령을 포학흐야 가혹한 졍스로 압제흐야 무죄흔 백셩이 점점 더욱 도탄에 ᄲᅡ지니, 오호 통재라. 나라 흥망이 오직 민심이 동일흠과 각산흐는 데 잇ᄂᆞ니 군주는 동셩과 동긔로 일졔히 분발흐야 긔약에 본회로 래도흐야 당당흔 졍론으로 정부에 헌의흐야 우리 강토를 보젼흐고 우리 생민을 구활함을 쳔만옹 흐노라. 회장 리용구 부회장 권죵덕"『대한매일신보』, 1904년 10월 14일자.

동학과 동학혁명의 재인식

(朴喜泳)・권춘수(權春洙)・김진용(金鎭容) 등이 중심이 되어 이끌어
갔다.

그러면 중앙총부 설립 이후 남원지역에서 동학혁명에 참여하였던
참여자의 활동을 살펴보자.

1906년 서울에 천도교중앙총부가 설립되고 일진회의 친일활동이
점차 노골화되자 천도교는 일진회를 통한 민회활동을 전면 금지시키
는 교정분리(敎政分離)을 단행하였다. 이에 따라 일진회에 가입 활동
하였던 천도교인들은 퇴회(退會)하여 신앙활동에만 전념하게 되었다.
이어 지방에 교구가 설립함에 따라 남원에도 남원교구가 설립되었는
데, 남원교구 역시 앞서 보았던 고부교구와 마찬가지로 동학혁명 당시
접주로 활동하였던 김종황・박진경・유태홍이 중심이 되어 설립되
었다.

김종황・박진경・유태홍 등은 1906년 6월 19일 남원군 고도정리
(古道井里)에 교구를 마련하였다. 그러나 교구를 유지하기 어렵게 되
자 이듬해 1907년 1월 둔덕면(屯德面) 관동리(舘洞里) 이기동(李起東)
의 집으로 이전하였다. 이기동은 동학혁명 당시 접주로서 활동한 바
있다. 관동리의 교구실 역시 위치상 교인의 왕래 등 불편함에 따라 이
해 12월 12일 오수(獒樹) 서촌리(西村里)로 다시 이전하였다. 이후 남
원교구는 1908년 5월 7일 오수상무소(獒樹商務所), 8월 11일 오수의
박영환(朴永煥)의 집을 월세로 매입하여 이전하는 등 일정한 교구실을
마련하지 못하고 떠돌이 생활을 하였다. 그러던 중 장남선・이기동・
김종황의 발의와 하영석・박진경・유태홍의 찬조, 박희영・유태홍
・김성재의 후원으로 교구를 마련하였다. 남원교구는 1909년 9월 오
수 차후리(次后里) 김현대(金顯大)의 집으로 이전하고 11월 6일 교리
및 보통강습소를 설립 교육활동도 전개하였다.

이처럼 초기의 남원교구는 동학혁명에 참여하였던 유태홍을 비롯하여 김종황·이기동·장남선·박진경·하영석·장형기·김창길 등을 중심으로 설립되었다. 이후 교구의 운영 역시 이들에 의해 유지되었다. 1910년대는 이들의 활동을 중점적으로 살펴보고자 한다.

먼저 동학혁명 당시 운봉 방아재전투에 참여하였던 유태홍은 전제원[62]·공선원[63]·금융원[64]·교구장[65]·서응원·강도원·전교사[66] 등을 역임하였다. 이기동은 교구장·순회교사[67]·남원·운봉·구례교구 감독[68]·강도원[69] 등을 역임하였다. 그리고『천도교창건록』에 따르면 1891년 동학에 입도하여 교수·접사·접주·수접주·봉교·교령·봉례·집강·포덕사·도훈·도사·종법사·교구장·강도원·대교구장·순회교사 등 다양한 교회활동을 하였다.[70]

김종황은 둔덕면 축동리(築洞里)에서 출생하였으며 금융원·강도원·전제원[71]·교구장[72]·공선원[73] 등을 역임하였다.『천도교회월보』「환원동정」에 의하면 "1890년 입교하여 누경난고(累經難苦)[74]하고 공

---

62)『천도교회월보』15, 67쪽.

63)『천도교회월보』16, 68쪽.

64)『천도교회월보』49, 42쪽.

65)『천도교회월보』92, 52쪽.

66) 남원종리원,『종리원사부동학사』.

67) 남원종리원,『종리원사부동학사』.

68)『천도교회월보』2, 54쪽.

69)『천도교회월보』50, 39쪽.

70) 이돈화,『천도교창건록』, 597쪽.

71) 남원종리원,『종리원사부동학사』.

72)『천도교회월보』24, 37쪽.

73)『천도교회월보』50, 37쪽.

74) '累經難苦'란 1894년 동학혁명과 1905년 갑진개화운동, 1919년 3·1운동에 참

동학과 동학혁명의 재인식

원선·교구장·봉훈 등을 다년간 역임"한 후 1920년 5월 10일 환원한 것으로 확인된다.[75] 장남선은 대산면(大山面) 수정리(水晶里) 출신으로 교구장[76] 활동을 한 바 있으며, "1892년 동학에 입교하여 수십 년간 비상한 난험(難險)을 상비(常備)하였고 도덕상 중망으로 대교구장·교훈으로 활동하다가 1921년 9월 5일 환원하였다"고 기록하고 있다.[77]

박진경은 이문원·전제원·금융원[78]·교구장[79]·순회교사[80] 등으로 활동하였다. 하영석은 둔덕면 문암리(文巖里) 출신으로 1890년 3월 10일 동학에 입도하였으며 순회교사를 비롯하여 교구장·봉훈을 역임하였고, "갑오우(甲午雨)와 갑진풍(甲辰風)에 무한의 곤(困)을 당하고 동치서주(東馳西走)에 무수의 노(勞)를 출(出)"이라 하여 동학혁명에 참여하였음을 밝히고 있다.[81] 장형기는 본관이 양덕(陽德), 보절면 시동리에서 출생하였으며, 1892년 봄에 장남선의 포교로 동학에 입도하였다. 그리고 교수·접주·집강·봉훈·전교사·봉교·순회교사 등으로 활동하였다.[82] 김창길은 덕과면 덕촌리 출신으로 1890년 10월 23일에 동학에 입도하였다. 이후 교조신원운동과 동학혁명에 참가하였는데 특히 동학혁명 당시에는 접사(接司)로 활동하였다. 그리고 대정·전교사·봉훈·포덕사·종법사·심계원 등으로 활동하였다.[83]

여하였음을 의미하고 있다.

75)『천도교회월보』136, 104쪽.

76) 남원종리원,『종리원사부동학사』.

77)『천도교회월보』136, 104쪽.

78) 남원종리원,『종리원사부동학사』.

79)『천도교회월보』21호 45쪽, 48호 44쪽.

80)『천도교회월보』97, 55쪽.

81)『천도교회월보』110, 65쪽.

82)『천도교회월보』82, 39~40쪽.

한편 남원대교구에서 관할하였던 구례교구 역시 동학혁명에 참여하였던 참가자들에 의해 설립되었다. 구례의 경우 곡성군 출신 기봉진(奇鳳鎭)의 포교로 1892년 허탁(許鐸)·임양순(林良淳)·임태순(林泰淳)·조경묵(趙慶默)·우공정(禹公鼎) 등이 입도하였다. 허탁은 교구장·강도원·전제원·전교사로, 공우정은 공선원, 조경묵은 금융원, 임양순은 전교사로 활동하였다.[84]

이상에서 살펴보았듯이 남원지역의 경우도 동학혁명에 참여하였던 인물들을 중심으로 운영되었음을 확인할 수 있다. 즉 초기 남원지역에 동학을 포교하는데 중추적 역할을 하였던 유태홍·김종황·이기동·하영석·장남선 등이 남원교구 설립을 설립하였다. 뿐만 아니라 교구 설립 이후 교구 운영에도 적극 활동하였다. 특히 1913년을 전후하여 유태홍은 장수 팔공산, 장남선·김종황·이기동은 우이동 봉황각 연성에 각각 참가하였고 남원지역 3·1운동을 지도하였다. 뿐만 아니라 유태홍은 1927년 2월 신간회(新幹會)가 설립되자 남원지부 설립에도 적극 참여하고 있다.

이러한 점에서 남원의 동학세력은 동학혁명 이후 천도교로 그대로 이어졌으며, 일제강점기에는 3·1운동과 신간회 등 민족운동의 중심세력으로 그 역할을 담당하였다.

4. 임실지역 동학혁명 참여자의 활동

임실에 동학이 들어온 것은 1880년으로 추정된다.『천도교임실교

---

83)『천도교회월보』 284, 35~36쪽.
84)「구례교구사」,『종리원사부동학사』.

동학과 동학혁명의 재인식

구사』에 의하면 1873년 3월에 최봉성(崔鳳成)이 해월 최시형에게 처음으로 입교하였으나[85) 당시 해월 최시형은 강원도 정선군 남면 유인상(劉寅常)의 집에서 은신 중이었다. 이러한 점에서 최봉성의 1873년 동학 입교는 오류로 보여진다. 그리고 『천도교회월보』에 의하면 김홍엽(金洪燁)이 1874년 동학에 입교하였다고 하였으나 이 역시 1894년의 오기로 보인다.[86) 그렇다면 임실지역에서 누가 가장 먼저 동학에 입교하였을까. 현재 기록상으로는 허선(許繕)과 김학원(金學遠)으로 보인다. 이들은 1880년 3월 10일에 각각 입교하였다.[87)

이후 동학혁명이 일어난 1894년 당시까지 입교한 인물로는 강봉원(姜琫源)・박영수(朴永壽)[88)・이종태(李鍾泰)[89)・이종근(李鍾根)・황성진(黃成瑱)・박태준(朴泰準)[90)・박준승(朴準承)[91)・정현(鄭鉉)・성복룡(成福龍)・장금진(張今振)・곽경로(郭敬老)[92)・김영원(金榮遠)・한봉룡(韓鳳龍)[93)・정인덕(鄭仁德)・김춘성(金春成)[94)・백협남(白鋏南)[95)・엄종성(嚴鍾成)[96)・김홍엽(金洪燁)・전충실(全忠實)

---

85)『天道敎任實敎史』, 천도교임실교구, 1982, 47쪽.
86)『천도교회월보』245, 47쪽. 김홍엽이 '(포덕) 15년 10월 8일 입교'하였다고 하였지만 이는 '三十五年'에서 '三'이 탈자된 것으로 보인다.
87) 표영삼, 「전라좌도 남원지역 동학혁명운동」,『교리교사연구』2, 천도교중앙총부, 1999, 5쪽 및『천도교임실교사』, 49쪽.
88)『천도교회월보』57, 41쪽.
89)『천도교회월보』154, 53쪽.
90)『천도교회월보』164, 29쪽.
91)『천도교회월보』199, 30~31쪽.
92)『천도교회월보』202, 25쪽.
93)『천도교회월보』203, 29쪽.
94)『천도교회월보』227, 32쪽.
95)『천도교회월보』230, 44쪽.

·성덕화(成德嬅)·이종현(李鍾鉉)·엄해순(嚴海詢)·최덕영(崔德永)97)·박화생(朴化生)98)·오등룡(吳登龍)·백룡(白龍)·박병섭(朴炳燮)·박순영(朴順永)99) 등이 있다.

동학혁명이 일어나기 전 또는 동학혁명이 일어난 해에 입교한 이들은 대부분 동학혁명에 참여하였을 것으로 보인다. 이밖에도 입교 연도는 알 수 없으나 동학혁명에 참여자 중 확인 가능한 인물로는 다음과 같다.

이병춘(李炳春) 김신종 전병옥 조석걸(趙錫杰) 박경무(朴敬武) 최동필(崔東弼) 임덕필(林德弼) 양경보(梁京寶) 문길현(文吉鉉) 이만화(李萬化) 이용거(李龍擧) 이병용(李炳用) 곽사회(郭士會) 한군정(韓君正) 최봉성(崔鳳成) 최승우(崔承雨) 최유하(崔由河) 한영태(韓永泰) 허성(許誠) 최성필(崔成弼) 이종현(李鍾鉉) 최종기(崔宗箕) 황희영(黃熙永) 김무룡(金武龍) 전용기(全容琦) 최봉칠(崔鳳七) 최현필(崔賢弼) 이응호(李應浩) 모낙선(牟樂善) 최명국(崔明國) 최대서(崔大瑞) 최종택(崔宗澤) 최봉구(崔鳳九) 최봉항(崔鳳項) 최봉관(崔鳳官) 우성오(禹成五) 박성진(朴城鎭) 이용수(李龍洙) 김경환(金景煥) 김교필(金敎弼) 박성근(朴成根) 이화선(李化先) 정성권(鄭成權) 김교봉(金敎奉) 박정환(朴廷煥) 최권서(崔權瑞) 이백우(李白雨) 백필환(白弼煥) 이창화(李昌化) 강희진(姜熙鎭) 박순만(朴順萬) 최필(崔弼) 박성래100)

그러면 임실 동학교인의 동학혁명의 참여과정을 간략히 살펴보자.

96) 『천도교회월보』 239, 39쪽.
97) 『천도교회월보』 245, 47쪽.
98) 『천도교회월보』 259, 71~72쪽.
99) 『천도교창건록』, 587쪽.
100) 『천도교임실교사』, 47~105쪽.

　　　　　　　　　　　　　　　　　동학과 동학혁명의 재인식

1894년 3월 20일 전봉준·김개남·손화중 등 동학교인들이 무장에서 기포를 하였을 때 임실에서는 대접주 최봉성을 비롯하여 도접주 최승우, 접주 김신종·이병춘·김학원·김영원·최유하·허선·박경무 등이 동학교인들을 이끌고 1차로 기포하였다. 이어서 이해 7월 7일에는 임덕필·양경보·엄종성·문길현·이만화·이용거·한영태·이병용·곽사회·한군정·최봉항·최봉구·최동필·박성근·김교필·이종현·이용수·박정환·최봉관·최성필·김경환·우성오 등이 자신이 관할하는 동학교인들과 함께 동학혁명에 참여하였다. 이들은 임실 읍내에 집강소를 설치하고 폐정을 개혁하는 등 민정을 담당하였다.

그리고 이해 9월 18일 총기포령이 내려지자 임실지역 동학군들은 남원의 김개남·유태홍·김홍기와 합류하여 혁명 대열에 참가하였다. 당시 임실 및 남원의 상황에 대해 『주한일본공사관기록』에서는 "임실은 모두가 동학도이고, 오수역(獒水驛)도 또한 인민 모두가 모두 동학당에 가담하였다. 오수역에 들어가 동학당 5명을 붙잡았다. 임실에서 붙잡은 비도(匪徒)도 7~8명 있었다. 이와 같이 한 개의 현(縣)이 모두 통틀어 동학도의 지방은 동학도가 적도(逆賊)임을 알지 못함으로 인민들이 취할 바를 모르고 있었다. 따라서 우선 인심을 바로잡기 위해 접주 5명을 죽임으로 해서 인민들은 비로소 동학도에 가담하는 것이 잘못이라고 깨닫게 된 것 같다. 포로 중 죄가 가벼워서 사면된 자는 14~15명이 되고 대개는 포박하였다가 사면했지만 앞에 쓴 5명은 접주이고 그 죄가 크므로 총살한 것이다"라고 기록하고 있다. 이처럼 임실과 남원은 동학교인의 세계였던 것이다.

남원에 주둔하였던 동학군은 김개남의 청주 방향 진출, 유태홍과 김홍기 등의 남원지역 방위, 최봉성·이병춘 등의 우금치전투 참여 등으로 각각 나뉘어 활동하였다. 이에 따라 임실지역 동학군은 삼례를 거쳐 공주 우금치전투에 참여하였다. 그러나 이 전투에서 패배한 동학군은 각 지역으로 흩어져 피신생활을 하였다.

임실의 동학군은 회문산(回文山)으로 피신하였다. 회문산은 임실군·순창군·정읍군의 경계지역에 위치해 있으며, 회문봉과 장군봉이 파고든 안골 골짜기와 자연이 장관을 이루고 구림천과 옥정호에서 흘러내린 섬진강이 회문산을 두 팔로 감싸듯 휘감고 흘러가고 있다. 이렇듯 웅장하고 화려한 경관을 가진 회문산에서 동학군의 곳곳에서 항쟁을 계속하며 6년동안 은신하였다.[101] 이중 대부분 희생되었고 살아남아서 고향에 다시 돌아온 경우는 많지 않았다. 그중 대표적인 인물이 이병춘·최승우·김영원·조석걸·최유하·최봉관·허선·박준승·최동필·김화일·최여필·우성오 등이었다. 그러나 이들은 고향에서 옛날과 같이 동학을 포교할 수는 없었다.

고향에 들어온 이들은 과거처럼 동학을 포교하거나 신앙생활을 하는데 한계가 적지 않았다. 동학혁명 당시처럼 드러내 놓고 활동을 한다는 것은 곧 자기 희생을 감수해야만 하였다. 이에 따라 표면적으로는 일상생활을 하면서 보이지 않게 음성적으로 동학을 유지할 수밖에 없었다. 이러한 활동은 1904년을 기하여 새로운 전기를 맞게 되었다.

동학교단은 1904~1905년 민회 또는 진보회 활동을 통해 문명개화운동을 전개하였는데, 이를 계기로 지방에서는 동학을 새롭게 인식하였고, 동학교인 또한 흑의단발(黑衣斷髮)을 하면서 교세를 확장하고자 하였다.

임실의 경우 중앙으로부터 진보회 조직 통문이 내려오자 "문학(文

---

101)『천도교임실교사』, 16~17쪽.

學)은 국문화할 것, 백의(白衣)는 생활상 색의(色衣)로 할 것, 장발은 위생상 단발을 할 것, 부모는 '3년 복제' 대신 105일로 해충(解衷)할 것, 각종 공장을 많이 설비할 것" 등의 내용으로 국정개혁 및 생활운동을 추진하였다. 이러한 문명개화운동은 동학혁명에 참가하였다가 살아 돌아온 동학교인들에 의해 주도되었다. 이들은 그동안 죽음이라는 위기를 넘기면서도 또다시 동학교단에서 추진하였던 문명개화운동에 동참한 것이다.

임실 진보회는 1904년 9월 2일 1만여 명이 검은 색을 물들인 옷을 입고 모여 첫 개회를 하였다. 이어 9월 9일 임실군 청웅면(青雄面) 남산리(南山里)에서 5,000여 명이 집회하여 단발하고,[102] 유교(楡橋)에 사무소를 두었다. 그리고 회장에 박준신(朴準莘), 부회장에 박내규(朴來圭)를 추대하고 평의원 6인을 두었다.[103] 당시 문명개화운동에 참여한 인물 가운데 동학혁명에도 참가하고 진보회운동에도 참여한 인물로는 이병춘을 비롯하여 조석걸 · 허선 · 최봉관 · 최동필 · 최승우 · 최유하 · 김영원 · 박준승 · 한영태 · 허성 · 이종근 · 최종기 · 황회영 · 전용기 · 최봉칠 · 최현필 · 이응호 · 모낙선 · 최명국 · 최대서 · 최종택 · 최봉항 · 우성오 · 엄해전 · 박성진 · 이용수 · 김경환 · 이종현 · 김교필 · 박성근 · 이화선 · 정성권 · 김교봉 · 김정환 · 최권서 · 이백우 · 백필환 · 이창화 · 강희진 · 박순만 · 최필 · 박성래[104] · 문길현[105] 등이 있다.

그러나 진보회운동이 1905년 12월 2일 일진회와 통합으로 실패하

102)『천도교임실교사』, 18쪽.
103)『주한일본공사관기록』21, 국사편찬위원회, 1997, 500쪽.
104)『천도교임실교사』, 19 · 47~106쪽.
105)『천도교창건록』제3편, 48쪽.

였으며, 1906년 천도교와 일진회가 결별을 단행하게 되자 이들은 모두 일진회에서 탈퇴하고 천도교로 귀의하였다.

1906년 2월 서울에서 천도교중앙총부가 설립됨에 따라 각 지방에서도 교구가 설립되었다. 이에 따라 임실에는 1906년 3월 3일 각 지방에 72개의 대교구를 설치할 때 두 개의 교구가 설립되었다. 즉 제16대교구의 최봉관과 제29대교구의 허선이 각각 교구장대리로 임명되었다.[106] 이때 교구장으로 임명된 최봉관과 허선은 동학혁명에서 접주로 각각 참가하였던 인물이다. 이 두 교구는 『임실교사』에 의하면 1908년 3월 통합되어 청웅면 양지리로 옮기고 최승우가 맡았다고 기록하고 있다.[107] 최승우 역시 동학혁명에 참가하였던 인물이다. 그리고 1910년대 초 임실교구장을 이종근이 맡은 바 있었는데, 이종근 역시 동학혁명에 참가하였던 인물이었다.

이러한 점에서 임실지역은 동학혁명에 참가하였던 핵심인물인 최봉관·허선·최승우·이종근 등이 동학혁명을 가슴에 묻어야 할 시기에는 회문산에서 6년간 은신하였고, 1904~1905년 진보회 조직할 때 앞장서서 지도하였다. 그리고 1906년 임실교구를 설립할 때 역시 중추적 인물로 자리잡아가고 있다. 이는 동학혁명에 참여하였던 인물들이 고스란히 천도교 조직의 핵심으로 이어지고 있음을 보여주고 있다. 이들의 활동은 동학혁명에 참여하였던 인물들을 천도교로 그 정체성을 이어가는데 일조하였다.

---

106) 『天道教會公文存案』, 6쪽. 이에 대해 『천도교임실교사』에 따르면 "1906년 3월에 운암면 지천리에 교구 설치 교구장 최승우, 청웅면 향교리 성전부락에 교구 설치 교구장 박준승"이라고 기록하여 상당한 차이점을 보이고 있다. 다만 임실지역에 천도교가 두 개가 설립되었다는 것에서는 일치하고 있다. 그러나 여기서는 천도교중앙총부에서 발표하였던 종령을 따르기로 하였다.

107) 『천도교임실교사』, 21쪽.

동학과 동학혁명의 재인식

그렇다면 여기서는 동학혁명에 참여하였던 동학교인 또는 중간지
도자들이 임실교구에서 어떠한 활동을 하였는지 살펴보자.

이종근은 교구장을 비롯하여 전교사,[108] 1917년 임실전교실을 건축
하는데 기부금을 출연하기도 하였다.[109] 박성근은 금융원[110]·전제
원[111]·순회교사[112] 등으로 활동하였으며, 엄종성은 교구장,[113]
1915년 가을 임실전교실을 마련하는데도 앞장섰다.[114] 김영원은 강도
원[115]·교구장[116]·전제원[117]·전교사[118] 등을, 최승우는 강도원[119]
·공선원[120]·교구장[121] 등을 역임하였다. 한영태는 전제원과[122] 교
구장,[123] 박화생은 교구장,[124] 백필환은 전교사,[125] 이종태는 전교
사,[126] 최종기는 전교사,[127] 조석걸은 강도원[128]과 전제원[129] 등으로

---

108)『천도교회월보』86, 언문부 21~22쪽.

109)『천도교회월보』86, 언문부 22쪽.

110)『천도교회월보』9호 54쪽, 30호 46쪽, 43호 37쪽.

111)『천도교회월보』83호 43쪽, 70호 32쪽.

112)『천도교회월보』99, 52쪽.

113)『천도교회월보』16호 68쪽, 22호 46쪽.

114)『천도교회월보』86, 언문부 21쪽.

115)『천도교회월보』10, 49쪽.

116)『천도교회월보』29호 46쪽, 48호 44쪽, 79호 40쪽.

117)『천도교회월보』66, 35쪽.

118)『천도교회월보』92호 53쪽, 99호 57쪽.

119)『천도교회월보』10, 49쪽.

120)『천도교회월보』102, 63쪽.

121)『천도교회월보』79, 40쪽.

122)『천도교회월보』50, 38쪽.

123)『천도교회월보』98, 51쪽.

124)『천도교회월보』82, 42쪽.

125)『천도교회월보』84, 42쪽.

활동하였다. 문길현은 "큰 두목에 거하여 허다한 풍상을 지내어 독신자로 유명하였다"고 평가하고 있다.[130)

그밖에도 장금진과 백협남은 1915년 가을 임실전교실 설립에,[131) 김춘성·이백우·박순만 등은 임실군 강진면과 덕치면전교실을 마련하는데 각각 기부금을 출연하였다.[132)

이들의 활동은 종교활동에만 국한되지는 않았다. 김영원·최승우·황희영·박성근·한영태·박준승 등은 1906년 8월 삼화학교(三和學校)를 설립하여 후진을 양성하기도 하였다.[133) 뿐만 아니라 이들은 1919년 3·1운동에도 참여하였다. 1919년 3월 2일 독립선언서가 임실에 도착되자 최승우·김영원·한영태·우성오 등은 운암면 지천리전교실에서 만세시위 준비모임을 갖고 각지에 독립선언서를 각지에 배포하는 한편 3월 12일 만세운동을 주도하였다.[134)

이상에서 보았듯이 임실의 동학교인들은 1894년 동학혁명, 1904년 문명개화운동, 1906년 천도교 임실교구 설립, 1919년 3·1운동으로 이어져오고 있음을 확인할 수 있다.

---

126) 『천도교회월보』 92, 53쪽.
127) 『천도교회월보』 70, 31쪽.
128) 『천도교회월보』 55, 35쪽.
129) 『천도교회월보』 83, 43쪽.
130) 『천도교회월보』 47, 25쪽.
131) 『천도교회월보』 84, 언문부 21~22쪽.
132) 『천도교회월보』 89, 28~29쪽.
133) 『천도교임실교사』, 22쪽.
134) 『독립운동사』 3, 독립운동사편찬위원회, 1971, 502~503쪽.

동학과 동학혁명의 재인식

5. 맺음말

이상으로 동학혁명의 첫 기포였던 고부지역, 김개남과 유태홍이 중심이 되어 활동하였던 남원지역, 그리고 임실지역에서 동학혁명에 참여하였던 참여자들이 동학혁명 이후 어떻게 동학을 인식하였으며, 어떠한 활동을 살펴보았다. 이를 좀 더 구체적으로 마무리하면 다음과 같다.

첫째, 고부지역은 사발통문에 참여하였던 20명 중 10명은 동학혁명에서 희생을 하였고, 10명은 동학혁명 이후 귀양을 가거나 은신하면서 지냈다. 이들은 이후 고향에 돌아와 1904년 진보회 활동을 통해 문명개화운동에 참여하였고, 천도교 고부교구를 설립하는데 핵심적인 역할을 하였다.

둘째, 동학혁명 당시 남원은 크게 세 세력으로 나누어 볼 수 있다. 김개남 등의 외부이입 세력과 유태홍·김홍기 등 현지 세력 그리고 최봉성·김영원 등 임실세력이었다. 이들 세력은 각각 청주전투·운봉전투·우금치전투에 각각 참여하였다. 무엇보다도 남원의 동학세력은 현지에서 관군·민보군과 대치하여 격렬한 전투를 하였다. 이들은 1906년 천도교 남원교구를 설립하는데 중요한 역할을 하였으며, 일제강점기에는 3·1운동과 신간회운동으로 이어졌다.

셋째, 임실지역은 18944년 3월 기포에 직접적으로 참여하지는 않았지만 전주화약 후 집강소를 설치하여 민정을 단행하였다. 그러나 9월 2차 기포에서는 반일저항운동에 참여하여 남원으로 진출하였고, 일부는 공주 우금치전투에 참여하였다. 임실지역 동학 역시 1904년 진보회운동, 1906년 천도교 임실교구 설립, 1919년 3·1운동으로 그 정신적 맥락이 이어져왔다.

　결론적으로 이들 세 지역의 동학교인들은 동학혁명, 이후 은신과 피신생활, 1904년 진보회운동, 1906년 지역 천도교회 설립, 1919년 3·1운동으로 그리고 지역에 따라서는 신간회 운동 등 민족운동으로 이어져왔다고 할 수 있다.

　비록 연구 대상지역이 일부지역에 한정되고, 또 인물 역시 제한적이었지만 동학혁명에 참여하였던 동학교인들의 정체성을 확인하는데는 매우 중요한 결과를 얻었다고 보여진다. 특히 1894년 1월 고부기포에 대해서 일부에서는 여전히 민란으로 인식하고 동학세력과 분리시키고자 하였다. 그렇지만 사발통문에 참여하였던 인물들이 모두 동학교단에서 그리고 천도교에서 활동하였다는 점에서는 이들의 주장에는 한계가 있다고 보여진다.

제7장

동학혁명에 대한 천도교단의 인식
- 일제강점기를 중심으로 -

1. 머리말

1894년 동학혁명은 봉건적 왕조체제를 타도하고 외세의 침략을 저지하기 위해 일어난 동학교단의 정치사회운동이었다. 이러한 점에서 동학혁명은 한국근대사에서 최초의 아래로부터 시작된 민중혁명으로 평가받고 있다. 뿐만 아니라 반봉건·반침략적 민족운동의 선구적 역할을 담당하였다는 점에서 그동안 학계에서 다양하게 연구가 되었다.[1]

그럼에도 불구하고 동학혁명은 아직도 많은 논란이 되고 있다. 이는 동학혁명이 한국근대사에서 차지하는 위치와 성격, 그리고 평가가 아직 충분히 정립되지 못한 상태이기 때문이다. 1994년 동학혁명 100주년을 기해 이러한 노력의 결실이 맺어지는 듯 했지만 오히려 논쟁만 더욱 심화되었다. 이에 따라 동학혁명의 핵심이라 할 수 있는 명칭마저도 '동학란'·동학농민봉기·동학농민혁명·동학혁명·동학농민

---

[1] 그동안 동학혁명에 대한 연구성과는 2006년 동학농민혁명참여자명예회복심의위원회에서 『동학농민혁명사 논저목록』을 간행하여 종합적으로 정리한 바 있다.

전쟁·갑오농민전쟁·동학혁명운동·동학농민운동·갑오농민운동·동학민중운동 등 다양하게 불려지고 있는 것도 그에 대한 성격이나 평가가 정립되지 못하고 있음을 보여주고 있다.

2. 인식의 차이에서 오는 잘못된 역사

동학혁명에 관한 논란은 동학에 대한 인식의 차이에서 비롯되었다고 할 수 있다. 즉 동학혁명에서 농민을 주도세력으로 부각시킴으로 해서 동학이라는 종교성을 배제시키고자 하는 것이다. 동학혁명 당시 동학군의 의식, 특히 동학의 신앙생활 여부와 그 태도 그리고 현실인식에 관해서는 일괄적으로 파악하기에는 어려운 점이 많다. 경우에 따라서는 진심으로 동학을 신앙하였을까 하는 생각이 들기도 한다. 이렇게 볼 때 동학혁명을 이끌어 갔던 정신적 구심체와 정서적 원동력을 구체적으로 밝혀내기란 결코 쉬운 일이 아니다. 이러한 과정에서 분명히 동학을 신앙하였다고 진술한 사람에게서 동학을 강제로 분리시키려는 태도는 바람직하지 않다고 본다.

그렇다면 동학혁명과 동학의 종교성을 어떻게 찾아야 될까. 동학혁명에서 종교성은 개인의 의식차원보다는 집단적 행위 차원에서 찾아야 한다고 본다. 당시인들이 남긴 동학군의 행위에 관한 기록은 동학신앙의 여부와 그 신앙태도에 관하여 분석해 놓은 오늘날 학자들의 연구보다도 중시되어야 하지 않을까. 동학혁명에서 종교로서의 동학이 기여한 점은 첫째 낡은 질서를 부정하고 새로운 인간관과 세계관을 제시하였다는 점, 둘째 이상세계가 다시 개벽의 운수에 따라 도래한다는 점, 셋째 개인적으로는 커다란 불이익과 생명을 위협하는 투쟁에 나설

동학과 동학혁명의 재인식

수 있도록 정신적인 격려와 용기를 주었다는 점, 넷째 동학교인이 먼저 투쟁에 나섬으로써 일반 민중의 참여를 유도하였다는 점, 다섯째 투쟁역량을 동원하고 전국적인 규모로 연대시킬 수 있는 조직적 기반과 연대감, 지휘자를 제공하였다는 점 등을 들 수 있다. 이와 같은 사실은 동학혁명이 종교적 성격을 강하게 지니고 있다는 근거가 아닐까 한다. 동학혁명은 동학에서 새로운 삶의 지평을 얻은 교인들이 그 삶을 현실에서 실천해 나가는 자기희생이었던 것이다.

뿐만 아니라 동학혁명 당시 입도자가 급증하는 당시의 분위기와 동학군 상호간의 관계와 연대의식, 그리고 진지한 종교적 태도와 비교도에 대한 배타적인 행위 등 구체적으로 종교적 성격을 보여주는 사례는 적지 않다. 그럼에도 불구하고 동학혁명과 동학과의 관계를 철저히 부정하거나 제한적으로 인정하려는 연구의 시각은 문제가 없다고 할 수는 없다. 양자의 관계를 부인하려고 하는 연구의 커다란 문제점은 사료에 분명히 나타나는 동학의 자취를 지우려고 한다는 점이다.

이와 같은 동학혁명의 개념이나 성격이 규명되지 못한 것은 그동안의 연구경향이 크게 두 개의 편견에서 비롯되었다고 할 수 있다. 즉 동학혁명에서 동학사상 및 동학교도의 역할을 적극적으로 평가하는 견해와 이를 소극적으로 평가하는 견해이다. 이러한 시각을 극복하기 위해 학계에서 거듭 논쟁을 하였지만[2] 합의점을 찾지 못하고 있다. 뿐만 아니라 동학혁명의 성격을 보다 명확하게 규명하기 위해 동학혁명의

---

2) 학계에서 크게 논쟁이 되었던 것은 동학혁명 100주년인 1994년에 집중적으로 논의되었다. 대표적인 것으로는 한국역사연구회, 『1894년 농민전쟁연구』5, 역사비평사, 1997; 한국정치외교사학회, 『갑오동학농민혁명의 쟁점』, 집문당, 1994; 「특집;동학혁명인가 농민전쟁인가」, 『동학학보』3, 동학학회, 2002; 우윤, 「고종조 농민항쟁・갑오농민전쟁에 대한 연구성과와 과제」, 『한국사론』25, 국사편찬위원회, 1995 등이 있다.

주도층에 대한 분석도 없지 않았다.[3]

3. '동적의 난'에서 '동학혁명' 다양한 이름으로

1894년에 전라도에서 시작된 동학혁명은 동학군과 정부군 및 일본 군과의 싸운 사실을 당연히 역사로서 기록되었지만, 맨 처음 그것은 '동학란'으로 불리었다. 이는 동학이라는 혹세무민하는 종교를 믿는 무리들이, 정부가 그의 교조 최제우를 처형하고 또 이 종교를 탄압한 데 불만을 품고 일으킨 반란이란 뜻으로 그렇게 부른 것이다. 이 경우 동학란의 의미는 하나의 종교적인 반란에 불과한 것이다. 대한제국 시기와 일제강점기 시기까지 계속 동학란으로 불린 이 역사적 사건은 해방 후에는 '동학혁명'으로 불리기 시작했다. 동학교인들이 일으킨 일이기는 하지만 그 행위가 반란이 아니라 혁명으로 볼 수 있다는 것이다. 반란이 혁명으로 바뀐 것은 같은 역사적인 사실을 두고 그 해석이 전혀 달라졌음을 말한다. 전봉준 등의 행동이 역사적으로 부정적인 것에서 긍정적인 것으로 바뀐 것이다.

---

3) 한우근, 『동학과 농민봉기』(전정판), 일조각, 1983; 신용하, 『동학과 갑오농민전쟁연구』, 일조각, 1993; 정진상, 『갑오농민전쟁에 관한 사회사적 연구-농민군의 역사적 지향과 전쟁의 결과를 중심으로』, 서울대 박사학위논문, 1992; 정창렬, 『갑오농민전쟁연구-전봉준의 사상과 행동을 중심으로』, 연세대 박사학위논문, 1991; 조경달, 「동학농민운동과 갑오농민전쟁의 역사적 성격」, 『조선사연구회논문집』 19, 1982; 박찬승, 「동학농민전쟁의 사회경제적 지향」, 『한국민족주의론』 3, 역사비평사, 1985; 동학동민혁명기념사업회 편, 『동학농민혁명과 농민군 지도부의 성격』, 서경문화사, 1997; 신영우, 『갑오농민전쟁과 영남 보수세력의 대응-예천·상주·김산의 사례를 중심으로』, 연세대 박사학위논문, 1991; 이이화, 「농민전쟁의 지도부연구-전봉준·김개남·손화중을 중심으로」, 『1894년 농민전쟁연구』 5, 역사비평사, 1994.

동학과 동학혁명의 재인식

동일한 사건에 대한 역사적 평가, 동일한 사건이 가지는 역사적 의미가 이렇게 바뀐 이유가 어디에 있을까? 두말할 것 없이 시대가 바뀌었기 때문이다. 동학군의 행동이 반란으로 규정된 시대는 나라의 주권이 왕에게 있고 정권이 양반 계급에게만 독점되어 있던 시기였다. 따라서, 그것에 반대하는 모든 행동은 '반역' 또는 '반란'으로 규정되어졌다. 또 그렇게 성격 지워졌으며, 일제강점기도 본질적으로 같은 시대였으므로 계속 동학란으로 불리었다.

그러나 해방 후에는 시대 사정이 달라졌다. 백성이나 국민이 나라의 주권자가 되는 민주주의의 시대가 된 것이다. 따라서 양반 계급이나 군주의 지배 체제를 무너뜨리고 국민의 권리를 높이거나 국민을 나라의 주인으로 만들려 한 모든 행동은 정당하게 되고 또 역사적인 의미가 있는 행동으로 평가되기 마련이었다.

동학혁명에 처음 부여된 이름은 '동적(東賊)의 난(亂)'·'동학배(東學輩)의 난'·'동학비도(東學匪徒)의 난'·'동학도당(東學徒黨)의 난'·'동학비란(東學匪亂)'·'동학변란(東學變亂)' 등이었다. 이는 구한말 봉건 지배세력의 시각에 비친 모습이었다. 사건 당시나 직후에 기록된 각종 관찬 사료나 양반 지배계급에 의해 쓰여진 문집 등이 이 같은 명칭을 사용하고 있다.

일제강점기 일본인 관학자들의 연구시각도 당연히 이러한 범주를 벗어나지 않았다. 동학혁명군이 제거하려 했던 외세가 바로 일제였음에 비추어 그들의 꼭두각시에 불과했던 사학자들이 사건 자체를 공정하게 다뤄주기란 애초부터 기대할 수 없는 것이었다. 그들은 오직 동학혁명을 축소·왜곡하고, 박제화·형태화하는 데만 기여했을 뿐이었다. 결국 구한말부터 일제강점기까지 동학혁명은 '난(亂)'의 개념으로 정리된 채 일반화됐다.

한말 사학가 박은식은『한국통사』(1914)를 통해 '동학란'이 양반 지배층의 압제와 관리의 탐학에서 비롯됐다는 점을 지적하고 이를 봉건적 모순을 극복하려는 반봉건운동으로 파악하였다. 이러한 박은식의 인식은 당대의 유학자들과는 달리 탁월한 역사적 식견을 보여주고 있지만, 용어 사용에서는 여전히 '동학란'을 벗어나지 못했다. 또한 '동학란'을 조선 민중운동사의 일대 선구로 평가했던 김제 출신 사학자 김상기(金庠基)도 1931년 8월 21일부터 10월 9일까지 당시『동아일보』에 36회에 걸쳐 연재했던 본격적인 학술연구 논고의 효시를 이름하여 '동학과 동학란'이라 했다. 해방 이전까지 '동학란'이라는 용어는 대중적인 명칭이기도 했으며 학계에도 보편화되었을 뿐 아니라 완고하게 사용되었다. 그렇다면 천도교 내에서 동학혁명에 대한 인식은 어떠하였을까. 본고에서는 1920년대를 중심으로 살펴보고자 한다.

4. 3 · 1운동 이후 새로운 인식으로

일제강점기 동학혁명에 대한 연구는 천도교단 내의 연구자나 민족주의 사학자, 그리고 유물론 사학자나 저마다 이론을 내세워 자신들의 논리를 강화하였다. 1910년대만 하더라도 일제의 무단통치라는 식민정책으로 동학혁명에 대한 연구는 사실상 불가능하였다. 이러한 분위기는 역사학계뿐만 아니라 교단 내에서도 마찬가지였다. 1910년대 천도교단의 기관지였던『천도교회월보』에서는 동학혁명에 대해 발표한 글은 단 한편도 없다는 사실이 이를 증명하고 있다. 학계에서도 동학혁명에 대한 학문적 연구는 사실상 전무하였다.

3 · 1운동으로 나타난 한민족의 만세운동은 일제로 하여금 식민통

치의 기조를 전환케 하였다. 즉 '동화'라는 일제의 식민정책은 전혀 흔들림이 없었지만, 강압적인 무단통치에서 기만적인 문화정치로 통치행태가 전환되었던 것이다. 더욱이 3·1운동으로 형성된 민족주체의식과 자본주의·사회주의를 비롯한 새로운 사상의 조류들은 동학혁명에 대한 인식을 새롭게 하기에 충분하였다.

이러한 식민문화적 상황에서 사회적으로는 '문화운동'이 본격적으로 제기되었고, 학문에서도 나름대로 그 연구성과가 나타나기 시작하였다. 이에 따라 자연스럽게 봉건적 왕조사관이나 식민사관에 기초한 왜곡된 역사인식을 극복하고 새로운 인식으로 동학혁명을 평가하는 논고들이 나오기 시작하였다. 대표적인 글이 「동양사상의 동학당」,[4] 「홍경래와 전봉준」,[5] 「동학당과 갑오역」,[6] 「민중적 규호의 제일성인 갑오의 혁신운동」[7] 등이다. 이밖에도 문일평이 「갑자 이후 60년간의 조선」이란 글에서 처음으로 '동학혁명'이란 용어를 사용하였으며, 동학혁명에 대해서도 "조선사회에 있어서 가장 의미가 깊고 관계가 큰 민중운동, 종래의 정치 경제적 이중 압박 하에서 신음하는 상민계급이 특권계급에 대하여 자신의 생존권을 주장하는 일대 항쟁, 조선사상에 있어 계급투쟁의 색채가 가장 선명한 혁명운동"이라고 평가하고 있다.[8]

---

4) 박승철, 「東洋史上의 東學黨」, 『학지광』 20, 1920. 이 글의 주요 내용은 동학혁명이 동양 대국의 도화선인 청일전쟁의 원인이었음를 강조하고 있다.

5) 민영순, 「홍경래와 전봉준」, 『개벽』 5, 1929. 이 글은 동학혁명을 탐관오리의 폭정에 대한 반항으로 일어난 민중의 정치적 개혁운동으로 평가하고 있다.

6) 고광규, 「東學黨과 甲午役」, 『학지광』 21, 1921. 이 글은 동학혁명을 혁명운동과 계급투쟁으로 파악하고 있다.

7) 황의돈, 「民衆的 叫號의 第一聲인 甲午의 革新運動」, 『개벽』 24, 1922. 이 글은 동학혁명을 지배자인 귀족계급의 잔학한 횡포, 전제, 박탈 행위로 생명, 재산, 자유 등의 권리를 박탈당한 민중의 자유적 요구가 폭발하여 나타난 혁신운동으로 평가하고 있다.

3 · 1운동 이후 전개된 문화운동기를 맞으면서 천도교단 내에서도 동학혁명에 대해 관심을 갖기 시작하였다. 이 시기 천도교 기관지였던 『천도교회월보』· 『신인간』· 『개벽』· 『당성』 등 주로 교단에서 직 · 간접적으로 관여한 간행물을 통해 동학혁명에 대한 인식을 발표하였다. 뿐만 아니라 일반 역사학계에서도 동학혁명에 대한 관심이 고조되었다. 당시 이들 간행물을 통해 발표된 글은 다음과 같다.

「갑오의 혁명과 성사의 분전」(『개벽』 24, 1922.6)
「동양 최초의 민중운동 동학란의 가치」(『천도교회월보』 255, 1932)
「갑오동학란과 전봉준 이야기」(『천도교회월보』 267, 1933)
「갑오동학란의 자치자종」(『개벽』 68, 1926.4)
「갑오동학과 계급의식」(『개벽』 68, 1926.4)
「동란잡화」(『신인간』 창간호, 1926.4; 『신인간』 2, 1926.6)
「김옥균에서 전봉준으로」(『신인간』 5~6, 1926.9~10)
「전봉준 장군의 면영」(『신인간』 7, 1926.11)
「동학란의 민중운동에 대한 가치」(『신인간』 7, 1926.11)
「갑오혁명운동과 최해월 전봉준」(『신인간』 11, 1927.3)
「갑오동란의 조선민중운동에 대한 가치」(『신인간』 11, 1927.3)
「종교사연구상에서 관한 동학당의 갑오혁명난의 측면」(『신인간』 16~17, 1927.9~10)
「역대반역자열전, 민중으로 일어난 갑오대변란, 동학군도원사 전봉준」(『별건곤』 14, 1928.7)

이밖에도 연보를 통해 동학혁명에 대한 활동을 간략히 기술하고 있다. 동학혁명과 관련된 가장 앞선 기록은 『천도교회월보』 116호에 게재된 「천도교 61년 연보」의 '포덕 35년조'가 아닌가 한다. 당시 이 기

8) 문일평, 「갑자 이후 60년간의 조선」, 『개벽』 43호, 1924.1.

동학과 동학혁명의 재인식

록에는 '동학란' 또는 '동학혁명'이라는 용어를 사용되지 못하고 있다. 다만 '포덕 36년조'에 의하면 '전봉준동란(全琫準動亂)'으로 표기하고 있다. 일반적으로 '동란'이 가지는 의미는 "폭동·반란·전쟁따위가 일어나 사회가 질서를 잃고 소란해지는 일"을 뜻하고 있습니다. 이러한 의미는 최근까지도 우리의 익숙한 '6·25동란'을 떠올릴수 있다. 이는 부정적인 의미가 아니라 하나의 역사적 용어로 사용된것으로 풀이할 수 있다. 그렇지만 그 의미에 대해서는 "관리의 학정(虐政)을 개혁하고 생민(生民)의 도탄(塗炭)을 구제"로 규정하고 있다.[9]

이와 같은 '동란'의 인식은 2년 뒤인 1922년 의암 손병희가 환원하였을 때는 '갑오의 혁명' 또는 '갑오혁명'으로 변화하고 있다. 이는 앞선 '동란'의 인식보다는 상당히 진전된 것이라고 볼 수 있다. 그리고 "정계곽청(政界廓淸)·민권옹호(民權擁護)의 기하(旗下)에서 혁명의거화(炬火)를 거(擧)하다"라고 하여 혁명으로서의 인식을 보다 분명히하고 있다.[10] 특히 이때의 '갑오혁명'이라는 용어의 사용은 이후 역사학계에도 영향을 미쳤다. 즉 1924년 황의돈이『개벽』에 기고한 글에서는 '동학혁명'이라는 용어를 처음으로 사용하였을 뿐만 아니라 인식 또한 '민중운동' 또는 '혁명운동'으로 규정하고 있다.[11]

1920년대 초기의 '동란'과 '혁명'의 용어는 이후에는 좀 더 다양하게 사용되고 있다. 즉 '동란(東亂)'·'동학란(東學亂)'·'혁명(革命)'·'갑오동학란(甲午東學亂)'·'민중혁명(民衆革命)'·'갑오혁명운동(甲午革命運動)'·'갑오혁명란(甲午革命亂)'·'동학당란(東學黨亂)' 등으로다양하게 또 혼용되어 표기되고 있다. 그리고『천도교창건사』에서

---

9) 민영순,「천도교 61년 연보」,『천도교회월보』116, 1920, 28쪽.

10)「성사일대기」,『천도교회월보』임시호, 1922, 5·8~9쪽.

11) 황의돈,「민중적 규호의 제일성인 갑오의 혁신운동」,『개벽』24, 1922.

는 '갑오동란(甲午東亂)'과 '갑오동란(甲午動亂)'으로 혼용되고 있다.[12] 이는 전통적 역사인식에서 종교적 의미의 혁명뿐만 아니라 정치투쟁과 계급투쟁이라는 의미에서도 '혁명'을 사용하였다. 이처럼 동학혁명에 대한 용어는 다양하고 혼용되고 있지만, 그 의미나 인식에 대해서는 '혁명성'을 부여하고 있다.

그렇다면 이처럼 다양하고 혼용되어 쓰이고 있는 용어이지만 동학혁명에 대한 인식은 어떠하였을까. 그 기본적 바탕에는 '혁명성'을 내포하고 있다. 청오 차상찬은 "갑오동학란은 우리 조선민중운동의 최고봉"이라고 정의하고, "그로 인하여 적어도 우리 조선사람이 계급의식을 갖게 되고, 따라서 당시 조선에서 횡폭무상(橫暴無雙)하던 양반의 세력을 타파하고 백성도 다 같은 사람이란 것을 확실히 알게 되며"[13]라고 하여 반봉건적 혁명성을 드러내고 있다. 나아가 동학혁명 당시 강원도 홍천에서 기포한 차기석에 대해 기술하면서 "그는 동학의 독신자로 인물이 또한 비범하여 부하의 신도가 수만 명이 있었는데, 갑오 당시에 역시 혁명의 깃발을 들고"하고 하여 '혁명'이라는 용어를 직접 쓰고 있다.[14]

이돈화는 고정불변의 폐해를 가지고 있는 계급제도에 적극적 개조의식을 불어넣어 준 것이 갑오동학이며, 이 의식은 당초에는 순수 혁명적 수단으로 가르친 것이 아니라 종교적 신인생관, 즉 인내천의 신앙에 바탕을 둔 자유평등의 사상이라고 밝히고 있다. 나아가 동학혁명의 가치를 다음과 같이 규정하고 있다.

---

12) 이돈화, 『천도교창건사』 제2편, 천도교중앙종리원, 1934, 70쪽.
13) 청오, 「동란잡화」, 『신인간』 창간호, 1926, 53쪽.
14) 청오, 「동란잡화」(기 2), 『신인간』 2, 1926, 28쪽.

제일은 정치혁명이니, 무지한 관리의 압박과 우매한 정부를 전복키 위하여 정치를 개조하기로 목적하고 일어난 운동이니, 그 내용에 있어서는 철저한 정치적 혁명을 의미한 정치혁명으로 볼 수 있으며,

제이는 계급투쟁이니, 정치혁명을 목적으로 하고 일어난 동학운동은 드디어 계급투쟁으로 변하여 민중 대 양반, 민중 대 부자의 학살이 일어난 것이며 제삼은 이상향의 건설이니, 당시의 동학교도는 그 전체 신앙이 이상향의 건설에 재하였나니, 즉 지상천국의 생활을 희망하고 그를 대번에 조성하리라는 신념에서 그 활동의 세력이 더욱 커진 것이었다.[15]

즉 동학혁명의 가치를 정치혁명, 계급투쟁, 이상향 건설로 정치적 사회적 종교적 혁명으로 해석하고 있다.

김진구도 동학혁명의 동기를 "이조 500년간 국정의 부패, 귀족의 전횡, 탐관오리와 양반토호의 압제와 박해에 평민계급은 생명재산의 보장이 없이 항상 신음호읍(呻吟呼泣)"하는 상황이 도화선이 되었다고 밝히고 있다. 그리고 동학군은 '민군(民軍)'이라고 하여 이 역시 반봉건적 혁명성을 동학혁명의 본질로 이해하고 있다.[16] 일본으로 유학하여 종교학을 심층연구하던 박사직은 동학혁명을 "탐관오리를 토정하고 패정을 혁청코자", 또 "관리의 간곡(奸曲)을 구책(咎責)하며 조선정부의 실정을 의정(醫正)하고 일보진(一步進)하여 인류을 새롭게 밝히고자 함"이라 하여 민란의 수준을 극복하고 조선왕조 봉건체제와 정면으로 대결하여 봉건성을 타파하려고 하여 혁명의 의의를 두고 있다.[17]

또한 이보다 5년 후인 1932년 일본에서 활동하고 있던 이학인도 동

---

15) 이돈화, 「갑오동학과 계급의식」, 『개벽』 68, 1926, 44~45쪽.
16) 김진구, 「김옥균에서 전봉준으로」, 『신인간』 6, 1926, 18~19쪽.
17) 연포, 「동학당의 갑오혁명난의 측면」, 『신인간』 16, 1927, 11~13쪽.

학혁명을 "동양 최초의 민중운동", "4,000여 년의 조선역사 중에 빛나고 깊은 일대 사실", "악정을 개혁하기 위하여 필경 맹렬한 혁명운동"으로 인식하였으며,[18] "계급적 악사회를 ○○(타파: 필자주)하려는 동신이 일반민중의 심리에 침투하여 사회장 대변천을 지니여서 점점 봉건계급을 파괴하고 평민적으로 진화한 현상", "정신상 물질상 파유 평등의 파종"이라고 그 가치를 부여하고 있다.[19]

이외에도 "반만년 써 옴에 역사 위에 보지도 못하고 듣지 못한 일"이며, "제세의 격문을 천하에 선언하고 개혁의 깃발을 세계에 휘날림에 문명의 신기원"이라고 하여 종교적 문명사적으로도 인식하고 있다.[20] 필명이 첩봉산인도 "과거 4천년 조선사상에 가장 대규모요, 가장 진면목인 민중적 자유 평등의 운동", "조선민중의 가슴 속에 자유의 씨를 뿌려주고 평등의 빛을 비춰주게 한 창시적 운동"으로 평가하고 있다.[21] 또한 백인옥도 동학혁명을 "천국선설·계급타파·정치혁명"으로 정의하여 종교적이며 사회적·정치적 혁명으로 인식하고 있다.[22]

이러한 동학혁명에 대한 인식으로 천도교청년당은 1926년 7월 동학혁명 제32회 기념식을 갖게 된다. 이 시기 개벽사의 한 기자는 "종래의 혁명운동과 그 취(趣)를 달리하여 '인내천'의 사상을 배경으로 삼고 '보국안민'의 정책을 이상으로 삼아 거의 혁명적 감격과 주의로써 동한 것인 바, 여기에 동학혁명의 의의가 있다"고 하고 있다. 이어 그는

---

18) 이학인, 「동학란의 가치」, 『천도교회월보』 255, 1932, 30~37쪽.
19) 이학인, 「동학란의 가치」, 『천도교회월보』 255, 1932, 38~41쪽,
20) 장운룡, 「동학난의 민중운동에 대한 가치」, 『신인간』 7, 1926, 45~56쪽.
21) 첩봉산인, 「갑오혁명운동과 최해월 전봉준」, 『신인간』 11, 1927, 26~28쪽.
22) 백인옥, 「갑오동학란의 조선민중운동에 대한 가치」, 『신인간』 11, 1927, 29쪽.

동학과 동학혁명의 재인식

동학혁명은 "조선역사상 제일의 민중운동"으로 결론을 내리고 있다.[23]

　이상에서 살펴본 바와 같이 일제강점기 천도교단에서의 동학혁명에 대한 인식은 근본적으로 '혁명'으로 인식하고 있다. 그리고 여기에는 반봉건 질서를 타파하고 이상세계를 건설하려고 하는 원대한 목적을 가지고 있음을 알 수 있다.

---

23) 일기자, 「갑오동학란의 자치자종」, 『개벽』 68, 1926, 36쪽.

제8장

진보회의 조직과 정부 및 일본군의 대응

1. 머리말

동학이 1894년 동학혁명 이후 관서지역을 중심으로 전국적인 조직을 회복할 수 있었던 것은 최시형을 보좌하는 핵심세력들의 활동이 크게 작용하였다. 특히 최제우·최시형을 이어 동학을 계승한 손병희의 역할이 적지 않았다. 최제우와 최시형의 시대에도 동학의 정치적 역할이 적지 않았지만 특히 동학혁명 이후 교단의 생존과 지향점은 새로운 전환점을 맞게 된다. 이에 따라 손병희는 1904년 러일전쟁을 전후하여 교단의 주도권을 확립하면서 신앙의 자유뿐만 아니라 문명개화를 통한 근대적 국가체제를 이끌어 낼 수 있다고 인식하였다. 이리하여 손병희를 중심으로 한 동학교단의 중심부는 서구의 개화된 문명을 수용하여 근대적 종교로 전환하였다. 이 과정에서 동학은 진보회를 조직하여 민회운동을 전개하였고, 학교의 설립과 신문의 발간 등을 통해 계몽운동을 전개하였다. 뿐만 아니라 유불선의 전통적 사상에서 기초

한 동학으로부터 서구사상을 수용하여 천도교로의 전환을 가져왔다. 이러한 동학의 변화에 대해 그 동안 동학교단이 주도한 문명개화운동의 추진배경과 전개과정, 그리고 그 결과와 의미를 밝히려는 연구가 다양하게 진행되어 왔다.[1]

---

1) 동학혁명 이후 동학에서 천도교로 전환하는 시기에 관한 연구성과는 다음과 같다. 백세명, 「甲辰革新運動과 東學」, 『한국사상』 6, 한국사상연구회, 1963; 최동희, 「갑진개화운동과 손병희」, 『나라사랑』 7, 외솔회, 1972; 이현종, 「갑진개화혁신운동의 진말」, 『한국사상』 12, 한국사상연구회, 1974; 형문태, 「1904·1905년대 동학운동에 대한 일고찰」, 『사학논지』, 4·5합집, 한양대 사학과, 1977; 이현희, 「갑진개화혁신운동의 민중사적 위치-동학사상과 민중사적 의미」, 『천관우선생 환력기념한국사논총』, 1985; 강성은, 「20世紀 初頭における天道教上層部の活動とその性格」, 『朝鮮史研究會論文集』 24, 조선사연구회, 1987; 남궁용권, 「천도교의 개화기 활동에 관한 사회교육사적 연구」, 『관대논문집』 15, 관동대학교, 1987; 조규태, 「구한말 평안도 지방의 동학-교세의 신장과 성격에 대한 검토를 중심으로」, 『동아연구』 21, 서강대학교, 1990; 김경택, 「한말 동학교문의 정치개혁사상」, 연세대 석사학위논문, 1990; 이은희, 「동학교단의 갑진개화운동(1904~1906)에 관한 연구」, 연세대 석사학위논문, 1990; 황선희, 「1900년대 천도교의 개화운동」, 『장충식박사화갑기념논총』, 단국대출판부, 1992; 최기영, 「한말 동학의 천도교로의 개편에 관한 고찰」, 『한국학보』 76, 1994; 김종준, 「진보회·일진회의 활동과 향촌사회의 동향」, 『한국사론』 48, 서울대 국사학과, 2002; 이현희, 「갑진개화운동의 역사적 전개」, 『동학학보』 4, 동학학회, 2002; 정혜정, 「갑진개화혁신운동의 사상적 의의」, 『동학학보』 4, 동학학회, 2002; 조항해, 「갑진개화혁신운동의영향과 의의」, 『동학학보』 4, 동학학회, 2002; 김정인. 「갑진개화운동의 정치사적 의의」, 갑진개화운동100주년기념학술회의 발표집, 동학학회, 2004; 연갑수, 「갑진개화운동의 사회적 의의」, 갑진개화운동100주년기념학술회의 발표집, 동학학회, 2004; 「이현희, 「갑진개화운동의 역사적 의의」, 갑진개화운동100주년기념학술회의 발표집, 동학학회, 2004; 홍경실, 「갑진개회운동의 종교사상에 관한 계보학적 이해」, 갑진개화운동100주년기념학술회의 발표집, 동학학회, 2004; 이용창, 「민회설립을 통한 갑진혁신운동의 전개와 생활사적 의미」, 갑진개화혁신운동100주년기념학술발표회, 천도교중앙총부, 2004; 김용문, 「갑진혁신운동을 통해 본 복식의 변화, 갑진개화혁신운동100주년기념학술발표회, 천도교중앙총부, 2004; 신동원, 「1910년 전후 천도교의 위생론-치병에서 위생으로-」, 갑진개화혁신운동100주년기념학술발표회, 천도교중앙총부, 2004.

동학과 동학혁명의 재인식

그러나 이러한 연구성과는 진보회의 문명개화운동을 주도한 교단 지도부의 활동에 중심을 두고 있다. 이에 따라 본고에서는 진보회의 조직에서 지방지회의 조직과정과 전개양상, 그리고 정부와 일본의 대응에 관하여 살펴보고자 한다. 이를 위해 본고에서는 당시 간행되었던 『대한매일신보』와 『황성신문』에 나타난 진보회의 조직 과정 이외에 『주한일본공사관기록』 등 일본외교사료관에 소장되어 있는 진보회와 일진회 관련 자료,[2] 『원한국일진회역사』, 그리고 『신인간』과 『천도교회월보』 등에 보이고 있는 지방교구사 및 개인 회고 등을 보다 면밀하게 검토하고자 한다.

2. 동학혁명 이후 교단의 재건

동학혁명으로 적지 않은 피해를 당한 동학교단 지도부는 산간지역을 숨어 다니면서 명맥을 유지하였다. 즉 동학혁명에 참여한 동학교도 또한 삶의 터전을 버리고 유리걸식을 하는가 하면 역시 산간지역에 은신하면서 지낼 수밖에 없었다. 이후 관으로부터 동학교인을 체포하기 위한 추적이 조금 누그러지자 최시형은 1896년 1월 김연국·손병희·손천민 3인으로 집단지도체제를 확립하고 이들로 하여금 교단을 정비하도록 하였다. 이리하여 동학교단은 이들의 동학의 잔존세력을 수습하는 한편 새로 관서지역의 포교 확대로 점차 정비되어 갔다. 그러나 최시형이 1898년 4월 원주 송골에서 체포되어 1898년 6월 2일 교수형을 당하자 지도부는 다시 동요되었다. 이 시기 동학교단 지도부

---

2) 이 자료는 근현대사자료총서로 『동학농민전쟁관련자료집』(선인, 2000)으로 간행된 바 있다.

핵심 3인중 손병희는 동학의 재건을 위해 '시의에 따라 세계의 문명제국과 같이 개화해야 한다'고 주장하였다. 그러나 김연국과 손천민의 반대로 적극적으로 추진할 수 없었다.

1900년 손천민의 체포와 김연국과의 합의로 교단의 종통을 확립한 손병희는 동학에 대한 탄압이 재차 가중되자 1901년 3월 일전에 추진하였던 문명국 답사의 필요성을 설명하고 박인호·홍병기·이종훈·이용구 등으로부터 동의를 받았다.[3] 이에 손병희는 미국으로 가기로 하고 동생 손병흠과 이용구를 대동하고 원산·부산·일본 장기(長崎)를 거쳐 대판(大阪)에 도착하였다. 이곳에서 미국으로 가는 선편을 알아보았으나 사기를 당하는 바람에 미국행을 포기하고 대판에 머무르게 되었다.[4] 이곳에서 손병희는 이상헌(李相憲)·손시병(孫時秉)·소소(笑笑) 등의 이명(異名)을 사용하면서 활동하였다.

손병희의 활동은 일본에 망명해 와있던 개화파 인사들에게 알려지게 되었다. 당시 대판에 망명해 있던 조희연(趙羲淵)은 천응성(千應聖)을 손병희에게 보내 교류를 시도하였으며, 이를 계기로 조희연과 관계를 맺고 있던 오세창(吳世昌)·권동진(權東鎭)·이진호(李軫鎬)·박영효(朴泳孝) 등과도 교유하였다.[5] 이와 더불어 손병희는 대한제국 고관들과도 접촉하였다.[6] 1901~1902년 무렵 손병희는 조희연을 통해 대한제국의 경위원(警衛院) 총관 이근택(李根澤), 궁내부 특진관 민치헌(閔致憲), 홍문관 경연관 권종석(權鍾錫), 이창구 등과 은밀하게 접촉

---

3) 오상준, 「본교역사」, 『천도교회월보』 54, 1915, 언문부 20쪽.

4) 「이상헌에 대한 탐문서」, 『주한일본공사관기록』 22, 국사편찬위원회, 1997, 422쪽.

5) 『천도교회사초고』, 1920(『동학사상자료집』 1, 아세아문화사, 1978, 501쪽).

6) 이에 앞서 대한제국 정부에서는 손병희가 일본에 머물고 있다는 사실을 알고 孝昌九로 하여금 귀국토록 종용하였으나, 손병희는 이에 응하지 않았다. 이돈화, 「의암성사편」, 『천도교창건사』, 천도교중앙종리원, 1933, 28쪽.

하였다. 1903년에는 이근택의 도움으로 엄달환(嚴達煥)을 궁내부 이사, 이하종(李夏鍾)을 궁내부관리서 이사, 천웅성을 수륜원(水輪院) 주사로 취직시키기도 하였다.[7]

한편 1901년 10월 귀국한 손병희는 박인호를 관서지역으로 파견하여 이 지역 주요 지도자에게 개화운동의 필요성을 설명하도록 하였다.[8] 즉 손병희는 당시 교세가 크게 확장되고 개화운동에 관심이 많았던 평안도와 황해도 지역에 박인호를 보내 개화운동의 추진에 대해 동의를 구하였다. 이에 따라 손병희는 1902년 3월 관서지역을 비롯하여 전국에서 선발된 청년학생 24명을 일본 나라(奈良)로 데려가 일본어를 배우게 한 후 교토(京都)로 옮기어 부립(府立) 제1중학교에 입학시켰다.[9]

국내에서 일본으로 돌아온 손병희는 점차 개화파 인사들과 교류를 확대하였다. 1902년 봄 나라에서 권동진·오세창의 소개로 양한묵을 만나 경국제세의 방략을 논의하고 서로 뜻이 일치하여 함께 하기로 결의하였다.[10] 이밖에도 조희문·최정덕과도 교제하였다.[11]

이들과 교류하면서 손병희는 개화사상에 대한 인식을 확고히 하였다. 이에 따라 손병희는 권위주의를 부정하고 실용적 사상을 강조하는 「명리전」을 1903년에 발표하였다. 그리고 이해 「삼전론」을 발표하여

---

7) 「망명자 조희연 등 기획의 건」 및 「엄달환 등의 귀국활동 보고서」, 『주한일본공사관기록』 17, 국사편찬위원회, 1996, 151~154쪽; 「이상헌에 대한 신원조사 의뢰」, 『주한일본공사관기록』 22, 1997, 482쪽.

8) 『천도교회사초고』, 502쪽.

9) 당시 부립 중학교에 유학하였던 인물은 金顯玖·이진홍·유기영·이인숙·황석교·최덕준·이관영·정광조·김창수·오상준 등이 있다. 오상준, 「본교역사」, 『천도교회월보』 55, 1915, 18~19쪽.

10) 오재식, 『민족대표33인전』, 동방문화사, 1959, 170쪽.

11) 권동진, 「한말정객의 회고담」, 『조선일보』, 1930년 1월 25일자.

문명의 시기에 보국안민할 수 있는 방략으로 도전(道戰)·언전(言戰)·재전(財戰)을 주장하였다.[12] 즉 손병희는 동학을 통하여 국민의 정신을 하나로 모으고, 외국의 침략을 막기 위해서는 국가산업을 발전시키며, 국제외교를 돈독히 하여 국가를 보존하고 발전시킬 것을 제시하였다. 이와 병행하여 국내의 교단의 조직체계를 정비하였다. 당시 국내의 동학조직은 10만 교인을 관할하는 수청대령에 이용구, 5만 명을 관할하는 해명대령에 나인협, 1만 명을 관할하는 의창대령에 문학수를 임명하는 동시에 1,000명 이상의 대접주를 비롯하여 수접주·접주 등 임명, 교단을 정비하였다.

　1903년 중엽 러시아와 일본 사이에 전쟁의 분위기가 무르익고 있을 무렵인 이해 6월경 손병희는 나라에서 교토로 거처를 옮기고 국제정세를 관망하였다. 손병희는 러일전쟁이 임박하자 대한제국 정부 개편을 위한 기회라 생각하고 권동진·오세창·조희연 등과 의논한 후 조희연으로 하여금 일본 육군참모본부 차장 타무라(田村)와 비밀 협상토록 하고 일본군이 한국에 상륙할 때 친러파 내각을 붕괴시키려는 모의를 진행시켰다.[13] 그러나 협상자였던 타무라가 지병으로 도쿄(東京) 적십자병원에서 죽고, 국내와의 연락책임자였던 손병흠이 부산에서 급서하였다. 뿐만 아니라 국내에서 일본으로 오던 박인호·이종훈·홍병기 등이 선상에서 의심을 받아 일본에 상륙하지 못하고 되돌아감에 따라 소기의 목적을 달성하는데 실패하였다.[14]

　1904년 2월 8일 일본군의 기습으로 러일전쟁이 발발하자 손병희는 교토에서 도쿄로 거주지를 옮긴 후 이용구·박인호·이종훈·홍병

---

12) 이돈화, 「의암성사편」, 『천도교창건사』, 82～94쪽.
13) 「상건에 관한 춘장(천장욱)의 탐사내용」, 『주한일본공사관기록』 22, 375～377쪽.
14) 이돈화, 「의암성사편」, 『천도교창건사』, 34쪽.

　　　　　　　　　　　　　　　　　동학과 동학혁명의 재인식

기·문학수·이겸수·나용환·한용구·박영구·김안실·이두연
·나인협·김유영·한화석·강익주·임중호·오응선·방찬두·
김명준·홍기억·홍기조·유지훈·노석기·김영학·임례환·김
학수·김낙철·원용일·곽기룡·권병덕·이종옥·정종혁·정종
욱·이정봉 등 교단의 핵심지도자 40여 명을 도쿄로 불렀다.15) 이 모
임에서 손병희는 국내에서 민회를 통한 개화운동을 추진할 것을 밝히
고 민회 조직을 지시하였다.

1904년 봄 일본으로부터 돌아온 동학지도부는 회합을 갖고 민회의
이름을 대동회(大同會)로 하기로 하였다.16) 대동회의 결성에 따라 황
해도·평안도·함경도·전라도 지방의 동학교인들은 해당 지역에서
민회 설립을 준비하였다. 이 준비과정에서 함흥에서는 3월 19일 일본
군 1개 중대에게 김학우 등 4명이 피살되고 20여 명이 부상당하였
다.17)

이처럼 대동회를 결성하려는 동학교인들은 일본군에게 살해되거나
체포되었다. 이 과정에서 손병희는 비밀리에 대동회 설립을 준비하던
지도부 박인호·이종훈·홍병기를 다시 일본으로 불러 새로운 방안
을 지시하였다. 이들은 귀국 후 1904년 7월 나용환·오영창·홍기조
·엄주동·김명배·김명준·전국환·박형채·국길현·최영구·
정경수 등과 모화관 산방에서 회의를 갖고 그동안 준비하였던 대동회
를 중립회(中立會)로 고치기로 하고 동학 조직이 있는 지역에 지회를
설립할 수 있도록 하였다.18)

---

15) 『천도교백년약사』(상), 천도교사편찬위원회, 1981, 345~346쪽.
16) 이돈화, 「의암성사편」, 『천도교창건사』, 44쪽.
17) 「我軍ノ咸興府ニ於ケル東學黨ニ關スル情況顛末報告ノ件」, 『주한일본공사관
기록』 22, 국사편찬위원회, 1979, 362~364쪽.

3. 진보회의 지회 조직과 전개양상

동학지도부는 중립회를 조직하기 위해 1904년 9월 9일에 서울로 모이라는 통문을 발송하였다. 이에 따라 각지의 동학교인들은 활발하게 움직이기 시작하였다. 1904년 8월 관서지역과 호남지역에서 동학교인들이 적극적으로 활동하자 일본주차군은 관서지역의 정주·희천·강동 등지에서 동학교인을 체포하였다.[19] 이와 같은 상황을 이용구로부터 보고 받은 손병희는 권동진·오세창·조희연 등과 논의하여 민회의 명칭을 중립회에서 진보회로 하기로 결정하였다. 그리고 진보회의 조직 및 활동 추진에 대한 일을 이용구에게 일임하였다.[20] 이리하여 진보회는 9월 14일(음 8월 5일) 회장 이용구와 부회장 권종덕의 이름으로 10월 8일에 개회할 것을 지시하는 통문을 발송하였다.

대져 인민은 국가의 원긔요 회샤는 인민의 정론이니 잠시도 서로 떠나지 못할 자는 원긔요 한날도 업지 못할 자는 정론이라. 우리나라 삼천리 강토와 이천만 인민이 족히 풍교를 유지하야 문명의 진보하겟거늘 정부 졔씨가 취한 꿈을 깨지 못하야 비단 교식지계로 구차이 지낼 뿐 아니라 안으로 셩총을 옹폐하고 밧그로 생령을 포학하야 가혹한 졍사로 압제하야 무죄한 백성이 점점 더욱 도탄에 빠지니, 오호 통재라. 나라 흥망이 오직 민심이 동일함과 각산하는데 잇나니 첨군자는 동성과 동긔로 일제히 분발하야 긔약에 본회로 래도하야 당당한 정론으로 정부에 헌의하야 우

---

18) 이돈화, 「제3편 제7장 갑진개혁운동」, 『천도교창건사』, 천도교중앙종리원, 1934, 44쪽.

19) 조규태, 「구한말 평안도 지방의 동학-교세의 신장과 성격에 대한 검토를 중심으로」, 『동아연구』 21, 83~84쪽.

20) 이돈화, 「제3편 제7장 갑진개혁운동」, 『천도교창건사』, 45쪽.

동학과 동학혁명의 재인식

리 강토를 보전하고 우리 생민을 구활함을 천만옹축하노라.

회장 리용구 부회장 권종덕[21]

그리고 이 통문에는 9개의 세칙을 포함하고 있다.[22] 즉 회명은 진보
회로 하고 독립보전, 정치개혁, 인민의 생명·재산 보호, 군정 감액,
재정 정리, 동맹국 보조, 회원 단발 등을 담고 있다. 이에 따라 동학 조
직이 있는 지역에서는 진보회를 조직하였다.

그러나 실제적으로 동학교인들이 활동은 이미 9월 초순경부터 보이
고 있다. 지회 조직에 앞서 동학지도부는 서울에서 진보회 조직을 위
해 박남수(朴南壽: 朴寅浩)의 명의로 지방 교인들에게 상경하도록 통
문을 발송한 바 있었다.[23] 이 통문 내용은 9월 14일 이용구의 명의로

---

21) 『대한매일신보』, 1904년 10월 14일자.
22) 세칙의 내용은 다음과 같다.
　　일은 회명은 진보회라 칭할 사
　　일은 본월 회말로 일제히 개회할 사
　　일은 독립을 보전할 사
　　일은 정치의 개혁을 헌의할 사
　　일은 인민의 생명재산을 보전할 사
　　일은 군정을 감액할 사
　　일은 재정을 정리할 사
　　일은 동맹국 군사상에 보조할 사
　　일은 회원은 일체 단발할 사
23) 『황성신문』, 1904년 9월 13일 및 『대한매일신보』, 1904년 9월 14일자. 『대한매
　　일신보』에 게재된 통문의 내용은 다음과 같다.
　　"일은 황실을 보호하여 독립권을 공고케 할 사, 일은 정부를 개선하여 백성의 자
　　유권을 얻게 할 사, 일은 이제 이 거의 하기는 우리나라 큰 의라. 즉금 일본이 아
　　국과 전쟁하기는 실로 대의를 들어 동양의는 평화할 목적을 주장함이니 우리가
　　엄정히 단속하여 일본군사상에 방해함이 없게 하여 의리로써 의리를 손상함이
　　없게 할 사, 일은 로비는 각각 자기가 주선하여 민간의 침탈을 없게 할 사, 일은
　　열방의 우의를 돈독케 하고 문명을 진보하여 각국에 이익권을 양여함이 없게 할

발송한 「진보회 통고」와 대동소이하다. 이러한 점으로 보아 진보회의 조직은 전적으로 이용구가 추진한 것이 아니라 박인호와 같이 공동으로 추진한 것으로 보인다.

이에 따라 관서지역의 경우 9월 4일 평안남북도 각 지역의 동학교인들은 평양으로 모인 다음 서울로 집결하려고 하였으나 반전(飯錢)의 미비로 9월 17일에야 회동 상경하기로 하였다.[24] 또한 삼등군에 집결한 황해도와 평안도 일부 지역 동학교인들도 수안군을 거쳐 상경하였다.[25] 이밖에도 상경을 준비하고 있는 지역으로는 황해도 연안군에도 보이고 있다.[26] 그러나 이와 같은 지방 동학교인의 서울 집결은 관군과 일본군의 진압으로 큰 성과를 보이지는 못하였지만 일부 지역에서는 상경하였던 것으로 보인다.[27] 서울의 진보회는 전국에서 모인 3,000여 명의 동학교인으로 조직되었는데, 이들은 시정개혁과 현영운(玄暎雲)·이용태(李容泰)·권중석(權重錫)·허위(許蔿) 4명의 간서배 척퇴를 주장하였다.[28]

서울 집결이 어렵게 되자 일부 지방에서는 자체적으로 개회를 하고 진보회 지회를 조직하였다. 지방의 진보회는 각군에 회장과 부회장, 평의원을 두었다. 각군의 책임자 중에서 약간명씩 선발하여 군조직과

사, 일은 중립국의 의무를 엄정히 지키게 할 사, 일은 금 이십오일로 팔로가 일제히 발행하여 동월 회일에 경사에 회동할 사, 일은 매사를 회장의 지휘대로 하되 만일 장정대로 아니할 자가 있으며 엄벌할 뿐 아니라 중벌에 처할 사, 일은 대략만 발기하니 미진 조건은 일 후 고지할 사."

24) 『대한매일신보』, 1904년 9월 10일자.
25) 「대한매일신보』, 1904년 9월 9일; 『황성신문』, 1904년 9월 12일자.
26) 『대한매일신보』, 1904년 9월 23일자.
27) 『대한매일신보』, 1904년 9월 20일자.
28) 『대한매일신보』, 1904년 10월 12일자.

동학과 동학혁명의 재인식

마찬가지로 도 단위에도 진보회를 조직, 도의 사무를 총괄하도록 하였다. 그리고 교인과 관리 간의 교섭을 담당할 총대(總代), 지회의 실무를 담당할 서기와 회계 등을 임명하였다.[29]

지방 진보회의 조직은 관서지방에서 가장 적극적으로 진행되었다. 동학지도부로부터 진보회 조직을 통문을 받은 평양의 나인협(羅仁協)은 평양을 중심으로 관서지역 각처에 광고문을 발송하고 진보회 설립 목적을 알렸다. 이때 발송한 광고문의 내용은 다음과 같다.

> 우리 대한이 한 모퉁이에 궁벽히 처하야 인심이 열리지 못한 고로 세계 각국의 문명개화한 풍속을 아지 못하고 각부 대신은 옹폐총명하야 매관매작할줄만 알고 열읍 수령은 백성의 기름만 글어서 인민에게 탐할만 하는 고로 세계 각국이 야만국이라 칭호하니 엇지 상통치 아니하리오. 향쟈에 아병이 함경도 평안도에 돌립하여 가옥을 충화하며 부녀를 겁탈하되 방어하줄을 몰으고 황황 분쥬하니 인심이 개명치 못하야 합심못된 연고라. 이런고로 팔도에 유지한 자가 공론하되 회샤를 황성에 셜립하고 팔도 인민이 단회하야 타국 문명개화를 본바다 한일청 삼국이 동양을 평화하야 국가를 공고케 하고 대신과 슈령의 포학한 정사를 업게 하고 인심을 부지할 뜻스로 통긔가 잇는 고로 이 갓치 회집을 하니 대한이 개명하면 아국강포를 방어할지라. 인민의 개명 귀화함이 비단 대한의 다행이라. 또한 일본에 구원이 되리니 죠량하라.[30]

평양진보회는 나인협을 비롯하여 나용환·임례환·홍기조·홍기억·최보현·임정순·최주억 등이 중심이 되어 10월 17일 영문(營門) 포정사(布政司) 앞에서 개회하였다. 평양부에서는 동학교인들이

29) 「一進會 現況에 관한 조사보고」, 『주한일본공사관기록』 21, 국사편찬위원회, 1979, 486쪽.
30) 『대한매일신보』, 1904년 9월 14일자.

진보회 개회를 위해 평양으로 집결한다는 소문을 접하자 "임금의 조칙이 없이 머리를 깎고 정부의 명령이 없이 모이니 이것은 어지러운 백성들이라. 빨리 군부에 보고하여 없애버려라"[31]는 내용을 담은 방을 평양성 4대문에 붙였다. 그러나 동학교인들은 유생을 가장하여 포정사 광장에 모여 개회를 하고 회장에 김광수(金光洙), 부회장에 김정익(金正鎰)을 뽑고 일본인이 운영하는 여관에 임시사무소를 두었다.[32] 이후에도 평양에서는 12월 3일 평양성 밖 웃밧재에서 2,000여 명이 모여 개회한 후 4대 강령을 선포하고 강연회를 가졌다. 평양의 진보회는 면학회(勉學會)를 설립하고 매주 목요일 오후 7시 교육활동을 전개하여 평양민으로부터 적지 않은 호응을 받았다. 이에 팽한주 평양군수는 보조금 20원을 지원한 바 있다. 당시 평양진보회의 회원이 수백 명에 달할 정도였다.[33]

중산군(甑山郡) 진보회의 설립은 10월 19일, 120~130명이 모여 단발하면서 본격적으로 진행되었다.[34] 이들은 곳곳에 개회를 알리는 「진보회 통고(通告)」를 게시하고 연설을 하였다.[35] 마침 군수가 부재중으로 향장 장석정(張錫鼎)에게 구두로 개회할 것을 통고하고 개회를

---

31) 김추강, 「東學史話-羅大領의 奇計」, 『신인간』 79, 1934, 42쪽. "無詔勅而斷髮 無朝令而聚會 此是亂民 飛報軍部 剿捕討刑"

32) 김추강, 「東學史話-羅大領의 奇計」, 『신인간』 79, 44쪽. 이와는 별도로 11월 말일경 관서지역 동학교인들이 평양에 모여 사무소를 정하고 곧 진보회를 개회할 것이라고 보도한 바 있다. 『대한매일신보』, 1904년 11월 23일자.

33) 『대한매일신보』, 1904년 12월 15일자.

34) 「平安道 江西·甑山·咸從方面ニ起リタル進步會之現況」, 『주한일본공사관기록』 22, 349쪽.

35) 『주한일본공사관기록』, 1904. 당시 발송한 광고문은 다음과 같다.
"今次 皇城本會社의서 進步會社를 自八月晦日로 各郡에 設立ᄒᆞᆯ는 分付依ᄒᆞ와 通開會設施ᄒᆞ오니 望須僉君子는 貰臨參會ᄒᆞ야 東進文明之地를 伏望홈. 光武 八月 十一日."

한 후 영유(永柔)지방으로 향하였다. 강서군 진보회는 10월 14일 이종 정(李宗禎)이 250여 명[36]을 모아 개회하고 회장에 노영철(魯永喆), 부 회장 김중일(金中一)을 각각 선출하였다.[37] 강서군 진보회는 회원이 600여 명으로 늘어났으며, 평양에서 회원 7명이 체포되자 "동학의 전 통적 이념인 보국안민을 목적으로 한 진보회원은 모든 백성에게 피해 를 끼치지 말 것, 관민과의 충돌, 그리고 일본군과 군사적 충돌과 각국 의 선교활동에 방해되는 일을 엄금할 것, 만약 이를 위반할 시는 직접 서울본부에 보고하여 엄벌에 처할 것"을 경고하기도 하였다.[38] 순천 군 진보회는 문관일(文貫一)의 주도로 동학교인 1,000여 명이 모여 '보 국안민'의 깃발을 세우고 개회를 하였다.[39]

이들 지역 외에도 관서지역의 개회 상황을 보면 상황을 보면 다음과 같다.

(1) 평남관찰사 이중하씨의 전보를 거한즉 각처에 잠복하였던 동학당이 서울서 통문이 왔다 하고 삼등군에 도회하여 국사를 위하여 장차 경 성으로 향한다 하기로 순검을 파송하여 정탐하는 중이니 상탐하는 대로 갱보하겠다고 하였더라(『대한매일신보』, 1904년 9월 9일).

(2) 각도에 동학당이 다투어 갱기한다는데 그중 평안남북도가 우심하여 음력 7월 25일 내로 남북도 각읍 동학당이 평양으로 모여 상경하려 다가 반전이 미비하여 팔월 초팔일 내로 평양에 회동하여 황성으로 즉향하기로 각처에 통문이 돌아서 반비구처를 하기에 가장 진매하 는 자까지 많다하며 경성에 내도하여 중대한 일 것이 많다고들 하다

---

36)『대한매일신보』에는 400여 명, 강서군수가 관찰사에 보고에는 "14일에 본군에 단발자 300~400명이 취회하였다"고 하였다.

37)『주한일본공사관기록』 22, 348~349쪽.

38) 형문태, 「1904·1905년대 동학운동에 대한 일고찰」,『사학논지』 4·5합집, 84쪽.

39)『주한일본공사관기록』 22, 200쪽.

고 풍편전설이 분분하다더라(『대한매일신보』, 1904년 9월 10일).

(3) 평안남도 관찰사 이중하씨가 내부로 보고하기를 삼등군수 민정식의 보고를 거한즉 본월 6일에 동도 200명이 성천 곡산 등지로서 오는데 이를 '지' 자와 어질 '인'자 두 자를 쓴 기를 가지고 본군 읍내에 둔취한 고로 효유한 즉 그 이튿날 새벽에 강동 등지로 향하더니, 또 7일 오시에 '대의'라 '관덕'이라 쓴 기 둘을 가지고 300여 명이 성천로서 본군에 래도하고 양덕 곡산 수안으로 회집하는 자가 1,000여 명이요, 또 성천군 공보를 거한즉 동학당이 경내로 지나다가 2명이 일경에게 피착되었다 하는데 각군 공보를 거하건데 동학당이 처처에 선동하여 삼등군에 회동하는 자가 월강하여 경성으로 향하려고 하는 고로 순검을 파송하여 효유한 즉 저희들 말이 경서에서 통문이 있어 간다 하고 기탄 없으니 우극 통악하다 하였더라 (『대한매일신보』, 1904년 9월 20일) .

(4) 개천군 공보에 하기를 본월 8일 오시에 문관일이라 하는 자가 진보회라 자칭하고 300~400명을 영솔하고 본군 객사에 직입하여 일제히 단발하고 장구히 둔취할 계교를 한즉 장차 몇 천만 명이 취당될지 알 수 없는 고로 본도 관찰사가 참모부로 전보하여 병정을 파송하여 토멸하라 한다하였더라(『대한매일신보』, 1904년 10월 18일).

(5) 평양관찰사 이중하씨는 전보 내에 진보회당이 순안 함종 강서 제군에 곳곳 기백병 천여 명씩 취회하였는데 파병코자한 즉 병폐가 자심하겠고 아니하면 해회를 금지할 수 없으니 어찌 조처하라 하였더라(『대한매일신보』, 1904년 10월 21일).

(6) 평북관찰사의 보고를 거한즉 선천군에는 18일에 진보회 수백명이 읍중에 회집하여 삭발하는 고로 그중에 김채봉 등 3인을 착수하였고, 정주군에는 10월 7일에 김창하 등이 진보회라 하는 자 400여 명을 영솔하고 들어와서 모두 삭발하기에 효유하여도 해산치 아니한 고로 김창하 등 2명을 착수하고, 구성군에는 10월 8일에 동학당 1,000여 명이 읍중에 들어와서 그 익일에 남문 외로 회집하여 일제히 단발하고 가지 아니한다 하였고, 곽산군에는 10월 8일에 진보회

동학과 동학혁명의 재인식

300여 명이 읍중에 와서 집회함에 정주군에 주차한 일본헌병이 와서 수삼 명을 착거하고, 박천군에는 10월 8일에 박기근이라는 자가 관사에 들어와서 '진보회 통문'을 내보이고 그 당류들이 모두 단발하고, 가산군에는 음력 8월 29일에 난민 수백 명이 읍중에 와 둔취하여 있는 고로 그중 12명을 일본헌병이 착수하고, 철산군에는 음력 8월 29일에 진보회 300여 명이 읍중에 둔취하여 있는데 그 중 4명을 일경이 착거하고, 태천군에는 10월 8일에 진보회 600~700명이 회집하여 그 익일에 일제히 단발하였는데 일본헌병이 해산하라고 효유하여도 종식 듣지 않고 해산치 아니함에 부득이 하여 그중 4명을 포살함에 여당은 모두 도망하다가 6명은 물에 빠져죽었다 하였더라(『대한매일신보』, 1904년 10월 24일).

(7) 평안남도 관찰사의 보고에 하였으되 함종 용강 강서 순안 등 군보를 거한즉 소위 진보회당이 처처에 둔취하였다 한 고로 각군에 영칙하여 해산케 하였다더니 함종군보고에는 수천여 명이 단발한 연후에 퇴산하였다 하고, 용강군보에는 둔취하여 있던 진보회당 600여 명을 도저히 효유하여 해산시켰다 하고, 강서군 보고에는 읍중 회집하여 단발하는 자 400여 명을 해산케 하고, 순안군 보고에는 진보회 1,000여 명을 효유하여 해산케 하였다 하고, 강동 군보고에는 수백 명이 회집하여 말하기를 서울 회중으로서 지휘가 있어서 행동을 한다고 하였더라(『대한매일신보』, 1904년 10월 28일).

(8) 희천군보를 거한즉 해군 동학당 수천 명이 회집한 고로 그 근처 진위대 병정을 발하여 동학괴수 30명을 착수하고 여당은 일변 해송이라 하였더라(「대한매일신보」, 1904년 11월 1일).

이를 정리해보면 다음과 같다. 덕천군은 각지의 동학교인 수천 명이 읍저(邑底)에 모여서 집회를 가졌으며, 개천군은 10월 8일 문관일이 순천의 동학교인 300~400명을 이끌고 개천로 들어와 객사(客舍)에서 개천의 동학교인과 합류하여 일제히 단발을 하였다. 함종군은 10월 9

일 수천 명이, 영원군은 10월 8일 400~500명이 읍저에 모여 각각 단발하고 해산하였다. 그리고 용강군에서는 600여 명, 강서군에서는 400여 명, 순안군은 1,000여 명, 강동군은 수백 명이 모여 개회하였다. 선천군에서는 10월 8일 동학교인 수백 명이 읍내에 모여 단발하였으며, 정주군은 10월 7일 김창하가 400여 명을 인솔하고 읍내에서 삭발을 하였다. 구성군에서도 10월 8일 1,000여 명이 읍내에서,[40) 다음날에는 남문 밖에서 개회하고 역시 단발하였다. 곽산군은 10월 8일 300여 명이, 박천군은 10월 8일 박기근이 관사에 들어와 '진보회 통문'을 보이고 당류를 모아 각각 단발하였다.

가산군은 10월 8일 읍내에서, 철산군 역시 8월 29일 300여 명이 읍내에서, 태천군은 10월 8일과 9일 양일간 600~700여 명이 모여 개회하고 각각 단발하였다.[41) 희천군은 8월 중립회를 조직하려고 하였으나 뜻을 이루지 못하였다가 10월 지회장 이태일(李兌一)을 비롯하여 장언호(張彦浩)·이윤도(李允道)·김종록(金鍾祿)·이진교(李鎭校)·김윤재(金允載)·송택원(宋澤元)·나백린(羅白麟)·김창호(金昌浩)·양여현(梁與賢)·한성국(韓星國)·김진국(金珍國)·왕철준(王喆俊)·양달원(梁達源) 등 1만여 명이 모여 개회하였다.[42)

이밖에도 운산군·의주군에서도 진보회를 조직하였다. 운산군은 1904년 10월 윤기호(尹基浩)의 주도로 1,000여 명이 모여 개회를 하였

---

40) 「天道敎龜城郡宗理院」에 의하면 8월 30일(음) 본군 성내에서 회원 1만여 명이 일시 단발하였다고 기록하고 있다. 『천도교회월보』167, 1924, 47쪽.

41) 「天道敎泰川郡宗理院」에 의하면 "韓政의 秕政을 改革코자 進步會를 組織하고 信徒를 一切斷髮할 때 당시 大接主 李貞漸은 平壤에서 開會하고, 李超駿 李龍星 씨가 該支會長이 되어 五萬餘의 會員이 一時에 單發하다."라고 기록하고 있다. 『천도교회월보』170, 1924, 33쪽.

42) 「天道敎熙川郡宗理院」, 『천도교회월보』165, 1924, 25쪽.

동학과 동학혁명의 재인식

고,[43] 의주군은 10월 진보회 조직 통문을 받고 4만여 명이 모여 최안국(崔安國)을 회장으로 선출하고 일제히 단발하였다.[44]

진보회 조직은 관서지역뿐만 아니라 관북지역에서 활발하게 진행되었다. 관북지방의 진보회는 문천군에서 처음으로 조작되었다. 정유섭 문천군수의 보고에 의하면 '동학당 1,000여 명이 회집하였다'고 하고 있으며,[45] 이어 정평군에서도 '한국독립을 공고케 하고, 시정개선을 실행할 것'을 주장하며 개회하였다.[46] 계속해서 10월 20일경에도 수천 명이 모여 개회를 하는 한편 단발을 하였는데, 관으로부터 해산을 할 방도가 없다고 할 정도 하였다.[47] 고원군은 음력 9월 3일 「진보회통문(進步會通文)」을 게방(揭榜)한 후 연설과 단발로 개회를 하였으며,[48] 원산군에서는 고원군과 영흥군에서 동학교인이 들어와 개회를 한 후 안변군으로 이동하였으며[49] 이들은 이곳에서 10월 29일 개회하고 단발하였다.[50] 신흥군은 10월 20일경 동학당 800여 명이 용흥강변에 개회를 하고 해산하였으며,[51] 문천군에서는 10월 31일 수백 명이 읍내로 모여 '개명하여 나라를 돕자'하며 개회를 하고 해산하였다.[52] 또한 장진군도 12월 20일경 200여 명이 모여 단발하고 개회하였다.[53]

---

43) 「天道教雲山郡宗理院沿革實記」, 『천도교회월보』 175, 1925, 39쪽.
44) 「天道教義州宗理院」, 『천도교회월보』 161, 1924, 27쪽.
45) 『대한매일신보』, 1904년 10월 11일자.
46) 『대한매일신보』, 1904년 10월 13일자.
47) 『대한매일신보』, 1904년 10월 21일자.
48) 『대한매일신보』, 1904년 10월 28일자.
49) 『대한매일신보』, 1904년 10월 30일자.
50) 『대한매일신보』, 1904년 11월 15일자.
51) 『대한매일신보』, 1904년 11월 15일자.
52) 『대한매일신보』, 1904년 11월 15일자.
53) 『대한매일신보』, 1904년 12월 29일자.

황해도의 진보회는 9월 10일경 수안군 망령동(忘寧洞)에서 600여 명이 개회하면서 조직되었다.[54] 그러나 황해도 지방에서 진보회 조직이 본격화된 것은 서울에서 파견된 양국창(楊國昌)의 지도로 800명이 모여 개회한 안악군이었다.[55] 10월 9일경부터 황주군·재령군·문화군 등지에서 모여든 400여 명의 동학교인들은 10월 13일경 안악군 흘홍온천 근처에서 개회를 하고 "조선을 개발하여 일본과 같이 개명국이 되자"고 주장하면서 진보회 입회를 역설하였다. 이날 안악군 진보회원 100명과 재령 진보회원 300여 명이 단발에 참여하였으며 개회 다음날 안악 읍내로 몰려갔다.[56] 황주군 진보회는 최정여(崔禎汝)를 중심으로 추진되었다. 최정여는 광고문[57]을 사람이 많이 드나드는 곳에 붙이는 한편 향장에게도 2편의 문서를 보내면서 개회를 추진하였다. 이에 따라 10월 14일 70여 명이 모여 개회를 하였다.[58] 또한 평양에서 진보회를 개최할 때 전우기(全祐基)가 200여 명을 이끌고 참여하기도 하였다.[59]

그리고 신천군·안악군·재령군·문화군에서는 40~50명 또는

---

54) 『주한일본공사관기록』22, 347쪽.

55) 「鎭平義元城往來」, 『주한일본공사관기록』22, 353~354쪽.

56) 『주한일본공사관기록』22, 353~354쪽.

57) 최정여의 광고문은 다음과 같다.

"敬告者난 矣等이 遐方之賤陋로 敢陳衷曲之誠하오니 伏以俯察焉ᄒ옵소서. 夫國家之危난 在於民心之聚散ᄒ오니 今當宗社之危急과 生靈之壤墅ᄒ와 人心이 血誠으로 團聚則輔國安民之策은 燎如指掌故로 同聲擧義ᄒ와 齊籲于鄕長之下ᄒ오니 洞燭教是後에 特垂憂國愛民之澤ᄒ와 上以報政府ᄒ옵소서. 皇室基業을 鞏固케 ᄒ옵고 使此蒼生으로 社會鞏固케 ᄒ와 開明進步ᄒ옵기를 千萬伏祝함. 光武 8년 9월 초6일 進步會長 崔禎汝 印"

58) 『주한일본공사관기록』22, 359쪽.

59) 김추강, 「東學史話-羅大領의 奇計」, 『신인간』79, 45쪽.

동학과 동학혁명의 재인식

300~400명씩 모여 읍내에 모여 단발을 하는가 하면 진보회 강령에 대한 강연을 갖기도 하였다.[60] 재령군은 오면규(吳冕奎)의 주도로 10월 8일 60~70여 명이 삼지강(三支江)에서 모여 개회하였다.[61] 배천군에서는 10월 20일경 변승익의 주도 아래 "단발하는 것이 만국공회에 개명하는 목적이며, 위로는 황실을 도와서 독립권을 공고케 하고 아래로는 인민을 편안케 하여 재산을 보호하고 정치를 개혁한다"는 명분으로 개회를 하고 단발을 하였다.[62] 특히 황해도에서도 안악군·재령군·신천군 등 비교적 기독교의 포교활동이 활발한 지역에서는 진보회 활동을 널리 알리고 일반민이 쉽게 볼 수 있는 도로변에 격문을 게시하기도 하였다.[63]

경기도의 진보회 조직은 이천군·삭령군·가평군·음죽군·오산 등지에 보이고 있다. 가평군은 10월 15일경 동학교인 수백 명이 모여 개회하고 진보회를 조직하였으며,[64] 삭령군은 10월 12일 삭령군과 인

---

60) 『황성신문』, 1904년 10월 15일자.
61) 『주한일본공사관기록』 22, 357~358쪽.
62) 『대한매일신보』, 1904년 10월 22일; 『황성신문』, 1904년 10월 22일자.
63) 『주한일본공사관기록』 22, 353~355쪽. 격문의 내용은 다음과 같다.
    "右敬啓者는 別無他理라. 現世界便ㅎ옵고 三千里疆土와 五百年宗社가 危急存亡
    이 現在目前ㅎ야 二千萬生民이 魚而救之上下男女老少間將至於臨死之境ㅎ이 痛
    嘆痛嘆인들 奈何오. 雖然이나 至今進步會社로 論之則一以保傾覆之皇室ㅎ고 一
    以枯潤之生靈ㅎ고 主意로 自京城으로 與他文明之國主敎로 同盟ㅎ고 今大韓皇
    室의 獨立을 保全고자 ㅎ여 如許臨死之民이 以灑血換骨之心으로 至遐鄕까지와
    도 會社를 成立ㅎ였은즉 一便 思量컨데 果何如哉아. 事報가 如此ㅎ오니 無論誰
    謀間과 各會堂敎員과 爲其大韓民國者此保國之血心이어든 一心進步ㅎ야 奮發大
    義ㅎ야 以此會社鞏固케 ㅎ고 自京以下로 於庶民까지라도 同氣相應하여 五百年
    至宗社와 三千里疆土를 保全할 事. 此廣告를 行路人誰間深深思量後會訪問ㅎ야
    參會가 若何何上오. 光武8년 9월 초2일. 進步會所."
64) 『대한매일신보』, 1904년 10월 18일자.

근 지역 동학교도 수천 명이 보국안민을 내용으로 하는 연설을 갖고 진보회를 조직하였다.[65] 이천군은 10월 30일경 오천동에 30여 명이 모여 개회를 하고, 음죽군은 장호원에서 300여 명이 모여 단발을 하고 각각 진보회를 조직하였다.[66] 그러나 장호원의 경우 이보다 앞선 10월 18일경에도 수백 명이 모여 단발을 하고 보국안민 등의 연설회를 개최한 바도 있었다.[67] 그리고 오산은 10월 15일경 오산역에 수삼백 명이 모여 개회를 하였는데 해산을 종용하였으나 거부하기도 하였다.[68] 특히 가평군 진보회에 참여하였던 민영순(閔永純)은 당시 개회 상황을 다음과 같이 회고하고 있다.

다행이라 할는지 불행이라 할는지 동양의 의리 싸움이라는 일로전쟁은 기어코 일어났습니다. 어느 한울에서 비가 오는지 벼락이 나릴는지 모를 판에 뜻밖에 진보회 통문이 일시에 십삼도인에게 돌아다니는데 그 사면의 대강 뜻은 이러하였습니다.

오늘날 일로전쟁은 곧 우리 나라의 운명을 결정하는 결투이다. 이 싸움에 아라사가 이기면 우리 나라는 아라사가 될 것이요, 일본이 이기면 우리 나라는 일본이 될 것이니 이 싸움이 끝나기 전에 우리는 우리 일을 하자. 우리는 장차로 살아도 살 집이 없고 죽어도 무칠 땅이 없게(生無居巢死無葬地) 된다. 하루 바삐 죽기를 맹세하고 일제히 일어나서 일심단결하여 첫째 황실을 존중하고 강토를 보전할 일, 둘째 인민의 생명 재산을 보호할 일, 셋째 정부의 정치를 개선할 일, 넷째 동맹국 군사상에 방해하지 아니할 일 이러한 강령을 기어이 실시하자. 그 기한을 석달 동안으로 죽기를 맹세하는 표적으로 일제히 단발하자.[69]

---

65) 『대한매일신보』, 1904년 10월 20일; 『황성신문』, 1904년 10월 20일자.
66) 『황성신문』, 1904년 11월 2일자.
67) 『황성신문』, 1904년 10월 19일자.
68) 『황성신문』, 1904년 10월 18일자.

호남지역의 진보회는 '처처(處處)가 동학'이라 할 정도로 각 지역에서 조직되었다. 함열군은 10월 12일경 황등장터에 수천여 명이 모여 개회를 하고[70] 회장에 김봉득(金鳳得), 부회장에 차경석(車暻暊)·안승환(安承煥)을 각각 추대하였으며,[71] 태인군에서도 10월 16일경 300여 명이 모여 개회하였다고 보고를 하고 있다.[72] 특히 함열군 황등시장에 모였던 동학교인들은 강경 은진포로 이동하여 이곳에서도 개회를 하고 이 지역 동학교인과 함께 개회를 하였다.[73] 당시 이들의 집회에는 크게 쓴 '전북대접주'라는 태극장에 '용담연원 검악포덕', '포덕천하 광제창생 보국안민지대도'라고 적어 동학교인임을 밝히고 있다.[74]

익산군은 12월 14일경 역시 수천 명이 모여 개회하였는데 "민심이 대단 소요하여 환산지경"이라고 할 정도였다.[75] 즉 이병춘(李炳春)·장남선(張南善)·구창근(具昌根)·이상우(李祥宇)·이유상(李有祥)·이영하(李永夏)·박화생(朴花生)·김의태(金義泰)·강봉수(姜琫秀)·박낙양(朴洛陽)·김창수(金昌守) 등은 황등(黃登)시장에서, 박선명(朴先明)·김봉득(金鳳得)·최승우(崔承雨)·최유하(崔由河)·김연구(金煉九)·김화일(金和日)·김희원(金喜源)·최시백(崔始柏)·최순봉(崔順奉) 등은 태인 용두시장(龍頭市場)에서, 정용근(鄭瑢根)·김중화(金重華)·남주송(南周松)·강종실(姜宗實)·이경섭(李暻燮)·이용준(李容俊)·차경석(車暻暊)·박봉의(朴鳳儀)·김영록(金永祿) 등은 태인 군

69) 민영순, 「石翁夜話, 닛치지 안는 갑진년 개회」, 『신인간』 2, 1926, 43~44쪽.
70) 『대한매일신보』, 1904년 10월 13일, 10월 14일; 『황성신문』, 1904년 10월 14일자.
71) 「천도교전주종리원」, 『천도교회월보』 168, 31쪽.
72) 『대한매일신보』, 1904년 10월 18일자.
73) 『황성신문』, 1904년 10월 20일자.
74) 『황성신문』, 1904년 10월 20일자.
75) 『대한매일신보』, 1904년 12월 15일자.

내에서 각각 수만 명을 이끌고 개회하였다. 개회 후에는 금구 원평으로 이동하였다. 그리고 김봉년(金奉年)·윤상홍(尹尙弘)·이안준(李安俊)·송대화(宋大和)·안승환(安承煥)·송종철(宋鍾喆)·전장인(田璋仁)·이환혁(李煥革)·백낙인(白樂仁) 등은 회원 수만 명을 모아 단발한 후 강경포로 이동하였다.[76] 익산군의 진보회원은 군내에서만 개회하지 않고 인근 지역 회원들을 모아 개회를 지도하였다.

이밖에도 지역은 밝혀지고 있지는 않지만 각지의 진보회 조직에 대한 전북관찰사의 보고가 이어지고 있다.[77] 이러한 사례는 「천도교남원군종리원연혁」에서 찾을 수 있다. 당시 언론이나 관에 의해서 파악은 되지는 않았지만 운봉과 구례에도 진보회가 조직되었는데, 운봉진보회는 김성재(金性在)를 중심으로 단발 개회한 바 있으며, 구례진보회도 송기호(宋杞浩) 등이 중심이 되어 조직되었다.[78]

호서지역의 진보회는 공주군·강경 은진포·충주군·온양군·노성군 등지에서 조직과정이 보이고 있다. 호서지역 진보회의 중심은 은진 강경포였다. 강경포에는 전북 함열군 황등장터에서 개회하였던 동학교인을 비롯하여 호서지역의 동학교인들이 10월 12일경 은진포로 집결하였다.[79] 이들은 '진보회 통문'을 배포하였는데 내용은 다음과 같다.

대저 토지는 나라의 대업이오 백성의 명백이라. 나라는 백성을 의지하고 백성은 재물을 모뒤고 재물은 토지에서 나는 고로 예로부터 인민의 산

---

76) 「益山宗院沿革」, 『천도교회월보』 189, 33쪽.

77) 『대한매일신보』, 1904년 12월 10일, 12월 12일자.

78) 남원군종리원, 『宗理院史附東學史』, 1924.

79) 『대한매일신보』, 1904년 10월 14일자.

업을 절제하고 국가가 경용을 자뢰함이 오직 전토에 있는지라. 비록 촌토 척지라도 다 국가의 강토라. 인민을 맡겨 작농하여 그 부세를 나라에 온전히 상납한 연후에 인민은 재물허여짐이 없고 나라에는 부세가 있을지라. 이런고로 옛적에는 정전법이 있었고 각국에는 전토를 매매함이 없으되 유독 우리나라는 국가 강토를 사사로이 서로 매매하여 도조 받는 것이 세납보다 여러 배 되는고로 부자는 더욱 부하고 빈한 자는 더욱 빈하니 백성의 재물이 어찌 적취하며 전국부세를 어찌 폐하리오. 이제 만일 전토 제도를 경작치 아니하면 반드시 인민과 나라의 난보할 경우에 이르리니 전답을 매매하는 법을 혁파하고 그 부세는 신식대로 탁지로 상납하고 그 세전인즉 매결에 3량10식 분정하여 궁내부로 수납할 차로 13부 인민이 발동하여 회사를 설시하여 정부훈령이 불구에 행회하겠기로 널리 고시 '하니 이르는 곳마다 차차 전설하여 무론 경향인 전묘하고 도조를 미리 출급치 말아서 후회함이 없게 하라.[80]

이들은 이곳에서 단발을 하고 "진보회의 목적은 황실의 보안함이니 불량한 누명을 지목하지 말라"하는 연설을 하면서 정부를 비판하였다. 이들은 노성군수의 해산 효유에도 응하지 않고 있다가 10월 25일경에 해산을 하고 공주지역으로 이동하였다.[81]

공주군은 음력 8월 말일부터 동학교인이 크게 일어나 개회하자 청주진위대를 파견하여 이를 진압하였다.[82] 노성군은 10월 7일경 수백명이 모여 개회를 하자 민심이 흉흉하다고 보고한 바 있고,[83] 충주군은 대초원과 용원 두 곳의 장터에서 개회를 하고 있다. 대초원과 용원은 경성과 영남을 관통하는 대로에 있는 시장으로 집회를 갖기에 용이

---

80)『대한매일신보』, 1904년 10월 18일자.
81)『대한매일신보』, 1904년 10월 28일자.
82)『대한매일신보』, 1904년 10월 14일자.
83)『대한매일신보』, 1904년 10월 7일자.

한 곳이다. 이곳에 모인 동학교인들은 음죽 장호원에서 개회한 후 매일 2~3명씩 모여 수백 명에 달하였으며 장군들에게 진보회의 가입을 권유하고 보국안민을 연설하는 등 형세가 점차 확대시켜 나갔다.[84] 온양군은 10월 13일 읍내에서 진보회를 개최하였으나 주민들에 의해 해산되기도 하였다.[85] 이밖에도 장호원 검산리 김인범의 집에 40~50여 명이 모여 10월 10일 소를 잡고 치성을 하고 개회를 하기도 하였다.[86]

강원도의 진보회는 홍천군·이천군·금성군에서 조직과정이 보이고 있다. 금성군은 10월 18일 해주 출신의 박재양이 중심이 되어 '보국안민할 차 정부를 개혁하려 함'을 내용으로 1,000여 명이 개회하였으나 박재양 등 10여 명이 일병(日兵)과 순교에 포착되었다.[87] 이천군은 10월 9일 황해도 곡산군에서 합류한 동학교인 등 수천여 명이 모여 통고문을 부착하고 독립보존·군정감액·재정정리 등 9개항의 내용을 제시하고 개회하였다.[88] 그리고 홍천군은 40~50여 명이 소를 팔아 노자를 마련하여 지평과 여주 등지를 돌아다니며 개회에 참여하였다.[89]

이밖에 진보회의 조직이 활발하게 전개된 곳은 영남지역의 진주군이다. 진주군은 중앙에서 진보회를 조직하라는 통문이 내려오자 진주군과 하동군의 동학교인을 모으는 한편 평거군에 사는 접주 이관서가 향교에도 '진보회 통문'을 보내기도 하였다.[90] 이들은 10월 11일 100여 명이 객사 앞에 모여 개회를 하였으며, 13일에도 개회를 갖고 연설

84) 『대한매일신보』, 1904년 10월 19일; 『황성신문』, 1904년 10월 19일자.
85) 『대한매일신보』, 1904년 10월 18일자.
86) 『대한매일신보』, 1904년 9월 20일자.
87) 『대한매일신보』, 1904년 10월 20일; 『황성신문』, 1904년 10월 20일자.
88) 『황성신문』, 1904년 10월 15일자.
89) 『대한매일신보』, 1904년 9월 20일자.
90) 『대한매일신보』, 1904년 9월 27일, 10월 8일자.

회를 갖는 등 적극적인 활동을 전개하고 있다.[91]

　9월 14일 서울에서 발송한 통문, 즉 진보회 조직을 시달 받은 이후 12월 2일 일진회와 통합되기 전가까지 진보회의 조직은 순탄하지만은 않았다. 이런 와중에서도 1904년 11월 초 주한일본주차군에서 파악한 진보회는 전국적으로 80여 군에 조직되었으며, 회원은 117,735명에 이르게 되었다. 주한일본주차군이 조사한 지역별 진보회 조직현황은 <표>와 같다.

〈표〉 주한일본주차군에서 파악한 각 지역의 진보회 조직현황 (1904년 11월 초 현재)[92]

지역	군별	회장	부회장	회원수(명)
경기도	이천	이용식	김한식	800
	음죽	이종석	이규필	500
	죽산	신정집	전철진	850
	여주	안태준	홍재현	230
	양지	안응두	이규필	930
	삭령	김병렬	김유태	900
	양근	이승구	이재연	370
	가평	이완식	유진석	400
강원도	원주	박인흡	임순화	580
	홍천	박수동	김인범	120
	금성	박재양	공봉을	430
	철원	김필식	우호현	210
	평강	장희도	석정근	50
	이천	허선	김광로	1,150
	안협	이건룡	정택수	420

---

91) 『황성신문』, 1904년 10월 14일자.
92) 형문태, 앞의 논문, 88~91쪽.

	해주	김상현	정종욱	700
	안악	안룡수	김필수	570
	황주	최정녀	전도빈	750
	문화	윤경순	한석우	630
	장연	원성부	유병두	400
	은율	이덕윤	김양삼	380
황해도	신천	최기조	임한규	540
	재령	오면규	김영순	520
	봉산	김홍순	황운혁	600
	서홍	조진우	이동희	380
	백천	변승익	김종성	190
	금천	이량수	이기석	280
	토산	신동섭	전봉의	315
	전주	유화인	김일수	1,300
	김제	이하영	조병하	940
	임피	이통운	최희덕	760
	익산	김해성	이규헌	850
	여산	장남선	민영일	8,500
전라북도	함열	이병춘	구창근	1,400
	태인(용두리)	박재덕	김봉득	2,600
	태인(회계)	황봉기	오준용	530
	금구	이일완	정대형	2,900
	임실	박준화	임래규	2,400
전라남도	장성	박화생	김인환	470
	홍양	정영순	송년섭	340
경상남도	진주	박충일	한진호	1,400
충청남도	온양	정태영	이일준	200
충청북도	충주	강덕모	박천태	300
	함흥	한남규	유창일	850
	정평	차태선	김자극	2,100
	영흥	이문혁	백사원	3,400
함경남도	고원	장기임	김지삼	550
	문천	이봉률	이문섭	470
	덕원	지덕일	이선화	1,500
	안변	신자관	최일청	370

동학과 동학혁명의 재인식

	영변	강재린	곽병정	1,030
	희천	김종록	이진수	1,030
	태천	장영규	김윤하	1,020
	구성	유효화	허석길	1.300
	삭주	백윤조	문종옥	1,400
평안북도	의주	안정곤	안국진	1,150
	용천	이동휘	한국정	1,030
	철산	김홍민	이기화	1,000
	선천	김병휘	김고두	1,200
	정주	김창하	전만영	2,500
	곽산	김봉헌	김용여	1,050
	박천	이정봉	김수길	850
	평양	김광수	김성호	4,200
	중화	박명수	이종식	1,500
	순안	서병률	오봉오	2,700
	함종	정혜남	김인국	2,820
	강서	노병직	김진택	640
	증산	장한성	장명곤	580
	자산	선우홍	차현재	1,030
	성천	이창일	나주음	4,900
평안남도	양덕	김치중	최문보	5,100
	강동	김여황	임정룡	3,050
	삼등	백인적	윤정섭	4,070
	순천	문관일	오성룡	2,800
	순천(신창)	이연흡	김춘식	4,070
	숙천	김안실	안처흠	1,600
	영원	유계헌	백수경	2,800
	덕천	김왕식	길은초	3,400
	맹산	박춘일	조병득	3,050
	개천	최봉관	이영모	1,540

4. 정부와 일본군의 대응

동학교단이 1904년 2월부터 대동회를 조직하기 위해 활동을 점차
재개하게 되자 정부는 이에 대해 경계를 늦추지 않았다. 이미 1903년

과 1904년간 지방으로부터 동학조직의 활동이 정부에 보고되고 있었다. 일본군에서도 당시 동학의 동향을 파악하기도 하였다.[93] 특히 평안도 지역에는 대포(大包) · 대접(大接)은 수만 명이고, 소포(小包) · 소접(小接)이라도 3,000~4,000명이라고 보고될 정도로 동학의 교세는 커져 있었다.[94]

이와 때를 같이 하여 호남지역 동학교인들의 활동도 활발하게 움직이고 있었다. 즉 동학혁명의 진원지인 고부를 비롯하여 만경 · 김제 · 부안 · 정읍 · 태인 · 금구 · 전주 · 임피 등 각지에서 교인들이 민회운동의 기미를 보이기 시작하였다.[95] 이들은 "아당(我黨)은 동학의 종지(宗旨)로써 지방관의 폐를 제거하고 동학 종지에 의한 정부를 개선하여 백성을 구하는데 목적이 있다"고 하면서[96] 민생고 해결의 현실적 과제가 반정부적 운동을 통하여 해결하고자 하였다.[97] 이에 대해 정부에서는 호남지역의 동학교인들의 동태가 치열해짐에 따라 "강대한 초적(草賊)으로 되는 것을 우려하고 동학혁명 당시와 같이 무장기포하기 전에 진압한다"는 방침 아래 적극적인 금압정책을 실시하였다. 이에 따라 정부는 육군보병 참령 김한정으로 하여금 전주진위대 병력 100명을 동원 체포 구금토록 하였다.[98] 당시 정부군에 체포된 동학교인의 상황은 다음과 같다.

---

93) 「안주부군의 동학당 평양집결건」,『주한일본공사관기록』21, 41쪽 및 43쪽.
94)『平安南北道來去案』7책, 1904년 6월 4일자(『各司謄錄』36권); 김종준, 「진보회 · 일진회의 활동과 향촌사회의 동향」,『한국사론』48, 177쪽 재인용.
95)『주한일본공사관기록』22, 371쪽.
96)『주한일본공사관기록』22, 371~372쪽.
97) 형문태, 「1904 · 1905년대 동학운동에 대한 일고찰」,『사학논지』4 · 5합집, 63쪽.
98)『주한일본공사관기록』22, 372쪽.

동학과 동학혁명의 재인식

- 만경군 : 3~4인의 동학당이 몰려다니며 그중 1명이 군내 각지를 배회하며 불량배를 선동하여 관병이 이를 체포하다.
- 김제군 : 군내 동학당원이 500~600명이며 그중 수령 1명을 체포하다.
- 부안군 : 각 촌마다 동학당원이 돌아다니고 있으며, 4월 1일 수령2명을 체포하다.
- 고부군 : 동학당의 근거지로 2,000여 명이 당시 봉기하였으며, 수령 4명을 체포하다.
- 정읍군 : 동학당의 세력이 고부군에 못지 않다.
- 태인군 : 동학당 두목 6명을 체포하였으며, 특히 호남지역 책임자인 이이노(李利老)를 음력 4월 28일 군민을 선동연설 중 체포하다.
- 금구군 : 동학당이 2,000여 명 이상이며, 그중 5명이 체포되었으며, 관병 15명이 각촌마다 밀정 4~5명을 동원하여 동학당원을 검거하다.
- 전주군 : 각촌에서 선동 연설하는 동학당원 2명을 체포하다.
- 임피군 : 동학당 1명을 체포하다.[99]

이밖에도 이 시기에 익산군에서는 김국빈(金國彬)·권봉규(權奉圭)가,[100] 전주부에서는 진위대장이 정병을 각지에 보내 동학교인 수백 명을 포박하였다.[101]

그리고 7월 대동회를 조직하려할 즈음에 함흥에서는 윤형천(尹亨天)·김완규(金完奎)·주인학(朱寅鶴)·이인준(李寅俊), 희천에서는 나성한(羅聖漢), 정주에서는 나태을(羅太乙)·나의섭(羅義涉), 강동에서

---

99) 『주한일본공사관기록』 22, 371쪽.
100) 「益山宗院沿革」, 『천도교회월보』 189, 32~33쪽.
101) 「천도교전주종리원」, 『천도교회월보』 168, 31쪽.

는 정기남(鄭基南)·한석민(韓錫敏)·이상도(李尙道), 황주에서는 지기철(池基轍)·최학순(崔學淳) 등이 피살되거나 옥사·체포되었다.102)

1904년 9월 14일 서울에서 발송한 '진보회 통문'으로 전국 각지에서 진보회가 조직되고 흑의단발(黑衣斷髮)로 활동을 전개하자 고종과 정부는 기본적으로 진보회원이 동학이라고 인식하였다. 이러한 인식에 따라 고종은 1904년 9월 20일 각도 관찰사에게 동학교인을 체포하도록 지시하고 있다.103) 즉 동학이 다시 일어나는 것을 막아야 한다는 것이었다. 이어 진보회의 해산, 탐관오리의 척퇴 등을 내용으로 하는 칙령을 내렸다.104)

그러나 24일에는 "근일에 소위라고 하는 자가 떼로 모이고 단체가되어 와언을 선동하여 경향으로 불러 어리석은 무리가 구름 모이듯 하여 조정을 비방하고 대신을 핍박하여 점점 방안이 없는 지경에 이르되 법사에서 능히 그 그른 것을 다스리지 못하고 경무관리가 그 직책을다하지 못하고 수수방관만 하고 조제치 못하니 법강 해(이)한 것이 한심한지라. … 정부와 내부로 경무청과 지방관에게 신칙하여 방법을 내어 형찰하고 효유하고 가기 헤어져 돌아가 안업케 하되 이렇게 조칙한후에 … 일향 항거하면 마땅히 법이 있으니 짐은 두 번 말하지 않노라"하여, 보다 강경하게 대응할 것을 지시하였다.105) 이어 각지 관찰사에

---

102) 이돈화,『천도교창건사』제3편, 44~45쪽.

103)『고종실록』권 44, 1904년 9월 20일 및 22일자. "近聞東匪餘孼 復爲滋蔓 或公行呪誦 或潛相傳通 聚會邑村 操弄軍器 所在騷亂 而聲言將聚輩穀之下 民習之不靖 胡至於此 前轍昭然 不可不亟講防杜之策 其令各道觀察使按撫使宣諭使地方鎭衛隊各戢捕官 嚴行剿捕 渠魁則登時誅鋤 徒黨則曉諭解散 以渴亂萌以靖地方"(1904.9.20).

104)『고종실록』권 44, 1904년 9월 22일 및『대한매일신보』, 1904년 9월 26일자.

105)『고종실록』권 44, 1904년 9월 24일 및『대한매일신보』, 1904년 9월 26일자.

동학과 동학혁명의 재인식

게 "동학을 엄히 금즙(禁戢)케 하라"는 전칙을 내렸다.[106] 그리고 진보회를 개회하는 동학교도들을 효유 진압하기 위해 경기도에 조경순, 충청도에 정인표, 경상남도에 이성렬, 경상북도에 정규희, 전라남도에 안종덕, 전라북도에 박제빈, 강원도에 한진창, 황해도에 홍우석을 각각 파견하였다.[107]

이와 같은 조칙에 따라 각 관찰사는 "칙령을 어기며 개회하는 진보회를 모두 동학으로 취급하여 다스리겠다"는 내용을 다시 한번 통첩을 하고 동학교인에 대한 탄압을 강화하였다. 경남 진주군에서 진보회 개회를 보고하였을 때 병정을 파송하여 초토하기로 한다든가[108] 황해도와 평안남북도에서는 동학교인을 진압하기 위해 200여 명의 진위대를 파송하는[109] 등 조치를 취하였다. 이에 인해 태천 고치강에서 수백명이 익사하고, 가산에서는 김길수(金吉洙) 등 수명이 피살되었다.[110]

1904년 9월 14일 진보회 개회에서 12월 2일 진보회가 일진회와 통합되기 전까지 당시 언론에 보도된 진보회의 탄압 사례중 일부를 살펴보면 다음과 같다.

- 성천군에서 동학당이 경내를 지나다가 2명이 일경에 체포되었다.[111]
- 진주·하동에서 1명이 착수되다.[112]
- 이천군 출주대에서 동학괴수 3명을 착수하다.[113]

---

106) 『대한매일신보』, 1904년 9월 28일자.
107) 『대한매일신보』, 1904년 9월 26일자.
108) 『대한매일신보』, 1904년 10월 12일자.
109) 『대한매일신보』, 1904년 9월 16일자.
110) 이돈화, 앞의 책, 51쪽.
111) 『대한매일신보』, 1904년 9월 20일자.
112) 『대한매일신보』, 1904년 9월 27일자.

- 금성군에서 진보회원 10여 명을 포착하여 문초하다.[114]
- 은진 논산포에서 동학거괴 30여 명을 포착하다.[115]
- 원주대에서 진보회원 5~6명을 포착하다.[116]
- 선천군에서 김채봉 등 3명, 정주군에서 김창하 등 2명, 곽산군에서 일본헌병이 수삼 명, 가산군에서 일본헌병이 12명을, 철산군에서 일경이 4명이 착거되었으며, 태천군에서는 4명이 포살되고 6명이 물에 빠져죽었다.[117]
- 고원군에서 일경에 4명이 결박하여 원산항으로 착거하고 30여 명을 짐을 지워 영솔하다.[118]
- 희천군에서 동학괴수 30명을 착수하다.[119]
- 여산군에서 동학당의 김의일·박인근·배공현 등이 착수되다.[120]
- 함흥부에서 동학이라 칭하는 사람 10여 명을 포살하고 수삼십 명을 징역시키다.[121]
- 원주대에서 진보회원 3명을 착수하다.[122]
- 장연군수가 진보회원 5~6명을 착수하다.[123]
- 함경남도 관찰사가 동학당 20여 명을 착수하였다.[124]
- 전라북도 관찰사가 진보회원 3명을 착수 학형하다.[125]

---

113) 『대한매일신보』, 1904년 10월 19일자.
114) 『대한매일신보』, 1904년 10월 21일자.
115) 『대한매일신보』, 1904년 10월 21일 및 10월 24일자.
116) 『대한매일신보』, 1904년 10월 26일자.
117) 『대한매일신보』, 1904년 10월 24일자.
118) 『대한매일신보』, 1904년 10월 28일자.
119) 『대한매일신보』, 1904년 11월 1일자.
120) 『대한매일신보』, 1904년 11월 2일자.
121) 『대한매일신보』, 1904년 11월 7일자.
122) 『대한매일신보』, 1904년 11월 15일자.
123) 『대한매일신보』, 1904년 11월 21일자.
124) 『대한매일신보』, 1904년 11월 28일자.

상기의 탄압사례는 다만 언론을 통해 살펴본 것이지만 이보다 더 많았을 것으로 추정된다. 특히 태천군에서는 진보회에 참여하였다가 관군의 추격으로 고치강에서 수백 명이 익사하였는데 이를 좀 더 살펴보자.

'진보회 통문'을 받은 관서지역의 동학교인은 8월 30일 태천군에서 개회를 하였는데, 이날 개회에는 태천군을 비롯하여 영변군·구성군·삭주군·벽동군·창성군·의주군·정주군·박천군·용천군·위원군·초산군·철산군·선천군·희천군·덕천군·안주군 등지에서 12,000여 명이 모였다. 이날 오전 11시 삼양루(三陽樓)에서 열린 개회에서는 회장 장영규(張永奎)의 개회와 부회장 박몽일(朴夢一)의 강령 설명에 이어 참가자 일동은 단발을 하였다. 이러한 사실을 보고받은 군수 조정윤(趙鼎允)과 향장 백경전(白京詮)이 포병들과 함께 현장에 돌입하여 "너희는 나라의 역적이니 모조리 총살할 것이나 특히 용서하는 터이니 해산하라"고 종용하였다. 이를 거절하자 진보회원 100여 명을 검속하는 한편 위협사격을 하면서 해산시켰다. 이러한 가운데 이날 오후 3시경 개천에서 문학수(文學洙) 대접주가 2,000여 명의 진보회원을 모아 개회 현장으로 들어오다가 이 광경을 보고 관군과 백병전을 벌였다. 그러나 열세를 면치 못한 진보회원들은 고치강(串江)으로 후퇴하였고, 이 과정에서 진보회원 수백 명이 총살당하거나 고치강을 건너던 중 배가 전복되어 목숨을 잃었다.[126]

한편 정부는 이와 같은 탄압 외에도 보부상을 이용하여 진보회원으로 가장시켜 진보회 조직을 방해하거나 음해하고자 하였다. 이와 관련

---

125) 『대한매일신보』, 1904년 11월 29일자.
126) 가자봉인, 「아버지 따라 첫 개회구경」, 『신인간』 27, 1928, 43쪽; 「천도교태천종리원」 33~34쪽; 朴成模, 「悲絶慘絶한 泰川고 江事變 甲辰開會의 實史」, 『黨聲』 15, 1932년 7월 1일자.

하여『대한매일신보』는 다음과 같이 보도하고 있다.

　　피등의 일대 500~600명은 단발하고 일진회에 투입하여 방해하기를
시험하나 동회에서는 한 비밀한 보람이 있어 회원 외의 사람은 알지 못하
는 고로 피등의 음모가 곧 현로가 되어 드디어 아무 일도 이루지 못함으
로써 피등은 본 지방으로 돌아가 진보회라 칭하고 일본군사상 행동을 방
해하여 이로써 하여 진보회를 소멸하게 하도록 하라고 음모하는 중이라
하였더라.[127]

　　이밖에도 전주부와 장흥군에서 진보회를 개회하고 강경포로 이동
할 때 여산군수 겸 토포사 박항래(朴恒來)가 포병에게 일제히 사격 명
령을 내려 수십 명이 즉사하였고,[128] 장흥군에서도 개회 이후 임실 강
경으로 이동할 때 윤세현(尹世顯)·김상준(金相峻)·손승담(孫昇淡) 등
수십 명이 관군에 피체되어어 전주감옥에서 40여 신문을 받고 사형선
고를 받기도 하였다.[129] 그리고 구성군에서도 개회 당시 평양신위대
가 출병하여 문중승(文仲承)·최봉상(崔鳳祥)·박병천(朴炳天) 등이
피체되었다.[130] 의주군에서도 개회 당일 진위대장 구완동(具完董)과
관병 300여 명이 출동하여 개회를 해산시키고 회장 최안국·안국진
(安國鎭)·박도명(朴道明)·박명진(朴明鎭)·최인홍(崔仁鴻) 등을 납치
하였다.[131]

---

127)『대한매일신보』, 1904년 11월 9일자.
128)「천도교전주종리원」,『천도교회월보』168, 31쪽 및「益山宗院沿革」,『천도교
　　회월보』189, 33쪽.
129)「천도교장흥군종리원」, 47쪽.
130)「천도교구성군종리원」,『천도교회월보』167, 47쪽.
131)「天道敎義州宗理院」,『천도교회월보』161, 27쪽.

이러한 정부의 방해는 실제 함흥에서 나타나고 있다. 당시 경성진보회에서는 함흥진보회에 "정부에서 불가불 진보회를 박멸코자 하여 근자에 이르러는 단발한 자 500~600명을 고용하여 이것들로 하여금 진보회라 칭하여 함흥으로 파견하여 도처에서 민가에 불도 놓고 순량한 백성을 사납게 대접하며 혹은 군사상에 방해하여 제반수단으로써 지방 인민이 진보회를 혐의하고 원망케 한 후에 자연히 없어지게 하라하니 주의하라"고 통지하였다.[132] 이에 따라 함흥진보회는 최종대라는 진보회원이 불법행위를 하여 이를 확인한 결과 "진보회를 방해하기 위해 정부에서 시킨 바"라 하였다.[133]

이와는 별도로 일본측에서도 동학교단에서 추진하였던 진보회 활동을 방해하거나 탄압한 사례가 적지 않다. 이미 동학혁명에서 동학의 배일적인 의식을 경험한 일제는 주한공사관과 군부를 통해 진보회 설립 이전부터 동학당의 움직임에 주의를 기울였다. 그리고 진보회가 설립되자 각 지역별로 순사 또는 밀정을 파견하여 그 활동을 자세하게 파악토록 하였는데, 전체적인 진보회원이 동학혁명 당시와 다르지 않다고 결론을 내렸다.[134] 이는 무엇보다도 군사상의 문제였기 때문이다. 당시 일본은 러시아와 전쟁중인 상황에서 후방의 혼란을 막는 것이 급선무였다. 1904년 4월 개천군에서 대동회를 개최하려고 할 때 안주 일본군사령부 일야(日野) 대위가 안주진위대 김종진(金鍾振) 정위와 교섭하여 일본군을 파견하려하자 관서사령관 서리 박문교(朴文敎)가 이를 월권이라고 제지한 사건[135]이 이를 잘 보여주고 있다. 즉 동학

---

132) 『대한매일신보』, 1904년 11월 19일자.
133) 『대한매일신보』, 1904년 12월 1일자.
134) 김종준, 「진보회·일진회의 활동과 향촌사회의 동향」, 『한국사론』 48, 184쪽.
135) 『주한일본공사관기록』 21, 462쪽.

조직을 진압하기 위해 일본군이 진위대와 교섭한 경우인데, 이는 진압의 주도권을 확보하려는 것이었다.[136) 이러한 상황은 거의 같은 시기에 함흥과 황주에서도 보여지고 있다.

황주진보회는 봉산 출신 최정여 회장 등 70여 명이 모여 10월 13일 개회를 시도하였으나 일본수비대의 해산명령에 부딪혀 저지당하였고 8명이 구류까지 당하였다. 이튿날 10월 14일 황주 주재 일본군사령부에 진보회의 설립 취지와 목적을 내용으로 하는 공함을 보내고 다시 개회를 시도하였지만 10월 18일과 19일 황주병참지부의 출장소 관할하의 겸이포(兼二浦)에서 진보회원 2명을 체포하고 그중 1명은 지부로 호송하였다.[137)

일본군사령부의 진보회에 대한 탄압은 여기서 그치지 않고 황해도 전역으로 확대하였다. 안악·신천·문화·장연·송화·서흥·홍수원 등의 진보회원이 봉산에서 10월 10일을 전후하여 개회를 하였다. 이때 참여인원이 1,000여 명을 넘어서자 이들 가운데 '치안에 방해가 된다고 인정하는 자'·'무기를 휴대한 자'는 대부분 일본군사령부로 호송하여 구금하였다. 특히 10월 10일경 진보회장 이용구가 봉산군수에 보낸 공함의 내용 중에는 치안상태에 위배되는 문구가 많다고 하여 재령 수비대장 마장(馬場) 군조와 봉산군수, 그리고 봉산사령부가 연합하여 진보회원에 대한 소탕전을 전개하였다. 이로 인해 개회 중이던 재령진보회장 오면규(吳冕奎)를 비롯한 60여 명에게 체포되었다. 이들은 일본군사령관 대도(大島) 대위와 암기(岩崎) 특무조장이 직접 취조를 당하였으며, 8명만 석방되었다.[138)

---

136) 김종준,「진보회·일진회의 활동과 향촌사회의 동향」,『한국사론』48, 184쪽.
137)『주한일본공사관기록』22, 361쪽.
138)『주한일본공사관기록』22, 356~357쪽.

동학과 동학혁명의 재인식

함흥에서는 10월 19일 진보회를 개회하면서 일본군과 외국선교사를 살해한다는 전문 때문에 일본군은 함흥분견대 1중대를 파견하였고 진보회원과 대치하였다. 20일 밤 진보회에서 먼저 사격을 하였고 일본군 일등병 판본희태랑(坂本喜太郞)은 오른쪽 대퇴부를 관통 당하였다. 이에 일본군의 대응으로 김학우(金學宇) 등 4명이 희생되고 20여 명의 진보회원이 부상당하였다.[139] 그리고 이에 앞서 19일 일본군의 기습으로 진보회원 36명이 체포되기도 하였다. 이 사건으로 취조를 받은 진보회원 12명중 1명은 사형, 5명은 3년 이상의 징역을 받았다.[140]

일본군은 원천적으로 진보회의 활동에 대해 경계를 늦추지 않았다. 특히 임권조(林權助) 주일공사는 진보회를 통합한 일진회에 대해서도 인식이 매우 부정적이었다. 임 공사는 1905년 1월 황해도에서 고시문을 통해 지방관과 중앙정부의 학정에 불만이 있을 경우 일본공사관에 진정할 것이며 일진회원과 같이 작당하여 경성에 파송하는 행위를 금지하라고 경고하였다.[141]

이러한 일본군의 인식은 진보회가 일진회에 통합되기 전부터 갖고 있던 인식의 연장이라 할 수 있다. 즉 지방에서 진보회 활동을 박멸하면 황제가 기뻐할 것이고, 그냥 내버려두어 세력이 확대되면 제국신민의 이익, 군사행동상의 안전, 치안유지의 방해가 되지 않는 정도에서 감시 취체를 하지 않으면 안된다고 인식하였던 것이다.[142]

---

139)『주한일본공사관기록』22, 362~363쪽.
140)『주한일본공사관기록』22, 365쪽.
141)『황해도래거안』(규17986) 2책, 1905년 1월 12일자; 김종준,「진보회·일진회의 활동과 향촌사회의 동향」,『한국사론』48, 185쪽 재인용.
142)『주한일본공사관기록』21, 489쪽.

5. 맺음말

이상으로 동학혁명 이후 동학교단의 재건과정과 진보회 조직과정을 살펴보았다.

동학혁명으로 조직의 와해 위기에 처해졌던 동학교단은 1898년 교단의 책임자 최시형의 처형으로 큰 위기에 봉착하였다. 이러한 난국을 손병희·김연국·손천민 등 3인의 노력으로 점차 교단은 재건되었다. 그러나 손병희는 동학의 새로운 전기를 마련하기 위해 시의에 따라 개화운동으로의 전환을 제의하였으나 거절을 당하였다. 1900년 교권을 확립한 손병희는 문명국을 대표하는 미국으로 가려고 하였으나 실패하고 일본으로 건너갔다. 이곳에서 손병희는 권동진·양한묵·오세창·박영효 등 개화파 인사들과 교류하면서 개화의 필요성을 절실하게 인식하였다. 이는 반봉건·반제국의 노선에서 문명개화로의 전환을 의미한다고 할 수 있다.

손병희는 1904년 러일전쟁이 발발하자 이를 이용하여 황실 존중, 독립기초 공고, 정부개혁, 군정 재정 정리, 인민의 생명재산 보호 등의 강령으로 민회운동의 일환으로 대동회·중립회를 거쳐 진보회를 조직하였다. 당시 일본에 있던 손병희는 진보회 조직을 이용구에게 일임하였으나 중립회 조직과정에서부터 정부의 탄압이 거세지자, 이용구는 손병희에게 일본의 비호를 받고 있던 일진회와 통합을 주장하였다. 이후 이용구는 8월 5일 '진보회 통문'을 통해 8월 말일까지 각지에 진보회를 조직토록 하였으며, 1904년 11월 초까지 80여 군에 진보회가 조직되었다. 그러나 진보회 조직과정에서 가장 활발하였던 지역은 관서와 관북지역이다. 이들 지역은 동학혁명으로 직접적인 피해를 입지

동학과 동학혁명의 재인식

않은 곳으로 1903년 동학교세가 크게 확장되었던 곳이기도 하다. 따라서 이들 지역은 여타 지역보다 문명개화운동에 적극 참여하고 있다. 지역적으로 진보회 조직을 수치적으로 살펴보면 관서지역이 30개군, 관북지역이 7개군, 황해도가 13개군, 호남지역이 12개군, 호서지역이 2개군, 경기지역이 8개군, 강원도가 7개군, 영남지역이 1개군으로 나타나고 있다. 그렇지만 당시 파악되지 않았던 진보회가 적지 않았던 것으로 보아 이보다 훨씬 많이 조직되었을 것으로 보인다.

이러한 진보회 조직에 대해 정부와 일본측에서는 경계를 늦추지 않고 강경하게 대응하였다. 정부에서는 진보회원이 동학이라 인식하고 각도 관찰사로 하여금 진보회 개회를 해산케 하고 동학을 금집시켰다. 이러한 정부의 방침에 따라 호남지역의 만경·김제·부안·고부·전주 등지를 비롯하여 관서지역·관북지역 등에서 진보회원이 사살되거나 피체되었다. 특히 태천 고치강의 희생은 대표적이라 할 수 있다.

이와 더불어 진보회가 동맹국으로 인식하고 있던 일본에서도 동학에 대한 경계를 강화하였다. 일본의 이러한 인식은 동학혁명에서 동학의 배일적인 의식 경험과 일본이 러시아와 전쟁 중인 상황에서 후방의 혼란을 막는 것이 급선무였기 때문이다. 이에 따라 일본군부에서는 동학교단이 진보회를 조직 민회활동을 전개하자 관군과 진압의 주도권을 놓고 갈등을 겪기도 하였다. 그리고 실제적으로 봉산·황주·함흥 등지에서 진보회원을 탄압하였다.

결국 동학교단에서 진보회를 통한 문명개화운동은 1904년 초부터 전개되어 이해 12월 2일 일진회에 통합되기 전까지 동학조직이 있는 곳은 대부분 진보회를 개회하거나 조직되었다. 이에 대해 정부와 일본측에서는 동학의 발흥을 달가워하지 않았고 제2의 동학혁명과 같은 동학교단의 활동을 사전에 막기 위해 탄압을 강화하였다. 이에 따라 진보회는 부득이 이용구의 주도로 일진회와 통합하였으며, 친일단체라는 오해를 받기도 하였다. 그러나 손병희를 중심으로 하는 동학교단이 이를 극복하고 동학교단을 근대적 종교로 전환하였으며 일제강점기에는 신문화운동으로 이어졌다.

제3부

동학혁명과 지역의 위상

제9장 원주지역 동학학명의 배경

제10장 동학혁명과 '백산'의 역사적 의의

제11장 금산지역의 제1차 동학혁명의 전개

제12장 박인호계 동학군의 동학혁명과 그 이후 동향

제13장 제2차 동학혁명과 삼례기포

제14장 경기지역 동학혁명과 동학군의 활동

제9장

원주지역 동학혁명의 배경

1. 머리말

일반적으로 19세기 후반 특히 개항 이후를 '민란의 시대'라고 일컫는다. 이는 기존의 성리학 이데올로기의 봉건적 질서가 해체되고 근대사회로 이행하는 과정에서 급격한 사회변동을 의미한다. 17세기 이래 지속적으로 발전되어 온 농업생산력은 상품 화폐경제 발달의 한 요인이 되었으며, 나아가 농민층의 분화를 가져왔다. 이러한 사회경제적 변화는 개항 이후 신분제의 해체가 가속화 되면서 계층들 간의 이해관계가 첨예하게 대립되었다.

이와 같은 상품 화폐경제의 발달과 농민층의 분화는 그 심화과정 속에서, 생활 터전인 토지로부터 격리된 농민들은 점차 반봉건적 의식이 강화되었다. 더욱이 삼정의 문란, 홍수와 한해 등의 자연재해, 그리고 외국상품의 유입과 미곡유출로 농촌사회의 위기의식이 가중되면서 이들은 다양한 형태의 저항을 전개하였다.[1] 뿐만 아니라 조선후기 들어 '정감록' 신앙이 널리 퍼지면서 '역성혁명론'이 고조되었다. 이에 따라 각지에서 수많은 '민란' 또는 '변란'[2] 등의 농민항쟁이 일어났다. 1811년의 '홍경래 난'과 1862년의 '임술민란'이 그 대표적이라 할 수 있다. 이러한 농민항쟁은 1894년 동학혁명이 일어나기까지 지속되었다.

민란 또는 변란의 농민항쟁은 19세기 들어 비약적으로 증가하였다. 특히 1862년으로 대표하는 임술민란 시기에는 전국 70여 지역에서 농민항쟁이 발생하였다. 이들 농민항쟁이 발생한 지역으로는 주로 호남, 호서, 영남 등의 삼남지방에 집중되었다. 이들 지역 중 동학혁명이 전개되는 1894년까지 호남의 경우 38개 지역에서 발생하였다. 이외에도 1893년까지 전국 각지에서 항쟁이 발생하였는데, 많게는 연간 10회 내지 20회 정도의 발생빈도가 높았다.[3]

---

1) 개항 이후의 민란의 발생과 전개에 대해서는 김양식,『근대한국의 사회변동과 농민전쟁』(신서원, 1996) 중 제1부 「19세기 말 농민항쟁의 두 흐름」을 참조할 것.
2) '민란'과 '변란'에 대해서는 다음과 같이 구분하고 있다. 민란은 첫째, 향촌사회에 뿌리를 두고 그 속에서 생산활동이나 일상적인 생활을 영위해 나가던 사람들이 둘째, 국가권력에 의한 賦稅수탈이나 수령과 이서배의 부정부패에 대항하여 셋째, 發通聚會와 呈訴를 거쳐 봉기하는 것이다. 그러나 민란은 투쟁공간이 고을단위에 국한된 지역적 제한성을 보이고 투쟁의 목표 역시 대체로 특정 고을의 부세수취와 관련된 부당함을 반대하는 고을 단위의 경제투쟁적 차원에 머물고 있다. 이에 비해 변란은 첫째 향촌사회에 뿌리를 내리지 못하고 훈장, 의원, 지관 등을 생업으로 삼아 각지를 편력하던 소외되고 가난한 寒儒, 貧士 중 일부가 둘째, 정감록류의 이단사상을 이념적 무기로 조선왕조 자체에 불만을 품고 셋째, 빈민 유랑민 등을 동원하여 특정 고을을 장악한 다음 감영을 거치거나 아니면 곧바로 서울로 공격하기 위해 일으킨 병란이다. 따라서 변란은 민란과 달리 참여층이 특정 고을에 국한된 것이 아니라 고을 단위를 벗어나 지역간에 연계된 조직을 가지고 투쟁 목표 역시 읍폐의 개혁이나 이서배의 징치를 위해 읍권을 장악하는데 그치는 것이 아니라 조선왕조를 전복하고 중앙권력을 장악하는데 있다(배항섭,『조선후기 민중운동과 동학농민전쟁의 발발』, 경인문화사, 2002, 103쪽 및 114쪽).
3) 김양식의 연구에 의하면 1880년부터 1893년까지 54건이 발생하였다고 밝히고 있다. 그런데 이들 발생건수는 공식적으로 확인된 것이다. 이외에도 1893년에만 최

동학과 동학혁명의 재인식

이와 같은 농민항쟁이 전국적으로 빈발하게 된 원인은 첫째는 위정척사운동, 임오군란, 갑신정변으로 이어지는 정치적 변동, 둘째는 장마와 가뭄으로 인한 자연재해, 셋째는 삼정의 문란과 지방관의 탐학, 넷째는 농민층의 분화, 다섯째는 외국상품의 유입과 이에 따른 상품화폐구조의 변화, 여섯째 정감록류의 후천개벽사상의 유행 등을 들 수 있다.

원주의 경우도 이러한 농민항쟁에서 예외는 아니어서 비교적 이른 시기인 1885년에 민란이 일어났다. 원주민란의 원인은 삼정의 하나인 환곡의 폐해에서 비롯되었다.[4] 원래 농민의 진휼과 군자확보책의 하나였던 환곡은 조선후기 들어 세제화(稅制化)되면서[5] 18~19세기에 이르러 최대의 사회문제가 되었다. 농민항쟁의 시기 그 원인의 대부분이 바로 환곡의 폐단이었던 데에서도 알 수 있다. 환곡의 폐단으로 시작된 원주민란은 1894년 동학혁명의 전단계적인 의미를 지니고 있다고 본다.[6]

이러한 점에서 본고에서는 원주지역 동학혁명의 배경을 두 가지 관점에서 살펴보고자 한다. 첫째는 한말 원주지역 향촌사회의 동향을 민란이 본격화하고 있는 1885년의 원주민란의 발생과 전개과정에 대하

소 66건이 발생하였다고 밝히고 있다.

4)『고종실록』26책 22권, 1885년 3월 24일조.

5) 진휼·군자확보를 목적으로 해서 운영되던 환곡은 조선 후기에 들어 변화되었다. 1554년 의창 원곡의 증가를 위해 환곡이자 중 10%를 회록하여 호조에 속하게 하는 一分耗會錄을 실시함으로써 환곡은 국가재정의 일부가 되었다. 이어 임진왜란과 병자호란을 겪은 뒤인 1637년에는 환곡이자 중 30%를 회록하는 삼분모회록이 실시됨으로써 환곡은 진휼을 위한 대비라는 원래의 목적에서 벗어나 정부의 재정확보 수단으로 자리 잡았다.

6) 趙景達,『朝鮮民衆運動の展開』, 岩波書店, 2002, 70쪽(이 책은 허영란에 의해『민중과 유토피아-한국근대민중운동사』(역사비평사, 2009)로 번역 출간되었다).

여 살펴보고자 한다. 그리고 이와 관련하여 원주민란의 요인이었던 환곡의 폐단이 어떻게 이루어졌는지를 함께 곁들여 살펴보고자 한다. 원주민란은 1894년 전개된 동학혁명이 일어나기 9년 전, 그리고 동학이 발생한 1860년에 비하면 25년 후에 일어났다. 시기적으로 볼 때 동학발생 후 25년, 동학혁명이 일어나기 9년 전이라는 한계는 있지만, 원주민란은 원주지역에서 동학혁명이 전개되는데 가장 중요한 역할을 하였을 것으로 판단되기 때문이다. 둘째는 동학이 1861년 포교되기 시작한 이래 강원도를 포함한 원주지역의 동학 조직과 그 동향을 살펴보고자 한다. 그리고 이를 통해 원주민란과 동학혁명의 상관관계를 추적해 보고자 한다.

2. 한말 원주지역 향촌의 동향 – '원주민란'을 중심으로[7] –

원주의 지리적 특색은 '이근협지지 산다야소(以近峽之地 山多野少)' 또는 '서북연강 동남근협(西北沿江 東南近狹)'[8]이라 하여, 동남부는 험준한 산을 이루고 북서부는 강을 흘러 분지와 넓은 평야를 형성하고 있다.[9] 이러한 지리적 여건에 따라 일찍부터 군사적 요충지로 인식되

---

7) 원주민란에 대해서는 조경달의 연구가 있다. 조경달은 동경대학교 부속도서관 아가와문고(阿川文庫)에 소장되어 있는 「按覈狀啓原州」를 통해 원주민란의 원인, 전개과정, 주동인물, 후속조치 등을 분석하였다. 필자도 국내에 이와 관련된 자료를 각종 기관을 통해 검색하였지만 아직 확인할 수가 없었다. 이에 본절에서는 조경달의 연구와 『고종실록』, 『승정원일기』, 『일성록』 등을 보완하여 재구성하였음을 밝혀둔다. 그리고 필요에 따라 이를 전거로 밝히고자 한다. 그리고 선행연구인 조경달, 「開港期の民亂-原州民亂の事例」, 『朝鮮民衆運動の展開』을 참고하였음을 밝혀둔다.

8) 『(原州)隨錄』, 「農牒」, 丁丑 8.5 및 10.2; 오영교, 「18세기 원주목의 행정체계와 향촌조직의 운영」, 『한국사연구』104, 1993, 184쪽 재인용.

었다. 뿐만 아니라 조선시대에는 강원도 관찰부가 신설되면서 감영(이후 목)이 설치되는 등 원주가 도 행정의 중심지가 되었다. 이처럼 원주는 '영문(營門)이 있는 중요한 곳'이었으나[10] "간사한 백성들이 신역(身役)을 피하는 것이 잇따르고 도망하였거나 죽은 자의 대충(代充)이 그칠 때가 없으므로, 나이 겨우 십여 살에 벌써 밀통(密筒)에 넣어 나이를 속이고 구차하게 충정(充定)하여 으레 포(布)를 거둔다"[11]고 할 정도로 한편으로는 다스리기 어려운 지역이기도 하였다.

뿐만 아니라 한 고을에 두 개의 관청이 존재함에 따라 많은 문제점을 안고 있었다. 더욱이 지공(支供)이 많아 고을의 재정은 빈약하여 운영의 어려움을 겪기도 하였다. 이에 따라 환곡의 폐단이 심할 수밖에 없었다. 여기에다가 18세기 원주지역의 면리 편성 이후 사회경제적 변화에 따른 농민의 성장, 사족 상호간의 갈등, 부세의 부담과 운영을 둘러싼 대립은 촌락사회의 다양한 갈등을 내포하고 있었다.[12]

이와 같은 갈등이 지속·심화되면서 원주지역에서도 1885년 민란이 발생하였다. 한말 민란의 발생은 다양한 원인이 있었지만 그중에서도 '삼정문란'이 일차적 요인이었다. 이에 따라 농민들은 관아를 점령한 후 조세수취대장을 소각하였으며, 조세수취의 담당자인 관아의 서리들을 공격하였다. 1885년에 전개된 원주민란 역시 삼정의 문란이

---

9) 원주의 지리적 특색은 다음과 같다. 차령산맥이 동남부를 지나며 비로봉, 삼봉, 남대봉 등 해발 1천 미터 이상의 높고 험준한 산지를 이루고, 북서부는 비교적 완만한 덕고산, 수래봉, 당산, 관모산 등 해발 5백여 미터의 낮은 산이 솟아 있다. 홍양천, 장양천, 사제천, 삼산천 등의 지류들이 서남부로 흐르는 섬강과 합류하고, 이 섬강이 북서부로 흐르는 남한강과 합류하면서 원주분지와 기름진 문막평야를 형성하고 있다.

10) 『인조실록』, 인조 9년 12월 12일조.

11) 『인조실록』, 인조 27년 2월 3일조.

12) 오영교, 앞의 논문, 186쪽.

그 요인이었다. 그중에서도 환곡의 폐단이 가장 컸다. 그렇다면 삼정의 문란 중 가장 폐해가 컸던 환곡의 운영과 향촌의 동향은 어떠하였을까.

환곡제도는 봄 즉 춘궁기에 관청에서 곡식이 떨어진 농민에게 곡식을 나누어주고 가을 추수기에 1할의 이자를 더하여 거두는 것으로써, 원래 소농민경영의 재생산기반을 국가차원에서 보조해주는 빈민구휼제도였다. 즉 원곡(元穀)을 대여하고 일정기간이 지나면 그 원곡을 회수하고 원곡의 1/10인 모곡(耗穀)을 덧붙여 징수하였다. 그런데 구휼을 목적으로 운영되던 환곡이 명종대에 이르러 호조 경비가 부족하게 되자 모곡 중 1/10을 회록(會錄)하였다. 이를 계기로 이른바 '취모보용(取耗補用)'이 시작되면서 그 기능이 점차 변화되었다. 회록제도는 원곡의 부족분을 메워주거나 궁민(窮民)을 구제하기 위해 사용하던 모곡의 일부를 공용(公用)으로 전환시켜 중앙과 지방의 재정원으로 삼을 수 있도록 한 조치였다.

이에 따라 중앙에서는 재정의 부족분을 지방의 관아에서 이를 보충하도록 요구하는 한편 별도로 환곡을 증설 운영하였다. 이는 지방 관아에 그대로 전이되었다. 즉 지방의 관아도 중앙 상납분의 증가로 재정이 부족하면서 대동미의 유치분을 환곡으로 이용하거나 독자적으로 환곡을 설치 운영하여 지방재정을 보충하였다.[13] 이로써 환곡제도는 점차적으로 '부세적(賦稅的) 성격'을 갖게 되었다. 따라서 환곡의 분급을 비롯한 전 과정에서 많은 폐단이 야기되었다.

이러한 현상은 19세기 들어 국가재정 중 환곡에 의존하는 비율이 점차 증가하였음을 의미한다. 이는 결과적으로 농민 수탈로 이어졌으며,

---

13) 양진석, 「18·19세기 환곡에 관한 연구」, 『한국사론』 21, 서울대학교 인문대학 국사학과, 1989, 239~241쪽.

동학과 동학혁명의 재인식

환곡제도는 소농민경영의 재생산 기반을 보조하는 것이 아니라 농민들의 지위를 박탈하는 것으로 귀결되었다.[14]

이처럼 19세기 들어서면서 중앙재정의 파탄이 만성화되고, 중앙의 관청은 물론 지방의 감영·병영·진영, 그리고 군현에 이르기까지 독자적으로 환곡을 설치 운영하였다. 이에 따라 환곡은 각 관아의 주요 재정 수입원으로 삼게 되었다. 특히 원주지역은 감영과 자체 환곡이 혼용되고 농민들을 대상으로 분급과 징수가 이루어짐에 따라 많은 문제점이 노출되었다.

그럼 18세기 말경 원주목의 환곡 운영과 폐해를 살펴보기로 하자.[15] 1796년 원주목의 환곡은 읍환(邑還) 48,084석 7두, 영환(營還) 13,297석 1두로 도합 61,381석 8두였다. 이중 읍환은 반유지법(半留之法), 영환은 매년 진분(盡分)의 방식으로 운영되었다. 당시 읍환과 영환은 '수한지비 지방지자 개재어차 불가용이변통(水旱之備 支放之資 皆在於此 不可容易變通)'이라 하여, 감영과 원주목의 중요한 재정 수입원이었다.[16] 그리고 환곡의 징수는 12월에 봉창(封倉)하고, 양맥(兩麥)은 6월 내 준봉하도록 규정하였다. 분급을 위한 환호성책(還戶成册)은 각 면·동·리(面·洞·里)에 전령하여 동과 리 단위로 작성하였으며, 해당 리임(里任)·별임(別任)·동임(洞任)·존위(尊位)가 담당하였다. 환호 작성은 실재 호수에 따라 분환계료(分還計料)를 원칙으로 하였는데, 균분(均分)을 위해 대중소협독잔(大中小挾獨殘)으로 호수를 구별하였다. 각리 성책 말미에 존위·리임의 이름을 서명하여 환곡을

---

14) 고동환, 「19세기 부세운영의 변화와 그 성격」, 『1894년 농민전쟁연구』 1, 한국 역사연구회, 1994, 84쪽.

15) 원주목의 환곡의 운영과 그 폐해에 대해서는 앞의 오영교의 「18세기 원주목의 행정체계와 향촌조직의 운영」을 참조하였음을 밝혀둔다.

16) 「刑牒」, 丙辰 5월 邑弊; 오영교, 앞의 논문, 207쪽에서 재인용.

받도록 하였다. 그리고 환곡의 분급은 읍창(邑倉)과 외창(外倉)을 막론하고 균분을 원칙으로 하였다. 원주목에 속한 창(倉)은 사창(司倉)·별창(別倉)·북창(北倉)·서창(西倉)·동창(東倉)·각림창(覺林倉) 등 6개였는데, 면리부터 차례를 정해 면리임과 통수(統首)가 농민을 인솔하여 지급받았다. 읍창에는 수령이, 별창에는 좌수를 파견하여 분급을 감독케 하였다.

　그렇지만 이러한 환곡의 환호성책, 분급, 징수 등 운영하는 과정에서 환곡의 폐해는 적지 않았다. 특히 환호성책을 작성할 때 분호(分戶) 또는 증호(增戶)에 따른 민중들의 소요가 없지 않았는데, 이에 대해 원주목은 환곡의 분급시 협호(挾戶)의 존재를 밝히는 것은 전적으로 균분의 뜻을 따른 것이며, 증호(增戶)는 없었다는 것과 원호(元戶)로서 입적하는데 대한 폐해가 발생한다면 그것은 '관민상부(官民相孚)'의 뜻이 아니라고 해명하기도 하였다.

　조선후기 원주지역 환곡의 폐단은 아래의 두 가지 요소로 인해 발생되었다. 첫째는 각 창에서 관리하고 있는 곡식과 운영내용이 다르다는 것이다. 특히 문제가 된 곳은 동창에 속한 4개면이 이에 해당하였다. 동창(東倉)에 속한 각곡(各穀)은 8,889석으로 가장 많았지만 민호(民戶)는 다른 창에 비해 적은 '곡다민소(穀多民少)'의 상황이었다. 따라서 다른 지역보다 많은 분급 량으로 인해 민소(民訴)가 많이 일어났다. 이에 비해 북창과 서창은 미곡 부정이 심하였고, 영속(營屬)과 관속(官屬)들의 수탈이 극심하였다. 이중 북창의 미곡 부정은 원주민란의 직접적인 발단이 되었던 것이다. 둘째는 환곡을 징수하는 과정에서의 부정이었다. 환곡의 징수는 본인이 직접 납부할 때는 부정이 없었지만 창(倉)에서 유운(流運) 때 창속(倉屬)들이 일부 곡(穀)을 수취하거나 수량을 허위로 기재하는 경우가 있었다.

이와 관련하여 원주목의 유생들이 의송을 정소(呈訴)한 바 있다. 즉 1796년 12월 30일 14개 면의 유생들이 환곡에 대한 전반적인 문제점을 제기하였다. 첫째는 영창(營倉)의 각곡(各穀)에 대한 분급의 불만이었다. 영창의 환곡이 많아 환곡민들이 다른 지역으로 이주하는 경우가 적지 않았는데, 이는 남아있는 향촌민에게 가중적으로 부담되었기 때문이었다. 이러한 문제에 대해 유생들은 "관내 14면 지역에 대한 영창 각곡의 분급은 누백년 동안 이루어진 것이므로 만약 평생 불식한 외면(外面)에 하루 아침에 분급하면 수환(受還)을 기대할 수 없으며 도망 또는 소요가 있을 것"이라고 지적하였다. 둘째는 상정가와 시가, 지역간·계절간의 가격차 등 전환(錢還)에 따른 폐해였다. 원주는 감영의 소재지로 소요되는 경비가 많아 재정이 항상 부족하였다. 원주목에서는 이를 해결하기 위해 작전량을 조절하려고 하였으나 전황과 같은 요인으로 인해 완전히 해결할 수 없었다. 셋째는 환곡 실무자들의 농간에 의한 환민(還民)의 뒤바뀌는 폐해였다. 사족들이 양반의 신분을 이용해 납부를 거부하거나 부민(富民)들이 뇌물을 주고 환곡을 받지 않으려는 폐단이 많았던 것이다. 결국 이러한 문제점은 해결되지 못하였고, 오히려 가중되면서 1885년에 이르러 두 차례에 걸쳐 민란이 발생한 건이다.

앞서 언급하였듯이 원주민란의 원인은 환곡의 폐단이었다. 강원감사 민치서의 장계에 의하면 원주민란의 발생에 대해 다음과 같이 보고하고 있다.

> 환곡의 폐단은 오래전부터 있어온 것으로 비록 지금 시작된 잘못을 아니지만, 난민이 소요를 일으켜 인명까지 불타죽었으므로....[17]

---

17) 『승정원일기』 고종 22년 4월 24일조.

원주 백성들이 환곡의 폐단을 일신하여 바로 잡겠다고 읍내에 모여서 밤이 깊도록 외쳐대고 아전의 집을 부수었습니다.[18]

이 장계의 의하면, 원주민란은 '오래전부터 누적되어온 환곡의 폐단' 때문에 발생하였다고 볼 수 있다. 이에 따라 원주지역 농민들은 이를 해결하기 위해 정소운동을 먼저 전개하였다. 당시 정소운동은 향촌민이나 농민들이 법적 제도적 범위 안에서 합법적으로 행사할 수 있는 해결 방안이었다. 즉 향촌민들이 관의 폐정을 있을 경우 이를 시정해줄 것을 요청하는 민소(民訴)·등소(等訴)로써 소장(訴狀)을 군현에 제출하는 제도였다. 조선후기에는 소원제도(訴冤制度)가 발달하여 정소운동이 가능하였다.

그러나 정소운동은 일반적으로 가장 낮은 관에 대한 정소 즉 비록 읍소(邑訴)라 할지라도 쉬운 일은 아니었다. 왜냐하면 정소의 대상인 지방관이나 정부는 그 폐정을 자행한 당사자였고, 또한 농민들이 제출한 정소를 '이민소관 자유법금(以民訴官 自有法禁)'을 내세워 가능하면 거부하였기 때문이었다. 그렇기 때문에 농민층의 정소운동은 개인적으로 하기보다는 집단으로 몰려가 등소를 하는 경우가 일반적이었다. 그리고 농민들은 소장을 작성할 능력을 갖추고 있지 않았기 때문에 지역 유식층인 사족들의 도움을 받았다. 그렇지만 이러한 정소의 거부는 민란으로 이어지는 것이 일상적이었다. 경우에 따라서는 소장을 작성해준 사족들이 민란의 주역으로 등장하기도 하였다. 그 대표적인 것이 1862년에 일어난 진주민란이라 할 수 있다.[19] 원주민란 역시

---

18) 『승정원일기』 고종 22년 3월 29일조.

19) 진주민란에 대해서는 김용섭, 「철종조의 민란발생과 그 지향-진주민란 안핵문건의 분석」, 『한국근대농업사연구』Ⅲ, 지식산업사, 2001을 참조할 것.

이러한 양상을 보이고 있다.

원주민란이 일어날 당시 원주에는 사창(司倉)·북창(北倉)·영창(營倉) 등 3개의 창(倉)이 있었다.[20] 이중 민란의 대상이 된 창(倉)은 북창(北倉)이었다. 북창에 속한 6개 면의 농민들은 수령 김호겸(金好謙)에게 정소운동을 하면서 비롯되었다. 이들은 북창의 관리책임자 색리 남성갑(色吏 南聖甲)의 환곡의 부정 수탈을 호소하기 위해 네 번에 걸쳐 정소를 제출하였다. 첫 번째는 1885년 2월 당지 유력자인 생원 김택수(金宅洙)에게 소장 작성을 의뢰하여 등소하였지만 명쾌한 답변을 얻을 수 없었다. 이어 두 번째는 재차 김택수에게 소장 작성을 요구했지만 거부로 실제로 정소는 이루어지지 않았다. 세 번째 정소 역시 농민들의 간청에 의해 김택수가 작성, 제출하였다. 그러나 이번에도 뚜렷한 답변이 없자 농민들은 네 번째 정소를 제출하였다. 그동안 답변이 없었던 김호겸은 마침내 '환곡을 분급하라'고 답변하였다.

그런데 분급을 해야 할 창고에는 1,300석의 환곡이 있어야 함에도 불구하고 6백석 밖에 남아 있지 않았다. 부족분 7백석은 남성갑이 절취를 한 것이다. 이러한 사실을 확인한 농민들은 창고기둥에 남성갑의 죄목 다섯 가지를 내걸었다.[21] 그런데 농민들의 요구에 남성갑은 오히려 "나는 일찍이 상경해 전교를 받아 10년간 북창의 책임자가 되었다. 6개 면민을 모두 그냥두지 않겠다"[22]라는 폭언으로 농민들을 자극하

---

20) 원주의 倉은 앞서 언급하였듯이 司倉을 비롯하여 東倉, 西倉, 北倉, 別倉, 覺林倉 6개가 있었다. 그런데 營倉이 운영되었던 것으로 보아 別倉이 營倉인듯 싶다.

21) 남성갑의 죄목은 다음과 같다. 첫째 국곡 1천석을 절취함, 둘째 상정가는 전후가 맞지 않으며 곡식을 숨겨두고 민전을 속여 빼앗음, 셋째 소량의 환곡을 미납하였다는 이유로 私庫에 가두고 악형을 가함, 넷째 이서이면서 양반을 능욕함, 다섯째 일곱 차례 전환을 탐하고 임의로 팔아 1년의 출급을 가볍게 함(「원주유민품목」; 趙景達, 『朝鮮民衆運動の展開』, 72쪽).

였다. 이에 분노한 농민들은 남성갑을 불태워 죽였다.[23] 이로써 1차 소요는 진정되었다.

이러한 사실을 알게 된 사창과 영창에 속한 각면에서도 이에 호응하면서 2차 소요로 이어졌다. 이들은 이승여(李承汝)를 최고주모자로 내세우고 관내 소속 면민에게 통문을 돌려 장날인 3월 12일 민회를 개최하였다. 이 민회에서는 감영에게 제출할 소장을 작성하였다. 감영에서는 이를 받아들여 역시 '환곡을 분급하라'는 답신을 하였다. 그런데 이 과정에서 사창 색리(色吏)인 장붕기(張鵬基)에게 매수된 원흥길(元興吉)이 술에 취해 면민을 모욕하는 한편 관찰사가 관군을 점호하고 무기고를 열도록 명령을 내렸다는 허설을 퍼뜨렸다. 그러나 이는 거짓으로 판명되었고, 평소 교활하고 악명이 높던 장붕기에 대해 원한이 많았던 면민들은 그의 집을 습격하였다. 이어 다음날 3월 13일에는 영창 색리 원형두의 집을 습격하였다.[24]

이처럼 초기 정소운동과 민회로 출발한 원주민란은 창고 색리들의 가혹하고 부정한 수탈에 대해 폭력적으로 대응하는 민란으로 발전하였다.[25] 원주민란은 환곡의 폐단을 바로잡고자 한 농민들의 요구에 사

---

22) 「원주유민품목」; 趙景達, 「朝鮮民衆運動の展開」, 73쪽.

23) 『일성록』 고종 22년 3월 24일조 및 4월 29일조.

24) 원주민란에 대한 보다 자세한 것은 조경달, 『朝鮮民衆運動の展開』의 65~89쪽을 참조할 것.

25) 원주민란에 대한 결과는 다음과 같이 처리되었다. "고을 아전의 주동자 장붕기는 감히 양반의 집을 부수고서는 감영의 명령이라고 거짓으로 소문을 냈습니다. 이미 가장 무거운 죄목에 나열되어 있고, 죽을죄를 지었다는 것은 그 자신도 알고 있는 이상 감영에 백성을 모두 모아 놓고 효수를 하여 많은 사람들을 경계시켜야 하는데, 안핵사가 지금 관부로 돌아갔으니, 도신이 집행하도록 해야 합니다. 安昌의 주동자 김택수는 화가 두려워 총을 쏘아 포교를 내쫓고 공문에 항거하였으며, 酇州의 주동자 이승녀는 본래 연명 상소문의 첫 서명자로 일컬어졌으니 그 면모를 가리기 어렵습니다. 진범이 모두 확실하니 무거운 형벌이 어찌 아

족들이 참여하는 과정을 가치면서 전개되었다. 이러한 원주민란은 19 세기 들어 전개된 민란, 특히 개항 이후 민란을 특징짓는 것이라 할 수 있으며, 동학 세력의 참여는 확인할 수 없지만 이후 전개되는 '동학혁 명의 전제조건'을 갖는다고 평가되고 있다.[26]

3. 동학의 포교와 원주의 동학 조직

성리학을 통치이념으로 한 조선은 후기인 19세기 말에 이르러 봉건 적 모순이 한층 격화되어 '민란의 시대'라고 불리어질 만큼 전국 각지 에서 농민들의 봉기가 빈번하였다. 봉건적 왕조와 지방관의 수탈에 대 한 농민의 저항은 1811년 홍경래의 난을 기점으로 하여 1862년 진주 민란을 거쳐 1894년 동학혁명이 일어나기 전까지 전국 40여 군현에서 발생하였다. 특히 농민봉기가 집중적으로 일어났던 1862년에는 경상 도 17회, 전라도 9회, 충청도 9개, 경기도·황해도·함경도에서 각각 1회 등 37여 회의 농민봉기가 발생하였다. 당시 농민봉기는 지역에 따 라 정도의 차이는 있었지만 머리에 흰 수건을 쓰고 몽둥이와 죽창으로

깝겠습니까마는, 아직 조사에 응하지 않아 현재 수배중에 있으니 도신으로 하여 금 체포한 뒤에 엄하게 신문하여 자복을 받아 보고하고 법에 따라 처벌하게 해야 합니다. 宋元玉과 郭在麟은 모두 난민 과 같이 악행을 저질렀지만 주동자와는 차 이가 있으니, 세 차례 엄한 형신을 가한 뒤에 원악도 정배하고, 金思輪, 鄭海壽, 李興世, 元命圭는 모두 차례 엄한 형신을 가한 뒤에 원지 정배해야 합니다. 도망 친 李在和는 진영으로 하여금 일체 포교를 풀어 체포해서 신문하고 처벌하게 해 야 합니다." 이로써 장봉기는 효수, 송원옥과 곽재린은 원악도 정배, 김사륜·정 해수·이홍세·원명규 등은 원지 정배로 각각 처리되었다. 다만 수배 중인 이재 화·김택수·이승여는 이후 확인 되지 않고 있다(『일성록』고종 22년 6월 26일 조; 『승정원일기』 고종 22년 6월 26일조; 『조선왕조실록』고종 22년 6월 26일조).
26) 조경달, 『朝鮮民衆運動の展開』, 86쪽.

무장한 수십 명의 농민들이 읍성을 습격하여 동헌을 점령한 후 수령을 쫓아내거나 수령의 인부을 탈취하고 억울하게 옥살이하는 사람들을 풀어주었다.

또한 관아의 문서 즉 세금장부를 태우고 수탈을 일삼는 향리를 죽이고 그들의 집을 부수거나 불태우고 해당 군현에서 자행되던 폐단을 고쳐 달라는 요구가 대부분이었다. 더욱이 철종대에서 고종대까지 지속된 삼정(三政)의 문란과 지방관의 탐학, 한재(旱災)까지 겹쳐 사회적 불안은 고조되었다. 정부에서는 초기 삼정의 문란 때문에 농민봉기가 일어났다고 인식하고 수령을 처벌하는 것으로 수습하려고 하였다. 하지만 이것이 근본적인 해결책은 될 수 없었다. 농민봉기가 전국적으로 확산되자 1862년 5월 삼정이정청을 설치하고 삼정이정절목(三政釐整節目)을 반포하였으나 별다른 효과를 거두지 못하였다. 그러나 강원도의 경우 1876년 개항 이전까지는 다른 지역과 달리 농민봉기의 영향을 받지 않았다. 이는 농민봉기가 잦았던 삼남지역보다 수탈구조가 심하지 않았기 때문이었다.

그러나 1876년 개항 이후 지주제의 강화와, 농민층의 점진적 분화, 외국상품의 유입과 농촌경제의 몰락, 관료들의 탐학과 수탈이 가중되면서 강원도에서도 농민들의 항쟁이 본격화되었다. 앞서 살펴본 1885년 3월 원주민란을 계기로 1889년 1월 정선군과 인제군, 그리고 흡곡현에서, 이해 3월에 통천군과 여름철에 낭천현에서, 1891년 6월에는 고성군에서, 1892년 3월 낭천현에서, 그리고 동학혁명이 일어나기 전해인 1893년 12월에는 금성현 등에서 농민들의 항쟁이 전개되었다. 이들 민란의 원인은 원주민란의 요인이었던 환곡의 폐단을 비롯하여 수령과 이서들의 불법 탐학 등이었다.[27]

이러한 농민들의 항쟁이 전개된 강원도에는 언제부터 동학이 포교

동학과 동학혁명의 재인식

되었을까. 강원도에 동학이 포교된 것은 교단이 형성되는 초기부터 이미 시작되었다. 즉 1863년 12월 동학을 창도한 수운 최제우와 함께 피체되었던 이경화(李慶化)[28]가 1864년 3월경 영월 소밀원[29]로 정배되었다.[30] 이경화는 이곳을 중심으로 동학을 포교하였던 것이다. 이때 원주 출신의 장기서(張奇瑞)가 동학에 입도하면서 강원도에 동학이 널리 알려지게 되었다. 장기서는 1870년 수운 최제우의 장자 세정이 이곳에 왔을 때 그 가족들을 후원하였다. 이로써 강원도는 1870년 이후 동학교단의 중심지로서 역할을 하였다. 관의 지목과 박해를 피해 전전해야 했던 동학교단의 지도부는 영월과 정선을 중심으로 교단의 조직을 복원하는 한편 교세를 확장하였다. 이로써 영월의 직동과 소밀원, 정선의 미천과 무은담, 고한의 적조암 등은 당시 수운 최제우의 가족과 동학의 최고지도자 해월 최시형의 주요 활동무대였다. 강원도를 중심으로 교세를 확장하던 동학교단은 1880년 5월 인제 갑둔리에서『동경대전』1백부를 간행하였다.

1880년대는 동학교단뿐만 아니라 국내외의 정세가 급변하던 시기였다. 1880년 고종이 개화정책을 본격적으로 추진하면서 개화파인사들이 중앙정계로 진출하였고, 1882년에는 조선과 미국이 수교함으로

---

27) 김양식, 「고종조(1876~1893) 민란연구」, 『용암차문섭교수화갑기념 사학논총』, 간행위원회, 1989.

28) 李慶化는 李景華와 동일인물이다. 그리고『고종실록』고종 1년 2월 29일조 서헌순의 장계에 의하면 李正華로 기록되어 있다.

29) 이경화가 정배된 곳이 영월 소밀원인지는 좀더 고찰해 볼 필요가 있다고 본다. 이경화에게 입도한 사람은 원주 사람 張奇瑞인데, 정배지에서 입도하였다고 기록되어 있다. 장기서의 경우 원주 사람으로 언제 영월 소밀원으로 이거하였는지도 살펴볼 필요가 있다. 이경화가 원주에 정배되었다면 원주가 강원도에서 처음으로 동학이 포교되었다고 할 수 있다.

30)『최선생문집도원기서』, 경오년조.

써 이후 서양 열강과 새로운 외교관계를 수립하게 되었다. 동학교단도 초기의 위기상황에서 벗어나 점차 안정되어가는 모습을 보이고 있었다. 1871년 영해교조신원운동으로 한때 교단 존립의 극한 상태에 이르기도 하였지만 1873년 태백산 적조암 기도를 계기로 동학의 포교가 점차 강원도 지역에서 경기도, 충청도 지역으로 확산되었다. 또한 이를 기반으로 하여 1880년과 1881년에 동학의 핵심 경전인『동경대전』과 『용담유사』를 각각 간행하였다. 동학 경전의 간행은 동학 창도 이후 끊임없이 지속되었던 관의 탄압에서도 동학교단이 새로운 차원에서 포교를 할 수 있는 계기가 되었다.

이러한 가운데 원주지역에도 동학의 교세가 이미 형성된 것으로 보인다. 1870년대와 1880년대 강원도 영월과 정선, 그리고 충청도 단양을 중심으로 형성된 교단의 활동은 영월과 인접한 원주지역에도 포교가 이루어졌다. 그러나 이 시기 원주지역의 동학활동에 대해서는 두드러지게 보이지 않고 있다. 다만 앞서 언급했던 장기서가 원주 사람이고, 최제우의 사가를 뒷바라지 할 정도였다는 점에서 적지 않은 교인들이 추종하였을 것으로 본다. 이러한 추정은 1893년 동학교단에서 전개한 척왜양창의운동에서 확인되고 있다.

1892년 10월 공주에서 시작된 수운 최제우의 신원운동은 삼례와 광화문에서의 신원운동을 거치면서 점차 척왜양창의운동을 전환되었다. 특히 광화문에서 신원운동을 마치고 지방으로 돌아온 동학교인들은 관의 탄압으로 다시 방황하였다. 이들은 점차 당시 동학 도소가 있는 보은 장내로 모여들기 시작하였다. 유랑민의 처지로 전락된 동학교인들은 새로운 전략을 모색하지 않을 수 없었다. 여기에 더하여 동학교인들은 광화문신원운동에서 척왜양의 반외세 의식을 경험한 바 있었다.

보은 장내에 도소를 둔 동학교단은 1893년 3월 10일 수운 최제우의 순도일을 맞아 보은군 청성면 거포리 포전에 있는 김연국의 집에서 제 례를 거행하였다. 이날 제례에는 해월 최시형을 비롯하여 손병희·김 연국 등 10여 명의 교단의 핵심 인물들이 참석하였는데, 이 자리에는 원주 출신의 이원팔(李元八)도 함께 하였다.[31] 이원팔 등은 제례를 마 친 후 다음과 같이 신원운동을 전개할 것을 요청하였다.

아직 선사(先師)의 신원(伸寃)이 미신(未伸)하고 각 지방(地方)에서 도 인(道人)들이 모두 도탄(塗炭)에 빠졌으니 보유(保維)할 수 있는 방책(方 策)을 지시(指示)하소서.[32]

이에 대해 해월 최시형은 "제군(諸君)들은 각지에 통유(通諭)하여 팔 역(八域)의 도인(道人)을 장내(帳內)로 제회(齊會)케 하라"고 허락하였 다. 당시 원주를 포함한 각지 동학교인에게 보낸 통유문은 다음과 같다.

(전략) 우리 모두 사문의 화에서 살아남았으니, 아 스승님의 억울함을 풀지 못한 채 그때가 오기를 기다릴 뿐이다. 우리 성상께서는 자애롭고 각기 생업에 충실하면 큰 혜택을 베풀어 소원을 들어주려 했으나 지방 관 속들은 임금의 홍은을 입을 생각은 않고 백방으로 침탈하는 것이 전보다 더해가고 있다. 우리 모두가 서로 빠져서 망하게 하려 하니, 비록 편안하 게 살려고 하여도 어찌 할 수 있으랴. 생각다 못해 큰 소리로 원통한 일을 진정하고자 이체 포유하노니, 각포 도인들은 일제히 모여라. 하나는 도를 지키고 스승을 받드는데 있으며, 하나는 나라를 바로잡고 백성을 평안하

---

31) 오상준, 「本教歷史」, 『천도교회월보』 31호, 1913.2, 23쪽; 박정동, 『시천교종역 사』 제2편, 1915, 12쪽; 『천도교서』, 포덕 34년 3월 10일조; 강필도, 『동학도종 역사』 제12장(갑오동학당혁명 급 일청교전), 1944.
32) 오상준, 『본교역사』, 23쪽 및 『천도교서』, 포덕 34년 3월 10일조.

게 하는 계책을 바라는데 있다.[33]

즉 '교조신원'과 '보국안민'을 내용으로 담은 통유문이었다. 이에
따라 각지의 동학교인들은 보은 장내로 집결하기 시작하였다. 뿐만 아
니라 동학교단은 "지금 왜놈과 양놈들이 이 나라 중심부에 들어와 난
동을 피우고 있다. (중략) 우리들은 죽기를 서약하고 왜놈과 양놈을 쓸
어버리고 나라에 보답하는 의리를 다하고자 일어났다"[34]라는, 척양척
왜의 반외세 의식을 담고 있는 괘서를 보은 삼문에 붙였다. 이로써 동
학교인들은 통유문과 괘서를 통해 '보국안민'과 '척왜양창의'를 새롭
게 전면에 내세웠다. 이와 같은 통유문과 괘서를 작성하는데 동참하였
던 이원팔도 '보국안민'과 '척왜양'에 대한 인식을 공유하였을 것으로
본다.

동학교단의 통유문을 받은 각지의 동학교인들은 보은으로 모여들
기 시작하였다. 각지에서 모인 동학교인은 약 2만 3천여 명 정도였
다.[35] 원주에서는 약 2백여 명이 참가하였다가 4월 초에 돌아갔다.[36]
이 숫자는 보은 관아에서 4월 2일 각 지역으로 돌아가는 동학교인들을
파악하여 상부에 보고한 것이다. 당시 원주접의 동학교인은 보은군 북
면 구치를 넘어 오후 3시에서 5시경에 경기도 수원접(840), 용인접 (200),
양주 및 여주접(270), 안산접(150), 송파접(100), 이천접(400), 안성접

---

33)『동학도종역사』, 제12장(갑오동학당혁명 급 일청교전).

34) 표영삼,『동학』2, 통나무, 2005, 283쪽.

35) 당시 보은에 집결한 동학교인은 기록에 따라 편차가 적지 않다. 많게는 8만여 명,
    적게는 2만여 명이다.『오하기문』에는 8만여 명, 어윤중의 장계에는 수만, 일본
    측 기록인 외교문서에는 2만 3천명,『속음청사』에는 2만 7천명이라고 기록하고
    있다.

36)「취어」,『동학농민전쟁사료총서』2, 사운연구소, 1994, 71쪽.

동학과 동학혁명의 재인식

(300), 죽산접(400), 천안접(100), 진천접(50), 충주접(29), 목천접(100) 등과 함께 돌아갔다. 원주접의 2백여 명은 다른 접에 비해 결코 적은 숫자는 아니었던 것이다. 그러나 실제로는 더 많은 원주접의 교인들이 참가하였을 것으로 본다. 뿐만 아니라 원주접의 규모는 보은 척왜양창의에 참가한 것보다는 훨씬 크다고 할 수 있다.

그런데 무엇보다 중요한 것은 각지에서 동학교인들이 집결하여 연원 단위의 포(布)를 조직을 할 때 원주의 접주 이원팔[37]이 관동포 대접주로 임명되었다는 것이다.[38] 연원 중심의 포조직은 3월 18일부터 20일 사이에 결정되었는데, 40명 정도가 대접주로 임명되었다.[39] 포 연원은 연원 내에 교인이 증가함에 따라 접주가 여러 명이 생기게 되자 연원을 대표하는 접주를 대접주라 불렀다. 이러한 점에서 볼 때 강원도를 대표하는 연원은 관동포였으며, 연원주이며 대접주가 이원팔이었다는 것은 두 가지 측면에서 볼 수 있다. 첫째는 보은에 강원도에서 원주접에서만 참여하였다는 것이고, 둘째는 원주접이 강원도에서 규모가 가장 컸다는 점이다. 이는 1870년대와 1880년대는 영월과 정선 등이 동학교단의 중심무대로써 많은 교인촌이 형성되었지만 1890년

---

37) 『원주시사』에 의하면 이원팔은 원주사람이라고 기록하고 있다(『원주시사』(역사편), 원주시사편찬위원회, 2000, 502쪽).

38) 박정동, 『시천교종역사』 제2편, 1915, 14쪽; 천도교서』, 포덕 34년 3월 11일조; 강필도, 『동학도종역사』 제12장(갑오동학당혁명 급 일청교전), 1944.

39) 당시 포조직과 대접주(연원주)는 다음과 같다. 충의포 대접주 손병희, 충경포 대접주 임규호, 청의포 대접주 손천민, 문청포 대접주 임정준, 옥의포 대접주 박석규, 관동포 대접주 이원팔, 호남포 대접주 남계천, 상공포 대접주 이관영, 보은포 대접주 김연국, 서호포 대접주 서장옥, 덕의포 대접주 박인호, 김구포 대접주 김덕명, 무장포 대접주 손화중, 부안포 대접주 김낙철, 태인포 대접주 김기범(김개남), 시산포 대접주 김낙삼, 부풍포 대접주 김석윤, 봉성포 대접주 김방서, 옥구포 대접주 장경화, 완산포 대접주 서영도, 공주포 대접주 김지택, 고산포 대접주 박치경 등이다.

대 들어 교조신원운동이 전개되면서 원주접이 규모가 비약적으로 발전되었음을 알 수 있다.

이처럼 교조신원운동과 척왜양창의운동으로 동학의 교세가 크게 확장됨에 따라 동학교단은 1893년 11월 동학의 조직을 강화하기 위해 새로운 제도로 법소와 도소를 두었다. 즉 각포에는 법소를, 그 아래 도소를 두었다. 이원팔의 관동포 내에는 차기석의 홍천과 김치운의 인제에 각각 도소를 설치하였다.[40] 이는 이원팔이 대접주로 있는 연원 관계는 원주를 중심으로 홍천, 인제 외에도 횡성, 영월, 양양, 강릉, 평창까지를 포함하는 강원도 전역에 미쳤다고 볼 수 있다.

그리고 법소는 해월 최시형이 있는 대도소와 상호 연락을 취하면서 독립적으로 운영되었다. 법소의 주요활동으로 주로 교인의 교화를 위한 강론을 가졌다. 해월 최시형은 각포 도접주로 도강장을, 부접주로 부강장을 겸하게 한 후 매월 한 차례씩 동경대전과 용담유사를 개강케 하였는데, 의문이 나고 어려운 구절을 부강장이 이를 수합하여 도강장에게 보고하였다. 도강장은 이를 법소에 전보케 하였고, 또 4개월 마다 각포의 도강장이 관내 교인에게 강연하도록 하였다.[41] 이를 통해 교인들 간의 유대를 강화하는 한편 조직을 확대시켜 갔다. 이로써 볼 때 1890년 이후 강원도의 동학은 원주를 중심으로 유지 발전되었음을 알 수 있다.

이러한 동학 조직은 1894년 강원도 각지에서 전개된 동학혁명의 전개과정에서 서로 지역적 한계를 극복하고 연대할 수 있는 기반이 되었다. 특히 차기석은 자신의 관내인 홍천을 비롯하여 평창, 영월, 정선 등지의 동학군과 연대하여 강릉을 점령하기도 하였다. 그리고 이와는 별

---

40) 박정동, 『시천교종역사』, 제2편 15쪽.
41) 『천도교서』, 포덕 34년 12월조.

동학과 동학혁명의 재인식

도로 관동포 대접주 이원팔은 해월 최시형이 기포령에 따라 원주지역의 동학군을 이끌고 청산 문바위골의 향하였다. 이곳에서 손병희의 중군에 편성되어 공주 우금치 전투를 비롯하여 보은 종곡전투에 참가하였다. 그런데 『토비대략』에 의하면 관동포 대접주 이원팔이 종곡전투에서 임국호·김군오·정대춘 등과 포살된 것으로 기록하고 있다.42) 그러나 이원팔은 종곡전투에서 살아남아 이후까지 활동하였다.43)

강원도는 1871년 이필제의 영해교조신원운동44) 이후 동학의 중심 무대였다. 그 가운데서도 원주는 1890년대 이후 강원도 동학의 중심으로 성장하였으며, 1893년 보은에서 전개된 척왜양창의운동에 2백여 명이 참여하였다. 이는 원주접이 강원도 동학 조직의 중심이었음을 의미한다. 그 결과 원주접의 대표자인 이원팔은 해월 최시형으로부터 관동포 대접주로 임명될 수 있었다. 그리고 그 관내인 홍천과 인제에 도소를 설치되었다.

이로써 원주는 1894년 9월 이후 동학혁명의 이화경, 임순화 등이 기포하였고 홍천의 차기석과 연대하여 반봉건 반외세의 투쟁에 참여하였다. 그리고 이원팔은 해월 최시형이 기포령에 따라 청산 문바위골에

---

42) 『토비대략』 갑오년 12월 18일조; 「토비대략」, 『동학농민혁명 국역총서』(3), 동학농민혁명참여자명예회복심의위원회, 2008, 410쪽.

43) 『조석헌역사』에 의하면, 이원팔은 동학혁명 이후 예포대접주 박희인과 함께 활동하고 있다. "(1895년) 7월 20일에 정선 관동접주 이원팔이 장석으로부터 박상암장(박희인)께 들어가 나(조석헌)를 바로 들어오게 하라는 분부를 전하고 해당 지역의 노정리를 비밀리에 전해주었다."(『조석헌역사』, 을미년조), "을미년 12월 7일에 상암장, 이원팔씨, 김기태씨, 본인(조석헌), 주인 김우범 도합 5명이 출발해 석화젓 남은 것 4-5기를 가지고 출발하여 인제군 유목적 최영선씨 집에 도착했다. 주인 최씨가 선생주(해월 최시형)께서 엊그제 어디로 행차하진 지 알 수 없다고 하였다."(『조석헌역사』, 을미년조)

44) 이에 대해서는 다양한 견해가 있다. 교조신원운동으로 보는 측면(표영삼 등)과 조선후기 민란의 연장선에서 변란으로 보는 측면(장영민 등)이 있다.

서 동학군 본류에 합류하여 공주 우금치를 거처 영동의 용산전투, 보은의 종곡전투에 참여하였다.

1864년 이후 이경화의 포교로 시작된 원주지역의 동학은 20년 후에 전개된 1893년 3월 보은 척왜양창의운동에 2백여 명의 교인이 참여할 정도로 조직이 형성되었음을 알 수 있다. 그리고 원주접 접주 이원팔이 관동포 대접주로 선임될 정도로 강원도 동학 조직의 중심으로 자리 잡게 되었다. 이는 이듬해 1894년 반봉건 반외세의 동학혁명으로 이어지는 여명기의 역할을 하였다고 할 수 있다.

4. 맺음말

이상으로 원주지역 동학혁명의 배경에 대하여 살펴보았다. 이를 정리하면 다음과 같다.

첫째는 조선후기 사회의 모순의 나타나기 시작한 민란이 원주에서도 예외가 아니었다는 점이다. 삼정 문란 중의 하나인 환곡의 폐단이 1885년에 전개된 원주민란의 요인이었다. 처음에는 정소활동으로 시작한 원주민란은 환곡 폐단의 바로잡고자 하였다. 그러나 폐단의 원인을 제공하였던 창고의 색리들이 오히려 폭언으로 농민을 분노케 하였고 결국 살상으로 이어졌다. 그러나 북창에서 시작된 원주민란은 영창, 사창의 면민들이 참여함으로써 확대되었다. 이 과정에서 지역 사족들이 참여였던 것이다. 이러한 점에서 원주민란은 개항 이후 전개된 민란의 특성을 보여주고 있으며 동학혁명의 전제조건이 될 수 있었다. 즉 1885년에 전개된 원주민란은 봉건질서의 사회적 모순을 바로 잡고자하는 의미가 담겨있다고 할 수 있다.

둘째 원주지역의 동학 조직은 1890년대 들어 강원도 동학의 중심으로 자리 잡았고, 이후 동학혁명의 중요 무대로 활동할 수 있었다. 강원도는 1871년 이필제의 영해교조신원운동 이후 동학의 중심무대였다. 그 가운데서도 원주는 1890년대 이후 강원도 동학의 중심으로 성장하였으며, 1893년 보은에서 전개된 척왜양창의운동에 2백여 명이 참여하였다. 이는 원주접이 강원도 동학 조직의 중심이었음을 의미한다. 그 결과 원주접의 대표자인 이원팔은 해월 최시형으로부터 관동포 대접주로 임명될 수 있었다. 그리고 그 관내인 홍천과 인제에 도소를 설치되었다. 이로써 원주는 1894년 9월 이후 동학혁명의 이화경, 임순화 등이 기포하였고 홍천의 차기석과 연대하여 반봉건 반외세의 투쟁에 참여하였다. 그리고 이원팔은 해월 최시형이 기포령에 따라 청산 문바위골에서 동학군 본류에 합류하여 공주 우금치를 거쳐 영동의 용산전투, 보은의 종곡전투에 참여하였다.

즉 1864년 이후 이경화의 포교로 시작된 원주지역의 동학은 20년 후에 전개된 1893년 3월 보은 척왜양창의운동에 2백여 명의 교인이 참여할 정도로 조직이 형성되었음을 알 수 있다. 그리고 원주접 접주 이원팔이 관동포 대접주로 선임될 정도로 강원도 동학조직의 중심으로 자리 잡게 되었다. 이는 이듬해 1894년 반봉건 반외세의 동학농민혁명으로 이어지는 여명기의 역할을 하였다.

결론적으로 사회모순의 심화, 환곡의 폐단과 이를 통한 농민항쟁의 경험, 그리고 반봉건과 반외세를 기치로 한 동학과 결합은 원주지역 동학혁명의 배경이 되었다고 할 수 있다.

제10장

동학혁명과 '백산'의 역사적 의의

1. 머리말

백산[1]은 대지의 대부분이 평야여서 논농사가 활발하고, 농경지를 중심으로 집촌을 이루고 있다. 지리적으로는 동진강이 동쪽 경계를 흐르고, 고부천이 백산의 서부를 남북 방향으로 가로질러 서해로 흘러든다. 그리고 일찍부터 정읍·김제·신태인 방면을 연결하는 도로가 있어 교통의 요지이기도 하였다. 또한 "백산이야말로 만백성을 살릴 수 있는 땅"[2]이라는 비결로 인해 민중들로부터 길지로 인식되었다.

백산은 동학혁명과도 밀접한 관련을 가지고 있다. 곧 동학혁명의 전개과정에서 가장 중요한 거점 중 하나였다. 1894년 1월 고부기포 때부터 백산은 전략적 요충지로 인식되었고, 3월에는 혁명군이 백산대회[3]

---

1) 백산은 현재 부안군에 있지만 조선 말엽 동학혁명 당시에는 고부군 거마면에 속해 있었다. 일제강점기 1914년 군·면 통폐합 때 부안군에 편입되었다.

2) 巴溪生, 「전라도고부민요일기」, 『주한일본공사관기록』 1, 국사편찬위원회, 1986, 56쪽.

3) 동학군이 백산에 집결해 격문과 '4대 명의' 및 '12조의 기율' 제정, 그리고 전열을

를 통해 동학혁명의 본의를 밝힌 바 있다. 이처럼 백산은 동학혁명의 전개과정에서 중요한 위치를 차지하고 있다.

하지만 동학의 포교는 인근지역과 비교해 상당히 늦은 편이었다. 호남의 수부인 전주에는 1861년 동학이 첫 포교되었지만,[4] 백산을 포함한 부안 일대에는 1890년대에 이르러서야 본격적으로 동학이 포교되었다. 1890년 6월 동학에 입도한 김낙철・김낙봉 형제의 포교로 1891년 3월 무렵에는 수천 명에 달할 정도로 부안은 동학의 교세가 왕성하였다.[5] 또한 동학혁명 당시 백산을 포함하고 있는 고부지역도 1890년대 들어 동학의 교세가 크게 발전하였다.

고부지역에 동학의 교세가 형성된 것은 대체로 1890년대 초로 추정된다. 우선 고부와 인접 지역인 태인에 동학이 처음으로 포교된 것은 1889년이었다. 현재 확인 가능한 인물로는 태흥리 양응삼(梁應三)과 궁사리 이홍화(李弘嬅)가 1889년 초에 각각 동학에 입교하였다.[6] 이후 1892년 삼례교조신원운동, 1893년 보은과 원평의 척왜양창의운동 때 호남지역에 동학이 크게 확산되었는데,[7] 이때 고부에도 교세가 크게 신장되었다.

정비한 활동에 대해 명칭 또한 다양하다. '백산기포'・'백산대회'・'백산웅거' 등이 대표적이다. 초기에는 백산기포가 주로 많이 사용되었으나 최근에는 백산대회가 보편적으로 사용하고 있다. 본고에서는 '백산대회'로 표명하고자 한다. 이는 백산에서 호남지역 동학농민군이 집결하여 군세를 정비한 것은 '기포'보다는 '대회'의 성격이 보다 강하기 때문이다.

4) 「천도교전주종리원」, 『천도교회월보』168, 1924, 30쪽. "포덕 2년 辛酉에 대신사께서 포교차로 崔仲義씨를 率하시고 自南原으로 본군에 駕하사 本府의 物態風俗을 周覽하신 후 布敎를 爲始하시다."

5) 박맹수, 「김낙철계 동학농민군 활동과 갑오 이후의 동향」, 『동학 창도 150년 기념 춘계학술대회 발표문』, 2009, 71~72쪽.

6) 『천도교회월보』164호, 30쪽 및 168호, 29쪽.

7) 표영삼, 「전라도 서남부 혁명운동」, 『교사교리연구』8, 천도교중앙총부, 2000, 1쪽.

그러나 이에 앞서 고부접주 전봉준의 연원주인 손화중의 활동으로 백산이 있는 고부를 비롯하여 무장·고창·정읍·태인·부안 등지에 이미 동학이 널리 포교되어 있었다. 손화중은 21세 때인 1882년에 동학에 입도한[8] 후 부안·정읍·무장·고창·흥덕·고부 등지에서 포교활동을 하여 호남 일대에서 가장 규모가 큰 동학 조직(포)을 형성하였다. 이와 같은 동학 조직의 영향 아래 고부에서 동학혁명이 처음으로 기포할 수 있었다.

1894년 1월 10일 고부에서 첫 기포를 한 동학군은 고부관아를 점령하고 폐정을 개혁하였으나 전주 감영의 전봉준 암살 기도와 관군의 공격에 대비하여 백산으로 이진하였다. 이곳에 백산성을 축성하고 20여일을 머물렀다. 또한 백산은 3월 20일 무장기포 이후 호남 일대 동학군이 연합전선을 형성하면서 동학혁명은 새로운 국면을 맞게 되었다. 특히 백산에서 선언한 '격문'과 '4대 명의', 그리고 '12조의 기율'은 동학군을 혁명군으로서의 위상을 갖게 하는 한편 이후 호남 일대를 점령하고 마침내 전주에 입성하였다. 이에 따라 백산은 동학혁명 과정에서 중요한 위치로 인식되었고 선행연구 또한 없지 않았다.[9]

이 글에서는 동학혁명 전개과정에서 백산이 어떠한 위상을 가지고 있었는지를 추적해 보고자 한다. 우선 고부기포와 백산, 그리고 무장기포 이후 동학군이 백산으로 이진하기까지의 과정을 추적해 보았다. 이어 이를 토대로 백산대회를 통해 동학군이 혁명군으로서 위상을 갖

---

8) 손화중이 동학에 입도한 시기는 일정하지 않다. 후손의 증언에 의하면, 손화중이 동학에 입도한 것은 1882년이지만 호남지역이 포교를 많이 한 윤상오가 1882년, 김덕명이 1884년에 입교한 것으로 보아 1884년 6월 해월 최시형이 익산 사자암에 왔을 때 입도한 것으로 보기도 한다(표영삼, 「김덕명·손화중·최경선의 행적」, 『동학농민혁명과 농민군지도부의 성격』, 서경문화사, 1997, 200쪽).

9) 김광래, 「전봉준의 백산기병」, 『나라사랑』 15, 외솔회, 1974.

게 되는 상황을 살펴보았다. 이와 관련하여 이 글에서는 몇 가지 논쟁의 요소를 내포하고 있다. 첫째는 동학군이 언제 처음으로 백산에 주둔하였는가 하는 시점이고, 둘째는 무장기포와 참여세력에 관한 것이다. 셋째는 백산에서 동학군의 4대 명의와 12조의 기율 제정 등에 관한 것이라 할 수 있다. 이에 대해서는 앞으로도 많은 연구가 필요하다고 본다. 다만 이 글에서는 필자의 한계로 인해 기존의 연구성과를 비교 검토하면서 정리해보고자 한다.

2. 고부에서 백산까지

동학혁명의 첫 기포는 1894년 1월 10일 고부에서 비롯되었다.[10] 고부기포의 원인은 고부군수 조병갑과 전운사 조필영의 동학교인과 농민에 대한 수탈이었다.

전봉준은 조병갑의 수탈에 대해 다음과 같이 지적하고 있다. 첫째, 고부의 동진강 상류에 만석보를 새로 수축하면서 농민들을 무상으로 동원할 때는 수세를 징수하지 않겠다고 약속해 놓고 정작 추수기에는 수세로 700여 석을 착복하였다. 둘째, 진황지를 개간하면 일정기간 면세하다고 약속해 놓고 개간 후에는 추수기에 지세를 부과하였다. 셋째는 부민(富民)들에게는 불효·음행 등 죄목을 씌워 2만여 냥을 늑탈하였다. 넷째는 대동미를 징수할 때 1결당 정미 16두를 징수한 다음 이

---

10) 기존의 연구성과에서는 고부기포와 동학혁명을 분리해보고자 하는 경향이 강하였다. 그래서 고부에서 일어난 동학농민군의 활동을 '고부민란'으로 인식하였다. 대표적인 논문이 정창렬, 「고부민란의 연구」, 『한국사연구』 48·49, 한국사연구회, 1985이다. 그러나 고부기포와 동학혁명의 상관관계에 대해서는 보다 구체적인 연구가 필요하다고 본다. 필자 또한 이와 관련하여 추후 분석해보고자 한다.

동학과 동학혁명의 재인식

를 정부에 납부할 때는 값싼 하등미로 바꾸어 그 차액을 착복하였다.[11]

이외에도 전봉준은 조병갑의 수탈은 "허다하여 기록할 수 없다"고
할 정도로 많았다. 또한 전운사 조필영은 세미의 이중징수 및 운송비
용, 운송선박 수리비 등 각종 명목으로 부당하게 수탈을 자행하였다.[12]

그러나 무엇보다도 동학교인에 대한 수탈이 심하였다. 고부의 동학
교인들은 "고부군수 조병갑의 포확이 자심하여 도인이 견디지 못하게
하므로"[13]라고 하였는데, 이는 동학교인에 대한 탄압과 수탈이 일반
농민보다 심했음을 알 수 있다. 이에 동학교인들은 접주 전봉준을 장
두로 추대하여 조병갑에게 진정서를 제출하기도 하였지만 전혀 받아
들여지지 않았고, 오히려 수탈과 탄압은 가중되었다.

이와 같은 상황에서 전봉준 등 동학교인 20여 명[14]은 조병갑을 징
치하기 위해 1983년 11월 송두호[15]의 집에서 사발통문[16]을 작성하였

---

11) 「전봉준공초」(初招問目), 『나라사랑』 15, 외솔회, 1974, 151쪽.

12) 오지영, 『동학사』, 영창서관, 1938, 102~103쪽.

13) 송재섭, 「고부교구실기」, 『천도교회월보』 83, 16~17쪽.

14) 사발통문 서명자 20명은 동학혁명 전개과정에서 10명이 희생되었고, 나머지 10
명만 생존하였다. 이들은 이후 1904년 동학교단의 갑진개화운동에 참여하였으
며, 1906년 천도교 고부교구 설립을 주도하였다. 뿐만 아니라 이들은 고부교구
의 주요 교역자로도 활동하였다. 이에 대해서는 성주현, 「동학혁명 참여자의 혁
명 이후 활동-고부 · 남원 · 임실을 중심으로」, 『문명연지』 11(제6권 제1호), 한
국문명학회, 2005를 참조. 그러나 송재섭의 『갑오동학혁명란과 전봉준장군실기』,
1954(이하 『실기』)에는 15명으로 기록하고 있다. 이 자리를 빌어 본 논문의 준비
를 위해 송재섭의 『실기』를 기꺼이 보내준 조광환 선생님께 감사드린다.

15) 송재섭은 송두호에 대해 다음과 같이 기록하였다. "송두호는 一郡에 명망이 높은
사람이요, 일찍부터 동학에 입도하여 그의 장자 송대화와 함께 대접주의 책임으
로 있음으로 일군 내에 토호 양반배가 거사할 시에 방해하거나 또는 장애가 됨을
제지하고 道衆을 동원시키는 역할에 적의한 인물이었다." 송재섭, 『실기』, 48쪽.

16) 사발통문에 대해서는 두 가지 종류가 있다. 이에 대해서는 조광환, 「사발통문에
대한 제 고찰」, 『동학농민혁명 신발굴자료 학술대회 논문』, 동학농민혁명기념

사발통문을 작성하였던 고부 신중리 마을 입구에 있는 동학혁명모의탑

고, 이를 각 마을 집강에게 발송하였다.[17] 이로써 고부기포는 전봉준
등 동학교인들에 의해 계획되었다.[18] 그렇지만 고부기포는 1894년 1월
10일[19] 전개되었다. 고부기포는 원래 사발통문을 작성하였던 1893년

관 관리사업소, 2006 및 조광환,『소통하는 우리 역사』, 살림터, 2008을 참조. 기
존의 사발통문과 조광환이 발굴한 사발통문(송재섭,『실기』, 1954)에 대해서는
좀 더 연구해야 할 부분이 있다. 이는 고부기포뿐만 아니라 동학혁명에 대한 새
로운 인식이 필요하기 때문이다.

17) 신용하,『동학과 갑오농민전쟁연구』, 일조각, 1994, 118~129쪽.

18) "전봉준은 이와 같은 밀약(대원군과의 밀약: 필자주)을 정하고 향리로 돌아와 거
의를 준비할 때 고부군 서부면 죽산리 송두호와 그의 장자 송대화를 방문하고 대
원군과 약속한 일과 거사에 대하여 次序와 준비를 철야토의하였다. … 전봉준은
송두호와 송대화로 더불어 이에 기병하기로 결정하고 따라서 그 이유로써 글월
을 닦아 접주 송주성으로 하여금 최해월 문석에 품고하여 호서 道衆을 기포하여
빨리 접응케 함을 부탁하고 道中에 명망이 높은 태인에 최경선, 금구에 김덕명,
남원에 김개남, 무장에 손화중, 부안에 김낙철과 기타 각군 대접주에게 일일이
격문을 비전하여 접응케 하였으며 …" 송재섭,『실기』, 48~49쪽.

동학과 동학혁명의 재인식

11월 중에 전개하고자 하였으나 군수 조병갑이 11월 30일자로 익산군수로 발령되었기 때문에 부득이 연기되었다. 그 후임으로 12월 한 달동안 다섯 명이 고부군수에 차례로 임명되었으나 모두 칭병 등의 핑계를 대고 부임하지 않았다. 이는 당시 인사권자인 이조판서 심상훈이 조병갑과 사돈지간이었기 때문이었다. 심상훈의 비호 아래 조병갑은 이듬해인 1894년 1월 9일 고부군수로 다시 부임되자 곧바로 실행에 옮기게 되었던 것이다.[20]

이날 통문을 받은 동학교인과 이에 동참한 농민 1,000여 명은 새벽부터 말목장터로 집결하였다. 동학군은 장두였던 전봉준을 대표로 추대하고[21] 고부관아를 습격하였다. 군수 조병갑은 이미 정읍방면으로 도망하였다.[22] 고부관아를 점령한 동학군은 조병갑이 수탈로 모아놓은 수세미 1,400여 석을 원주인에게 돌려주고 원한의 대상이었던 새 만석보를 헐어버렸다. 이어 동학군은 이 일대를 한 눈에 조망할 수 있는 군사적 요충지인 백산으로 이동하여 축성을 하였다.[23]

---

19) 박문규는 그의 일기인 『석남역사』에서 갑오년 정월 초8일로 기록하고 있다. "(갑오년) 초8일 리 말목장날이다. 석양판에 동내 사람들이 수군수군 조금 있다가 통문이 와서 夕飯 후에 장터로 모이라는 기별이다. 거녁 후에 여러 동내 징소리며 나팔소리 고함소리 천지 뒤끓더니 수천 명 군중들이 내 동내 앞길을 몰아오며 고부군수 탐관오리 조병갑이 죽인다는 민요가 났다. 수만 군중이 사방으로 포위하고 몰아갈 때 군수 조병갑이는 정읍으로 망명 도망하여 서울로 도망하였다."

20) 조광환, 『소통하는 우리 역사』, 124~125쪽.

21) 송재섭의 『실기』에서는 다음과 같이 지휘체계를 갖추었다. "1두령에 전봉준, 2두령에 정종혁, 3두령에 김도삼, 참모에 송대화, 중군에 황홍모, 화포장에 김응칠" 송재섭, 『실기』, 54쪽.

22) 파계생, 「전라도고부민요일기」, 『비서류찬 조선교섭자료』(『주한일본공사관기록』 1, 54쪽); 박문규, 『석남역사』, 갑오년 정월조.

23) 장봉선, 『전봉준실기』, 1936(『동학농민전쟁연구자료집』 1, 여강출판사, 1991, 353쪽). 백산은 군사적 요충지로 삼한시대부터 축성을 하였는데, 그 토성을 쌓은 흔

고부에서 기포한 동학군은 일정한 조직력과 군율을 갖추고 있었다. 기포 이후 3~4일 동안에 전체 군사는 1만여 명에 이르렀다고 하였지만 실제로는 3,000명 정도였으며, 이를 통할하는 사람으로 각 마을에서 5명씩 선발하였다.[24] 그리고 지휘소를 출입할 때는 왼쪽 손목에 노끈을 매고 이를 확인하기도 하였다.[25]

한편 전주감영으로 피신하였던 조병갑은 전라감사 김문현에게 고부기포를 진압하기 위해 병사 1,000명을 보내줄 것을 요청하였지만 받아들여지지 않았다.[26] 오히려 김문현은 동학군을 해산시키기 위해 정석진을 파견하는 한편 전봉준을 암살하기 위해 별도로 암살대를 보내기도 하였다. 정석진이 부하 3~4인을 대동하고 전봉준을 면회한 후 해산을 종용하였다. 이와 때를 같이 하여 암살대는 담배장사를 가장하고 말목장터로 들어오다가 동학군에게 체포되어 오히려 희생되었다.[27] 더욱이 전주감영에서는 병정 300명을 정읍에 매복하고 근방에 있는 7개 군의 병정을 소집하여 정읍으로 집결한다는 소문도 뒤따랐다.

이 사건 이후 말목장터에 설영하였던 전봉준 등 동학군 지도부는 관군의 공격을 대비하여 2월 25일 백산으로 이동 유진하였다.[28] 백산은 조선의 비결에 '고부백산(古阜白山)은 가활만민(可活萬民)'이라 하였으며, 삼면이 동진강으로 둘러싸여 있고 일면이 겨우 사람이나 말이 통행할 수 있는 요새지였다. 뿐만 아니라 주변은 옥야천리의 평야를

적이 남아 있다.

24) 파계생, 「전라도고부민요일기」. 그러나 다른 기록에는 500명, 수천 명 등 다양하게 기록하고 있다.

25) 박문규, 『석남역사』, 갑오년 정월조.

26) 파계생, 「전라도고부민요일기」.

27) 장봉선, 『전봉준실기』(『동학농민전쟁연구자료집』 1, 353쪽).

28) 박문규, 『석남역사』, 갑오년 정월조; 파계생, 「전라도고부민요일기」.

동학과 동학혁명의 재인식

가진 호남의 곡창지대였다. 또한 이곳에는 해창(海倉)이 있어 세곡 4,000여 석을 저장해 놓았다.[29] 그리고 백산은 들판에 우뚝 솟아 있어 집결과 감시가 용이한 전략상으로도 중요한 거점이었다. 이에 따라 동학군은 백산으로 이동하여 주둔한 것이다. 이후 백산은 동학혁명에서 중요한 전략적 요충지가 되었다.

백산에 주둔해 있는 동안 동학군은 '전운영을 파괴하고 나아가 폐정을 이혁(釐革)하자'는 내용의 격문을 비밀리에 58개 지역 동학지도자에게 띄웠다.[30] 그러나 실제적으로 당시 원성의 대상이었던 전운사 조필영이 관장하던 함열의 전운영은 격파하지 못하였다. 전봉준은 함열 조창에 나아가 전운영을 격파하고 전운사 조필영을 징치하고자 하였으나 일부에서는 이에 호응하지 않았다. 왜냐하면 고부를 벗어나 월경하면 '반란'으로 받아들일 수 있다는 이유 때문이었다.[31] 그렇지만 3월 1일에는 부안 줄포로 진출하여 세곡창고를 습격하여 군량미를 확보하기도 하였다.

백산에서 20여 일 유진하였던 동학군은 3월 13일에 이르러 일단 해산하였다.[32] 여기에는 이용태의 동학교인과 농민들에 대한 탄압과 이후를 도모하고자 하는 동학군 지도부의 결단으로 풀이된다. 그런데 이에 비해 금산의 동학군은 3월 12일 짧은 몽둥이를 들고 관리들의 집을 습격하여 불태우기도 하였다.[33]

---

29) 김광래, 「전봉준의 고부 백산기병」, 『나라사랑』 15, 87쪽.

30) 파계생, 「전라도고부민요실기」.

31) 장봉선, 『전봉준실기』(『동학농민전쟁연구자료집』 1, 353쪽); 송재섭, 『실기』, 62쪽.

32) 파계생, 「전라도고부민요일기」. 황현의 『오하기문』에는 3월 3일에 해산된 것으로 기록하고 있다.

33) 황현, 『오하기문』, 首筆(김종익 역, 『번역 오하기문』, 역사비평사, 1994, 75쪽).

고부에서 동학교인과 농민들이 기포하여 관아를 습격하자 조정에서는 이중적으로 대응하였다. 하나는 용현현감 박원명을 고부군수로 새로 임명하여 민심을 수습하는 것이었고, 다른 하나는 장흥부사 이용태를 안핵사로 파견하여 동학군을 해산시키는 한편 주동자를 엄중 조사하는 것이었다.[34] 2월 15일 고부군수로 임명받은 박원명은 부임 이후 동학군이 해산하기만 하면 기포의 책임을 묻지 않기로 하는 등 민심을 수습하는데 최선을 다하였다. 그 결과 동학군과 고부관아 사이에는 비교적 원만한 협력관계가 형성되었다. 이에 비해 안핵사 이용태는 병졸 800명을 동원하여 고부기포의 주동자와 동학교인들의 집을 불태우거나 부녀자를 능욕하는 등 온갖 만행을 자행하였다.[35] 이처럼 상황이 급변하자 백산에 유진하고 있던 동학군은 3월 13일 일단 해산을 하였고, 전봉준은 자신을 따르는 휘하 수십 명과 함께 무장으로 피신하였다.[36]

전봉준이 무장으로 간 이유는 크기 세 가지로 추정된다. 첫째는 전봉준의 연원관계가 무장대접주 손화중의 관내였기 때문이었고, 둘째는 손화중의 동학세력이 호남 일대에서 가장 규모가 컸기 때문이었다. 그리고 셋째는 무장이 지리적으로 고부와 비교적 가까웠기 때문이었다. 특히 전봉준과 손화중은 단순한 연비의 관계뿐만 아니라 동지적 결합관계였다.[37] 이에 따라 전봉준은 손화중의 후원을 받으면서 무장기포를 도모할 수 있었던 것이다.

---

34) 『고종실록』, 고종 31년 2월 15일조; 『일성록』, 갑오년 2월 15일조; 『고종시대사』 3, 1969, 탐구당, 410쪽.

35) 오지영, 『동학사』, 106~107쪽.

36) 신용하, 『동학농민혁명의 사회사』, 지식산업사, 2005, 99쪽.

37) 신용하, 『동학농민혁명의 사회사』, 143~144쪽.

동학과 동학혁명의 재인식

무장에 머물던 전봉준은 손화중과 고부기포의 상황과 관의 동향, 그리고 이후의 대책 등을 논의한 후 손화중의 집에 도소를 설치하였다. 당시 동학교단은 해월 최시형이 머물고 있던 충청도 보은에 대도소를 두었는데, 전봉준과 손화중이 도소를 설치한 것은 대도소과 긴밀한 관계를 유지하면서 유사시 호남지역의 동학 조직을 통할하기 위한 것이었다.

그러나 당시 손화중은 전봉준의 기포에 대해 시기상조라 하여 적극적으로 수용하지 않았다.[38] 이는 동학교단과 관계 때문이었다. 손화중은 1892년 해월 최시형이 공주 신평에 머무르고 있을 때 김낙철·김개남·김덕명 등 호남의 주요 지도자와 함께 해월 최시형을 배알하고 호남 동학교인 간의 '상화(相和)'에 대한 강화를 받은 바 있다.[39] 또한 1892년 11월 삼례교조신원운동은 물론 1893년 2월 광화문교조신원운동에도 참가하였다.[40] 뿐만 아니라 이해 3월 보은에서 전개된 척왜양창의운동에도 참가하여 정읍대접주로 임명되었다.[41]

이처럼 동학교단 지도부와 긴밀한 관계를 가지고 있었던 손화중은 전봉준의 의견을 일방적으로 수용할 수는 없었던 것이다. 그렇지만 3월 13일 고부에서 동학군을 해산한 전봉준이 3월 20일 무장에서 다시 기포를 할 수 있었던 것은 이 기간에 손화중이 교단과의 관계를 원만하게 형성해주었기 때문에 가능하였다.[42] 이에 따라 전봉준·손화중

---

38) 조광환, 『소통하는 우리 역사』, 103쪽.

39) 오지영, 『동학사』, 98~99쪽; 이돈화, 『천도교창건사』 제2편, 43쪽.

40) 『해월선생문집』, 계사조.

41) 오지영, 『동학사』, 83~84쪽.

42) 이러한 사례는 1871년 이필제의 영해교조신원운동에서도 확인할 수 있다. 이필제는 영해를 중심으로 동학교인을 동원하고자 하였으나 동학교단의 책임자였던 해월 최시형의 승낙이 없으면 불가능하였다. 이에 이필제는 해월 최시형과 신뢰

· 김개남 · 김덕명 등 호남의 주요 대접주들은 "동학이 하늘을 대신하여 세상을 다스려 나라를 보호하고 백성을 편안케 할 것이다. 우리는 살상과 약탈을 하지 않을 것이나 오직 탐관오리만은 처벌할 것"[43]을 기치로 하여 손화중 · 김개남 · 김덕명 포의 동학조직을 집결한 후 3월 20일 무장 동음치에서 포고문을 선포하고 기포하였다.[44] 포고문의 내용은 다음과 같다.

사람이 세상에서 가장 귀중한 것은 인륜이 있기 때문이다. 군신부자는 인륜 중에서 큰 것인데, 임금이 어질고 신하가 강직하며, 어버이가 인자하고 자식이 효도를 한 이후에 나라가 이루어지고 끝이 없는 복이 올 수가 있다. 지금 우리 전하께서는 어질고 효성스러우며 자애롭고 사랑하는 마음을 가지셨으며, 신통력 있는 명확함과 성스러운 명석함을 지니셨다. 현명하고 어질며 바르고 강직한 신하가 주위에서 명석하도록 도와주면 요순(堯舜)의 교화와 문경(文景)의 통치를 가히 지정하고 반드시 이루어질 것이라고 바랄 수가 있다.

지금 신하라는 자들은 나라에 보답할 것을 생각하지 않고 다만 녹봉과 지위를 훔치며, 전하의 총명을 가려서 아부하고 뜻만 맞추면서 충성스럽게 간언(諫言)을 하는 선비에게는 요망한 말을 한다고 하고, 정직한 사람을 비도라고 부른다. 안으로는 나라에 보답하는 인재가 없고, 밖으로는 백성을 학대하는 관리가 많아, 백성들의 마음은 날마다 더욱 변하여 가정에 들어가서는 생업을 즐겁게 하는 일이 없고, 밖에 나와서는 몸을 보호할 방법이 없으며, 학정이 날마다 심하여 '악'하는 소리가 서로 계속되고 있고, 임금과 신하의 의리와 부모와 자식의 윤리, 위와 아래의 분별이 반

관계가 형성되었던 박영관 등을 보내 해월 최시형을 설득, 승낙을 받은 후에야 동학교인을 동원할 수 있었다.

43) 황현, 『오하기문』, 수필(김종익 역, 『번역 오하기문』, 72쪽).

44) 박문규, 『석남역사』, 갑오년 4월조; 황현, 『오하기문』 수필; 『주한일본공사관기록』 1, 57쪽.

대로 무너지고 남은 것이 없게 되었다.

　관자(管子)는 말하기를 "사유(四維)가 펴지지 않으면 나라가 곧 멸망한다"라고 하였으니, 지금의 형세는 옛날보다 더 심각하다. 정승 이하부터 방백과 수령에 이르기까지 나라가 위태로운 것을 생각하지 않고 다만 자신을 살찌우고 가문을 윤택하게 할 계획에만 마음이 간절하고, 인사를 하고 관리를 선발하는 통로는 재물을 생기게 하는 길로 생각하고 있으며, 과거시험 장소는 물건을 교역하는 시장과 같게 되었고, 많은 재물과 뇌물이 왕실 창고에 납부되지 않고 도리어 개인 창고를 채워 나라에는 채무가 쌓였다.

　나라에 보답할 것을 생각하지 않고 교만하고 사치하며 음란하고 멋대로 놀아 두려워하고 거리끼는 것이 없으니, 전국은 어육(魚肉)이 되고 만백성은 도탄에 빠졌는데도 수령들의 탐학은 참으로 그대로이다. 어찌 백성이 궁핍하고 또 곤궁하지 않겠는가? 백성은 나라의 근본이며, 근본이 깎이면 나라는 쇠약해지는데, 나라를 돕고 백성을 편안하게 하는 방책을 생각하지 않고 시골에 저택을 건립하여 오직 혼자만 온전할 방법만을 찾고, 다만 녹봉과 지위를 훔치니, 어찌 그것이 사리이겠는가?

　우리 무리는 비록 시골에 남겨진 백성이지만, 임금의 땅에서 먹고 살고 임금의 옷을 입고 있으므로 앉아서 나라가 위태롭게 되는 것을 볼 수 없어, 8도가 마음을 같이하고 수많은 백성이 의논하여 지금 의로운 깃발을 내걸고 보국안민(輔國安民) 하는 것으로 죽고 사는 것을 맹세하였다. 지금의 모습은 비록 놀라운 것에 속하지만 절대로 두려워하지 말고, 각각 백성의 생업을 편안하게 하고 태평한 세월이 되도록 함께 기원하며, 모두 임금의 교화에 감화된다면 천만다행이다.[45]

---

45) 무장에서 동학조직이 기포할 때 선포하였던 포고문은 오지영의 『동학사』, 『수록』, 어윤중의 『취어』, 황현의 『오하기문』, 박주대의 『나암수록』, 『Mutel 文書』, 그리고 『주한일본공사관기록』 1에 각각 실려 있다. 이중 『수록』, 『오하기문』, 『주한일본공사관기록』 등의 포고문은 동일한 내용이고, 『동학사』의 '창의문'은 앞의 포고문 내용 중 일부가 누락되었다. 그리고 이 포고문은 발표일이 없어 언제 발표되었는지 알 수 없어 논란이 되고 있다. 『동학사』에는 '갑오 정월', 『수

이 무장포고문은 다분히 유교적 내용을 담고 있지만, 동학의 핵심적인 내용인 '보국안민'과 '제세안민'할 것을 표방하였다.

그렇다면 무장에서 기포할 때 동학군의 조직은 어느 정도였을까? 『수록』에 의하면, 처음에는 100여 명에 불과하였으나 3월 16일에는

록』에는 갑오년 3월 27일조 앞에, 『취어』에는 갑오년 4월 11일조에, 『오하기문』에는 3월조에, 『주한일본공사관기록』에는 1894년 5월 15일(음 4월 11일)자 각지에서 보고된 문서 별지에 각각 기록하고 있다. 그리고 일본인이 작성한 『조선폭동실기』(「적도의 격문」)와 『갑오조선내란시말』(「동학당의 선언」)에도 실려있다. 뿐만 아니라 당시 발행되었던 일본신문 『時事時報』(1894년 5월 25일자), 『大阪朝日新聞』(1894년 5월 25일자), 『大阪每日新聞』(1894년 5월 25일자)에도 각각 게재되었다. 대체적으로 이 포고문은 3월 20일 무장에서 기포할 때 발표한 것으로 보고 있다. 참고로 이 '포고문'과 『동학사』의 창의문을 비교하기 위해 그 내용을 소개하고자 한다.

"世上에서 사람을 貴타 함은 人倫이라는 것이 있기 때문이다. 君臣父子는 人倫이 가장 큰 者라. 人君이 어질고 臣下가 곧으며 아비가 사랑하고 아들이 孝道한 後에야 國家가 無疆의 域에 믿어가는 것이다. 同我 聖上은 仁愛慈愛하고 神明聖叡한지라 賢良方正之臣이 있어 그 聰明을 翼贊할지면 堯舜之化와 文景之治를 可히 써 바랄지라. 今日에 人臣된 者 圖報를 思치 않고 한갓 祿位만 盜賊하여 聰明을 擁蔽할 뿐이라. 忠諫之士를 妖言이라 이르고 正直之人을 匪徒라 하여 안으로는 輔國의 材가 없고 밖으로는 虐民이 많다. 人民의 마음은 날로 變하여 들어서는 樂生의 業이 없고 나가서는 保身의 責이 없다. 虐政이 날로 자라 怨聲이 그치지 아니하여 君臣 父子 上下의 分이 무너지고 말았다. 所謂 公卿 以下 方伯守令들은 國家의 危難을 生覺지도 아니하고 다만 肥己潤産에만 盡切하여 詮選의 門을 돈 버리러 볼 뿐이며 應試의 場은 賣買하는 저자와 같았다. 許多한 貨賂는 國庫에 들어가지 못하고 다만 個人의 私藏을 채우고 만 것이며, 國家에는 積累의 債가 있어도 淸償하기를 生覺지 아니하고 驕慢하고 奢侈하고 淫亂하고 더러운 일만을 忌憚없이 行하여 八路가 魚肉이 되고 萬民이 塗炭에 들었다. 守宰의 貪虐에 百姓이 어찌 困窮치 아니하랴. 百姓은 國家의 根本이라 根本이 衰削하면 國家는 반드시 없어지는 것이다. 輔國安民의 責을 生覺지 아니하고 다만 제 몸만을 生覺하여 國祿만 없애는 것이 어찌 오늘 일이랴. 우리 等이 비록 在野의 遺民이나 君土를 먹고 君衣를 입고 사는 者라. 어찌 차마 國家의 滅亡을 앉아서 보겠느냐. 八域이 同心하고 億兆가 詢議하여 이에 義旗를 들어 輔國安民으로써 死生의 盟誓를 하노니, 今日의 光景에 놀라지 말고 昇平聖化와 함께 들어가 살아보기를 바라노라. 甲午 正月 日 湖南倡義所 全琫準 孫化中 金開男 等"

동학과 동학혁명의 재인식

'정체를 알 수 없는 난류배 수천 명' 즉 수천 명의 동학교인들이 모여들었고, 16일과 18일 사이에는 '밤낮으로 사방에서 몰려와 1,000여 명'이 되었다고 하였다. 이때 모인 동학의 포 조직은 손화중 관내에서 고창의 오하영·오시영·임형로·임천서 등 휘하 1,500명, 무장의 송경찬·강경중 등 휘하 1,300명, 홍덕의 고영숙 휘하 700명, 정읍의 손여옥·차치구 등 휘하 1,200명, 김개남 관내에서 태인의 김낙삼·김문행 등 휘하의 1,300명, 김덕명 관내에서 태인의 최경선·김제의 김봉년·금구의 김사엽·김봉득·유한필 등 휘하의 2,000명으로 대략 8,000여 명 정도였다.[46] 무장기포에 참여한 동학조직을 연원 계열로 보면 손화중포·김개남포·김덕명포이며, 지역적으로 보면 고창·무장·홍덕·정읍·태인·김제·금구 등지였다.

3월 20일 무장에서 기포한 동학군은 무장의 동북쪽에 위치한 굴치(屈峙)를 넘어 홍덕을 거친 다음 3월 21일 고창을 점령하였다.[47] 고창에 머물던 동학군은 2대로 나누어 1대는 정읍과 고부로 가서 이곳을 점령하였으며, 다른 1대는 3월 22일 12시경 다시 홍덕을 지나 부안과의 경계인 사진포에서 하루를 묵은 후 3월 23일 오전 10시경 부안 줄

---

46) 오지영, 『동학사』, 111쪽. 이 기록을 고부를 점령하였을 때로 보는 견해도 있다 (신용하, 『동학과 갑오농민전쟁연구』, 152쪽). 그러나 『동도문변』에는 "이때에 전주인 전봉준, 고부인 김개남 등은 한 번 불러 둔집한 자가 경각에 만여 명되었다"고 하였다. 그러나 이진영은 무장기포에 김개남 포는 참가하지 않았다고 밝힌 바 있다(이진영, 「김개남과 동학농민전쟁」, 『한국근현대사연구』 2, 한울, 1995, 74쪽).

47) 3월 20일 무장을 출발한 동학군의 진격로에 대해 배항섭은 홍덕을 거치지 않고 바로 고창으로 갔다고 보았다. 그러나 『전라도고부민요일기』에 의하면, 동학군은 무장을 출발하여 屈峙를 넘었다고 하였는데, 이 굴치를 넘으면 바로 홍덕이다. 이로 볼 때 동학군은 무장-굴치-홍덕-고창으로 진격하였던 것이다. 이는 시간적으로 볼 때도 무장을 3월 20일 이른 새벽에 출발하면 홍덕을 거쳐 다음날인 3월 21일에는 고창에 도착할 수 있다.

포로 향하였다. 동학군이 사진포에서 하루를 유숙한 것은 이곳에 해창이 있어 군량미를 확보할 수 있었기 때문이었다. 줄포는 부안대접주 김낙철의 관내로, 이들이 이곳으로 진출한 것은 부안의 동학 조직과 연대를 하기 위한 것이었다.

줄포를 점령한 동학군은 오후 6시 줄포를 떠나 2시간 후인 오후 8시경에 고부에 도착하였다.[48] 이로써 고창에서 2대로 나누어졌던 동학군은 고부에서 다시 합류하였다. 당시 동학군은 척후기와 청홍백황의 색으로 부대를 구분하였으며, 병기는 죽창·활·창, 그리고 구식 화승총으로 무장하였다.[49] 그리고 척후대는 북과 나팔로 전의를 북돋았으며, 머리에는 황건을 쓰기도 하였는데, 지도부는 말을 탔고 지휘하였다.[50]

3월 23일 고부에 이른 동학군은 25일까지 3일간 머물렀다. 23일 늦은 오후 8시경에 고부에 도착한 동학군은 우선 향교와 관아를 차지하고 읍내의 서리와 민가에서 저녁을 조달하였다.[51] 24일의 동향에 대해서는 보고가 없어 자세한 활동은 알 수 없지만, 억울하게 투옥되었던 동학교인 등을 석방하는 한편 군량미를 비축하였을 것으로 보인다. 또한 안핵사 이용태에게 부화뇌동한 관리들을 색출 처리하고, 폐정개혁을 단행하였다. 그리고 25일에는 무장을 강화하기 위해 무기고를 열다가 실수로 화약고에 불을 내어 수십 명의 희생자가 나기도 하였다.[52] 이날 오후 2시경 동학군은 고부의 서북쪽으로 빠져나갔다. 당시 고부

---

48) 『수록』, 1894년 3월 27일 계초(『동학농민혁명국역총서』 3, 6~7쪽).
49) 파계생, 「전라도고부민요일기」(『주한일본공사관기록』 1, 57쪽).
50) 『수록』, 1894년 3월 27일 계초(『동학농민혁명국역총서』 3, 6~7쪽).
51) 『수록』, 1894년 3월 27일 계초(『동학농민혁명국역총서』 3, 7쪽).
52) 파계생, 「전라도고부민요일기」(『주한일본공사관기록』 1, 58쪽).

동학과 동학혁명의 재인식

에 머물렀던 동학군은 3,000여 명으로 대부분 동학교인들이었다.[53] 이들은 두지리에 잠시 진을 치고 화약고를 불태웠다.[54] 이어 태인에서 점심을 먹고 원평에서 하루를 유숙한 후 3월 26일[55] 백산에 도착 설영하였다. 그리고 이날 화호의 신덕정에서 총을 쏘고 함성을 지르면서 군세를 보여주기도 하였다.[56] 이는 동학군의 훈련 상황이기도 하였다.

백산에 동학군이 고부기포에 이어 두 번째 설영한 것은 이미 고부기포 때 백산성을 축성한 바 있으며, 여전히 백산을 전략적 요충지로 인식하고 있었기 때문이었다. 백산에 설영한 동학군은 새로운 지휘체계를 갖추고 격문을 띄워 호남뿐만 아니라 호서지역의 동학군까지 연합전선을 구축하고자 하였다. 오지영은『동학사』에서 당시의 상황을 다음과 같이 기록하였다.

고부읍에서 유숙한 지 3일 후에 대군을 몰아 고부 백산(白山)에 진을 옮겨 치고 다시 군을 조성할 때, 중망에 의하여 전봉준이 대장이 되고 손화중 김개남이 총관영이 되고 김덕명 오시영이 총참모가 되고 최경선이 영솔장이 되고 송희옥 정백현 등이 비서가 되었고 대장기 폭에는 보국안민(輔國安民) 4자를 대서(大書)로 특서(特書)하였고 이에 재도(再度)의 격문(檄文)을 지어 사방에 전하였다.[57]

---

53)『수록』, 1894년 3월 27일 계초(『동학농민혁명국역총서』3, 7쪽)

54) 황현,『오하기문』, 수필(김종익 역,『번역 오하기문』, 75쪽).

55) 동학군이 백산에 도착한 날은 3월 21·25일 또는 26일로 다양하게 기록하고 있다. 그러나 오지영의『동학사』에는 고부에 도착한 3일 후, 그리고 황현의『오하기문』과『수록』등의 기록을 종합해 볼 때 3월 26일에 백산에 도착한 것으로 보인다.

56) 황현,『오하기문』, 수필(김종익 역,『번역 오하기문』, 75~76쪽).

57) 오지영,『동학사』, 111~112쪽.

3. 백산에서 혁명군으로

3월 26일 백산으로 이동한 동학군은 다음과 같이 지휘체계를 개편하였다.

대장 : 전봉준
총관영 : 손화중 · 김개남
총참모 : 김덕명 · 오시영
영솔장 : 최경선
비서 : 송희옥 · 정백현

백산에서 개편된 지휘체계는 동학군의 세력이 확대 · 강화되었음을 의미한다. 무장에서 기포할 당시에는 전봉준 · 손화중 · 김개남의 단순한 지휘체계였지만, 백산에서는 보다 분명한 지휘 서열이 확립되었다. 전봉준은 최고지도자로서 지위를 확립하였고, 그 아래 총관령에 손화중과 김개남, 총참모에 김덕명과 오시영, 영솔장에 최경선, 그리고 전봉준의 비서로 송희옥과 정백현을 각각 두었다. 이는 무장기포 당시보다 조직이 혁명군으로서 강화된 것이라 할 수 있다.

이어 동학군 지도부는 호남뿐만 아니라 그 밖의 지역까지 연합전선을 구축하기 위해 격문을 각지로 발송하였다. 격문의 내용은 다음과 같다.

우리가 의(義)를 들어 차(此)에 지(至)함은 그 본의(本意)가 단단(斷斷) 타(他)에 있지 아니하고 창생(蒼生)을 도탄(塗炭)의 중에서 건지고 국가를 반석(磐石)의 위에다 두고자 함이라. 안으로는 탐학한 관리의 머리를

　　　　　　　　　　　　　동학과 동학혁명의 재인식

베이고 밖으로는 횡포(橫暴)한 강적(强敵)의 무리를 구축(驅逐)하자 함
이다. 양반과 부호(富豪)의 앞에 고통을 받는 민중들과 방백(方伯)과 수
령의 밑에 굴욕을 받는 소리(小吏)들은 우리와 같이 원한이 깊은 자라.
조금도 주저치 말고 시각(時刻)으로 일어서라. 만일 기회를 잃으면 후회
하여도 믿지 못하리라.[58]

동학군이 설영하였던 백산

이 격문은 오지영의 『동학사』에 나오는 유일한 것이지만 당시 동학
군의 의지를 가장 잘 표현하고 있다. 즉 동학군의 기포는 첫째 창생을
도탄에서 건지고, 둘째 국가를 반석 위에 두고 함을 그 목적으로 분명
하게 밝히고 있다. 그리고 이를 위해 안으로는 탐학한 관리를 처결하
고, 밖으로는 외세의 구축이라는 반봉건·반제국적 성격을 강조하였
다. 뿐만 아니라 동학군은 자신들의 목적을 이루기 위해서 유교적 지
배질서에 고통 받고 있는 민중들의 동참을 호소하고 있다. 이러한 의
미에서 동학군이 백산에서 각지에 파송한 격문은 '혁명'을 선포하는
함축적인 뜻을 내포한 것이라 할 수 있다.

---

58) 오지영, 『동학사』, 112쪽.

이후 백산에서 각 지역 동학 조직의 합류와 이에 참여한 농민들로 인해 "서면 백산이요, 앉으면 죽산"이라 할 정도로 동학군이 집결하였다. 오지영의 『동학사』에 의하면, 당시 백산에 집결한 동학군의 주요 지도자를 정리하면 아래 <표>와 같다.

〈표〉 백산에 집결한 동학군의 지도급 인물[59]

구분	지도급 인물
대장소	전봉준 손화중 김개남 김덕명 최경선 오하영 오시영 임천서 강경중 송경찬 고영숙 김봉년 김사엽 김종득 유한필 손여옥 차치구
고창	홍낙관 홍계관 손여옥
무장	송문수 송진호 장두일 곽창욱
영광	최시철 오정운
고부	정일서 김도삼 홍경삼 정종혁 송대화 송주옥 정덕원 정윤집 전동팔 홍광표 주관일 주문상 윤상홍
정읍	임정혁
태인	김하영 김한술 김연구 김지풍 최영찬
금구	송태섭 조원집 이동근 유공만 유한술 최광찬 김응화 김윤옥 김인배 김가경
김제	황경삼 하영운 한경선 이치권 임예욱 한진열 허성의
옥구	허진
만경	진우범
무안	배규인 배규찬 송관호 박기운 정경택 박윤교 노영학 노윤하 박인화 송두옥 김행로 이민홍 임춘경 이동근 김응문
임실	최승우 최유하 임덕필 최우필 조석걸 이만화 김병옥 문길현 한영태 이용학 이병용 곽사회 허선 박경무 한군정
남원	김홍기 이기동 한진학 김태옥 김종학 이기면 이창수 김우칙 김연호 김시찬 박선주 정동훈 이교춘
순창	이용술 양회일 오동호 김치성 방진교 최기환 지동섭 오두선

---

59) 오지영, 『동학사』, 113~114쪽.

동학과 동학혁명의 재인식

진안	이사명 전화삼 김택선
장수	김숙여 김홍두 황학주
무주	이응백 윤치갈 성순
부안	신명언 백이구
장흥	이방언 이인환 강봉수
담양	남주송 김중화 이경섭 황정욱 윤용수 김희안
창평	백학 유형로
장성	김주환 기수선 기동도 박진동 강계중 강서중
능주	문장렬 조종순
광주	강대열 박성동 김우현
나주	오중문 김유
보성	문장형 이치의
영암	신성 신란 최영기
강진	김병태 남도균 윤시환 장의운 송병수 윤세현
흥양	유희도 구기서 송년호
해남	김도일 김춘두
곡성	조석하 조재영 강일수 김현기
구례	임춘봉
순천	박낙석
전주	최대봉 강문숙 강수한 송창렬 박기준 오두병

<표>에 의하면, 백산에 집결한 동학군의 지역은 34개 지역이며, 지도급 인물은 대장소를 제외하고 160여 명에 달하였다. 특히 대장소의 전봉준을 비롯하여 대장 및 장령급 은 모두 무장기포에 참여하였던 인물들이었다. 즉 백산대회 당시 동학군 지도부는 손화중·김개남·김덕명 각포의 지도급 인물이었으며, 이는 무장기포의 지도부를 그대로 유지한 것이다. 이는 혁명 과정에서 일사불란한 지휘체계의 틀을 유지하기 위한 것이었다. 그리고 백산에 집결한 동학군은 10,000여 명에 달하였다. 그러나 동학의 접포 조직을 살펴볼 때, 접은 대체적으로

200호(戶)를 기준으로 하고 있다. 그렇다면 160명의 각 접당 200명씩 참여하였다면 적어도 32,000여 명은 되었을 것으로 추정된다.

그런데 백산에 집결한 동학군의 참가 지역과 지도급 인물은 대체로 호남 일대에 한정하고 있어 호서지역의 참여가 거의 없었음을 의미한다. 그렇지만 호남 일대 전역에서 참가하였다는 것은 동학혁명이 본격화되었음을 의미한다. 뿐만 아니라 백산에서 호남지역의 동학군이 연합전선을 형성한 것은 호서뿐만 아니라 경기도와 영남지역까지도 동학군이 기포하는데 영향을 주었던 것이다.

백산으로 호남 일대의 동학군이 집결함에 따라 동학군은 새로운 강령과 군율이 필요하였다. 이미 '동학'이라는 종교적 이념을 토대로 하고 있지만 보다 분명히 할 필요하였던 것이다. 이에 따라 동학군 지도부는 강령인 '4대 명의(名義)'와 군율인 '12조의 기율(紀律)'을 제정하였다. 먼저 4대 명의는 다음과 같다.

> 첫째, 사람을 죽이지 않고 물건을 함부로 없애지 않는다(不殺人 不殺物).
> 둘째, 충과 효를 함께 온전히 하며 세상을 구하고 백성을 편안하게 한
> 다(忠孝雙全 濟世安民).
> 셋째, 일본 오랑캐를 쫓아내 없애고 성스러운 도를 맑고 깨끗하게 한다
> (逐滅倭夷 澄淸聖道).
> 넷째, 군대를 몰고 서울로 들어가 권세가와 귀족을 모두 없앤다(驅兵
> 入京 盡滅權貴).[60]

---

60) 정교, 『대한계년사』권 2, 1894년 4월조(정교 著 · 조광 編, 『대한계년사』 2, 소명출판, 2004, 24쪽). 그리고 『주한일본공사관기록』에 의하면, "인명과 물건을 해치지 않고, 충효를 다하여 세상을 구하고 백성을 편히 살게 하며, 洋人과 倭人을 내쫓아 聖道를 밝히고, 군대를 몰아 경성으로 들어가 권기를 모두 멸한다(均勿傷人物害 忠孝雙全濟世安民 逐滅洋倭澄淸聖道 驅兵入京盡滅權貴)"라고 되어 있다. 이 글에 따르면 일본뿐만 아니라 서양 세력까지 구축의 대상으로 삼고 있

동학과 동학혁명의 재인식

이 4대 명의는 인류적 보편의 의미를 담고 있는 생물(生物)의 존중과 충효, 그리고 격문에서 이미 밝힌 바 있는 반봉건·반제국주의적 요소를 담고 있다. 즉 첫째 항목의 사람을 죽이지 않고 물건을 함부로 없애지 않는 것은 동학사상의 핵심인 삼경(三敬)사상을 내포하고 있다. 이는 고대에서부터 내려오고 있는 인본주의의 요소를 가지고 있지만, 특히 '불살물(不殺物)'은 해월 최시형의 '물물천(物物天) 사사천(事事天)'과 '경천(敬天)·경인(敬人)·경물(敬物)'의 삼경사상 중 경물(敬物)사상까지 확대한 것으로 볼 수 있다. 둘째 항목의 충과 효는 유교적 윤리의 덕목이기도 하지만 이 역시 고대에서부터 유지되고 있었던 인간의 기본적 덕목이기도 하였다. 때문에 계서(階序)의 질서가 필요하였던 성리학적 조선사회에서 보다 강조되었지만 이는 동학에서도 여전히 강조되었던 덕목이었다.61)

셋째 항목은 반제국주의적 요소를 담고 있다. 즉 격문의 '횡폭한 강적의 무리를 구축하고자 함'을 행동강령으로 나타낸 것으로 일제의 침략주의를 배격하고 나라를 반석위에 두고자 하는 의미인 것이다. 넷째 항목은 반봉건적 요소를 담고 있다. 즉 격문에서 '탐학한 관리의 머리를 베고'라고 한 바와 같이, 중앙 조정의 부패한 권세가와 양반들을 제

다(『주한일본공사관기록』1, 1·335쪽). 이외에도 『內亂實記朝鮮事件』(『총서』 25, 175쪽)에도 게재되어 있다.

61) 특히 해월 최시형은 그의 법설에서 효를 강조하였다. "천지부모를 기리 모셔 잊지 아니함을 깊은데 임한 듯이 하며, 엷은 어름 같이 하여 지극한 정성과 지극한 효도로써 지극히 공경을 다하는 것이 사람의 자식 된 도리니라. 그 아들딸이 부모를 공경치 않으면 부모가 크게 노하여 그 가장 사랑하는 아들딸에게 벌을 내리나니 경계하고 삼갈지어다. … 어려서 먹은 것이 어머니의 젖이 아니고 무엇이며, 자라서 먹는 것이 천지의 곡식이 아니고 무엇인가. 젖과 곡식은 이것이 천지의 녹이니라. 사람이 천지의 녹인줄 알면 반드시 식고하는 이치를 알 것이니 어머니의 젖으로 자란줄을 알면 반드시 효도로서 봉양할 마음이 나는 것이니라" 「천지부모」, 『천도교경전』, 천도교중앙총부, 1971, 137~141쪽.

거하고 도탄에 빠져있는 창생을 구하고자 하는 의미였던 것이다.

따라서 이 '4대 명의'는 동학의 생명존중사상과 인간 본연의 윤리, 그리고 반봉건적·반제국주의적 성격을 담고 있을 뿐만 아니라 국가와 사회, 그리고 백성을 구하고자 하는 동학혁명의 정당성을 밝힌 것이었다.

나아가 백산의 동학군 지도부는 역시 혁명의 정당성을 확보하기 위해 보다 엄격한 군율이 필요하였다. 이에 따라 동학군이 반드시 지켜야 할 12조의 군율을 다음과 같이 제정하였다.

1. 항복하는 사람은 따뜻하게 대한다(降者愛對).
2. 곤궁한 사람은 구제한다(困者救濟).
3. 탐학한 관리는 쫓아낸다(貪官逐之).
4. 따르는 사람은 경복한다(順者敬服).
5. 굶주린 사람은 먹여준다(飢者饋之).
6. 간사하고 교활한 사람은 없앤다(姦猾息之).
7. 도주하는 사람은 쫓지 않는다(走者勿追).
8. 가난한 사람은 진휼한다(貧者賑恤).
9. 불충한 사람은 제거한다(不忠除之).
10. 거역하는 사람은 효유한다(逆者曉喩).
11. 병든 사람은 약을 준다(病者給藥).
12. 불효하는 사람은 형벌한다(不孝刑之).[62]

---

62)『주한일본공사관기록』1, 19~20쪽 및 346쪽; 신용하,『동학과 갑오농민전쟁연구』, 일조각, 1993, 154쪽. 동학농민군의 '12개조의 기율(군율)'의 발표 시점에 대해서는 여러 가지 설이 있다. 첫째, 3월 25일설(정교,『대한계년사』와 신용하,『동학과 갑오농민전쟁연구』, 154쪽) 둘째, 3월말 또는 4월 초설(정창렬, 갑오농민전쟁연구, 연세대 박사학위논문, 1991, 140쪽) 셋째, 4월 중순설(배항섭,「제1차 동학농민전쟁시기 농민군의 진격로와 활동상황」,『동학연구』11, 한국동학학회, 2002, 49~50쪽) 등이다. 이 군율은 앞서『대한계년사』외에『주한일본공

이 '12조의 기율'은 '4대 명의' 중에서 첫째 항목과 둘째 항목을 좀 더 구체적으로 세분화한 것이었다. 즉 생명존중의 인본주의적 요소와 충효의 사회적 윤리를 보다 강조한 것으로, 동학군이 실천해야 할 덕목이라고 할 수 있다. 이는 전봉준이 각 부대장에게 당부한 약속과도 같다. 즉 전봉준은 "언제나 적을 대할 때는 칼날에 피를 묻히지 않고 이기는 것을 가장 큰 공으로 삼겠다. 비록 부득이 싸우더라도 절대 인명을 상하지 않는 것이 가장 귀한 일이다. 그러므로 행군할 때는 절대 사람을 해쳐서는 안 된다. 그리고 효제충신한 사람이 사는 마을이 있

사관기록』 1(19~20쪽),『동비토록』(『동학농민혁명국역총서』 3, 115~116쪽), 『조선폭동실기』의「동학당 대장의 호령」에 실려 있다. 그리고 같은 책의「영광 적영의 군령장과 계군령」에도 실려 있다. 또한『갑오조선내란시말』(「동학당의 군기」),『內亂實記朝鮮事件』(「東徒12條의 軍旗」)에도 실려 있다. 이외에도 『東京朝日新聞』(「동학당 대장의 호령」, 1894년 6월 3일자),『萬朝報』(「東徒 12條의 軍旗」, 1894년 6월 5일자),『大阪朝日新聞』(「12條의 軍旗」, 1894년 6월 3일자) 등 당시 일본에서 발행된 신문에도 실려 있다. 배항섭은 '12개조의 기율'이 동학군의 영광에서의 활동과 관련된 기사와 관련된 것으로 보고 4월 중순으로 판단하고 있다. 그런데 이들 자료에 실려 있는 군율은 시간적으로 전후 관계를 확인할 수 없다. 뿐만 아니라 일본 신문에 소개되고 있는 '12조의 기율'은 한 기관에서 제공한 내용을 그대로 작성하여 동일한 기사이다. 그리고 이들 신문의 기사의 전후관계를 보면 일정하지 않다. 이는 '12조의 기율'이 영광과 관련된 기사가 아니라 독립적인 기사이며, 편집하는 과정에서 신문사 편의상 게재한 것뿐이다. 대표적인 것이『조선폭동실기』이다. 이 책에는 동일한 내용의 기사를 앞뒤 면에 실려있는데, 오히려 영광 관련 기사에 실려 있는 '戒軍令'은 2개조가 누락되어 10개조만 있다. 그런데 이들 자료에 소개된 군율의 전후 기사를 보면 특히『동비토록』의 경우 4월 21일조에 함께 실려 있지만, 제목은「정탐기」로써 독립적인 기사이고 바로 이어 4월 4일에「東徒가 법성포의 아전과 향임에게 보내는 통문」이 실려 있다. 뿐만 아니라『동비토록』의 내용 역시 일본 신문이나 일본인들이 남긴 것과 동일한 것이다. 특히『갑오조선내란시말』이란 책은 동학혁명을 시간의 흐름에 따라 정리하였는데, '12조의 기율'은 백산대회에 이어지고 있고, 영광과 관련된 동학군의 활동에서는 전혀 언급을 하지 않고 있다. 이러한 점에서 볼 때 '12조의 기율'은 백산대회에서 제정되었고 이후 각 지역 동학군이 군율로 지켜져 오던 것을 정탐하여 기사로 제공한 것이라 할 수 있다.

으면 그 주위 10리 안에는 주둔하지 말기 바란다"고 당부하였다.[63]

3월 26일 백산에 집결한 후 새로운 지도체제와 강령・군율을 갖춘 동학군은 3월 말경 전주로 진군하였다. 이에 앞서 동학군은 백산에 설영하고 있는 동안 각지에 통문과 전령을 보내 군량미를 확보하였다. 우선 백산에 도착 설영한 3월 26일에는 군량미를 확보하고자 하였다. 김제군 보고에 의하면 "읍에서 거두어들이는 돈과 곡식이 얼마쯤인지 내용을 아는 아전이 장부를 가지고 길가 역참에서 기다리라"는 전령을 보내 군자금과 군량미를 마련하고자 하였다. 또한 3월 29일에는 태인현으로 "포수와 창수를 각 100명을 거느리고 북과 나팔 징과 바라를 일제히 울리며 기다리라"는 서찰을 보내기도 하였다.[64]

그러나 무엇보다도 중요한 것은 백산에서 동학군이 새로운 진영을 갖추는 동안 각 지역의 동학군은 관아를 점령하였던 것이다. 이에 따라 군현의 군수나 현령은 도망을 가고 호장과 이방 등이 동학군의 동향을 감영으로 보고하였다.[65] 이러한 동학군의 활동은 각 지역에서 백산으로 집결하기 앞서 관아를 먼저 점령하였기 때문으로 보인다.

백산에서 군량미를 확보하고 군세의 전열을 정비한 동학군은 일부를 백산에 남겨두고 3월 말경 전주를 점령하기 위해 출발하였다. 이후 동학군은 백산을 중심으로 태인・부안・금구・무장・고부・정읍 등을 중심으로 활동하였다. 한편 백산에 남아있던 동학군은 부안의 동학군을 충동하여 하동면 분토동에 집결케 하였다. 이곳에 집결한 동학군은 500여 명이었지만 부안・고부・영광・무장・흥덕・고창 등지

---

63) 『주한일본공사관기록』 1, 19쪽.
64) 황현, 『오하기문』, 수필(김종익 역, 『번역 오하기문』, 76쪽).
65) 황현, 『오하기문』, 수필(김종익 역, 『번역 오하기문』, 76쪽). "이 무렵 여러 고을이 함락되었다는 보고가 계속되었는데, 수령들은 죄다 도망하고 다만 각 고을의 戶長・吏房・首刑吏들이 문서를 올렸을 따름이다."

에서도 합류하였으며, 각각 죽창을 들었고 붉은기에는 '보국안민'이
라고 썼다. 이들 동학군은 4월 1일 부안을 점령하고 장청에서 대기하
고 있던 순영문의 포군들을 추방하였다.[66] 뿐만 아니라 시장에서 분전
하여 세금을 거두는 폐정 등을 개혁하기도 하였다.[67]

이후 동학군은 4월 17일 황토현에서 관군을 격파한 후 나주 등 일부
를 제외한 호남 일대를 점령한 후 5월 말경 전주성을 함락하였다. 그리
고 동학군이 점령한 지역에 집강소를 설치하고 이른바 민정을 실시하
였다.

4. 맺음말

지금까지 1894년 1월 10일 고부에서 기포한 이후 이른바 제1차 동
학혁명 전개과정에서 백산과 관련하여 살펴보았다. 동학혁명에서 백
산에는 두 차례에 걸쳐 동학군이 주둔하였다. 첫 번째는 고부기포 이
후 2월 25일부터 3월 13일까지 20여 일이었고, 두 번째는 무장기포 이
후 3월 26일부터 3월 말경까지 4~5일 정도였다. 이 두 차례에 걸쳐 백
산에 동학군이 주둔한 것은 무엇보다도 동학군의 전열을 정비하기 위
한 전략적 대안이었다.

동학군은 고부에서 기포하면서 지휘소를 말목장터에 두었다. 그러
나 20여 일 후 지휘소는 백산으로 이동하였다. 지휘소를 말목장터에서
백산으로 이동한 상황을 다음과 같다.

---

66) "지금 이들 장정을 모으는 것은 오로지 우리를(동학농민군: 필자주) 방어하려는
  것이다. 너희들은 일제히 나가서 각자가 하던 일을 종사하는 것이 옳다"라고 하
  면서 내쫓았다.
67) 『수록』, 갑오년 4월 초5일조(『동학농민혁명국역총서』 3, 9~10쪽).

선시(先是)에 고부(古阜)를 함락하고 탐관(貪官)을 양축(攘逐)하며 오리배(傲吏輩)를 징치(懲治)하니 각지로부터 화응(和應)하는 자-풍전(風前)에 점수(漸水)와 같이 대혼잡(大混雜)을 이루더라. 전 장군은 모든 장령(將領)과 상의하여 왈(曰), 우리가 민막군폐(民瘼郡弊)를 숙청하고 정치를 혁신코자 함이어늘, 한 곳에 오래 머무르면 자연 폐막(弊瘼)이 민간에 없지 못할 것이요. 또한 불구(不久)에 관군이 전주로부터 습래(襲來)할 것이니, 만일 이곳에서 전투가 되면 인가(人家)가 조밀한 관계로 인민의 사상자가 많을 테이니, 인가가 희활(稀闊)한 백산(白山)으로 이진(移陣)함이 어떠하뇨. 모든 장령(將領)이 그와 같이 함이 가(可)라 하는지라. 이에 고부(古阜) 북거(北距) 20리 허(許) 백산에 이진(移陣)하니, 사람의 발자취와 말굽에서 일어나는 티끌이 몽몽(濛濛)히 일어나서 천공(天空)을 가리우고 기치(旗幟)와 검전(劍戰)이 서로 착잡(錯雜)하여 만산편야(萬山遍野)에 인산인해(人山人海)를 이루었다.[68]

이 글에 따르면 고부기포 당시 동학군이 백산으로 이동한 것은, 첫째 민폐를 방지하기 위한 것, 둘째는 관군의 내습에 대비하기 위한 것, 셋째는 인가의 보호를 위한 조치였다. 이에 동학군은 앞서 축성하였던 백산으로 이동한 것이다. 백산으로 진주한 동학군은 장막을 설치하고 진지를 축조하여 관군의 공격을 대비하였다. 이는 전략적으로도 매우 중요한 선택이었다. 백산은 해발 47m에 불과하였지만 동진강이 백산을 3면으로 두르고 있는 배들평에서 가장 높은 곳이었다. 따라서 백산은 관군의 내습과 동향을 파악할 수 있는 가장 유리한 곳이기도 하였다. 이러한 지정학적 군사적 요충지인 백산은 무장기포 이후 동학군이 집결하기에 가장 이상적인 곳이었다. 더구나 '가활만민(可活萬民)'이라는 비결도 적지 않은 영향을 주었다. 비결은 전쟁에서 정신적 종교

---

68) 송재섭, 『실기』 참조.

적으로 위안을 주는 최대의 무기이기도 하였다. 동학혁명 당시 이러한 사례는 적지 않았다. 대표적인 것이 손화중의 '선암사 석불 비결'이었다.[69] 뿐만 아니라 부적이 총알을 막을 수 있다는 것도 이와 같은 사례의 하나이다. 이는 비결을 통해서도 정당성을 확보하고자 하는 염원이 담겨져 있었던 것이다.

또한 박맹수도 동학군이 백산으로 이동한 것에 대해 다음과 같이 설명하고 있다.

> 첫째, "고부백산(古阜白山)이 가활만민(可活萬民)"의 땅이었기 때문이다. 1894년 당시의 백산은 고부군에 속해 있었는데, 당시 이 일대 민중들 사이에는 "고부의 백산이야말로 만백성을 살릴 수 있는 땅"이라는 비결이 널리 퍼져 있었다.(파계생,「전라도 고부 민요일기」참조) 이 때문에 농민군들은 백산으로 가면 길(吉)한 일이 있을 것이라는 강렬한 믿음을 가지고 있었다.
>
> 둘째, 백산성은 농민군들이 필요로 하는 식량을 조달하기가 대단히 쉬운 이점이 있었다. 백산성은 지리적으로 세 방면이 모두 강으로 둘러싸여 있고, 한 쪽 방면만이 사람과 말이 통행할 수 있는 육지였다. 이런 지리적 특성은 2006년 1월 6일 필자의 백산성 답사에 동행한 부안 현지 분들의 증언을 통해서 다시 한 번 확인할 수 있었다. 이 때문에 관개시설이 발달되어 있지 않던 당시에 물이 풍부한 백산성 주변은 조선 땅 안에서도 매우 이름이 난 벼농사 지대, 즉 곡창지대를 이루고 있었다. 이런 까닭에 백산성 근처에는 가을이 되면 생산된 벼를 세금으로 거두어 보관하던 작은 창고(社倉)들이 여러 곳이나 있었고, 바로 이런 이유 때문에 농민군들은 식량조달이 비교적 쉬운 백산성으로 모이지 않을 수 없었을 것이다.

---

69) 오지영,『동학사』, 87~92쪽 참조.

셋째, 백산성은 근처에서 홀로 높아(「전라도 고부민요일기」), 사방에서 모여들기 쉬운 교통의 요지에 자리하고 있었다. 백산성은 해발 48m정도 밖에 되지 않는 아주 낮은 야산에 불과하지만, 사방에 높은 산이 전혀 없기 때문에 동서남북 어느 쪽에서도 접근하기 쉬운 지리적 요충지에 자리 잡고 있었다. 바로 이런 교통상의 이점을 손바닥 보듯이 꿰뚫고 있던 농민군들이 백산성으로 모여드는 것은 지극히 당연하고 당연한 일이라 할 것이다.

요약하자면, 수천 년 또는 수백 년 동안 대지와 자연에 뿌리를 박고 살아온 민중들의 생활세계(生活世界) 속에 배어 있던 생활의 지혜들이 바로 농민군들로 하여금 백산성으로 자연스럽게 모여들게 한 가장 커다란 이유였다.[70]

이에 의하면, 동학군이 백산으로 모인 것은 비결의 의한 길지, 군량미 확보가 용이한 곡창지대, 그리고 사통팔달의 교통 요충지 등으로 이는 전략적 의미가 내포된 것이라 할 수 있다. 결국 백산은 지정학적으로 볼 때 동학군에게 매우 중요한 전략적 요충지였다.

한편 무장기포 이후 백산에 집결한 동학군은 고부기포와 무장기포와는 또 다른 혁명군으로서 역량을 강화하였다.

첫째는 지휘체계의 확립이었다. 고부기포에서는 전봉준을 대장으로 추대하였지만 지휘체계가 확립된 것은 아니었다. 또한 무장기포에서도 전봉준·손화중·김개남 등의 참여로 동학군의 세력은 확대되었지만 지휘체계는 여전히 불분명하였다. 오지영의 『동학사』에 의하면 전봉준-손화중-김개남으로 서열화가 된 것처럼 보이지만 혁명군으로서의 지휘체계는 아니었다. 그러나 백산대회에서는 호남 전 지역의

---

70) 박맹수, 「서면 백산(白山)이요 앉으면 죽산(竹山)이라」, 『부안독립신문』, 2006년 1월 26일자.

동학과 동학혁명의 재인식

동학군이 연합전선을 형성하였기 때문에 보다 분명하게 상명하달이 지휘체계의 확립이 필요하였던 것이다. 이에 따라 전봉준을 대장, 손화중과 김개남을 총영관으로 하는 등 혁명군으로서의 지휘체계를 확립하였다.

둘째는 동학혁명의 성격을 분명하게 밝히고 있다. 고부기포와 무장기포에서 사발통문과 포고문 등을 통해 동학군의 목적을 밝히고 있지만 혁명으로서의 강력한 의지를 드러내고 있는 것은 백산의 격문이라 할 수 있다. 즉 백산대회의 격문은 반봉건 반외세, 그리고 민족적 연합전선을 촉구하는 동학혁명의 정당성과 목적을 보여주고 있다. 이에 대해 신용하는 다음과 같이 평가한 바 있다.

> 이 격문은 뒤의 집강소의 행정개혁 12개조와 함께 농민군의 사상이 가장 잘 드러나고 있는 격문이다. 무장기포의 창의문에서는 봉기가 국왕에 대한 반역이 아님을 국민에게 널리 알리기에 급급하여 봉기의 본뜻을 충분히 솔직히 표현하지 못하고 유교의 용어를 분식한 경향이 강하다. 그러나 고부점령에 성공하고 백산에서 1만 명의 농민군을 편성하는데 성공한 동학농민군 지도부는 거릴 것이 없이 자유로운 조건 위에서 대담하고 솔직하게 봉기의 목표를 밝히고 있다. 백산의 격문은 농민혁명 선언의 성격을 갖추고 있는 것이라 말할 수 있다.[71]

즉 백산에서 발표한 격문은 동학혁명의 선언이었던 것이다.

셋째는 동학군의 전열의 정비였다. 즉 12조의 기율은 동학군의 행동지침으로 당시 부패한 관군과 차별성을 통해 일반 민중으로부터 동학혁명의 정당성을 확보하는 것이었다.

넷째는 호남 일대 동학군의 연합전선이었다. 고부기포는 고부지역

---

71) 신용하,『동학과 갑오농민전쟁연구』, 155쪽.

이라는 지역적 제한성,[72] 무장기포 역시 손화중과 김개남이 중심세력을 이루고 있지만, 백산대회는 호남 전 지역의 동학세력을 집결하는 계기가 되었다. 이는 이후 동학군이 고부의 황토현전투, 장성의 황룡촌 전투를 승리로 이끌고 전라도의 수부 전주성을 점령할 수 있는 단초적 역할을 제공하였던 것이다.

따라서 백산은 동학군의 지휘체계 확립, 동학혁명의 정당성 확보, 동학군의 전열 정비, 그리고 민족적 연합전선의 촉구 등으로 동학혁명 과정에서 중요한 무대였다. 나아가 백산의 역사적 의미는 동학교조 수운 최제우가 강조하였던 보국안민의 실천, 그리고 안으로는 조선왕조의 전근대적 지배체제를 개혁하려는 반봉건적 근대화와 밖으로는 외세의 침략을 물리치고 자주적인 근대국가를 만들고자 하는 반외세·반제국·반침략을 상징적으로 보여주는 역사적 현장이었다.

---

72) 고부기포의 경우 고부지역 외에도 사발통문에 서명한 최경선의 활동무대가 태인지역이라는 점에서 고부지역의 제한성을 뛰어넘을 수 있지만 전체적으로 볼 때 무장기포나 백산대회보다는 제한적일 수밖에 없다.

동학과 동학혁명의 재인식

제11장

금산지역의 제1차 동학혁명의 전개

1. 머리말

금산지역의 동학혁명은 일반적으로 금산뿐만 아니라 진산까지 포함되고 있다. 이는 동학혁명 당시에는 금산과 진산이 별도의 행정구역이지만 현재는 통합되어 단일의 행정구역을 이루고 있기 때문이다.[1] 이러한 금산지역은 예로부터 교통의 요지이며, 전략적으로 중요한 거점으로서 역사적 사건이 적지 않았다. 금산은 임진왜란과 관련된 칠백의총, 진산은 조선후기 천주교 박해 등이 대표적이라 할 수 있다. 그렇지만 금산과 진산은 서로 다른 사회경제적 배경을 가지고 있다. 즉 금산은 성리학 체제를 유지하려고 하였다면 진산은 이를 거부하고 새로

---

[1] 금산은 신라시대는 進禮郡, 고려시대는 진례현과 錦州郡 등으로 불렸다가 조선시대에 금산군으로 개칭되었다. 진산은 백제시대는 珍洞郡, 고려시대는 진례군에 속했으며, 조선시대는 진산군으로 불렸다. 일제강점기인 1914년 행정구역 개편 당시 진산군이 금산군에 편입되었으며 1963년 전라북도에서 충청남도로 편입되었다. 현재 금산군은 금산읍, 금성면, 재원면, 부리면, 군북면, 남일면, 남이면, 진산면, 복수면, 추부면으로 구성되었다.

운 사회를 지향하고자 하는 형세를 보였다. 이와 같은 형세는 동학혁명 당시에도 그대로 재현되었다. 그렇기 때문에 금산지역의 동학혁명은 어느 지역보다도 보수세력과 치열하게 공방전을 펼쳤으며, 그만큼 인명의 피해도 컸던 것이다. 이러한 점에서 그동안 금산지역 동학혁명에 대해서는 많은 관심을 가져왔으며, 연구 성과 또한 어느 지역보다 많이 축적되었다.[2]

금산지역의 동학혁명은 고부, 무장, 고창, 부안 등 전봉준이 중심이 되어 전개한 호남지역과는 적지 않은 거리에 있었지만 이들 지역 동학혁명에 적극 호응하였다. 이러한 금산지역의 동학혁명은 단순한 지역적 민란이 아니라 동학혁명의 서장을 여는 무장기포와 밀접한 관련을 가지고 있다. 즉 금산의 '제원기포'는 무장기포보다 먼저 일어났다는 점에서 동학혁명의 전개과정에서 중요한 시점을 제시하고 있다. 뿐만 아니라 금산지역의 동학혁명은 동학혁명 기간 내내 동학군과 반동학군의 치열하게 대립하였다. 금산이 반동학군의 세력이 활발하였다면 진산은 오히려 동학군의 세력이 강성하였다. 그렇기 때문에 금산지역의 동학혁명은 그 시작과 끝을 함께 공유하고 있다. 이러한 점에서 금

---

2) 양승율, 「1894년 금산지역 의회군의 조직과 활동」, 『충남사학』 10, 1998; 표영삼, 「금산지역 동학농민혁명운동」, 『교사교리연구』 1, 천도교중앙총부, 1999; 이병규, 『금산 진산지역의 동학농민혁명 연구』, 원광대학교 대학원 박사학위논문, 2003. 그러나 무엇보다도 금산지역의 동학농민혁명은 최근까지 금산동학농민혁명기념사업회가 중심이 되어 매년 학술발표회를 통해 꾸준히 축적해 가고 있다. 주요 연구성과는 다음과 같다. 표영삼, 「1894년 금산지역의 혁명운동」(제2회, 2006); 표영삼, 「금산 동학도의 초기 기포」; 신영우, 「금산동학농민혁명 유족조사」; 신순철, 「금사농학농민혁명의 유적지 전적지」(이상 제3회, 2007); 신영우, 「금산동학농민혁명 후 조성된 금산민보군의 비문·조사연구」; 신순철, 「금산동학농민혁명의 방향과 과제」(이상 제4회, 2007); 이동복, 「동학농민혁명의 최고지도자는 "서장옥 선생"」; 신영우, 「1894년 금산봉기에 참여한 동학농민군 검토」; 신순철, 「금산, 진산지역의 동학농민군 참여자 연구」(이상 제5회, 2008).

산지역의 동학혁명은 다섯 단계로 구분할 수 있다. 즉 제1단계는 제원기포와 금산 및 용담 점령, 제2단계는 방축기포와 황토현전투 참여, 제3단계는 전주성 점령 이후 집강소 설치, 제4단계는 진산기포와 금산 재점령, 그리고 제5단계는 대둔산 전투의 최후 항쟁이라 할 수 있다.[3]

본고에서는 금산지역의 동학혁명 중 초기 활동이라 할 수 있는 제1단계에서 제3단계까지 이어지는 과정에 초점을 맞추어 살펴보고자 한다. 즉 1894년 동학혁명의 첫 기포였던 '제원기포'에서 금산과 용담의 점령 과정, '방축기포' 이후 고부 황토현전투 참여과정, 그리고 전주성 점령 이후 집강소가 설치되는 과정을 살펴보고자 한다. 그리고 이 과정의 역사적 공과를 찾아보고자 한다.

2. 제원기포와 금산 점령

금산지역에 동학이 처음 전래된 것은 언제일까. 『오하기문』에 의하면, "철종 말기에 이르러 무거운 세금은 더욱 그 학정을 더해갔음으로 백성들은 이를 모두 원망하였다. 이때 경주에 사는 최제우라는 사람이 스스로 천신(天神)이 재난(災難)을 내린다고 말하고, 문서(文書)를 만

---

3) 금산지역 동학혁명을 시기적으로 5단계로 분류하는데, 신순철 교수는 다음과 같이 정리하고 있다. 1단계는 제원농민봉기 단계, 2단계는 진산 방축리 봉기 단계, 3단계는 5월 초순부터 9월 중순까지 농민군 주도의 집강소 시기, 4단계는 진산기포와 금산 반농민군 축출 단계, 5단계는 대둔산을 중심으로 하는 최후 항전 단계이다.(신순철, 「금산 진신지역의 동학농민혁명 참여자 연구」, 제5회 금산동학농민혁명 학술발표회, 2008. 필자 역시 5단계에 대해서는 이견이 없다. 다만 용어상에서만 약간의 차이를 보이고 있다. 특히 '봉기'라는 용어보다는 당시 동학교도들이 사용하였던 '기포'라는 용어가 더 적합하다고 보고, '제원기포', '방축기포', '진산기포'라는 표기하였다.

들고 요언(謠言)을 퍼뜨렸다. 주문(呪文)이라는 그 학문 역시 천주(天主)를 받드는 것인데, 서학(西學)과 구별하여 동학(東學)이라 고쳐 불렀다. 지례(知禮)와 금산(金山) 및 호남의 진산(珍山)과 금산(錦山)의 산골짜기를 왕래하면서 양민을 편만(騙瞞)하여 하늘에 제사를 지내고 계(戒)를 받게 하였다"라고 한 바 있다.4) 최제우가 동학을 포교한 것은 1861년부터였으며, 경주를 떠나 남원으로 간 것은 1862년 12월이었다. 이러한 점에서 볼 때 금산지역에 동학이 처음 전래된 것은 1862년이었다. 이 시기에 전래된 동학은 최제우 사후 더 이상 유지되지는 못하였다. 이후 금산지역에서 동학에 대한 기록이나 활동은 확인되지 않고 있다.

그렇지만 동학혁명 당시 진산에서 기포를 한 조재벽5)이 1887년 동학에 입도하면서 금산지역에 동학이 본격적으로 포교되었다. 조재벽은 금산지역 외에도 황간, 옥천, 영동, 청산 등 충청도 지역까지 포교하였다.6) 조재벽은 1983년 1월 광화문에서 전개한 교조신원운동에 참여할 정도로 동학교단의 주요인물로 성장하였다.7) 뿐만 아니라 1893년 7월 해월 최시형이 상주 왕실촌에서 청산 문암으로 이거할 때 이를 앞장서서 주선하였다.8) 당시 해월 최시형은 김성원의 집에 기거하였는데, 그는 조재벽의 연원이었다.9) 이외에도 금산지역에는 박능철, 최사

---

4) 황현,『오하기문』, 수필 ;『동학농민사료총서』1, 사운연구소, 1996, 42쪽; 김익종 옮김,『번역 오하기문』, 역사비평사, 1994, 60쪽; 황현저 이민수 역,『동학란--동비기략초고-』, 을유문화사, 1985, 96쪽.

5)『천도교서』포덕 34년(계사)조;『동학농민전쟁사료총서』28, 사운연구소, 1996, 229쪽,『주한일본공사관기록』에 의하면 조재벽은 황간을 중심으로 활동하였다.

6) 표영삼,「금산지역 동학농민혁명」, 3쪽.

7)『해월선생문집』계사년조,

8)『천도교서』포덕 34년(계사)조;『동학농민전쟁사료총서』28, 사운연구소, 1996, 229쪽.『천도교서』에는 '李在璧'으로 되었으나 이는 조재벽의 오기이다.

동학과 동학혁명의 재인식

문, 최공우,[10] 김기조, 조동현[11]등이 중심이 되어 동학 조직을 이끌어 갔다. 금산지역의 동학 조직은 서장옥의 관할이었으며,[12] 이들을 중심 으로 1894년 3월 동학혁명의 첫 기포를 하였다.

금산지역의 동학혁명은 일반적으로 알려진 무장기포보다 앞선 제 원기포에서 비롯되었다. 「금산동도작요내력」에는 제원기포의 상황을 다음과 같이 밝히고 있다.

　一. 지난달(3월-필자주) 초 7일에 동학도들이 우리 고을에 속한 제원역 에 모이라는 통문을 발송하였다. 장리를 특선하여 모임의 여부를 정탐해 오고 품은 의도가 무엇인지를 자세하게 알아 오게 하였다. 그들이 말하기 를 고을의 폐해를 바로잡는데 10개조나 된다고 하였다.
　一. 초 9일 저녁 때에 주동자 몇 명이 수백 명의 무리를 이끌고 고을 장 터로 들어와 진을 치고 유숙하였다.[13]

위의 글에 의하면, 금산지역의 동학교인들은 10개조의 폐정[14]을 개 혁할 목적으로 3월 7일 동도소(東都所)를 설치한 후 각지에 통문을 발 송하였고,[15] 8일 제원역에 집결하여 기포하였음을 알 수 있다.[16] 이어

---

9)『해월선생문집』계사년조.
10)『천도교회사초고 부 천도교총서』포덕 35년조;『동학사상자료집』1, 아세아문 화사, 1979, 465쪽.
11)「금산파화효상별구성책」,『동학농민전쟁사료총서』17, 478쪽.
12)『김낙봉이력』계사년조;『동학농민전쟁사료총서』7, 사운연구소, 1996, 378쪽.
13)「錦山東徒作擾來歷」.
14) 제원에서 기포한 동학군은 폐정개혁 10개조를 제시하였는데, 그 내용에 대해서 는 확인되지 않고 있다. 그러나 당시 전국적으로 전개되었던 민란의 경우 대부분 이 삼정과 관련된 조세수취가 원인이었던 것으로 보아 제원기포의 폐정개혁 10 개조도 삼정과 관련된 조세수취로 판단된다.
15)『고종실록』에 의하면, '동학소에서 통문을 돌렸다'고 하였는데, 이는 제원기포

다음날 9일 저녁에는 고을장터 즉 제원장에 도소를 설치하고 유숙하였다는 점에서 볼 때, 기포일은 3월 8일로 보다 분명해진다. 이러한 사실은 당시 금산군수 민영숙이 정부에 보고한 내용17)과 「정지환순의비」18)에서도 확인할 수 있다. 동학교인들이 제원역에 집결한 것은 교통의 편리와 숙박이 용이하였기 때문이었다.19)

그렇다면 제원기포가 일어나게 된 직접적인 배경은 무엇일까? 이는 두 가지로 분석할 수 있지 않을까 한다. 첫째는 당시 민란의 요인이 되었던 삼정의 폐해였다. 금산지역 역시 삼정의 폐해가 심각하였다. 제

가 사전에 철저하게 준비되었음을 의미한다.

16) 1987년에 간행된 『금산군지』에는 "갑오 3월 8일 금산에 거주하는 동학교도들과 무장한 동학군이 제원역에 회합하여 이야면을 선봉장으로 5천여 명이 죽창과 농기를 들고 대거 금산읍으로 들어와 관아를 습격하고 문서와 각종 기물을 불사르고 서리들의 가옥을 파괴하여 살기가 등등하여 민중을 전화 등에 넣고 보니, 무상한 백성들은 전투를 피하려 대소란이 일어났다."라고 기술하고 있다(『금산군지』, 금산군지편찬위원회, 1987, 205쪽).

17) 당시 금산군수 민영숙이 정부에 보고한 내용은 다음과 같다.
"방금 전라감사 김문현의 장계를 보건데, 금산군수 민영숙이 보고를 들어 일일이 들어 이르기를, '동도소에서 통문을 돌려 모인 사람이 1천명 가까이에 이르렀는데, 이미 그들이 신소한 문제에 대하여 그 고을에서 바로 잡았으므로 자세히 타일러서 즉시 돌려보내도록 신칙하고 10가지 조목으로 책을 만들어 써보냈으며, 고을에서 보고한 그대로를 수정하여 의정부에 올려 보냅니다.'라고 하였습니다."(『일성록』고종 31년 3월 23일조;『고종실록』갑오년 3월 23일조;『승정원일기』갑오년 3월 23일조)

18) 정지환순의비의 내용은 다음과 같다. "갑오년 봄에 이르러 동학의 무리들이 난을 일으켰는데, 봉기하는 곳이 호남에서 가장 큰 소굴이 되었으며, 금산도 마찬가지였다. 호남과 호서의 안위를 살펴보니, 동학도가 처음에 제원역에 집결하였는데, 정지환이 군민을 규합하여 김제룡 등으로 하여금 이들을 몰아내자 진산에 모였다."(「정지환순의비」, 『금산금석문』상, 금산문화원, 1996, 218쪽) 이 비문에 의하면 양호 즉 호남과 호서에서 동학군이 처음으로 모인 곳은 제원역임을 밝히고 있다.

19) 제원역은 금산읍에서 동쪽으로 4키로 즉 10여 리 정도 떨어져 있는 찰방역이었다.

원기포의 동향을 감영에 보고한 금산군수 민영숙이 지적하였듯이 호장 김원택의 가혹한 수탈이었다. 뿐만 아니라 동학교인들이 가장 먼저 요구한 것 또한 전세, 대동, 군전, 호렴 등 삼정과 직접적으로 관련된 문건이었다. 둘째는 고부기포의 영향이었던 것으로 보인다. 여기에는 풀어야 숙제가 없지 않지만 여러 정황으로 보았을 때 많은 연관성을 내포하고 있다.[20] 즉 고부기포를 주도한 전봉준과 제원기포의 연원대표인 서장옥과의 관계를 먼저 지적할 수 있고, 백산에 유진하였던 전봉준은 2월 하순경 '전운영을 파괴하고 나아가 폐정을 리혁(釐革)하자'는 내용의 격문을 비밀리에 인근 58개 지역 동학지도자에게 띄운 바 있었다.[21] 더욱이 전봉준이 서장옥의 영향을 받았던 인물이라면 서장옥의 도움이 무엇보다도 절실하게 필요하였을 것이다. 이에 서장옥의 관할이었던 금산지역 동학교인들은 통문을 돌려 기포한 것으로 추정된다.[22]

3월 8일 제원역에서 기포한 동학군은 다음날 9일 저녁 제원장으로 이동하여 도소를 설치하고 이곳에서 하루밤을 지냈다. 10일 아침 성찰을 금산 관아에 보내 전세(田稅)와 대동(大同), 군전(軍錢), 호감(戶歟) 등과 관련된 서류를 가져오게 하였다. 이는 동학교인들이 폐정을 개혁하려고 하는 10개조와 밀접한 관련이 있는 것이다. 당시 금산지역의 삼정도 적지 않게 문란하였다고 할 수 있다. 이와 같은 동학군의 문서열람을 하고자 한 행위에 대해 군수 민영숙은 거절하였다. 이에 동학교인들은 관아를 습격하여 공형을 잡아 가두는 한편 서류를 탈취해 일

---

20) 이에 대해서는 이병규,『금산·진산지역 동학농민혁명 연구』, 71~78쪽을 참조할 것.

21) 파계생,『전라도고부민요실기』.

22) 이와 관련해서는 좀더 많은 보완이 필요하고 본다. 추후에 서장옥과 전봉준의 관계를 동학조직이라는 특수성과 관련하여 살펴보고자 한다.

일이 조사하였다. 즉 동학교인들은 금산 관아를 점령하였던 것이다. 당시 동학교인들은 군수 또는 이속의 징치에 대해 논의하였고 그 결과 보다 강력하게 폐정을 개혁하기 위해 12일에 금산 읍내로 집결하라는 통문을 각지에 보냈다. 이와 더불어 악질 좌수를 잡아다 태질을 하는 한편 군비를 확보하였다.[23]

3월 12일, 동학교인 수천 명이 짧은 몽둥이를 들고 군에 모여들어 아전의 집을 불태웠다.[24] 『금산동도작요내력』에는 당시의 상황을 다음과 같이 기록하였다.

> 一. (3월) 12일 아침 일찍 성찰이 와서 관아에 소청을 냈다. 사연은 전날 거론한 10개도였다. 특별히 허락해주기를 소원하므로 감영에 관제를 내려달라고 청하였다. 관제가 내려오기도 전에 동학도 기백명이 정제라는 쓴 깃발을 들고 나타났다. 뒤이어 각기 마을의 이름을 쓴 깃발을 들고 촌민 기천명이 뒤따랐다. 그중 한 깃발에는 물범성죄(勿犯聲罪)라고 썼다. 일시에 몰려들어 공리에게 개울가에 휘막을 쳐달라고 호통을 쳤다. 곧이어 막이 쳐지자 진을 정하였다. 수칙을 엄히 내려 외부인들이 엿보지 못하게 하였다. 이날 밤 초경에 일제히 동학 주문을 외었다. 그리고 물범성죄라고 쓴 깃발을 휘날리며 개울을 건너 호장 부자가 사는 집으로 가서 부쉬버렸다. (중략) 보부상 반수(班首) 김치홍의 집을 부수고 접장 임한석 부부를 결박한 후 구타하였다.[25]

즉 동학교인들은 그동안 민폐가 극심하였던 호장 김원택, 관의 비호를 받아 백성들을 괴롭히던 보부상 김치홍과 임한석의 집을 부수고 구

---

23) 「錦山東徒作擾來歷」.
24) 황현, 『오하기문』 수필; 김종익 옮김, 『오하기문』, 75쪽; 이수민 역, 『동학란-동비기략초고』, 114쪽.
25) 「錦山東徒作擾來歷」.

동학과 동학혁명의 재인식

타하는 등 폭력을 가하였다. 이처럼 동학교인과 촌민의 위세가 불길처럼 타오르자 금산 관아는 동학교인들과 촌민의 요구를 들어주기로 하는 한편 감영에 보고하였다. 감영으로부터 보고를 받은 정부는 사태를 수습하기 위해 조치를 취하지 않을 수 없었다. 전라감사의 보고를 받은 정부는 첫째 조사관을 파견하여 폐해를 바로 잡고 백성을 효유할 것, 둘째 제원기포의 주모자를 색출하여 효수하고 참가자의 경중에 따라 징벌할 것, 셋째 민폐의 원인을 제공한 김원택을 징벌할 것, 넷째 초기 대응에 미숙하였던 감사를 징계할 것 등을 조처안을 시달하였다.[26]

일단 관아에서 폐정개혁을 수용하자 동학교인들 해산하기로 하였다. 이 과정에서 동학교인들은 촌민들에게 소를 잡아 대접하였다. 그렇지만 동학교인과 촌민 간에 불화가 생겨 서로 반목하게 되었다. 이로써 제원기포를 주도하였던 동학교인과 참여하였던 촌민들은 각기 해산하였다. 그런데 촌민들은 오히려 동학교인들을 '도적들'이라고 떠들었다. 이는 동학교도들이 읍내에서 1천 냥과 관가에서 5백 냥을

---

26) 『일성록』 고종 31년 3월 23일조; 『고종실록』 갑오년 3월 23일조; 『승정원일기』 갑오년 3월 23일조. 그 내용은 다음과 같다. "감사로 하여금 조사하는 관리를 따로 정하여 당일로 해당 고을로 달려가서 일체 백성의 폐단에 관계되는 것을 모두 바로 잡고 백성을 타일러서 각각 돌아가 생업에 안착하게 하며, 통문을 돌린 동학 괴수는 기한을 정하고 잡아다가 효수하여 백성들을 경계할 것입니다. 부추기는데 휩쓸리거나 위협에 못이겨 추종한 것도 역시 심히 가슴 아픈 일로써 그중에서도 역시 반드시 선참으로 맞장구치고 앞장서서 소란을 일으킨 놈이 있을 것이므로 하나하나 조사하여 경중을 구별하여 징벌할 것입니다. 고을 아전 김원택은 그가 백성에게 해독을 끼쳐 사람들의 원한이 집중되었다는 것을 알 수 있으니 철저히 조사하여 해당한 법조문을 적용함으로써 민심을 위로하고 풀어줄 것입니다. 해당 감사는 애초에 조사도 하지 않았으며 또한 처리할 방도도 강구하지 않고 단지 백성들의 신소를 책으로 만들어 올려 보냈는데 감사의 직책에 있는 처지에 어찌 각 고을의 일을 강 건너 불 보듯 한단 말인가. 사리로 보아 경고하지 않을 수 없으니 3기분의 녹봉을 건너뛰는 규정을 적용하는 것이 어떻겠습니까? 윤허하다."

거두어 들였기 때문이었다. 이에 동학교도에게 폭행을 당하였던 보부상 김치홍과 임한석은 보부상 10여 명과 청년 수십 명을 이끌고 동학교도에게 보복하였다. 즉 제원기포의 주모자인 권전주와 김정만의 집을 부순 다음 제원으로 달려가 동학교인의 집을 부서버렸다. 당시 제원기포를 주도한 인물은 권옥(권전주), 김순익, 심헌식, 김정만, 이봉석, 백학선, 이선달, 진기서, 정유술 등 9명이었다.[27]

이상에서 볼 때 제원기포는 1894년 3월 8일이었으며, 1천여 명의 동학교인과 촌민들이 관아로 몰려가 폐정개혁 10개조를 제출하였다. 금산 관아는 일단 폐정할 것을 받아들이면서 감영으로 보고하였다. 이에 따라 동학교인과 촌민은 기포를 해산하였으나 서로 간에 불화가 생겼다. 이들은 각기 해산하였는데, 동학교인들은 처음에 기포하였던 제원역으로 재집결하였다. 3월 8일 제원기포 이후 13일 해산할 때까지 동학교인의 활동을 정리하면 아래 <표>와 같다.

〈표〉 제원기포 이후 동학군의 동향

일시	거점지	주요활동
3월 7일		동학교인들 동도소 설치하고 제원역에 모이라는 통문 발송
3월 8일	제원역	제원역에 동학교인 집결, 기포
3월 9일	제원역 제원장	고을장터(제원시장)에 진을 치고 도소 설치 및 유숙, 촌민 합류
3월 10일	제원장 관아	동학교인임을 알리는 방을 붙임, 삼정과 관련된 문서 요구, 공형 납치, 문서 조서
3월 11일	제원역	제원역으로 돌아감
3월 12일	관아 금산천	폐정개혁 10개조가 담긴 소장 제출, 금산천변에 진을 치고 동학 주문 외움, 호장 김원택 및 보부상 반수 김치홍의 집을 파괴, 보부상 접장 임한석 부부 구타

---

27) 이들은 퇴리, 좌수, 면임, 이방, 교임 등의 경력을 가지고 있었다.

　　　　　　　　　　　동학과 동학혁명의 재인식

3월 13일	금산천 제원역	폐정개혁을 하겠다는 약속을 받고 해산, 동학교인과 촌민의 불화, 제원역에 재집결

3. 방축기포와 황토현전투

3월 8일 제원역에서 기포한 후 금산 관아를 점령, 폐정개혁안을 제출하였던 동학교인들은 이후 어떻게 되었을까. 제원기포 5일간 금산 관아와 읍내를 점령하였던 동학교인들은 13일 일단 해산을 한 것으로 보인다.

그러나 동학교인들은 여전히 제원역을 거점으로 그 조직을 유지한 것으로 보인다. 왜냐하면 금산 관아를 점령한 후 동학교인들은 용담현을 공격하였기 때문이다. 즉 동학교인들은 금산 관아에서 자신들이 제출한 폐정개혁 10개조를 바로잡겠다고 약속하였으므로, 다음은 용담현으로 진출하였다. 당시 용담현령은 오정선이었다.「동학당정토약기」에 의하면 제원에서 기포한 동학군의 동향을 다음과 같이 설명하고 있다.

> 정선(鼎善)은 본시 용담(龍潭)의 현령(縣令)이었다. 동비(東匪)가 봉기하자 제일 먼저 금산(錦山)과 용담(龍潭)을 습격하였다. 아마도 청주(淸州)를 치는 길을 열고자 했음이리라. 정선(鼎善)은 이를 토벌하려고 했지만, 무기가 없어서 인민들에게 도끼와 낫 따위를 들게 해서 비도(匪徒)를 쫓아내려 하였다. 그러나 중과부적으로 거의 위급한 지경에 이르렀으나, 일단 이를 격퇴하여 용담(龍潭) 부근에는 한 사람의 적도 없게 되었다.[28]

즉 3월 13일 제원역으로 이동한 동학교인은 이곳에서 잠시 머무른

---

28)「동학당정토약기」,『주한일본공사관기록』6, 국사편찬위원회, 42쪽.

후 용담현으로 몰려갔다. 금산 관아에서의 동학교인들의 동향을 이미 들은 바 있는 오정선은 동학교인들을 토벌하려고 하였으나 처음에는 중과부적으로 위급한 지경에 처하였다. 그러나 이를 격퇴하였다고 하였다. 용담현도 금산 관아와 마찬가지로 동학교인들의 요청 즉 폐정개혁을 받아들였던 것으로 보인다.

이처럼 금산 관아와 용담현을 점령한 동학교인들은 자신들의 요구가 받아들여짐에 따라 해산하였다. 일단 해산한 금산지역 동학교인들은 여전히 유사시를 위해 조직력을 유지하면서 여타 지역 동학세력의 움직임을 주시하였다.

한편 전봉준, 손화중, 김개남, 김덕명 등 호남의 주요 대접주들은 "동학이 하늘을 대신하여 세상을 다스려 나라를 보호하고 백성을 편안케 할 것이다. 우리는 살상과 약탈을 하지 않을 것이나 오직 탐관오리만은 처벌할 것"29)을 기치로 하여, 손화중, 김개남, 김덕명 포의 동학조직을 집결한 후 3월 20일 무장에서 포고문을 선포하고 기포하였다.30) 무장기포 이후 고창, 고부, 부안, 정읍을 차례로 점령한 동학군은 백산으로 이동하였다. 그리고 이곳에서 백산대회를 갖고 새로운 지휘체계를 갖추었다. 백산대회 이후 호남지역 동학군들이 연합전선을 구축하기 위해 백산으로 집결하였다. 오지영의 『동학사』에 의하면 3월 26일경 백산에 집결한 동학군의 지역은 34개 지역이었다.31)

백산에서 군량미를 확보하고 군세의 전열을 정비한 동학군은 일부를 백산에 남겨두고 4월 초 전주를 점령하기 위해 출발하였다. 이후 동

---

29) 황현,『오하기문』, 수필; 김종익 역,『번역 오하기문』, 역사비평사, 1994, 72쪽.
30) 박문규,『석남역사』, 갑오년 4월조; 황현,『오하기문』수필;『주한일본공사관기록』1, 57쪽.
31) 오지영,『동학사』, 영창서관, 1938, 113~114쪽.

동학과 동학혁명의 재인식

학군은 백산을 중심으로 태인, 부안, 금구, 무장, 고부, 정읍 등을 중심
으로 활동하였다. 한편 백산에 남아있던 동학군은 부안의 동학군을 충
동하여 하동면 분토동에 집결케 하였다. 이곳에 집결한 동학군은 5백
여 명이었지만 부안, 고부, 영광, 무장, 흥덕, 고창 등지에서도 합류하
였으며, 각각 죽창을 들었고 붉은기에는 '보국안민'이라고 썼다. 이들
동학군은 4월 1일 부안을 점령하고 장청(將廳)에서 대기하고 있던 순
영문의 포군들을 추방하였다.[32] 뿐만 아니라 시장에서 분전하여 세금
을 거두는 폐정 등을 개혁하기도 하였다.[33]

　이처럼 호남 각지에서 동학군이 기포하고 백산으로 집결함에 따라
금산지역 동학교인들도 적극 호응하여 재차 기포하였던 것이다. 즉 방
축기포였다. 금산지역 동학교인들은 즉시 통문을 돌려 4월 1일 진산
방축리에 집결하고 군진을 형성하였다.[34] 이처럼 금산지역 동학교인
들이 방축리에서 다시 기포를 하자 "금산 읍내를 돌입 사람들을 도륙
한다"는 소문이 떠돌았다. 이에 유림세력과 보부상들은 동학군을 격
퇴시키고 위해 의회군을 조직하였다. 특히 제원기포 때 동학교인들의
습격을 받은 바 있는 의회군은 곧바로 보복하였다. 당시의 상황을 살
펴보면 다음과 같다.

　　　4월 초 2일 신시에 금산군 행상 김치홍, 임한석 등이 앞장서서 부르짖

---

32) "지금 이들 장정을 모으는 것은 오로지 우리를(동학농민군-필자주) 방어하려는
　　것이다. 너희들은 일제히 나가서 각자가 하던 일을 종사하는 것이 옳다."라고 하
　　면서 내쫓았다.
33) 『수록』, 갑오년 4월 초5일조(『농학농민혁명국역총서』 3, 9~10쪽).
34) 「금산동도작요내력」; 「영문에게 보낸 기별」, 『수록』; 『동학농민혁명국역총서』 3,
　　동학농민혁명참여자명예회복심의위원회, 2008, 18쪽. 「금산동도작요내력」에
　　의하면, 민가에서 수십 자루의 총을 탈취하였고, 대장장이를 시켜 묵철 즉 탄환 3
　　두를 준비하였다고 밝히고 있다.

어 행상과 읍민 1천명을 이끌고 곧바로 진산 방축리에 동학도의 무리들이 모여 있는 곳으로 향하였다. 114명을 사살하고 나머지 무리들은 모두 도망하여 흩어졌다.

　4월 초 2일 해시에 낸 금산 겸임 용담현감의 첩정에서, 진산군에 모인 무리들은 동학도를 쳐서 죽인 행상과 읍민들이 그날 유시에 환군하였다. 나가서 맞이하여 음식을 대접하고 위로하였다. 묶어서 데리고 온 9명은 감옥에 가두어서 처분을 기다린다고 하였습니다.[35]

　즉 4월 2일 의회군과 읍민 1천여 명이 방축리에 집결해 있는 동학군을 공격하였다. 갑작스런 의회군의 공격을 받은 동학군은 대처를 제대로 하지도 못한 가운데 114명이 죽고 9명이 체포되었다. 그런데 의회군은 동학군의 보복이 두려워 이날 밤 금산천변에 도훈소라는 진소를 설치하고 매일 밤 작통하여 경계를 하였다.[36]

　그러나 동학군과 의회군과의 전투는 더 이상 전개되지 않았다. 이는 방축기포가 제원기포처럼 금산관아를 점령하기 위한 것이 아니기 때문이었다. 즉 방축기포는 무장기포에 호응하여 호남지역 동학군의 연합전선에 참여하기 위해 기포한 것이었다. 이에 따라 금산지역 동학군은 1백여 명 이상이 희생되었지만 연합전선에 합류하기 위해 남하하였다.[37]

　지난번에 전라도(全羅道) 금산군(錦山郡) 일대에 모여 있던 동학도(東學徒)를 부상대(負商隊)가 격파하여 일시 기세가 꺾여 퇴산했다는 것을 발(發) 제47호로 보고드린 바 있습니다. 그 후 작금 양일에 받은 보고

---

35) 「영문에게 보낸 기별」, 『수록』
36) 「금산동도작요내력」.
37) 이병규, 『금산·진산지역 동학농민혁명 연구』, 66쪽.

　　　　　　　　　　　　　　　　　　　동학과 동학혁명의 재인식

에 의하면, 동학당은 금산에서 물러났으나 그 후 얼마 안 되어 부안촌(扶安村)에 이르러 관청을 습격하고 군기를 약탈하는 등 점점 재기할 양상을 보이고 있습니다.[38]

　동학도(東學徒)들이 금산(錦山)에서 패주할 때에는 1,000여 명에 불과하여 모두 흩어졌으리라고 생각했으나, 1, 2일 사이에 4~5만 명으로 늘어나 부안읍(扶安邑)으로 들어와 관리(官吏)와 포교(捕校)를 살해하고 박현감(朴縣監)도 잡아갔으며 관곡(官穀)도 모두 어떤 곳으로 운반해 갔는지 조차 알 길이 없고 官庫안에 있던 병기(兵器)도 모두 탈취하여 현재 관부(官府)에 주둔하고 있는데 그들의 기세가 매우 확대되었다고 합니다.[39]

　이 자료에 의하면, 금산지역 동학군은 보부상과 의회군에게 격파를 당하였지만 즉시 전세를 보강하여 4월 3일 또는 4일에 부안을 점령하였음을 알 수 있다. 이는 금산지역 동학군이 연합전선에 참여하였음을 알 수 있다. 이 기록에 의하면 금산지역 동학군의 규모는 4만 내지 5만 명의 대규모에 달하였다. 방축기포에 참가한 초기의 동학군은 수천 명 정도였지만 부안으로 이동하는 과정에서 용담, 황간 등 조재벽 관내의 동학교인도 참여하였을 가능성도 없지 않았다. 부안은 이미 4월 1일경부터 연합전선으로 형성된 동학군에 의해 점령당한 상태였다. 당시 부안의 상황을 살펴보자.

　연합동학군의 한 지대는 4월 1일 부안 분토동에 도소를 설치하였다. 이들 중 일부가 성중으로 난입하였다가 분토동으로 돌아왔다. 이들은 붉은 기를 게양하였는데, 깃발에는 '보국안민'이라 썼고, 또 작은 깃발에는 부안, 고부, 영광, 무장, 홍덕, 고창 등 각 군현의 이름을 적었다.

---

38) 「東學黨 再燃의 件」, 『주한일본공사관기록』 1, 국사편찬위원회, 1986, 4쪽.
39) 「東學黨에 대한 諸報告」, 『주한일본공사관기록』 1, 4~5쪽.

또한 이들은 4월 2일 부안 공형에게 통문으로 장시에서 분전수세하는 일이 없도록 할 것을 지시하였을 뿐만 아니라 부안에서 보유하고 있는 전곡 중 군량미 10석과 돈 2백 냥을 보내줄 것을 지시하였다. 그리고 감영군이 출동하자 연합동학군 주력부대는 4월 3일 부안으로 출동하였다.[40] 즉 금산지역 동학군이 부안에 도착하였을 때는 이미 연합동학군이 점령한 상황이었기 때문에 연합전선에 합류하게 되었다. 연합전선에 합류한 금산지역 동학군은 4월 5일 부안 성황산으로 진을 옮긴후 고부 천태산을 건너 4월 6일 고부 도교산 즉 황토현에 진을 쳤다. 이때 태인의 김개남도 황토현에 합류하였다. 한편 전주를 출발한 감영군도 4월 6일 황토현 아래 진을 쳤다.

황토현에 집결한 동학군은 3대로 나누어 세 봉우리에 각각 진을 친후 횃불을 밝히며 관군과 대치하였다. 4월 7일 새벽 가운데 불만 남기고 양봉의 불이 꺼지자 관군은 동학군이 잠든 것으로 판단하고 기습적으로 공격하였다. 그러나 관군의 공격을 기다리던 동학군은 양쪽에서 관군의 퇴로를 차단하고 앞쪽에서 관군을 공격하는 협공으로 관군을 대파하였다. 특히 황토현전투에서 '부상(負商)'이라는 붉은 도장이 등에 찍힌 자를 끝까지 쫓아가서 죽였다는 기록이 있는데,[41] 이는 아마

---

40) 김인걸, 「1894년 농민전쟁 1차 봉기」, 『1894년 농민전쟁연구』 4, 역사비평사, 1995, 97~98쪽. 『주한일본공사관기록』의 「1894년 4, 5월 承政院 開拆」에 의하면 "東學徒黨 1隊가 이달 3일 扶安縣 扶興驛으로 이동하여 집결하였고 1隊는 같은 날 泰仁縣 仁谷 北村 龍山에 유숙하였다는 것은 모두 동시에 馳啓하였고, 5일 도착한 부안현 公兄의 文狀 馳告에 의하면 '어제 午時頃 동학의 무리 수천 명이 또 金溝縣 院坪으로부터 와서 本縣에 모여 있던 무리들과 합세하여 동헌으로 돌입하여 본현 현감은 사면으로 포위되어 인사불성이 되었고 公兄을 결박하고 군기를 탈취하였다"고 하고 있다.(『주한일본공사관기록』 2, 국사편찬위원회)

41) 황현, 「수필」, 『오하기문』; 김종익 옮김, 『오하기문』, 역사비평사, 1994, 80쪽. 『오하기문』에는 "보부상으로 붉은 도장을 찍은 것을 등에 붙인 사람들만 끝까지 따라 잡아 어금니를 악물고 칼을 휘두르는 폼이 마치 사적인 원수를 갚듯이

도 금산지역 동학군의 활약이 아닌가 싶다. 앞서 살펴보았듯이 금산지역 동학군이 연합전선에 합류하기 의해 방축에서 기포하였을 때 의회군과 보부상의 보복으로 1백여 명이 희생되었기 때문이었다. 즉 금산지역 동학군은 보부상에 대해 사사로운 감정이 있었을 것이다. 이러한 점에서 볼 때 금산지역 동학군은 황토현전투에서 동학군이 승리하는 데 가장 큰 공과를 있었지 않았을까 한다.

4. 전주성 점령과 집강소

황토현전투에서 승리를 이끄는데 앞장섰던 금산지역 동학군은 연합동학군의 일원으로 정읍(7일), 흥덕과 고창(8일), 무장(9일), 영광(12일), 함평(16일)을 차례로 점령한 후 21일 장성 월평리에 진을 쳤다. 장성에는 금산지역 뿐만 아니라 호남 일대의 동학군이 총집결하여 그 수가 수만 명에 달하였다. 한편 홍계훈이 이끄는 관군은 금구와 태인(15일), 정읍(19일), 고창(20일), 영광(21일)을 거쳐 23일 장성에 도착하였다. 장성에 도착한 관군은 이학승, 원세록, 오건영 등이 지휘하는 선발대 3백여 명이었다. 이날 동학군과 관군은 황룡촌에서 일대 격전을 치렀고, 동학군은 대승하였다.[42] 이 황룡촌 전투에서도 금산지역 동학군

하였다"라고 하였다.

42) 당시 황룡촌 전투에 대한 홍계훈의 보고는 다음과 같다. "우리 군사가 장성(長城)의 월평(月坪)에 도착하자 저들 또한 마침 황룡촌(黃龍村)에 이르러, 차츰 서로 접전하여 한 바탕 전투가 벌어졌습니다. 극로백(克虜伯, 크루프 소총)을 한 번 발사하자 저들 중 맞아 죽은 자가 약 수백 명이 되었습니다. 10,000여 명은 악에 바쳐 들고 일어나 목숨을 돌보지 않고 죽기를 각오하고 돌격하여, 30여 리를 쫓아오는데 저들은 많고 우리는 수가 적은 관계로 우리 군사는 지쳐 쓰러지면서 창황하게 본진으로 돌아왔습니다. 그러나 우리가 쫓겨 올 때에 대관 이학승이 분발하

은 적지 않은 공을 세웠을 것으로 본다.

4월 23일 장성 황룡촌 전투에서 승리한 동학군은 정읍과 태인(24일), 금구 원평(25일)을 거쳐 4월 26일 전주 삼천에 도착하였다. 당시 전주성은 사실상 무방비상태였다. 장날인 4월 27일 동학군은 용머리에서부터 일자로 진을 치며 전주성으로 향하였다. 금산지역 동학군도 함께 참여한 전주성 점령과정은 다음과 같다.

> 이때는 4월 27일 전주 서문밖 장날이라. 무장, 영광 등지로부터 샛길로 사방으로 흩어져 오단 동학군들은 장꾼들과 함께 섞여 미리 약속을 정하여 있던 이날에 수천 명의 사람들은 이미 다 시장 속에 들어왔었다. 때가 오시쯤 되자 장터 건너편 용머리고개에서 일성의 대포소리가 터져 나오면서 수천 방의 총소리가 일시에 시장판을 덮었다. 별안간 난포소리에 놀란 장꾼들은 정신을 잃어버리고 뒤죽박죽이 되어 헤어져 달아났다. 서문으로 남문으로 물밀듯이 들어오는 바람에 동학군들은 장꾼들과 같이 섞여 문 안으로 들어서며 한편 고함을 지르며 한편 총질을 하였다. 서문에서 파수 보는 병정들은 어찌된 까닭인지를 몰라 엎어지고 자빠지고 도망질을 치고 말았다. 삽시간에 성 안에도 모두 동학군의 소리요 성 밖에도 동학군의 소리이다. 이때 전봉준 대장은 천천히 대군을 거느리고 서문으로 들어와 좌를 선화당에 정하니, 어시호 전주성은 이미 함락되었다.[43]

즉, 장날을 이용한 동학군은 장꾼들과 섞이어 쉽사리 성안으로 들어올 수 있었고, 서로 약속한대로 총포를 쏘면서 진입하여 전주성을 함

여 칼을 들고 뒤에서 홀로 싸우다가 병정 5명과 함께 저들에게 살해당하였다고 하니, 참혹하고 놀라움이 막심합니다. 극로백 1좌와 회선포(回旋砲)1좌 및 실탄 얼마는 잃고 말았으니 매우 분하고 한스럽습니다."(「光緒二十年四月二十四日 親軍壯衛營正領官兩湖招討使臣洪啓薰謹啓爲相考事」, 『양호초토등록』; 『동학농민혁명국역총서』 1, 118쪽)

43) 신순철·이진영, 『실록 동학농민혁명사』, 서경문화사, 1998, 78쪽.

락하였다. 전주는 전라도의 수부일 뿐만 아니라 조선을 건국한 태조 이성계의 영정을 보관한 경기전과 시조의 위패를 봉안한 조경모가 있는 곳이다. 조선 왕조뿐만 아니라 동학군으로도 상징적인 전략적 거점이었다. 이러한 점에서도 동학군의 1차 목표가 전주성이었다. 따라서 전주성 점령은 동학혁명의 전투에서 거둔 최대의 승리였다. 이로써 동학농민혁명의 1차 목표는 전주성을 점령함으로써 일단 성공하였다고 할 수 있다. 3월 8일 제원기포와 4월 1일 방축기포로 동학혁명 대열에 참여한 금산지역 동학군은 한때 보부상과 의회군에 의해 일시적으로 위기에 처했지만 곧바로 연합전선에 합류하였다. 이로써 황토현전투와 황룡촌 전투의 승리, 그리고 전주성 점령으로 이어지면서 역사의 전면에 서게 되었다.

동학군이 전주성을 점령하자 정부에서는 청군차병을 요청하였고, 일본도 천진조약에 따라 군대를 파병하였다. 뿐만 아니라 전주성을 수복하기 위해 경군을 파견하였다. 동학군과 경군은 완산전투를 비롯하여 크고 작은 공방전을 치뤘다. 5월 4일에 이르러 동학군과 정부 간의 화의 분위기가 조성되었고, 동학군의 폐정개혁안을 수용하였다. 이에 동학군과 정부는 마침내 전주화약을 맺었다. 동학군은 5월 7일 전주성을 정부에 내어주고 각지로 돌아가 집강소를 설치하고 폐정개혁을 단행하면서 동학이 지향하였던 통치를 실행해 나갔다.

전주성 점령에 참여하였던 금산지역 동학군은 전주화약 이후 고향즉 금산으로 돌아왔다. 그동안 금산에서 동학군의 추이를 살피던 보수세력과 보부상들은 더욱 불안해졌다. 그러나 전주화약에 따라 금산지역에도 집강소를 설치되었고 폐정개혁을 단행하였다. 이와 관련된 내용은 다음과 같다.

다만 5월 보름쯤에 동학도의 무리들이 모두 귀화하여 족히 방어할만한 것이 없다고 순영문에서 우리에게 칙령을 보냈다. 거괴 전봉준이 전주에 있으면서 사사로이 전달사항을 보내 종종 도착하기도 하였다. 이로 인하여 계속해서 각읍에 집강이 세워졌으며, 이들로 하여금 편안한 생활을 유지하도록 하였으나 그 학정과 폭정이 전과 비교하여 줄어들지 않았다. 처음에 집강을 임명하였는데, 용담에 사는 김기조였고 다음에는 금산에 사는 조동현이었다. 그 시기는 빙탄의 땅과 같아 그 유혹하는 바에 빠져 모두 막힌 땅이 되었다. 이로 말미암아 금산에 사는 백성들이 노인을 지고 어린아이를 끌어안고 흩어져 도망가 온 성이 텅텅 비어있었다.[44]

이에 의하면, 금산지역에 집강소가 설치되었음을 확인할 수 있다. 첫 번째 집강은 용담 출신의 김기조(金己祚)였으며, 이어 금산 출신의 조동현(趙東賢)이 임명되었다. 조동현은 조재벽과 함께 1983년 2월 광화문에서 전개한 교조신원운동에 참가하였던 인물이었다.[45] 집강소의 초기에는 용담 출신인 김기조를 임명하였으나 바로 금산 출신인 조동현이 임명된 것은 집강소의 역할이 그만큼 중요하였기 때문으로 생각된다.[46] 뿐만 아니라 금산은 일찍이 진산이나 용담보다 재지사족의 영향력이 컸으며, 보수세력과 보부상의 움직임 또한 심상치 않았다. 이에 따라 동학군측에서도 보다 영향력이 있는 인물이 필요하였는데, 조재벽은 당시 황간을 중심으로 활동하였기 때문에 조동현을 대신 임명한 것이었다. 그러나 동학군이 집강소는 5월 말경 보수유생과 보부상 등으로 구성된 민보군에 의해 적지 않은 위협을 받게 되었고 이후

---

44) 「금산피화효상별구성책」, 『동학농민전쟁사료총서』 17, 478쪽.

45) 『해월선생문집』 계사년조.

46) 이에 비해 이병규는 동학군의 집강의 기능이 제대로 이루어지지 않았기 때문에 김기조에서 중간에 조동현으로 바뀌었다고 보고있다(이병규, 『금산·진산지역 동학농민혁명연구』, 104쪽).

동학과 동학혁명의 재인식

10월까지 진산 동학군과 반동학 세력의 대립이 지속되었다.[47]

5. 맺음말

금산지역 동학혁명은 1894년 3월 8일 제원역에서 처음으로 기포하여 1895년 2월 16일 대둔산 최후의 항전까지, 즉 어느 지역보다 먼저 그리고 최후까지 항전하였다. 본고에서는 3월 8일 제원기포와 금산 점령, 방축기포와 황토현전투의 참여과정, 그리고 그 이후 전주성 점령과 집강소 설치까지 살펴보았다. 이 과정까지 금산지역 동학군의 활동을 다음과 같이 정리할 수 있다.

첫째, 금산지역 동학군은 무장기포에 앞서 1894년 3월 8일 제원역

---

47) 이병규, 『금산·진산지역 동학농민혁명연구』, 110~111쪽. 한편 진산 동학군의 활동의 사례는 다음과 같다. "작년 東匪가 봉기한 후 지금까지 이 읍이 불탄 것은 두 번이다. 이 읍에서 30리(日本里數 3리)쯤 떨어진 곳에 珍山郡이 있는데 작년 東學徒가 일어나자 그 읍의 백성이 모두 匪徒에 가담하고, 使者를 이 錦山縣으로 보내 東匪徒에 가담할 것을 권유하고 날짜를 정해서 그 승낙여부를 답하라고 하였다. 錦山縣民은 이를 縣監에게 의논하였는데 縣監이 이르되, 이번에 이와 같은 대사는 전체사람이 잘 생각해 볼 필요가 있으니 急速히 승낙여부를 답할 수는 없는 것이라 하고, 또 이르기를 匪徒에 가담하는 것은 의롭지 못한 것이라 했으므로 錦山의 백성은 모두 東學徒의 권유를 거절하였다. 이것이 바로 작년 6월의 일이었다. 그 후 珍山 사람이 다시 와서 東學徒에 가담할 것을 권했지만 錦山 사람은 또 이를 거절하였다. 이것이 결국 이 읍이 東學徒의 깊은 원한을 초래한 원인이 되고 가장 잔학한 일을 자행하게 한 연유가 아닌지도 모르겠다. 그리하여 곧 작년 6월에 珍山의 東學徒가 대거 이 읍을 습격하고 민가를 불태우고 약탈을 자행했으며 다시 거절당하자 再擧해 와서 읍민 가운데 유지로서 조금이라도 담판에 임한 사람이면 생매장을 하거나 혹은 소나무에 결박하고 밑에서 세차게 불을 질러 태워 죽였다. 그 외에도 학살된 사람의 수를 헤아릴 수 없다. 오늘날에 와서도 아직 시신이 강가에서 비바람을 맞고 까마귀 떼의 밥이 되어 있는 것을 여기 저기 볼 수 있다."(「동학군정토략기」, 『주한일본공사관기록』 6, 31쪽)

에서 기포하였다는 점이다. 3월 8일의 제원기포는 3월 20일의 무장기포보다 적어도 12일 정도 앞서고 있다. 금산지역 동학군이 제원역에서 기포한 배경은 두 가지로 살펴볼 수 있는데, 하나는 삼정의 문란이었고 다른 하나는 고부기포의 호응이었다. 특히 고부기포에 대한 호응에 대해서는 좀더 많은 연구가 필요하지만 적어도 밀접한 관련이 있는 것만은 사실인 듯하다. 금산지역 동학 조직은 서장옥 관하였고, 또한 고부기포의 주도인물인 전봉준이 서장옥 계열이었다는 것은 매우 밀접한 관계가 있었을 것으로 추정된다. 뿐만 아니라 금산지역 동학군은 폐정개혁에 적극적이었다. 일반적으로 농민들의 폐정개혁을 요구할 때는 우선 정소를 한 후 이를 받아들여지지 않을 경우 실력행사를 한다. 그런데 금산지역 동학군들은 폐정개혁을 위해 직접 관아를 점령하였다는 점에서 보다 적극적인 투쟁을 전개하였다고 할 수 있다.

둘째, 금산지역 동학군은 호남지역 동학군의 연합전선에 적극 참여하였다는 점이다. 4월 1일 방축에서 재기포한 금산지역 동학군은 금산의 보수세력과 보부상으로 조직된 의회군에게 적지 않은 피해를 입었다. 그렇지만 의회군과 대립하기보다는 연합전선에 참가하였다. 이로써 금산지역 동학군의 기포는 지엽적 문제보다 대국적 차원에서 '보국안민 광제창생'의 명분을 보다 분명하게 제시하였다고 할 수 있다. 이에 따라 금산지역 동학군은 동학군 첫 전승인 황토현전투를 비롯하여 장성 황룡촌 전투, 그리고 전주성 점령에 기여할 수 있었다.

이러한 점에서 볼 때 금산지역 동학군은 고부기포에 대한 첫 호응이었으며, 동학혁명의 전초를 여는 첫 기포로써 '제원기포'를 전개하였다. 뿐만 아니라 호남지역 동학군이 연합전선을 형성할 때 자신들의 희생을 무릅쓰고 혁명 대열에 참가하였다. 이는 금산지역 동학군이 기포한 명분이었다. 이로써 금산지역 동학군은 황토현전투, 황룡촌 전

동학과 동학혁명의 재인식

투, 그리고 전주성 점령이라는 제1차 동학혁명을 성공적으로 달성할
수 있는 원동력이 되었다고 평가할 수 있지 않을까 한다.

제12장

박인호계 동학군의 동학혁명과 그 이후 동향

1. 머리말

1876년 개항 이후 조선사회는 기존의 왕조사회에 대한 새로운 양상이 전개되기 시작하였다. 안으로는 봉건적 사회 모순의 심화였으며, 밖으로는 서세동점에 대한 대응이었다. 봉건적 사회모순으로는 토지문제와 조세문제가 가장 극심하였다. 양반지주의 토지소유의 확대와 관리들의 탐학은 국가재정의 파탄으로 이어졌고, 결국 조세수탈의 가중으로 민중들은 고통에 시달리고 있었다. 이와 함께 조선은 서구열강들의 서세동점으로 주권이 유린되는 현실이 구체적으로 드러나고 있었다. 더욱이 청과 일본의 경제적 침탈은 더욱 두드러져 농민층의 분화도 더욱 가속화되었다. 이러한 왕조 말기의 모순을 극복하기 위해 동학이 창도되었고, 민중들에게 희망의 메시지를 전해주었다. 동학은 삼남을 중심으로 세력을 확장하였으며, 동학 조직은 1894년에 이르러 반봉건 반외세의 기치로 기포한 동학혁명의 주체세력으로 성장하였다.

1894년 '동학혁명'의 성격을 규명하기 위한 연구는 오래전부터 시작되었다. 동학혁명의 주체가 누구이고, 참여자들이 지향하고자 하였던 삶의 틀이 구체적으로 무엇이었는가 하는 점이다. 동학혁명이 진행되는 과정에서 전 기간 또는 일시적으로 참여한 사람은 100만 명 이상으로 추정하고 있다. 이는 당시의 인구분포로 볼 때 적지 않은 숫자이다.[1] 동학혁명 참여 인물들은 그 주체의 성향에 따라 주도세력과 참여세력으로 나누어 살펴보고 있다. 주도세력은 조선왕조의 봉건적 모순과 서세동점의 민족적 모순을 직접적으로 해결하고자 하였다. 이들은 주로 잔반층·부농층·빈농층·천민층 등 각기 그 사회경제적 성향은 다르지만 동학혁명의 주도세력이 되었던 것이다. 그리고 참여세력도 빈농층, 영세수공업자 등 다양하였다. 이처럼 동학혁명의 참가계층에 따라 혁명의 주체와 지향점이 다양하게 나타나고 있다.[2]

---

1) 조선시대 호구(戶口) 통계 자료에 의하면, 조선 후기의 인구는 인조 17년(1639)의 152만 명에서 1910년에는 1,293만여 명이 되어 270년 동안 무려 850%가 증가하였다. 초기 50여 년(1639~1693) 동안에 152만여 명에서 700만여 명에 이르는 급격한 증가세(460%)를 이룬 것과, 말기 5~6년 동안(1904~1910)에 593만여 명에서 1,293만여 명으로 경이적인 증가세(218%)를 이룬 것이 그 주된 원인이다. 그리고 18세기 한 세기에는 대체로 710만 명을 전후로 하는 정체 양상을 보였고, 19세기에는 그 초기에 잠시 증가세를 이루어 순조 13년(1813)에 800만 명에 육박했으나 그 다음 식년(式年)에 130만여 명이 감소된 뒤로는 650만~680만여 명을 오르내리는 정체를 이루었으며, 20세기 초에는 다시 100만 명 정도가 더 감소된 560만~590만여 명을 이루어서 순조 16년~광무 8년(1816~1904)의 약 1세기 동안에는 18세기 때보다 100만여 명이 감소되는 추세 속에서 정체와 감소가 반복된 것으로 보인다. 동학혁명이 일어나기 3년 전인 1891년에는 약 663만여 명이 조금 넘었다. 『한국사-조선 후기의 경제』 33, 국사편찬위원회, 1997, 14쪽.
2) 동학혁명의 참여한 지도부의 성격에 대해서는 동학농민혁명기념사업회 편, 『동학농민혁명과 농민군 지도부의 성격』, 서경문화사, 1997을 참조할 것. 그리고 일반참여자의 성격에 대해서는 홍동현, 「1894년 '東徒'의 농민전쟁 참여와 그 성격」, 『역사문제연구』 20, 역사비평사, 2008을 참조할 것. 동학혁명 참여자의 지향점에 대해서는 정진상, 『갑오농민전쟁에 관한 사회사적 연구-농민군의 역사적 지향과

동학과 동학혁명의 재인식

한편 동학혁명에 참여한 세력은 지역 또는 주도인물에 따라 그 성향의 차이가 있다. 이러한 차이는 지역의 사회경제적 기반, 주도인물의 동학에 입도한 동기와 활동, 그리고 동학혁명 당시 관군 및 일본군·보부상 등 반동학군 세력의 탄압 정도나 대응 등과도 밀접한 관련을 가지고 있다. 즉 각 지역 동학군 지도자의 종교적 신앙심, 교단 지도부와 관계, 사회개혁에 대한 지향점 등 그 양상에 따라 다양하게 표출되기 때문이다. 이러한 점은 동학혁명 이후 동학혁명에 참여하였던 동학세력들의 동향을 통해 확인할 수 있다. 최시형과 손병희 등을 중심으로 한 동학세력은 동학교단을 재건하여 후일 천도교로 발전하였는가 하면, 일부 동학세력은 활빈당·영학당 등으로 활동하였다.[3] 그러나 이들 세력 또한 동학교단이 재건된 이후에는 대부분은 동학교단에 합류하였다.

그동안 동학혁명에 대한 주체세력이나 참가층에 관한 연구는 주로 동학혁명을 대표하는 인물 즉 최시형[4]을 비롯하여 전봉준[5]·김개남[6]

전쟁의 결과를 중심으로」, 서울대 박사학위논문, 1992; 박찬승, 「동학농민전쟁의 주체와 농민군의 지향」, 『근대이행기 민중운동의 사회사』, 경인문화사, 2008을 참조할 것.

3) 朴贊勝, 「活貧黨의 활동과 그 성격」, 『韓國學報』 35, 일지사, 1984; 박재혁, 「한말 活貧黨의 활동과 성격의 변화」, 부산대 석사학위논문, 1993; 이영호, 「농민전쟁 이후 농민운동조직의 동향」, 『동학과 농민전쟁』, 혜안, 2004.

4) 이이화, 「인간과 신의 차이; 최시형의 역사적 재평가」, 『역사비평』 2, 역사문제연구소, 1988; 朴孟洙 「東學農民戰爭期 崔時亨의 活動」, 『朝鮮時代의 社會와 思想』, 朝鮮社會研究會, 1998; 申榮祐, 「1894년 海月 崔時亨의 行蹟」, 『忠北史學』 11·12, 忠北大學校 史學會, 2000; 金哲 「동학 대도주 해월 최시형 선생과 동학혁명 전봉준 장군의 기본사유 차이점」, 『동학연구』 12, 한국동학학회, 2002; 성주현, 「동학으로 본 이상과 현실의 갈등; 崔時亨」, 『韓國近現代人物講議』, 국학자료원, 2007.

5) 김용덕, 「격문을 통해서 본 전봉준의 혁명사상」, 『나라사랑』 15, 외솔회, 1974; 申福龍, 『全奉準의 生涯와 思想』, 養英閣, 1982; 金昌洙, 「東學革命運動과 全琫準 -東學革命 展開過程에 있어서 東學의 役割-」, 『韓國思想』 19, 한국사상연구회,

· 손화중[7] 등 주요 지도자를 중심으로 연구되고 있다. 그리고 동학혁
명 이후 동학세력의 동향에 대한 관한 연구가 일부 이루어지고 있는
실정이다.[8] 그렇지만 동학혁명의 성격을 다양하게 이해하기 위해서는
참가세력 내지 인물에 대해 폭넓은 연구가 필요하다. 그중 주목받고
있는 인물이 박인호(朴寅浩)이다.

박인호는 동학혁명 당시 내포지역의 중심인물로서, 충남 덕산군 장
촌면 막골(현 예산군 삽교읍 하포리)에서 태어났다. 1883년 동학에 입
도하여 1893년 광화문교조신원운동과 보은 척왜양창의운동에 참여하
면서 동학교단의 지도자로 부상하였다. 동학혁명 당시에는 내포지역[9]

1982; 鄭昌烈,『甲午農民戰爭 硏究-全琫準의 思想과 行動을 중심으로-』, 연세대
박사학위논문, 1991; 우윤,『전봉준과 갑오농민전쟁』, 창작과 비평사, 1993; 신복
룡,『전봉준 평전』, 지식산업사, 1996; 李熙根,「1894년 동학지도자들의 시국인
식과 정국구상 -全琫準을 중심으로-」,『한국근현대사연구』8, 한국근현대사연구
회, 1998; 박재우,「전봉준과 동학혁명에 관한 소고」,『人文學硏究』6, 關東大 人
文學硏究所, 2003; 김삼웅,『녹두 전봉준 평전』, 시대의 창, 2007. 이외에도 다수
의 논문과 평전이 있다.

6) 李眞榮,「金開南과 동학농민전쟁」,『한국근현대사연구』2, 한국근현대사연구회
1995; 이병규,「1894년 10월~11월 錦山·珍山에서의 金開南과 日本軍의 활동」,
『全北史學』26, 全北史學會, 2003; 이진영,「정봉준·김개남의 정치적 지향과 전
략」,『동학농민혁명과 농민군 지도부의 성격』, 서경문화사, 1997.

7) 이이화,「1894년 농민전쟁 지도부 연구 -전봉준·김개남·손화중을 중심으로-」,
『1894년농민전쟁연구』5, 한국역사연구회, 2003.

8) 이영호,「농민전쟁 이후 동학농민의 동향과 민족운동」,『동학과 농민전쟁』, 혜안,
2004; 李榮昊,「대한제국시기 英學黨운동의 성격」,『한국민족운동사연구』5, 한
국민족운동사연구회, 1991; 성주현,「동학혁명 참여자의 혁명 이후 활동」,『문명
연지』6-1, 한국문명학회, 2005.

9) 내포지역은 충청도 서북부지역을 통칭하여 부르며, 당진·예산·서산·태안·
홍성 등 5개 지역이 해당한다. 내포지역의 연구동향에 대해서는 충남대학교 내포
지역연구단,『근대이행기 지역엘리트 연구』I·II, 경인문화사, 2006을 참조할
것. 그리고 내포지역 동학혁명과 관련해서는 이도행,「충남 서북부 지역의 동학농
민전쟁」, 공주대학교 교육대학원 석사학위논문, 1993; 유준기,「내포지역 동학농

덕산의 대접주[10]로 면천의 승전곡전투와 예산의 신례원 전투, 그리고 홍주의 홍주성전투에 참여하였다. 동학혁명 이후에는 동학교단의 재건에 노력하였으며, 1904년에는 갑진개화운동에 참여하는 등 개화의식 고취에도 전력을 다하였다. 1908년에는 손병희에 이어 천도교 대도주로 승임(陞任)되었으며, 1919년 3·1운동 당시에는 민족대표 48인으로 옥고를 치루었을 뿐만 아니라 신간회운동, 6·10만세운동, 멸왜기도운동 등 민족운동을 지도하였다.[11]

본고에서는 박인호를 중심으로 한 동학 조직(이하 박인호계)을 통해 동학혁명 과정에서의 활동과 동학혁명 이후의 동향에 대하여 분석하고자 한다. 그런데 여기에는 논고의 전개에 앞서 두 가지 한계점을 전제하고자 한다.

첫째는 박인호계 동학 조직의 지역적 한계이다. 박인호계의 활동무대는 넓게 보면 내포지역 전체를 아우를 수 있다. 이는 박인호의 덕포와 박희인의 예포를 포함하는 것이다. 그러나 박인호계의 동학 조직이

민운동의 전개과정과 그 결과」,『한국근대사논총』, 전국문화원연합회, 1997; 김진필, 「서산·태안 지역의 동학농민전쟁」, 한국교원대 석사학위논문, 2001; 성주현, 「홍주성에서의 동학혁명과 의병항쟁운동」,『홍경만교수정년기념 한국사학논총』, 한국사학논총간행위원회, 2002; 이진영, 「충청도 내포지역의 동학농민전쟁 전개양상과 특성」,『동학연구』 14·15, 한국동학학회, 2003; 홍동현, 「충청도 내포지역의 농민전쟁과 농민군 조직」, 연세대 석사학위논문, 2003; 박성묵, 「내포지역 동학농민혁명과 춘암 박인호」,『춘암 박인호 선생의 삶과 민족운동』, 승통100주년 기념 학술대회, 2008 등을 참조할 것.

10)『피난록』에 의하면 박인호에 대해 다음과 같이 기록하고 있다. "박도일(박인호-필주자)이란 자는 덕포의 거괴로 이곳에서 10여 리 떨어진 곳에 적의 소굴을 차려놓았는데 그 폐란이 다른 곳보다 더욱 심하다"『동학농민혁명국역총서』 4, 동학농민혁명군명예회복심의위원회, 2008, 334쪽.

11) 정을경, 「일제강점기 박인호의 천도교활동과 민족운동」, 충남대 석사학위논문, 2006, 1~2쪽.

명확하게 어디까지 미쳤는가 하는 데는 약간의 의문이 있다. 즉 태안 출신으로 동학혁명에 참가하였다가 후일 기록을 남긴 조석헌의『조석헌역사』와 문장준의『문장준역사』에는 박인호과 관련된 내용이 전혀 보이지 않고 있기 때문이다.[12) 조석헌과 문장준은 박덕칠의 전교로 동학에 입도하였으며,『조석헌역사』와『문장준역사』는 태안·서산·해미지역의 동학혁명과 그 이후 동향을 경험을 통해 기록한 사료이다. 그렇지만 동학혁명 당시 박인호가 활동하였던 지역은 기록에 따라 다양하게 나타나고 있다. 오지영의『동학사』에는 1893년 교조신원운동 당시 서산을 중심으로 활동한 인물로, 그리고 1894년 동학혁명 때는 "서산에서 기병하였다"[13)고 했으며, 다른 기록에서는 '신창대접주'[14) ·'덕산대접주'[15) 등이라고 하였다. 뿐만 아니라 박인호의 포교활동을 볼 때 서산지역에서 장세헌·장세원·최긍순·최동빈·안재형·안재덕·박인화·홍칠봉·최영식·홍종식·김성덕·박동현·장희 등을, 태안지역에서는 김병두, 해미지역에서는 박성장·박의형·이용의·이종보 등을 동학에 입도케 하였다.[16) 이들 기록을 비교하면 서산과 해미·태안지역은 박희인과 박인호의 포교활동 지역 및 연원관계가 서로 겹치고 있다. 이러한 점에서 박인호계는 넓은 의미에서

---

12) 조석헌과 문장준은 모두 1894년 초 박희인(박덕칠)에게 입도하였으며, 관내 연원은 태안·해미·서산이었다. 이에 따라 이들은 주로 이들 지역의 관내 교인과 연락관계를 주고받고 있다. 그리고 박희인은 자신의 대도소를 예산 목소리에 두고 있음으로 보아 박희인의 관내 연원은 예산·태안·해미·서산임을 알 수 있다.

13) 오지영,『동학사』, 대광문화사, 1984, 149쪽.

14)『순무선봉진등록』, 갑오년 11월 13일조(『동학농민혁명국역총서』2, 동학농민혁명군명예회복심의위원회, 2007, 172쪽).

15)「충청도 동학당 거괴 인명록」,『주한일본공사관기록』1, 국사편찬위원회, 1986, 194쪽.

16) 박래원,「춘암상사의 행적(상)」,『신인간』293, 1972, 28쪽.

는 내포지역 전체를 아우를 수 있지만, 좁은 의미에서는 박인호의 '덕포'만으로 한정할 수 있다. 덕포에 해당하는 지역은 덕산을 중심으로 아산·신창·면천·당진이라 할 수 있다.

둘째는 박인호계의 동학 조직이 동학혁명에 언제 참여하였느냐 하는 점이다. 일반적으로는 내포지역의 10월기포 직후 서산·태안지역에 활동한 것으로 보고 있다. 그런데 박인호 자신이 회고한 바에 의하면, 그는 10월기포 이후 동학혁명의 첫 전투가 승전곡전투였음을 밝힌 바 있다.[17] 그렇지만 박인호계의 동학혁명 기포 및 활동은 이보다 앞서고 있다. 박인호계의 첫 기포는 1984년 2월 덕산기포로 추정된다.[18] 이러한 점에서 볼 때 내포지역에서 박인호계의 활동지역을 설정하는 데는 한계가 있다고 본다.

이를 염두에 두고 본고에서는 박인호계의 동학혁명 활동을 지역적 범위에 대해서는 박인호의 영향력이 직간접적으로 미친 넓은 의미에서의 내포지역으로까지 확대하여 살펴보고자 한다. 그래야만 박인호계의 동학혁명 활동을 보다 분명하게 살펴볼 수 있기 때문이다. 그리고 연구의 시간적 범위는 박인호계의 동학 조직의 형성기부터 천도교 중앙총부가 조직되는 1900년대까지로 한정하고자 한다.[19]

---

17) 박인호, 「한말 회고 비담의 기 2-갑오동학기병실담」, 『中央』 3권 2호, 조선중앙 일보사, 1935, 46~48쪽.

18) 덕산기포에 대해서는 여전히 논란의 소지가 없지 않다고 본다. 현재 덕산기포와 관련된 연구성과는 久間健一, 「合德百姓一撥の研究-朝鮮農民一撥の事例」, 『朝鮮農業の近代的樣相』, 西ケ原刊行會, 1935; 박걸순, 「1894년 합덕농민항쟁의 동인과 양상」, 『한국독립운동사연구』 28, 독립기념관 한국독립운동사연구소, 2007이 있다. 특히 박걸순은 덕산기포와 동학과의 관계를 새롭게 재기하였으나 여전히 숙제로 남기고 있다. 따라서 덕산기포에 대해서는 좀 더 고찰해야 할 부분이 많다고 본다.

19) 그 이후 박인호의 활동에 대해서는 정을경, 「일제강점기 박인호의 천도교활동과

2. 내포지역 동학 포교와 박인호계 동학조직의 형성

박인호계 동학 조직의 형성은 내포지역의 동학 포교에서 비롯된다. 내포지역은 풍부한 물산과 지리적 이점으로 일찍이 양반사족이 정착하였으며, 이들은 신분적 사회적 지위를 이용하여 토지의 소유를 집중하였다. 이로 인해 농민들은 봉건적 토지관계의 모순과 억압된 신분제 하에서 착취와 수탈의 이중고에 시달렸다.[20] 또한 내포지역은 세곡을 운송하는 길목이어서 전운사의 횡포도 심하였다. 뿐만 아니라 개항 이후 서양문물의 유입과 일본상인의 활동은 경제적 어려움에 빠져있는 내포지역민들에게는 더욱 생활고에 시달리게 만들었다. 이와 같은 시대적 상황으로 일반 민중이 보다 쉽게 동학에 입도할 수 있는 계기가 마련되었다.

내포지역에 동학이 포교되기 시작한 것은 1880년 이전으로 보인다. 1871년 영해교조신원운동 이후 영월·단양 등 강원도 산간지대에서 근근이 유지되었던 동학은 1870년대 후반부터 본격적으로 재건활동을 전개하였다. 1875년 8월 정선에서 새로운 의례를 제정하고 10월부터 순회설법을 시작한 이후 교단은 점차 안정되어 갔다. 이에 따라 동학은 충청도와 경기도 지역까지 크게 확산되었다. 경기 남부지역은 동학이 창도된 직후인 1862년 접제를 실시할 때 김주서와 이창선이 접주도 임명될 정도로 상당한 동학세력이 있었던 것이다. 그런데 경기 남부지역은 단양 등 충북뿐만 아니라 당진·아산 등 충남과도 생활권이 밀접하게 관련을 가지고 있다. 이러한 관계로 본다면 아산 등 내포

민족운동」, 충남대 석사학위논문, 2006을 참조할 것.
20) 황현(이민수 역), 『동학란(동비기략초고)』, 을유문화사, 1985, 122쪽.

지역에는 1860대 후반에 동학이 포교되었을 것으로 추정된다. 왜냐하면 1870년대 중반부터 교단에서 경전간행 후원 등의 활동을 하였던 인물 중에는 박인호의 관내인 아산 출신들이 적지 않았기 때문이다.

내포지역 출신 동학교인 중 처음으로 확인되는 인물은 안교일(安教一)·안교강(安教綱)·안교백(安教伯)·안교상(安教常) 등이다. 이들은 안교선(安教善)의 친인척으로 알려져 있다.[21] 안교선은 1883년 6월 공주접이 주축이 되어 『동경대전』을 간행할 때 실무를 맡았던 인물이다.[22] 그리고 동학혁명 당시에는 아산접주로 활동하다가[23] 남벌원[24]에서 성재식·최재호 등과 함께 희생되었다.[25] 안교일 등은 1877년 10월 정선 유시헌의 집에서 구성제를 지낼 때 안교일과 안교강은 집사, 안교백은 봉로, 안교상은 찬인으로 각각 참여하였다.[26] 이들은 또한 구성제 기금을 마련하기 위해 계(契)를 조직할 때 계원으로 참여하였으며,[27] 1878년 최시형이 유시헌의 집에서 개접을 할 때와 1879년 11월 방시학의 집에 『동경대전』 간행을 목적으로 수단소를 설치할 때도 참여한 바 있다.[28] 이들이 구성제나 수단소에 이름을 올릴 수 있었

---

21) 이진영, 「충청도 내포지역의 동학농민전쟁 전개양상과 특성」, 『근대이행기 지역엘리트 연구』 I , 경인문화사, 2006, 320쪽.

22) 표영삼, 「충청 서부지역 동학혁명」, 『교리교사연구』 5, 천도교중앙총부, 2000, 3쪽.

23) 「충청도 동학당거괴 인명록」, 『주한일본공사관기록』 1, 국사편찬위원회, 1986, 194~195쪽.

24) 南筏院의 지명은 어디인지 정확하게 확인되고 있지는 않지만 동학혁명 당시 수원 남벌원에서 안승관 등이 희생된 바 있다.

25) 『승정원일기』, 고종 31년 12월 23·25일조;『일성록』, 고종 31년 12월 23일조;『고종실록』, 고종 31년 12월 23·25일조;『관보』, 1894년 12월 23일조;『갑오실기』, 고종 31년 12월 25일조.

26) 『최선생문집도원기서』, 정축년조; 윤석산 역주, 『초기동학의 역사-도원기서』, 신서원, 2000, 241~242쪽.

27) 『시천교종역사』와 『본교역사』에 의하면 安教興과 安教龍이 추가로 확인되고 있다.

던 것은 이미 이 시기에 동학교단의 상층부 지도자로서 활동하고 있었기 때문에 가능하였다. 따라서 이들의 활동으로 볼 때 내포지역에는 상당한 동학의 교세가 형성되었음을 알 수 있다.

그러나 내포지역에 본격적으로 동학세력의 형성된 것은 박인호와 박덕칠29)이 동학에 입도한 이후였다. 박인호는 1883년 초에 동학에 입도하였고,30) 이해 3월 안교선 등과 최시형을 예방한 바 있으며 이듬해 1884년 최시형·손병희 등과 공주 가섭사에서 49일 기도에 참여하였다.31) 또한 내포지역 동학세력의 한 축을 형성하였던 박덕칠은 박인호의 권유로 동학에 입도한 것으로 알려지고 있는데, 그는 내포의 서부지역인 예산·태안·해미·서산·당진을 중심으로 포교활동을 전개하였다. 이로 볼 때 박인호의 포교활동을 내포지역의 동북부뿐만 아니라 내포 서남부지역까지 미쳤으며, 내포지역에 상당한 세력을 형성하게 되었다. 이를 기반으로 박인호계의 동학 조직은 1890년대 내포지역에 동학세력을 확장하는 한편 조직력을 강화해나갔다. 박인호가 동학을 포교한 지역과 주요 인물은 아래 <표>와 같다.

---

28) 이때 안교일은 監有司, 안교상은 書有司, 안교백은 冊子有司, 안교강은 輪通有司로 각각 활동하였다.

29) 박덕칠은 朴熙寅으로 도호는 慶菴 또는 湘菴이라고 불렸다.

30) 박인호의 동학 입도에 대해서는 약간의 의문이 남아있다. 기존에는 1883년에 입도한 것으로 알려져 있으나 이해 3월 손병희 안교선 등과 해월 최시형을 예방한 것으로 보아 1883년 이전에 동학에 입도한 것으로 보인다. 그리고 박인호를 동학에 입도케 한 인물은 김월화라는 인물이었다.

31) 『천도교서』, 「제2편 해월신사」, 포덕 24년 및 포덕 25년조.

〈표〉 박인호의 포교활동 지역과 주요 입교자

지역	주요 인물
신창	김경삼 곽완 정태영 이신교
덕산	김원배 최병헌 최동신 이진해 고운학 고수인
당진	박용태 김현구
서산	장세헌 장세화 최긍순 최동빈 안재형 안재덕 박인화 홍칠봉 최영식 홍종식 김성덕 박동현 장희
홍주	김주열 한규하 황운서 김양화 최준모
예산	박덕칠(박희인)
면천	이창구 한명순
안면도	주병도 김성근 김상집 고영로
해미	박성장 김의향 이용의 이종보
남포	추용성 김기창
서천	장세화

박인호계의 동학 조직이 크게 성장한 것은 1892년부터 전개된 교조 신원운동 이후였다. 1892년 말 공주에서 전개된 교조신원운동은 동학에 대한 탄압을 어느 정도 진정시키는 효과가 없지 않았다. 뿐만 아니라 교조신원운동을 통해 신앙의 자유를 획득하지는 못하였지만 동학의 평등사상과 유무상자(有無相資)의 대동사상은 일반 민중으로 하여금 동학에 대한 인식을 새롭게 하였다. 이에 따라 동학에 호감을 가지고 있던 일반 민중들이 동학에 대거 입도하였던 것이다.

이와 같이 내포지역을 중심으로 교세를 형성한 박인호계는 1893년 이후 동학의 공인운동이라 할 수 있는 교조신원운동에 적극 참여하였다. 특히 1893년 1월 광화문 앞에서 전개된 교조신원운동에 박인호와 박덕칠, 그리고 박인호의 사촌동생인 박광호 등이 중심인물로 등장하였다.

(1893년) 2월 8일에 강시원 손병희 김연국 박인호 등이 수만 교도를 솔 (率)하고 과유(科儒)로 분작(分作)하고 일제히 경성에 부(赴)하여 한성 남부 남산동 최창한 가(家)에 봉소도소(奉疏都所)를 정하고 절차를 협의 하더니 … 10일에 치성식을 거행하고 익일(翌日)에 광화문 외(外)에 봉소 진장(奉疏進狀)하니 기시(其時)에 진소(陳疏) 도인(道人)에 소수(疏首) 는 박광호, 제소(製疏)는 손천민, 서사(書寫)는 남홍원, 봉소(奉疏)는 손 병희·박인호·김연국·박석규·임국호·김낙봉·권병덕·박덕칠 ·김석도·이근상 제인(諸人)이러라.[32]

즉 광화문교조신원운동에 박광호는 상소인의 대표인 소두로, 박인 호와 박덕칠은 봉소로 각각 참여하였다. 이는 박인호계가 교단에서 중 심적인 역할을 담당하고 있다는 것을 보여주는 것이라 할 수 있다.

이어 박인호계는 이해 3월 보은에서 가진 척왜양창의운동에도 참여 하였다. 당시 박인호는 덕의대접주,[33] 박덕칠은 예산포대접주로, 그리 고 안교선은 아산포대접주로 각각 임명되었다.[34] 보은 척왜양창의운 동은 박인호에게 중요한 의미가 있었다. 즉 박인호는 동학교단의 최고 책임자인 해월 최시형으로부터 '덕의대접주'에 임명됨에 따라 동학교 단의 상층부로 부상할 수 있는 계기가 되었다.[35] 여기에는 박인호의

---

32) 『천도교회사초고』 계사년조. 『동학도종역사』에는 "소수 박광호, 제소 손천민, 서사 남홍원, 도인 대표 박석규 임규호 박윤서 김영조 김낙철 권병덕 박원칠 김 석도 이찬문"으로 기록하고 있다. 또한 광화문교조신원운동에 참여한 권병덕은 그의 저술서 『이조전란사』에서는 "11일에 광화문 전에 봉소 진복하니, 소수 박 광호, 제소 손천민, 사소 남홍원, 봉소 박석규 임규호 손병희 김낙봉 권병덕 박원 칠 김석도 등이라"고 기록하고 있다. 박원칠은 박덕칠이다.

33) 『천도교회사초고』 계사년조.

34) 표영삼, 『동학』 2, 통나무, 2005, 304쪽.

35) 이진영, 「충청도 내포지역의 동학농민전쟁 전개양상과 특성」, 『근대이행기 지 역엘리트 연구』 I, 325쪽.

동학과 동학혁명의 재인식

신앙심과 포교활동 외에도 그의 활동기반인 내포지역에 상당한 동학 교세가 형성되었음을 의미한다.

앞서 언급한 바와 같이 내포지역의 동학은 교조신원운동이 전개되면서 점차 그 세력이 확산되었다. 즉 "이른바 동학이 일단 보은에서 집회를 가진 뒤로 불길처럼 성하게 일어나서 그 모습이 나날이 달라졌다. 마을마다 접을 설치하고 사람마다 주문을 외니, 그 형세가 마치 불이 타오르는 듯하고 조수가 밀려와서 넘쳐나는 것 같이",36) 그리고 "봄 잔디에 불붙듯이"37) 하여, 내포지역에서 박인호계의 동학 조직이 크게 확장되었음을 확인할 수 있다. 김윤식도 "내포지역에는 동학교인이 적었으나 지금은 가득차서 날이 가고 달이 갈수록 엄청나게 늘어났다"고 기록하고 있다.38)

이에 따라 박인호계는 덕포의 박인호와 예포의 박덕칠을39) 그 정점으로 안교선·이창구·김기태, 그리고 그 산하에 파도접주 조석헌,

---

36)「피난록」,『동학농민혁명국역총서』4, 동학농민혁명참여자명예회복심의위원회, 2008, 301~302쪽.

37) 홍종식 口演·춘파 記,「70년 사상의 최대 활극 동학난 실화」,『신인간』34, 1929, 45쪽. 홍종식은 서산 출신으로 1894년 2월 동학에 입도하였으며 내포지역 동학혁명에 참여한 바 있다. 그는 동학혁명 당시 동학의 세력 확장에 대해 다음과 같이 증언하고 있다.
"내가 입도한 지 불과 며칠에 전지문지하여 동학의 바람이 사방으로 퍼지는데 하루에 몇 십 명씩 입도를 하곤 하였습니다. 마치 봄 잔디에 불붙듯이 포덕이 어찌 잘되는지 불과 1~2삭 안에 서산 일군이 거의 동학화가 되어버렸습니다. 그 까닭은 말할 것도 없이 첫째 시운이 번복하는 까닭이요 만민평등을 표방한 까닭입니다. 그래서 재래로 하층계급에서 불평으로 지내던 가난뱅이·상놈·백정·종놈 등 온갖 하층계급은 물밀듯이 다 들어와 버렸습니다."

38) 김윤식,『속음청사』, 갑오 4월 9일조.

39)「피난록」,『동학농민혁명국역총서』4, 302쪽. "박덕칠은 예산에 거주하였기 때문에 박덕칠을 따르는 자들은 그를 禮包라고 불렀다. 박도일은 덕산에 거주하였기 때문에 박도일(박인호)을 따르는 자들은 그를 德包라 불렀다"

방갈리접주 문장로, 도집 문장준 등이 세력권을 형성하였다.[40] 이에 따라 박인호계 산하에는 12개의 포가 형성되었으며, 지역적으로는 신창・덕산・당진・서산・태안・예산・면천・안면도・해미・남포 등지까지 영향력이 미쳤다.[41] 이로써 내포지역 전체가 박인호계의 동학 조직이었음을 확인할 수 있다.

3. 내포지역 동학혁명과 박인호계 동학군의 활동

박인호계의 동학혁명 첫 기포는 1894년 2월 6일에 전개된 덕산기포(德山起包)였다. 덕산기포는 나성뢰(羅成蕾)・방재성・김윤필 등의 주도로 전개되었다. 덕산군수와 병마절도사를 지낸 후 당시 덕산에 살던 이정규(李廷珪)는 합덕지(合德池)의 개간과 수세부과로 인근 농민들을 수탈하였다. 뿐만 아니라 그는 농민들 중에 재물이 조금이라도 있는 사람이 있으면 끌어다가 참혹하게 탈취하였다.[42] 가혹한 수탈과 탐학에 분노한 농민들은 나성뢰를 장두로 추대하고, 그의 주도로 수천 명이 모여 이정규의 집을 불태워버렸다. 이로 인해 이정규는 평북 선천으로, 그리고 나성뢰는 함경도 이원으로 각각 유배되었다.[43] 덕산기

---

40) 박성묵, 『예산동학혁명사』, 화담, 2007, 83~84쪽.

41) 박래원, 「춘암상사의 행적」(상), 『신인간』 293, 1972, 28쪽.

42) 박걸순, 「1894년 합덕농민항쟁의 동인과 양상」, 『한국독립운동사연구』 28, 35~36쪽. 이정규의 침탈이 얼마나 심하였는지는 다음의 일화가 잘 알려주고 있다. 그에게 재물을 모두 탈취당한 어느 농민은 그가 연제지에서 낚시를 즐기는 것을 이용하여 그를 끌어안고 함께 물에 빠져 죽으려고 하다가 일이 제대로 되지 않자 분한 마음에 자신만 자살하였다고 한다.

43) 김윤식, 『속음청사』, 계사년 12월 16일조;「忠淸道觀察使趙狀啓」. 장계의 내용은 다음과 같다. "前兵使李廷珪。武斷諸條。及覈査案。果無差爽。而各年所奪

포를 주도한 나성뢰가 언제 동학에 입도하였는지 확인되지 않지만, 이 해 8월 홍주의 주요 동학지도자로 참여 활동하였다.[44] 이러한 점에서 볼 때 덕산기포는 동학 조직과 밀접한 관련이 있으며,[45] 박인호계 동학군의 첫 기포였다고 할 수 있다.[46]

박인호계의 두 번째 기포는 1894년 4월 초에 전개된 서산 원벌기 포[47]였다. 1984년 1월 고부기포에 이어 3월 20일 무장기포와 3월 25

錢。爲三萬七千八百五十兩。而諸般零瑣之數。不爲擧論。其外米租·塩苞·牛馬·田畓·家舍·山麓·柴場·材木·藁草·漁綱·船隻等物之侵奪。及人命致死致傷之許多行虐。有難枚擧。故一依邑報。別成册子。上送于議政府爲辭矣。民之始因呼冤。轉以紛集。至於放火作鬧。其情雖日可念。其習亦宜痛懲。詳覈其首倡之漢。令道臣按法嚴勘。前兵使李廷珪。武斷鄉曲。侵虐平民。乃有人命之致斃。而若其綑打重傷。殆遍隣里。其百船攘奪。不可枚擧。民訴與查案符合無差。道啓臚列。不啻可駭。可見其貪殘之行。使闔境黎。庶不能安堵。迫於困阨。激而致騷。究厥罪狀。不何仍置。施以邊遠竄配之典。何如。答曰。允事傳敎敎是置。傳敎內辭意。奉番施行向事關是白乎等用良。德山前兵使李廷珪家放火作鬧之狀。頭羅成蕾段。聚衆放火。縱緣積冤。參情究跡。難免首倡。故嚴刑三次。定配於咸鏡道利原縣。使卽押送是白遺。方栽星·金允弼等段。情雖可原罪合懲後乙仍于。各嚴刑二次。懲礪放送爲白乎旀。謹將關辭。行會於德山郡守金炳琬處。一一曉飭於蓮堤下八洞之民。使各安堵樂業之地。緣由幷以馳 啓爲白臥乎事是良尒。詮次善啓向敎是事."

44) 『홍양기사』, 갑오년 8월 초 6일조. 나성뢰는 1894년 2월 덕산기포의 주동자였으며, 이 기포로 인해 함경도 이원으로 정배되었다. 그러나 실재적으로는 정배되지 않았을 가능성이 많다. 왜냐하면 당시 농민항쟁이 발생할 경우 해당지역의 부사나 안무사 등의 책임은 물었으나 참여자는 거의 처벌하지 못하는 상황이었기 때문이다.

45) 박걸순은 앞의 논문에서 합덕농민항쟁과 동학조직과의 관련성에 대해서는 어느 정도 유추하고 있으나 분명한 연결고리를 찾지는 못하였다. 이에 앞서 합덕농민항쟁에 대해 발표한 일본인 久間健一은 현지조사에서 당시 농민항쟁의 주역들이 동학혁명에 참가하였다는 증언을 밝힌 바 있다. 久間健一, 「合德百姓一撥の研究-朝鮮農民一撥の事例」, 『朝鮮農業の近代的樣相』, 西ケ原刊行會, 1935.

46) 이에 대해서는 보다 본격적인 연구가 필요하다고 본다.

47) 원벌은 '元坪'으로 현재 서산시 운산면 원평리이다. 원벌은 1894년 동학혁명 당

일경 백산대회로 동학혁명이 본격적으로 전개되자 박인호계에서도 적지 않은 동요가 있었다. 즉 호남지역의 동학혁명은 박인호계에도 직접적인 영향을 주었던 것이다. 원벌기포에 참가하였던 홍종식은 당시의 상황을 다음과 같이 밝히고 있다.

> 동학군의 기세가 이렇게 굉장해지는 반면에 재래의 재력자들은 반동운동이 또 맹렬하였습니다. 마침 서울 양반의 후예인 이진사라는 자가 서산에 살았는데 어떻게도 동학군을 음해하며 또한 재물을 탈취하는지요. 그래서 이놈을 중벌하기 위하여 제1차로 통문을 돌려가지고 홍주 원벌에 대회를 열게 되었습니다. 그때가 갑오년 7월인가 보외다. 어디서 모여오는지 구름 모이듯 잘도 모여듭니다. 순식간에 벌판을 덮다시피 몇 만 명 모였습니다. 이 소문은 벌써 이진사에게 갔습니다. 이진사는 그만 혼비백산하여 곧 사죄를 하기로 하고 있는데 우리는 그의 집 가까이 개심사(開心寺)란 절로 이진하였습니다. 이진사는 그만 백기를 들고 나와 전과를 사죄하고 죽기를 청하였습니다. 항자불사라고 우리는 그를 효유하여 놓아 보냈습니다.[48]

박인호계의 두 번째 기포는 동학교인을 수탈하였던 '이진사'를 응징하는 것이었다. 홍종식은 당시의 원벌기포를 1894년 7월로 증언하고 있지만 실제적으로는 1894년 4월 초였다. 당시 당진군 면천에 유배 중이던 김윤식[49]이 4월 9일 일기에 의하면, "동학도 100여 명이 원평

시에는 홍주군에 속해있었으나 1895년 해미군 부산면 원평으로, 1914년 행정구역 개편에서는 서산군 운산면에 속하게 되었다.

48) 홍종식 口演·춘파 記, 「70년 사상의 최대 활극 동학난 실화」, 『신인간』 34, 46쪽.

49) 김윤식은 1887년 5월 부산첨사 김완수(金完洙)가 일본상인의 사채(私債)에 통서 (統署)의 약정서를 발급한 데 연루되어 면천(沔川)에 유배되었다가 동학혁명이 일어나던 1894년에 풀려났다.

동학과 동학혁명의 재인식

(원벌)에서 유숙하고 개심사로 이동하였다"고 밝히고 있다.[50] 이로 볼 때 원벌에서 동학교인들이 기포한 것만은 분명하다. 다만 시기적으로 약간의 차이가 있는데, 이는 35년이 지난 홍종식의 증언과 당시의 김윤식의 일기라는 차이점에서 비롯되었다. 뿐만 아니라 홍건의 『홍양기사』에서도 원벌기포에 대한 동향이 확인되고 있다.[51]

이처럼 2월과 4월에 걸친 두 차례의 기포는 박인호계의 결속력을 더욱 강력하게 만들었다. 그렇지만 적극적으로 기포하기보다는 호남지역 동학군의 활동을 관망하였다. 덕산과 예산에서 활동하던 한 일본상인은 당시 동학의 동향을 일본공사관에 다음과 같이 보고한 바 있다.

一. 덕산과 예산지역은 인민의 반수가 동학에 속하였지만 아직 소동 같은 것은 없고 평상시와 같이 각자 영업에 종사 중이라고 하였다.

一. 덕산의 동두리에서 내가 유숙하고 있던 곳의 주인은 김상립(金尙立)이라고 하며 동학에서 약간 높은 지위에 있는 자였다. 또 예산에서 숙박하였던 곳의 주인 권순근(權順根)도 역시 동학의 사람이었다.

一. 동학교인이 집회 또는 협의를 할 때는 신호로서 징 같은 것을 쳐서 울렸다.

一. 예산과 덕산에 동학 두목이 2~3명은 있는 것 같았다. 이 지방에서는 동학의 평판이 아주 좋았다. 그후 점점 증가하는 상황이었고 ….

一. 내가 머무르고 있는 동안에는 다급한 대사건이 일어날 기미는 보이지 않았다.

一. 덕산과 예산의 부사는 도망하지 않고 여전히 임지에 있었다.[52]

---

50) 김윤식, 『속음청사』, 갑오 4월 9일조. "昨日 東學徒百餘名 來泊元坪民家 今日向 開心寺 朝起見之東徒之赴開心寺者 相續不絶 詢知爲普賢洞李進士 素禁斥東學甚 嚴 東徒怨之 將會議於開心寺 打破其家云"

51) 홍건, 『홍양기사』, 4월조(『동학농민혁명국역총서』 4, 51쪽).

52) 「仁川港 河野商廛 雇員 新居歡次郎 證言」, 『주한일본공사관기록』 1, 41쪽. 이와

이 보고에 의하면, 박인호계의 중심지역인 덕산과 예산의 동학 조직은 점점 세력을 확장하고 있음을 알 수 있다. 또 다른 일본인 상인도 덕산에는 동학교인이 많지는 않지만 종종 활동하고 있다고 하였다.[53] 이와 같은 상황에서 박인호계의 동학 조직은 원벌기포 이후 비밀리에 모임을 가지거나 사람을 호남지역으로 보내 동학혁명의 정세를 파악하면서 대응방안을 협의하였다.

4월 이후 호남지역에서 점차 치열한 전투가 확대될 뿐만 아니라 회덕·진잠·청산·보은 등 충청도 일부지역까지 동학혁명이 본격화되었지만 박인호계는 여전히 관망하는 자세를 유지하였다. 그러나 6월 말 일본군의 경복궁 점령과 청일전쟁이 전개되면서 관망하던 분위기는 급변하였다. 뿐만 아니라 6월 말과 7월 초 들어 호서지역 각지에서 동학군의 활동이 활발하게 전개되었다. 이에 따라 내포 일대의 박인호계에서도 항일전을 전개해야 한다는 목소리가 점차 높아갔다. 7월 초 정산의 임천접에서는 동학군 20여 명이 군기를 모집하는가 하면,[54] 홍주에서는 7월 초 들어 밤새 동학의 주문소리가 끊이지 않았다.[55] 뿐만 아니라 홍주 외곽에서는 "난도(동학군: 필자주)가 사방에

관련하여 당시 동학군의 활동을 보면, 유생 또는 양반의 기록에 의하면 동학군을 대부분 '悖類'처럼 표현하고 있는 데 비해 오히려 일본상인들의 보고에 의하면 일반 민중으로부터 '평판이 좋았다'고 평가하고 있다. 이는 동학군에 대한 인식이 상반되고 있음을 알 수 있다.

53) 「전주에의 원병파견 조치와 인천항 정황」, 『주한일본공사관기록』 1, 42쪽.

54) 『금번집략』 별보, 7월 7일조(『동학농민혁명국역총서』 4, 23~24·27쪽).

55) 『홍양기사』, 갑오 7월 초 7일조(『동학농민혁명국역총서』 4, 58~59쪽). "밤에 어떤 소리를 들었다. 시끄러운 것이 파리와 같기도 하고 무당이 외는 것 같았다. 시장 거리에서부터 성 밖의 교외까지 가득하여 소리가 나지 않은 곳이 없었다. 밤새 끊이지 않아 괴이하여 시동에게 물어보았더니, 시동이 대답하기를 "이것은 동학이 주문을 외는 소리입니다. "라고 하였다. 이로부터 밤마다 점점 더해져서 이교와 노령 같은 것도 감염되지 않는 이가 없었다."

서 일어나 무리를 불러 모아 패악을 자행하였는데, 남의 물건을 약탈하고 남의 말과 가축을 빼앗았으며, 남의 무덤을 파헤치는 것을 감히 금하지 못하였고, 돈을 빌려준 자는 감히 돈을 돌려받지 못하였으며, 사소한 원한에도 반드시 보복을 당하였다. 그 기세가 대단하여 종이 주인을 범하고 아전이 관장을 핍박하며 천한 사람이 귀한사람을 능멸하고 수절하는 과부와 혼기가 찬 규수를 겁탈하려 했다고 한다",56) 또한 9일에는 홍주 시내에서 동학군이 노새와 말을 징수하는 등 동학군이 기포하여 이미 활동하였던 것이다.

위의 내용을 볼 때, 비록 홍주와 임천에서 동학군의 활동에 관한 것이지만 이들 지역은 내포의 중심이었고, 홍주는 박인호가 직접 포교활동을 한 지역이기도 하다. 특히 홍주는 목(牧)이 설치되어 있어 내포지역 행정중심지였다. 이들 이외의 내포지역에서 동학군에 대한 동향이 보고되지는 않았지만, 청일전쟁이 한창인 시기에 각 관아에 내린 감결(甘結)에 따르면 동학군의 활동이 활발하게 이루어졌음을 알 수 있다.57) 또한 내포지역 한 유생의 기록에 의하면, "근처에 동학의 세력이 날로 성해져서 경내에 곤욕을 치른 집안이 열에 여덟 아홉이었다", 또

---

56) 『홍양기사』, 갑오 7월 9일조(『동학농민혁명국역총서』 4, 59쪽).

57) 『금번집략』, 「별감 각군」(『동학농민혁명국역총서』 4, 46~47쪽). "금지를 지시하는 일이다. 동학배는 스스로 나라를 위하고 백성을 편안케 한다고 생각하는 자이다. 그러나 지금 이들은 마을을 두루 돌아다니면서 돈과 곡물, 말과 나귀, 총과 창 등의 물건을 약탈하고 있으며, 백성들을 잡아들이거나 때리고 괴롭히는 것을 꺼리니 않고 있다. 심지어 인명을 헤치는 변도 발생하였다. 이것이 어찌 나라를 위하고 백성을 편안하게 하는 자들이 할 수 있는 것이겠는가? 반드시 무뢰한 난류들이 연고를 이용하여 폐단을 일으켜서 그렇게 한 것이다. 법의 기강을 살펴보면 어찌 모든 것이 경악스러운 것이 아니겠는가? 이러한 행위는 어쩔 수 없이 특별하게 엄금해야만 곧 그치게 될 것이다. 만일 이와 같은 행패를 부리는 자가 있으면 볼 때마다 일일이 잡아서 가두어 보고하면 법에 따라서 엄격히 처리할 것이다. 감결이 도착한 일시를 먼저 빨리 보고하라."

"성 아래 한 마을 사람들이 입도한 이후로 밤마다 주문을 외는 소리가 일대를 진동하였는데, 그 소리는 마치 귀신이 웅성거리는 것처럼 음산하고 살벌하여 오장이 찢어지는 듯하였다. 날이 밝으면 이른바 비류의 무리들은 각자 몽둥이를 하나씩 들고 집의 전후좌우에 늘어섰다"[58]라고 하였는 바, 박인호계의 내포지역에도 이 시기 동학군의 활동이 활발하게 전개되었을 것으로 짐작된다.

박인호계의 움직임은 7월 말 들어 본격화되었다. 이때 기포하였던 주요 인물은 홍주의 김영필(金永弼)·정대철(丁大哲)·이한규(李漢奎)·정원갑(鄭元甲)·나성뢰(羅成蕾), 덕산의 이춘실(李春實), 예산의 박덕칠·박도일(박인호), 대흥의 유치교(兪致敎), 보령의 이원백(李源百), 남포의 추용성(秋鏞成), 정산의 김기창(金基昌), 면천의 이창구[59] 등이었다. 이밖에 덕산의 한명보와 한응고 등도 참여하였다.[60]

이처럼 내포지역에서 박인호계 동학군의 활동이 본격적으로 전개되자, 선무사 정경원은 박인호·박희인 등 주요 동학지도자를 불러 윤음을 읽어주며 효유하려고 하였다. 그러나 이창구 등은 여러 번 사람을 보냈음에도 불구하고 이에 응하지 않았다. 이외에도 홍주에서도 이승우와 홍건 등이 참문을 유포하여 동학군을 교란시켜 해산을 유도하였고, 별유관 김경제가 동학지도자를 홍주 관아로 불러 효유하고자 하였으나 큰 실효는 거두지 못하였다.[61] 8월 말에 이르자 박인호와 박덕칠은 각각 도소를 설치하고 본격적인 활동에 들어갔다. 박인호는 덕산

---

58) 『대교김씨가 갑오피난록』(『동학농민혁명국역총서』 4, 311쪽).

59) 당시 이창구는 5만에서 6만 정도의 동학군을 지휘하였다.

60) 『홍양기사』, 갑오년 8월 초 6일조(『동학농민혁명국역총서』 4, 67쪽).

61) 『홍양기사』, 갑오 8월 18일 및 9월 14일조(『동학농민혁명국역총서』 4, 68·70~71쪽).

동학과 동학혁명의 재인식

에, 박덕칠은 목시에 도소를 설치하였다.

이와 같은 상황에서 9월, 삼례와 청산에서 재기포가 시작되자 정부에서는 대원군의 명의로 효유문을 시달하였다. 이어 내각에서는 일본에 청병하여 동학군을 토벌해 줄 것을 요청하였다. 일단 일본으로부터 승낙을 받은 정부는 9월 22일 신정희를 도순무사로 임명하는 한편 순무영을 설치하여 동학군의 토벌을 본격적으로 시작하였다.[62] 이와 같은 정부의 동학군 토벌에 대해 박인호계의 동학군은 보다 적극적인 항일태세를 갖추고 대응하였다.

긴장이 고조되던 9월 중순, 태안에 머물던 안무사 김경제는 군수 신백희와 협력하여 해미·서산·태안지역의 동학지도자 30여 명을 체포 투옥한 후 이들을 10월 1일 처형하기로 하였다. 이와 같은 위급한 상황을 덕산에 있는 도소에 보고하는 한편 예포대접주 박희인은 이 상황을 타개하기 위해 해월 최시형이 있는 보은 대도소로 향하였다. 그리고 예포 수접주 김기태는 동학 주요지도자를 불러 대책을 논의하였다. 박희인은 이들 30여 명의 희생을 막기 위해 하루빨리 기포할 것을 건의하였다.[63] 당시의 상황을 『조석헌역사』에서는 다음과 같이 기록하고 있다.

일반 두목의 생활이 시급한 경우에 대하여는 불가불 기포(起包)를 아니 하지 못할 터이로되 방금 대접주가 법소(法所)에 입(入)하온 지 7~8일이라. 금명간 도착의리니 수일을 대지하여 여차(如此) 지목이 조금도 진정이 아니 되고 점점 여시(如是) 분란(紛亂)하거든 본포(本包)에서 선위(先爲) 통기로되 사이급의(事而急矣)라. 징을 울릴 터오니 기성(其聲)

62) 『승정원일기』, 고종 31년 9월 22일조.
63) 표영삼, 『충청 서부지역 동학혁명』, 9쪽.

을 청(聽)하고 일번(一番)으로는 상응하며 일제히 각포(各包) 관내는 일
시에 전화(電火)와 여(如)히 각포(各包)의 회집(會集)하며, 일편으로는
각처 구수(拘囚)하온 두목(頭目)을 일일 구출하기로 약속을 정하고 밀밀
(密密)히 단속하였더라.[64]

　내포지역에서 박인호계의 동학조직이 기포할 움직임을 보이자 관
의 탄압은 점점 심해졌다. 9월 26일에는 동학지도자 정원갑과 이한규
를 본보기로 처형하였다.[65] 이에 내포지역 동학군은 기포를 앞당길 수
밖에 없었다. 마침 해월 최시형이 9월 18일 청산 문암에서 내린 기포
령이 박인호계에 도착한 것은 9월 그믐경 오후 3~4시 정도였다.[66] 이
에 따라 내포지역 동학군은 두 경로를 통해 기포하였다. 하나는 서산·
태안·해미 등 내포 서부지역으로 박덕칠의 예포에서, 아산·예산·
덕산·신창 등 내포 동부지역은 박인호의 덕포에서 각각 기포하였던
것이다. 내포지역 동학군은 이날 자정을 기해 각지에서 기포하였다.
　10월 1일 날이 밝자 박덕칠의 예포 동학군은 서산으로 집결하였
다.[67] 이들은 서산군수 박정기·태안군수 신백희·별유관 김경제를
처형하고, 30여 명의 동학지도자를 구출하였다. 이어 해미로 진출하여
읍내를 점령하였다.[68] 이에 비해 박인호의 덕포 동학군은 아산을 공략

---

64) 『창산후인 조석헌역사』, 1909, 2~3쪽

65) 『홍양기사』, 갑오년 9월 26일조(『동학농민혁명국영총서』 4, 79쪽).

66) 기포령의 내용은 다음과 같다. "八路의 우리 교도가 죄가 없는 데도 이 세상에서
　는 생활을 유지하기 어렵다. 만일 이것이 그치지 않으면 각처 두목은 모두 죽임
　을 당할 것이니, 훈시문이 도착하는 즉시 속속 기포하여 각처의 자기 대수포에
　회립하여 자생하라."

67) 『창산후인 조석헌역사』, 4쪽; 『문장준역사』, 1923, 2~3쪽.

68) 『홍양기사』, 갑오년 10월 초 3일조; 『문장준역사』, 3쪽; 『창산후인 조석헌역사』,
　4~5쪽.

　　　　　　　　　　　　　　　　　　　동학과 동학혁명의 재인식

하였다. 덕포 동학군은 기포령이 내리자 이종율·최병헌·최동신·
이진해·고운학 등 크고 작은 각포에서 기포하여 구만리에 집결하였
다. 이어 이들은 아산 관아를 공격하였다. 당시의 상황을 『선봉진정보
첩(先鋒陣呈報牒)』에서는 다음과 같이 기록하고 있다.

> 이달(10월) 초5일 사시(巳時)쯤에 덕산포(德山包)라 칭하는 동학교도
> 수천 명이 각자 총기를 들고 포를 쏘며 읍내로 돌입하여 관청을 부수고
> 관리를 협박하여 군기고를 부수어 병기를 탈취하였으며 민가의 재산도
> 빼앗았다. … 동학교도들은 다음날 새벽에 신창(新昌)으로 이동하여 누
> 동(樓洞)에 둔취하였다. 근래에 들으니 대진(大陣)을 움직여 당진 내포
> 등지로 향하였다고 한다.[69]

즉 덕포 동학군 수천 명은 10월 5일 아산을 점령하여 군기로 무장한
후 신창에서 유숙한 다음 당진으로 이동하였다.

내포지역 각지에서 기포한 박인호의 덕포와 박덕칠의 예포 동학군
은 태안·서산·해미·예산·덕산·신창 등 10여 군현을 점령하는
한편 각지 군기고를 습격하여 무장을 강화하였다. 또한 결성에서도 동
학군 수천 명이 현청을 부수고 현감을 구타하였을 뿐만 아니라 군기를
빼앗아 무장하고 홍주로 향하였다.[70] 그리고 10월 7일에는 면천접주
이창구는 동학군 수천 명을 이끌고 보령으로 이동하여 수영(水營)을
점령하고 결성·광천으로 향하였다.[71] 한편 태안과 서산·해미를 점
령하였던 예포 동학군은 10월 2일 예산으로 이동하여 목소리에 대도
소를 설치하였다. 이즈음 동학의 세력은 더욱 확장되었다. 그러나 동

---

69)『先鋒陣呈報牒』갑오년 10월 18일조,「아산현감 첩보」.

70)『금영계록』, 갑오년 10월 초8일조.

71)『금영계록』, 갑오년 10월 13일조.

학군은 오합지졸로 적지 않은 문제를 지니고 있었다.[72] 그렇지만 이곳에서 예포 동학군은 10일 유숙하면서 관군과 유회군의 동향을 예의주시하였다.

이와 같이 박인호계 동학군의 활동이 활발하게 전개되자 관군과 유회군의 반동학적 활동도 본격화되었다. 내포지역의 반동학군의 활동은 홍주목사 이승우를 중심으로 전개되었다. 이승우는 동학군의 활동으로 태안·서산·해미 등지의 관청이 파괴되고 관리들이 살해당할 뿐만 아니라 홍주성을 침범한다는 정보에 9월 22일 홍주 유림들을 독려하여 유계(儒契)를 조직하는 한편 10월 3일 관병을 모집하여 다섯 진영으로 재편하고 보부상·유회·농보 등을 총동원하여 방어책을 세웠다.[73] 뿐만 아니라 군제[74]도 제정하여 동학군 토벌을 전개하였

---

72) 이와 관련하여 조석헌은 다음과 같이 한탄한 바 있다. "목소리 대도소에서는 10여 일 사무에 우리 도의 운수가 이미 열린 때였다. 그러므로 이 세상의 운세는 세상과 더불어 동귀하여 物外之人과 募散之輩 수천만인이 우리 도에 새로 들어왔으나 도를 닦는 마음은 만에 하나도 없고 다만 불법행위만 생각하여 억지로 私債를 받거나 억지로 묘를 파내고 심지어는 말과 곡식을 가지는 것으로만 일을 삼으니 이를 양민이라 할 수 있겠는가. 다른 것은 그러하고 烏合之卒을 이와 같이 다수 모집하면 법률이 특별히 있는 것이 무리를 이끄는 근본이거늘 인느 고사하고 하나의 권리도 없으니 이를 장차 어찌 하리오. 이와 같음으로 書記 10여 인을 두고 주야로신입자의 불법행사를 금지하기를 10여 일을 밤을 새며 노고를 아끼지 않았으나 조금도 효력이 없었다."
73) 다섯 진영은 다음과 같다. 남영관 김명헌, 동영관 이창욱, 중영관 이능연, 서영관 한상익, 북영관 김주현, 그리고 군기감관은 김관성으로 임명하였다.
74) 군제의 내용은 다음과 같다.
一. 지금 병사를 뽑는 것은 호적에 따라 장정(壯丁)을 선발한 것이 아니고 바로 의병을 모아 비도를 토벌하려는 거사이다. 혹시라도 명분을 어지럽히거나 어기지 말라.
一. 5부(五部)는 각기 영관(領官)을, 초(哨)마다 초장(哨長)을, 군대마다 대장(隊長)을 두어 각자 단속하라.
一. 대열을 지어 서고, 군대마다 서로 마주보라. 제멋대로 대열을 떠나서 혼란스

다.[75] 10월 8일 관군 260명을 파견하여 보령 수영을 점령하였던 동학군을 광천시장에서 격파하였다. 이 접전에서 동학군은 수십 명이 희생되었고 9명이 체포되었다.[76] 기세를 올린 관군은 홍건의 건의에 따라 동학군 토벌을 결심하고, 11일 예포의 대도소가 있는 목소리를 습격하였다.[77] 이에 대해 조석헌은 당시의 상황을 다음과 같이 기록하고 있다.

럽게 하지 말고, 함부로 말을 하거나 웃지 말며 공연히 손가락으로 가리키면서 돌아보지 말라.

一. 군무의 크고 작거나를 막론하고 한걸음이라도 전진하거나 후퇴하는 것은 장수의 명령을 준거로 삼아 영기(令旗)를 가지고 시행하라. 말로 분부할 때는 절대로 듣지 말라.

一. 각 군대마다 군대이 인정한 깃발에 따라 대오를 이루고 바꿔 섞이게 하지 말라.

一. 추운 밤의 파수(把守)는 번(番)을 나눠 휴식하고 군대마다 차례대로 번갈아 바꾸고, 혹시라도 뒤섞여 편리한대로 골라서 하지 말라.

一. 식사할 때는 북을 치고 식사가 끝나면 징을 울려라. 나가고 멈추는 데 일정하게 하라.

一. 각 진(陣)내의 순군(巡軍)은 번을 나눠 교대로 돌다가 행동이 수상하거나 얼굴이 생소한 자가 있으면 특별히 뒤를 밟아 은밀히 내력(來歷)을 탐문하라.

一. 야경(夜警)을 돌 때에 불조심을 가장 신중히 하라. 만약 혹시라도 조심하지 않아 잘못된다면 먼저 영관(領官)부터 군율을 시행하라.

一. 어느 방향에서 오는 도둑이 있으면, 각기 그 문의 영관은 정찰병이 보고한 것을 은밀히 중군에게 보고하고 지휘를 받으며 혹시라도 먼저 징을 쳐서 소동을 피우지 말라.

一. 군대의 대열을 제멋대로 이탈한 자는 영관이 곤장을 쳐서 다스리고 그 대장은 나중에 중군에게 보고하라.

一. 영관은 군오(軍伍)중에서 가장 건실하고 용력(勇力)이 있는 자를 살펴보았다가 따로 적어 중군에 보고하라. 중군은 그것을 받아 기록하였다가 격려하라.

一. 읍촌에서 참전(參戰)을 자원하여 1개의 군대를 감당할 만한 자는 특별히 거두어 쓰라.

一. 허다한 군제(軍制)는 갑자기 가르치거나 배울 수 있는 것이 아니다. 다만 군대를 정비하는 것을 위주로 하고 힘을 모으는 것을 먼저 하라.(『홍양기사』, 갑오년 10월 초 3일조)

75) 『홍양기사』, 갑오년 10월 초 3일조.
76) 『홍양기사』, 갑오년 10월 초 8일조.

동 11일 미명에 홍주목사 이승우가 일병(日兵) 300명과 병정 수백 명과 유회군 수천 명을 거느리고 목소 대도소 대진을 공격하였다. 2~3시간에 이르렀는데, 서로 싸우다가 교도가 먼저 크게 패하여 사방으로 흩어짐에 저 무리들이 이기고 이겨서 오래 추격하여 대도소 사무실까지 돌입하여 닥치는 곳마다 몰수하고 불을 질렀다. 하지만 교도의 후세(後世)를 알지 못한 고로 바로 퇴각하였다. 병서에 이르기를 대로써 소를 이기는 것은 자연스러운 이치로 말하였으나 교도는 수만 명이로되 군율이 아직 없고 병사를 사용함에 미숙하였으나 대전(對戰) 2~3시간 동안에 교인은 한 사람도 상해를 입어 죽은 사람이 없었으나 저 무리들은 2명이 죽고 3명이 중상을 입었다고 하더라.[78]

예산 목소리에서 예포 동학군과 관군 사이에 2~3시간 동안 치열한 전투가 전개되었지만 서로 간에 큰 피해가 없었다. 그러나 예포 동학군은 이 전투 이후 전의를 크게 상실하였고 사실상 조직이 와해될 정도였다.[79] 이에 따라 예포 동학군에서는 내포지역 동학군의 연합전선을 도모하고자 하였다.[80] 이는 곧 박인호계의 연합전선을 의미한다.

77) 『홍양기사』, 갑오년 10월 초 10일조.
78) 『조석헌역사』, 10월조. 이날 전투에 대해 관군측의 기록은 다음과 같다. "새벽에 각 진(陣)에서 건장하고 용감한 군사 500명을 뽑아 밥을 먹이고 장비를 갖추어 중군 김병돈이 인솔해 가서 목시의 적들을 토벌하게 하였다. 이 날 새벽에 짙은 안개가 들에 가득하여 지척을 구분하기 어려웠다. 관군이 목시에 도착하니 적들이 모두 영루(營壘)를 비우고 민가에 들어가서 깊이 잠들어 있었다. 관군은 혹시 계략이 있을 것을 의심하여 나가지 못하고, 먼저 큰소리를 지르고 화포를 쏘아 위세를 드러내었다. 적들이 갑자기 화포소리를 듣고 조수가 빠지는 것처럼 흩어져서 포구를 따라 도망을 쳤다. 관군도 추격을 할 수가 없어 그 군기와 말 등을 거두어서 돌아왔다" 『홍양기사』, 갑오년 11월 11일조.
79) 『조석헌역사』, 10월조.
80) 조석헌은 당시의 상황을 다음과 같이 기록하였다. "각처 관내인 소위 교   의 대소 두령을 자의로 유회군 진영으로 잡아다가 임의로 참살하는 일이 비일비재하고, 교도 수백만 호가 일체 어이 되어 일시에 어려운 처지에 빠졌다. 고로 일반교

동학과 동학혁명의 재인식

즉 서산·해미·태안지역의 동학군을 하나로 합세하는 한편 내포지
역 동북부를 지휘하고 있던 박인호의 덕포 동학군과도 연락하여 연합
전선을 형성하였다.[81] 이에 박인호의 덕포와 박희인의 예포 동학군은
20일경 태안군 동면 역촌리에 합류하여 동도대진소를 설치하였다. 당
시의 상황을 박인호는 다음과 같이 회고하고 있다.

> 나는 그 당시 덕포(德包) 즉 충남 일대의 동학교도를 맡아가지고 있는
> 데, 그때 충남토초사 이승우(李勝宇)가 홍주에 와서 이 지방의 동학의 소
> 두목인 정원갑(鄭元甲)·이창구(李昌九)·정보화(丁甫和) 외 여러 사
> 람을 잡아다가 총살도 하고 참수도 하려고 하였소. 이때에 있어 해월 선
> 생으로부터 인심(人心)이 천심(天心)이라 하시며 동원할 것을 명령하심
> 으로 나는 이 지방에서 손(孫)은 청주지방에서 교도를 모아 가지고 기병
> 하기로 하였던 것이요. 동학이 기병한다는 소식은 삽시간으로 충남 전도
> 에 알려지자 각지에서 교도와 인민들이 운집하여 해미로 가서 결집이 되
> 었소.[82]

박인호는 기포 당시 동학교인 한 집에서 한 사람씩만 참가하라고 지
시하였으나 노인과 어린아이, 그리고 마을마다 총을 가지고 있던 사냥
꾼까지 참가하여 16,000여 명이 달하였다.

덕포 동학군과 역촌에서 합류한 박인호계 덕포 동학군은 23일 해미

> 도의 소원이 이러한 때를 당하여 충남의 東徒를 한 곳에 모아 다시 일어서야 후
> 회가 없게 하자고 하나 천만번 생각하여도 좌우가 어려운 처지로되 부득이 깨려
> 고 하여도 할 수 없었다."

81) 덕포와 예포의 연합전선은 호남의 전봉준과 호서의 손병희의 연합전선과도 밀
접한 관련이 있는 것으로 보인다.

82) 박인호, 「한말 회고 비담의 기 2-갑오동학기병실담」, 『中央』 3권 2호, 46쪽. 박
인호는 회고담에서 충남 동학군이 합류한 곳은 해미 어미였다고 하였다.

귀밀리에서 하루 유숙하였다. 이어 24일 여미벌에 진을 치고 있던 중 관군과 유회군의 습격을 받았으나 이를 대파하였다.[83] 그리고 이날 오후 4시경 면천 승전곡으로 이동하던 중 일본군과 관군의 연합부대를 만나 대접전을 벌였다. 당시 적송국봉(赤松國封) 소위가 이끄는 연합부대는 일본군은 1개 소대, 2개 분대 87명과 관군 43명으로 구성되었다.[84] 이날 전투상황을 박인호는 다음과 같이 회고하였다.

그날 저녁 기슭에 동학군단은 면천 승전곡을 닥쳤을 때 관군과 마주치게 되었는데 이것이 말하자면 내가 기병한 동학군의 제1회 접전이었소. 선봉 척후가 관군이 행군해 옴을 보(報)하니 우리는 승전곡 양산으로 올라가 복병을 하고 있었소. 관군이 골짜기 속으로 몰려들어왔소. 관군이 골짜기를 들어서자 우리는 곧 전투를 일으켜 교전 1시간여에 관군을 여지없이 대파하니, 동학군의 사기는 그야말로 충천하였소.[85]

---

83) 『문장준역사』; 『북접일기』, 태안군·충청남도역사문화원, 2006, 189쪽.

84) 『순무선봉진등록』, 갑오년 10월 18일조.

85) 박인호, 「한말 회고 비담의 기 2-갑오동학기병실담」, 『中央』 3권 2호, 47쪽. 이에 대해 일본군측과 유생의 기록은 다음과 같다. "적은 勝戰谷의 狹隘를 끼고 방어했으며 그 수가 400~500명 정도 되었지만, 드디어 격파하고 여미의 고지를 향해 전진했다. 그러나 적은 사방의 고지를 점령하고 사력을 다해 이곳을 지켰다. 그 수는 각처에 5,000여 명씩 있었으며 1개 소대의 병력으로 이를 공격하려 해도 우리를 포위하고 급습하여 끝내 지탱할 수 없어서 홍주로 퇴각하였다." (『주한일본공사관기록』 1, 207쪽, 좀 더 자세한 전투상황은 206~208쪽 참조). "'여미에 출전하였던 병정들은 승전(僧戰) 아래에 이르러 겨우 한 무리의 군사들을 격파하였습니다. 그런데 검암(劍巖) 뒷산에 이르러 수만 명의 대군을 보자 겁에 질려 간이 콩알 만해져서 총 한 방 쏘지 못하고 바로 퇴각하였습니다'라고 하였다. 나는 그 자리에서 정신이 나가 버렸다. 도리어 지난 날 쫓기던 때보다 더 못하게 되었다. 앞으로 순식간에 화가 닥치게 생겼으니 장차 어떻게 해야 할 것인가? 얼마 되지 않아 승전우(僧田隅)에서 총소리와 고함소리가 천지를 진동하였으며 화염과 연기가 골짜기를 가득 메웠다. 몇 만 명이나 되는지 모를 비류들이 온 산과 들을 가득 메우고 발로 차고 짓밟으며 면천읍으로 몰려들었는데 그

　　　　　　　　　　　　　　동학과 동학혁명의 재인식

즉 승전곡 양쪽에 매복해 있던 덕포 동학군과 예포 동학군은 일본군
과 관군을 승전곡으로 유인한 다음 공격하여 이들을 홍주로 퇴각시켰
다. 승전곡전투에서 승리한 동학군은 면천읍에서 하루 유숙한 후 25일
덕산군 구만리를 지날 때 다시 관군과 전투를 벌여 승리하였으며,[86]
26일 예산 신례원 후평에 도착하여 대진을 설치하였다.[87] 이처럼 승
전곡전투에서 동학군이 승리하자 그동안 독자적으로 활동하였던 동
학군도 후평으로 합류하였다.[88]

신례원에 유숙하던 동학군은 27일 새벽 관군과 유회군의 기습을 받
았다.[89] 이들은 예산·대흥·홍주지역의 유회군과 예산 관아에 소속
된 관병들이었다. 25일 밤 동학군이 신례원 후평에 진을 설치하자 예
산의 유회군이 홍주목사 이승우에게 예산의 관군과 연합하여 동학군
을 습격하자고 청하였고, 이를 이승우가 승낙함으로써 신례원전투가
시작되었다.[90] 신례원전투 상황은 다음과 같다.

예산 신례원에를 이르렀을 때 우리는 제3차로 관군을 만났는데 이 관

속도는 비바람처럼 빨랐으며 그 기세는 이리와 승냥이 같았다."(「피난록」,
368~369쪽)
86) 박인호, 「한말 회고 비담의 기 2-갑오동학기병실담」, 『中央』 3권 2호, 46쪽;『선
   봉진전령각진』, 갑오년 10월 말조;『선봉진일기』, 갑오년 10월 27일조(『동학농
   민혁명국역총서』 4, 260쪽) 당시의 상황은 다음과 같다. "병사 30명을 이끌고 덕
   산, 합덕의 유회소에 도착하였다가 동학군에게 핍박당함이 매우 시급하여 병정
   을 조발한다."
87) 『북접일기』, 109쪽.
88) 『순무선봉진등록』, 갑오년 10월 28·29일조. 신창군 남상면 판방리에 주둔하였
   던 동학군들은 26일 저녁쯤에 홍주로 이동하였다. 또한 신창읍 곡교에 주둔하였
   던 동학군도 27일 오후에 예산으로 이동하였다.
89) 『순무선봉진등록』, 갑오년 10월 29일조.
90) 『홍양기사』, 갑오년 10월 26일조.

군은 홍성 이승우가 관군 재패의 소식을 듣고 내보낸 정예이었소. 관군은 예산산성에 진을 치고 대포를 묻고 동학군을 격파시킬 준비에 급급하였으나 동학군은 관군이 산성에 매복한 것을 그대로 산성을 열 겹 스무 겹 에워싸고 습격을 하였소.

그런데 선봉에 올라가는 것은 화포군(火砲軍: 총 가진 동학군)이 아니고 어린아이(소년)들이었소. 그때말로 도동(道童: 紅衣將軍)이었소. 관군이 묻어놓은 대포를 쏠 겨를도 없이 습격을 당하여 그대로 패주하기 시작하였고 이 싸움에 중군대장으로 나왔던 김병돈(金秉敦)이가 전사를 하였소.[91]

신례원전투는 관군과 유회군의 기습공격으로 시작되었으나 오히려 동학군이 크게 승리하였다. 중군 김병돈 · 영관 이창욱 · 주홍섭 · 주창섭 · 한량 한기경 · 예산 유생 홍경후 · 덕산의동 신태봉과 관군 10여 명이 희생되었다.[92]

신례원전투에서 승리한 동학군은 적지 않은 성과를 올렸다. 동학군

---

91) 박인호, 「한말 회고 비담의 기 2-갑오동학기병실담」, 『中央』 3권 2호, 47쪽. 『조석헌역사』는 신례원전투를 다음과 같이 기록하고 있다. "새벽녘에 홍주군수 이승우가 유회 장두 김덕경 등 10여 인으로 하여금 군 토병 수십 인과 유회군 4,000~5,000명을 나누어 보내 예산군 신례원 앞 빙현 상봉에다 대진을 설치하고 교진을 향하여 사격할 때 대포 수십 문으로 일시에 쏘아서 몰살하고자 하였다. 그러나 아무리 군율이 없는 교진이라도 10여 군에서 군기를 모았으니 어찌 소수로써 큰 교진을 이기겠는가. 양진이 반나절 정도 큰 전투를 하여 적군의 일등 장두 6~7인과 적근 700~800명을 모두 몰살 소멸하니 기타 뒤따르던 적군 5,000~6,000명은 공격하지 못하고 스스로 무너져서 사방으로 흩어져 도주하였다" 『북접일기』, 110쪽.

92) 『홍양기사』, 갑오년 10월 26일조 및 11월 16일조(『동학농민혁명국역총서』 4, 100 · 111쪽). 그런데 이두황의 『양호우선봉일기』 갑오년 11월 초 5일조에 따르면, 신례원전투에서 관군측 전사자는 100여 명이라고 하였다(『동학란기록』 상, 국사편찬위원회, 1974). 그리고 『札移電存案』에 의하면 관군 30여 명이 사망하였다고 하였다(『札移電存案』, 갑오년 11월 초 9일조).

　　　　　　　　　　　　　　동학과 동학혁명의 재인식

은 예산을 무혈입성하였고,[93] 목소전투 이후 덕포와 예포 중심의 연합 전선에서 충남 전 지역의 동학군을 하나의 통합된 조직으로 정비하였 다.[94] 뿐만 아니라 관군 측에도 적지 않은 영향을 주었다. 대흥현감 이 창세과 예산현감 이건, 심지어 부안수령 윤시영까지 동학군의 위세에 눌려 홍주성으로 피신하였다.[95] 그리고 위기의식을 느낀 유생들은 각 지역마다 유회군을 조직하였다. 천안 출신 전 감찰 윤영렬과 그의 아 들 윤치소, 아산 출신 조중석은 동학군을 토벌하기 위해 유생 380명을 모집하여 천안에서 홍주로 출발하였으며,[96] 홍주에서도 유생을 중심 으로 유회군을 조직하였다.[97] 뿐만 아니라 승전곡전투에서 패한 일본 군도 내포지역 동학군을 토벌하기 위해서는 대대급 병력의 출동이 필 요하다고 보고하였다.[98] 이처럼 박인호계 내포지역의 동학군은 파죽 의 승세와 강력한 조직을 갖추고 있음을 알 수 있다.

신례원전투에서 승리한 동학군은 곧바로 예산을 점령한 후 27일은 역촌 후평에서 유숙하였다. 이날 박인호와 박덕칠 등 동학군 지도부는 서울로 바로 진격할 것인가, 홍주의 관군세력을 먼저 꺾을 것인가에 대해 논의하였다. 일본군은 동학군이 서울로 직향할 것으로 보았다.[99] 그러나 동학군은 서울로 직향할 경우 후미를 공격당할 수 있기 때문에

---

93)『순무선봉진등록』, 갑오년 10월 29일조(『동학농민혁명국역총서』2, 98쪽).

94) 홍종식 口演·춘파 記,「70년 사상의 최대 활극 동학난 실화」,『신인간』34, 49쪽.

95)『홍양기사』, 갑오년 10월 27일조(『동학농민혁명국역총서』4, 101쪽).

96)『순무선봉진등록』, 갑오년 11월 1일조(『동학농민혁명국역총서』2, 101쪽);『순 무사정보첩』22, 10월 21일조(『동학농민혁명국역총서』1, 311~312쪽).

97)『순무선봉진등록』, 갑오년 11월 1일조(『동학농민혁명국역총서』2, 101쪽).

98)「홍주 부근 동학당 정토 및 시찰소감에 관한 山村 대위의 보고사본 송부」,『주한 일본공사관기록』1, 222쪽.

99)「홍주 적도 격퇴 상황보고 및 원병요청」,『주한일본공사관기록』1, 231쪽.

"후환을 없애야 한다"는 중의에 따라 홍주를 먼저 공격하기로 하였
다.100) 이외에도 홍주는 내포지역의 중심지로서 무기와 식량 조달 등
이 수월하였기 때문이기도 하였다.

홍주성 공격을 결정한 동학군은 10월 27일 예산 역촌을 출발하여
10월 28일 덕산 역촌 후현에 유숙하였다.101) 이날은 동학을 창명한 수
운 최제우의 탄신일이므로 기도식을 가졌다. 이어 홍주성 북문 밖 향
교촌 후현으로 이동 유진하였다.102) 이곳에서 동학군은 대열을 둘로
나누어 일대는 간동으로, 다른 일대는 서문으로 진출하면서 홍주성전
투가 시작되었다.103) 간동으로 진출한 동학군은 향교를 지키며 저항
하는 유생 7명을 죽이고 접수하였다.104) 이처럼 동학군이 홍주성을 공

---

100) 박인호, 「한말 회고 비담의 기 2-갑오동학기병실담」, 『中央』 3권 2호, 47쪽.
101) 박인호의 회고에 의하면 덕산 역말에서도 관군과 대치하여 전투를 준비하였으
나 한 노파의 지기로 무사히 벗어날 수 있었다. 그 내용은 다음과 같다.
"덕산말까지 동학군이 나아갔을 때 관군이 또 마주 나와서는 대포를 묻고 우물
에는 독약을 풀고 풍설에는 마름쇠를 감추어 놓고 하여 동학군을 일거에 격멸
코자 하였었소. 그런데 동학군은 밤이면 주문을 외이는 규율이 있어서 전군이
저녁 후에는 청수를 모시고 주문을 외이고 있었는데, 그동안에 덕산 역말의 관
군 사이에는 큰 야단이 일어났다고 하오. 관군이 동학군을 迎擊하려고 가진 군
비를 배치해 놓은 채 밤이 되었는데 이때 역말 사는 술장사 노파 한 사람이 동
학군이 눈앞에 와서 진을 머무르는 소식을 듣자 동학은 조화가 많다는데 이 동
리서 싸움이 벌어진다면 무죄한 사람이 곤욕을 당할 것이라고 우물로 가서 물
을 퍼다가는 몰래 관군이 묻어놓은 대포 구멍을 찾아다니면서 물을 부어놓았
소. 그런줄 모르는 관군은 이튿날 그것을 발견하고는 동학군은 총구멍에서 물
을 나오게 하는 조화를 가졌다고 그냥 도망을 쳐버리는 것이었소. 동학군은 도
망하는 관군을 발견하고   아가서 잡아다가 문초를 하니까 모든 것을 자백하
여 우리들도 그 당시는 그것이 조화로만 생각하였던 것이지요."
102) 『조석헌역사』, 11쪽; 『문장준역사』, 4~5쪽; 『북접일기』, 110 · 189쪽.
103) 홍주성전투에 대한 자세한 내용은 성주현, 「홍주성에서의 동학혁명과 의병항행
운동」, 『홍경만교수정년기념 한국사학논총』, 한국사학논총간행위원회, 2002
를 참조.

격하자 일본군도 이에 맞서 서문 밖 빙고치 등에 병력을 분산 배치하였다. 그러나 동학군의 위세에 눌려 일본군은 홍주성 안으로 퇴각하였다.105) 이로써 동학군은 홍주성만 남겨두고 홍주 전역을 장악하였다.

그러나 홍주성만 남겨둔 동학군은 홍주성 공략을 위해 전략을 세우는 과정에서 이견이 노출되었다. 박인호는 성을 3~4일 포위한 후 항복을 받는 방안을, 박덕칠은 성을 넘어가서 들이치자는 방안이 각각 제시되었던 것이다. 동학지도부는 재삼 숙고한 끝에 홍주성을 공격하기로 결정하였다.106) 이에 따라 홍주성을 사이에 두고 양측의 전투는 해가 지면서 격렬하게 전개되었다. 박인호는 당시의 홍주성전투를 다음과 같이 회고하였다.

명령을 내려 성을 넘기로 하자 성안에서는 성 밖으로 불을 내어던져서 성 밖에 있는 집들에 다 불을 싸질러 놓았소. 그런데 우리는 짚 한 묶음씩 가지고 성 밑으로 가서 그걸 쌓아놓고 성을 넘기로 하였으니 일이 어떻게 되었겠소. 어두운 밤 화광이 충천한 속으로 징을 울리며 성으로 달려 진격하는 우리 동학군들은 쌓아놓은 짚단 위에 불이 당겨 타죽는 사람 넘어가려면 안에서 총으로 맞아 쏘아 죽는 사람-시간은 지나가건만 홍주를 쳐들어가기는커녕 성내의 사기만 더 북돋게만 하였소. 이리하여 격전에 또 격전이 거듭되고 동학군의 사자(死者)가 3만을 헤아리게 되었으니 나로서 지금 생각한다면 참으로 무모한 것이었고 또 부끄러운 일이라 생각하오. 날이 밝아오나 결국 홍주 함락은 단념할 수밖에 없음으로 진은 헤어지고 상경하자던 용기까지 무너지고 말았소.107)

104) 『홍양기사』, 갑오년 10월 28일조(『동학농민혁명국역총서』 4, 101~102쪽).

105) 『주한일본공사관기록』 1, 211쪽.

106) 박인호, 「한말 회고 비담의 기 2-갑오동학기병실담」, 『中央』 3권 2호, 47쪽.

107) 박인호, 「한말 회고 비담의 기 2-갑오동학기병실담」, 『中央』 3권 2호, 48쪽.

홍주성전투에서 동학군은 박덕칠이 별동대를 조직하는 등 숫적으로 우세한 전력을 가지고 있었지만 이승우의 청야법[108]에 의해 600~700여 명[109]의 희생자만 내고 홍주성 공략에 실패하고 말았다.[110] 이튿날 10월 29일 동학군은 대오를 수습하고 해미방면으로 퇴각하였다.[111] 이후 내포지역 동학군은 11월 3일 예산에 집결하였다가 해미성을 한때 점령하였으나[112] 이두황의 영병과 윤영렬의 천안의병의 공격을 받고 해미의 구산성과 저성을 거쳐 서산 도비산으로 다시 퇴각하였다.[113] 이곳에서 다시 퇴각한 내포지역 동학군은 11월 9일 태안으로 집결하였으나 이미 전의를 상실한 상태였다.[114]

홍주성전투 이후 해미·서산·태안까지 퇴각한 동학군은 11월 중순 이후 일본군·관군·유회군의 대대적인 토벌에 의해 잔혹하게 희생되었다.[115] 이로써 박인호계를 포함한 내포지역의 동학혁명은 막을

---

108) 청야법(淸野法)은 전쟁 때 적이 이용할 수 있는 집이나 기타 건물 등을 비롯하여 식량 등을 조달하지 못하도록 하는 방법으로 초토화 작전에 많이 사용하는 전술이다.

109) 홍주성전투에서 희생된 동학군의 숫자에 대해서는 매우 다양하게 기록하고 있다. 즉 일본측은 200명, 관군측은 600~700명, 동학군측은 3만여 명 등이다. 동학군의 희생자에 대해 보다 자세한 내용은 성주현, 「홍주성에서의 동학혁명과 의병항행운동」, 『홍경만교수정년기념 한국사학논총』, 한국사학논총간행위원회, 2002를 참조.

110) 『홍양기사』, 갑오년 10월 28일조(『동학농민혁명국역총서』 4, 102~103쪽); 『조석헌역사』, 11쪽; 『문장준역사』, 5쪽; 『북접일기』, 110~111쪽 및 189쪽; 차상찬, 「갑오동학과 충청남도」, 『개벽』 46, 1924, 123~126쪽.

111) 「홍주부근 전투 상보」, 『주한일본공사관기록』 1, 212쪽.

112) 『홍양기사』, 갑오년 11월 초 4일조(『동학농민혁명국역총서』 4, 106쪽).

113) 『홍양기사』, 갑오년 11월 초 6일조 및 초 8일조(『동학농민혁명국역총서』 4, 106~108쪽); 『순무사정보첩』, 예순(『동학농민혁명국역총서』 1, 34~35쪽).

114) 「홍주부근 동학당 정토 및 시찰소견에 관한 山村 대의의 보고사본 송부」, 『주한일본공사관기록』 1, 234쪽.

　　　　　　　　　　　　　동학과 동학혁명의 재인식

내리게 되었다.

　이상의 내포지역의 동학혁명은 박인호계를 중심으로 전개되었는데, 주요 지도자는 다음과 같다.

　瑞山 : 朴寅浩・李愚喬・柳鉉玉・朴東厚・崔克淳・張世華・崔東彬・
　　　　安載鳳・安載德・朴致壽・洪七周・崔永植・洪鍾植・金聖德・
　　　　朴東鉉
　新昌 : 金敬三・郭玩・丁泰榮・李信敎
　德山 : 金蕢培・李鍾皐・崔秉憲・崔東信・李鎭海・高雲鶴・高壽仁
　唐津 : 朴瑢台・金顯玖
　泰安 : 金秉斗
　洪州 : 金周烈・韓圭夏・金義亨・崔俊模
　沔川 : 朴熙寅・李昌九・韓明淳
　安眠島 : 朱炳道・金聖根・金相集・賈榮魯
　藍浦 : 秋鏞聲・金起昌[116)]

---

115) 『홍양기사』에 의하면, 11월 13일 이병호・최동신, 20일 김낙연, 27일 한철록・김치성, 12월 5일 이홍수 등이 희생되었다. 이밖에도 11월 20일 40명이 총살되었다. 또한 『주한일본공사관기록』에도 11월 11일 48명, 14일 30명이 일본군이 총대로 타살하였다. 『주한일본공사관기록』1, 234~237쪽 참조.

116) 『천도교서』, 해월신사편. 한편 『천도교창건사』에는 "박인호・박희인의 지도로 김경삼・곽완・정태영・이신교는 신창에서, 김명배・이종고・최병헌・최동신・이진해・고운학・고수인은 덕산에서, 박용태・김현구는 당진에서, 최긍순・장세화・최동빈・안재봉・안재덕・박치수・홍칠봉・최영식・김성덕・홍종식・박동현은 서산에서, 김병두는 태안에서, 김주열・한규복・김의형・최준모는 홍주에서, 이창구・한명순은 면천에서, 주병도・김성근・김상집・가영로는 안면도에서, 추용성・김기창은 남포에서 기포하여"라고 기록하고 있다.

4. 동학혁명 이후 박인호계 동학군의 동향

개벽의 삶의 틀을 만들고자 하였던 동학군은 막강한 화력을 갖춘 일본군과 관군과의 전투에서 패배하였다. 이후 동학군은 일본군과 관군, 그리고 유회군과 민보군·수성군 등의 철저한 추적과 토벌을 당하였다. 관군은 각면과 리·촌락, 그리고 해안과 섬까지 일일이 수색하여 동학군 지도자뿐만 아니라 일반 동학군, 그리고 협력자까지 체포하고자 하였다.[117] 이에 따라 동학군은 각지에서 관군·민보군·수성군 등에 의해 학살되었다. 정부의 입장에서는 동학군 지도자만 체포하고자 하였으나 현지에서는 동학군과 관련된 사람이면 예외가 없을 정도였다. 함평군의 경우 수성군 3,000여 명을 조직하여 그물망과 같이 동학군을 색출해 내었다.[118]

1895년 12월 말경 동학군 진압이 어느 정도 완료되자 동학군을 토벌하기 위해 설치되었던 순무영을 폐지하고 해당 부대를 군무아문으로 복귀시켰다.[119] 또한 각 지역에서도 순무영이 파견한 소모 및 참모·별군관 등의 임시직을 폐지하도록 하고 각지의 의병과 유회 등 민간

---

117) 『순무선봉진등록』, 갑오년 12월 11일조(『동학농민혁명국역총서』 2, 300쪽). 그 내용은 다음과 같다. "비류가 지금은 이미 흩어져 모여 있는 곳이 하나도 없지만 거괴는 반드시 마을에 숨어있을 것이니, 각 면리와 바닷가에 엄하게 명령하여 흩어져 도망하는 자를 모두 붙잡아 들이라. 이름 있는 괴수와 각처에서 행패를 부인 접주는 반드시 성명을 바꾸었을 것이니, 위협에 못 이겨 따른 자라 하더라도 더욱 엄격하게 조사하여 하나도 빠뜨리지 말고 실정을 알아내어 엄하게 가둔 뒤에 보고하라."

118) 『순무선봉진등록』, 갑오년 12월 11일조(『동학농민혁명국역총서』 2, 301쪽).

119) 『승정원일기』, 고종 31년 12월 27일조; 『승정원일기(궁내부일기)』 고종 167, 민족문화추진회, 2002, 170쪽.

인 진압부대도 해산하도록 하였다. 그럼에도 불구하고 동학군의 토벌을 각 지방관에게 철저히 진압하도록 시달하였다.[120] 이에 따라 지방에서는 여전히 동학군 토벌이 진행되었다. 그렇지만 동학군 토벌은 1895년 1월 25일 호남에서 철수하고, 이해 3월 삼남에 파견하였던 선무사와 초토사 등을 없애는 한편 경영에서 파견하였던 부대도 소환함에 따라 동학군 토벌은 사실상 종료되었다.[121]

일본군의 철병과 정부의 동학군 토벌은 비록 종료되었으나 지방에서는 보수유생층에 의해 진행형이었다. 동학혁명 당시 동학군에 당한 피해에 대해 유생층이 복수하였기 때문이었다. 이에 따라 유생층은 동학군의 재산을 약탈하거나 심지어는 목숨까지 살해하였다.[122] 뿐만 아니라 동학군의 가족은 가산을 빼앗기고 가족들도 체포되어 피해를 입기도 하였다. 전봉준과 함께 동학혁명에 참가하였던 김문행은 가산을 빼앗기고 모친이 체포되었다.[123] 이와 같은 상황에서 동학군 지도자들은 고향을 등지거나 산 속 또는 토굴에서 은신하였다. 오지영은 공주 우금치전투 이후 서해안을 따라 피신하다가 경기도 양주 묘적암에 은거한 바 있으며, 김봉년은 전주 수하 들판에 숨어서 지내기도 하였다.[124]

이와 같이 동학혁명 이후 계속된 동학군의 토벌, 그리고 동학군의 피신하는 과정 속에서도 해월 최시형과 상층지도부는 교인의 수습과 교단의 정비가 당면한 과제였다. 당시 교단은 최시형이 구심적 역할을

---

120) 『순무선봉진등록』, 을미년 1월 21일조(『동학농민혁명국역총서』 2, 425~426쪽).

121) 이영호, 『동학과 농민전쟁』, 혜안, 2004, 374~375쪽.

122) 오지영, 『동학사』, 영창서관, 1938, 154~155쪽.

123) 이진영, 「동학농민전쟁기 전라도 태인 고현내면의 반농민군 구성과 활동」, 『전라문화논총』 6, 전북대 전라문화연구소, 1993.

124) 오지영, 『동학사』, 171쪽.

하고 있었지만 피신해야 하는 상황에서 활동이 제약되었기 때문에 유사시 교단을 이끌어갈 지도부의 형성이 필요하였다. 이에 따라 해월 최시형은 1896년 초 손병희·손천민·김연국에게 도호를 발급하는 한편 이들을 중심으로 하는 집단지도체제를 형성하였다.

박인호계의 내포지역 동학 조직은 동학혁명 이후 동향은 어떠하였을까. 박인호계 역시 여타 지역과 다름없이 고향을 등지고 은신생활을 하였다. 이러한 과정에서도 교단의 재건을 위해 노력하였다. 우선 박인호는 동학혁명 직후 활동에 대해서는 구체적인 자료는 없으나 다음과 같이 밝히고 있다.

> 전군은 해진(解陣)을 하고 제각기 헤어져 버렸고 나는 김명배(金蕡培)·김의형(金義亨)·엄주동(嚴柱東) 등과 같이 해월 선생을 찾아갔소. 그 뒤 충청일대의 접주(소두목)들은 전부가 관군에 사로잡혀서 총살되었고 남은 이들은 밤에는 산속에 들어가서 굴에서 잠을 자고 낮이면 촌(村)으로 들어가 걸식을 해가면서 연명을 하였소.
>
> 그리고 우리가 진을 헤칠 때는 정부가 청국에 청병한 것이 원인이 되며 일청전쟁이 발단이 되고 말았으며 그 뒤 10년 동안은 역시 일정한 근거지가 없이 충청북도와 강원도 경기지방으로 전전하면서 설도(說道)를 하였소. 그리고 중앙에는 갑오개혁 을미혁신이 있었으나 동학에 대한 지방 관리들의 조금도 변치 아니하였소. 이렇게 피신하여 다니는 중에 해월 선생마저 잃었으나 그러나 그 뒤 갑진(甲辰)까지 11년 동안을 은둔적 생활을 하다가 갑진년에 이르러 천도교의 발포를 하게 되었소.[125]

홍주성전투에서 패한 박인호는 덕산에서 기포한 김명배, 홍주에서 기포한 김의형, 그리고 엄주동과 함께 교단의 책임자인 해월 최시형에

---

125) 박인호, 「한말 회고 비담의 기 2-갑오동학기병실담」, 『中央』 3권 2호, 48쪽.

게로 갔다. 당시 해월 최시형은 1894년 12월 말경 강원도 홍천, 1895년에는 인제 느릅정이와 원주 수레너미에 머무르고 있었으며, 1896년에는 충주와 청주 등지를 순회함으로써 교단이 점차 안정되어갔다.126) 이후 최시형은 충주 외서촌, 음성군 창곡, 청주군 산막, 상주군 은척, 음죽군 앵산동, 원주군 전거론 등지로 이주하면서도 교단재건에 노력하였다.

앞서 박인호는 홍주성전투 이후 최시형이 있는 교단을 찾아 교단재건에 참여하고자 하였다. 그러나 박인호가 최시형을 처음으로 만난 것은 1898년 1월 초였다. 박인호는 이때 손병희와 함께 세시문후를 함으로써 교단과 연계를 맺게 된 것이다.127) 이미 교단이 어느 정도 안정된 이후였던 것이다.128) 박인호는 고향 덕산을 떠나 1900년 당시 정산에 살고 있었던 것으로 보아 홍주성전투 이후 은신을 반복하다가 정산에 정착한 것으로 보인다.

이러한 사실은 홍주성전투에 참여하였다가 은신과 교단재건에 참

---

126) 이돈화, 『천도교창건사』 제2편, 71~72쪽.

127) 『동학·천도교약사』, 1990, 75쪽. 홍주성전투 이후 박인호의 행적에 대해서는 아직 구체적으로 밝혀지지 않고 있다. 태안 출신의 조석헌과 문장준은 홍주성전투 이후 박희인과 함께 일찍이 교단과 관계를 맺고 해월 최시형을 적극적으로 후원하였다. 그런데 이 과정에서 박인호와 관련된 기사는 전혀 보이지 않고 있다. 이들 두 사람이 수교관계는 박희인계이지만 넓게 본다면 박인호계이었고, 또한 1910년대 이후 이들은 박인호의 구파계열로 이어지고 있다. 이러한 점에서 본다면 조석헌과 문장준이 홍주성전투 이후 동학교단의 재건과정에서 박인호를 만났다면 굳이 배제할 이유가 없기 때문이다. 따라서 박인호는 1898년 1월 교단과 관련을 맺기 전까지는 은신과 피난생활을 하였던 것으로 보인다.

128) 박인호가 교단과 관계를 맺기 전까지 그의 동향에 대해서는 아직 밝혀지지 않고 있다. 박인호가 교단과 연계되기 전까지, 그리고 그 이후 일정한 시기까지 내포지역의 동학세력은 박희인-김연국과 연계를 맺고 활동하였다. 이는 동학혁명 이후 박인호가 내포지역 동학세력과 단절된 채 은신한 것이 아닌가 한다.

여하였던 조석헌과 문장준의 경험을 토대로 유추해 볼 수 있다.

박희인의 수교로 1894년 봄 동학에 입도한 조석헌은 홍주성전투 이후 퇴각하던 중 박희인을 만나 덕산으로 피신하였다. 그런데 덕산은 이미 유회군의 근거지가 되었으며 유회군 10여 명씩 조를 이루어 동학군을 색출하였다. 이에 조석헌은 주로 밤을 이용하여 덕산의 역촌·봉암산·막동 등지의 동학교인의 집으로 피해 다녔으며, 11월 초에는 덕산을 떠나 예산·공주를 거쳐 천안 남면의 동학교인 한운화의 집에서 지냈다. 그러나 11월 11일 이승우의 동학접주들의 체포령이 내려지자 다시 피신을 하여 예산·공주·덕산·신창·서산·천안 등지를 떠돌아다녀야만 했다. 도피 기간 중 조석헌은 천안·공주·홍주 등지의 유회소에서 발행한 통행표로 위기를 넘기기도 하였다.[129] 태

---

129) 『창산후인 조석헌역사』, 12~37쪽(『북접일기』, 15~30쪽) 참조. 홍주성전투 후 이듬해 가족을 상봉하기 까지 조석헌의 행적은 다음과 같다. 덕산 다락산 (10월 그믐, 박희인 상봉)→덕산 역촌→용봉산(11.1)→덕산 막동리→예산 종경리(11.2)→예산 금오산→신창 느랑이동(11.3)→신창 답동→예산 돌무덤이 고개→공주 탑동리(11.4)→금암리→금계산→금천리→천안군 남면 곡도재 한윤화가(11.5~11.15, 청산접주 황도원 합류)→천안 태화산→공주 검천리→문암리→공주 신상면 덕암리→추동리 주점→덕암령→소리절령→방산현→탑산리→돌무덤고개→송암리 뒷산→동두원 주점→북안리 후령→찬안 갈재→태화산(유숙)→곡도재 한윤화가(11.17)→예산 종경리(11.18)→덕산 막동리(11.20)→굴량리→구만리평→대천리 장터→쇠재골→해미 군장동(11.21)→서산 율북리 주점→서산 장천리→계현 주점(11.22)→계현→성황현→태안 두웅리→서산 율북리→서산 남당리 주점(11.23)→덕산 쇠재 주점(11.24)→예산 종경리(11.25)→안서 두물나루→신창 금반량→온양→천안 곡두재 한윤화가(11.26 ~12.2)→예산 종경리→천안 곡두재(11.3-12.15)→예산 두물나루→종경리(12.16~18)→노루지포구→덕흥→신창 금반량(12.19)→천안 곡두재(12.20~24)→예산 종경리(12.25~27)→신창 금반량(12.28~1895.1.2)→천안 죽계리→고도재(1.3~2.1)→예산 종경리(2.2~2.4)→천안 곡도재(2.5~12)→예산 종경리(2.13)→해미 군장동(2.14)→서산 술왕재→태안 원서면 신천리→북삼면 동해리(큰댁)→본댁 가족 상봉(2.15)

안 출신의 문장준 역시 박희인의 수교로 동학에 입도하여 태안에서 기포한 후 홍주성전투에 참여하였다. 이후 문장준은 11월 15일 민보군에게 체포되어 서산을 거쳐 해미로 압송되었다. 이곳에서 1주일 정도 취조를 받은 후 풀려나 집으로 돌아왔으나 끝내 민보군의 지목을 벗어날 수가 없었다. 이에 문장준은 하는 수 없이 가족·동료 등과 배를 타고 서천로 피신하였다가 안면도에 도착하였다. 이곳에서도 역시 민보군의 지목으로 황해도까지 피신해야만 했다.130) 이처럼 동학혁명에 참여하였던 내포지역 동학군은 관군·민보군·유회군의 지목을 피해야만 생존이 가능하였다. 박인호 역시 1898년 해월 최시형이 은신해 있던 원주 전거론에 이르기까지 관군·유회군·민보군의 지목을 피해야만 했을 것으로 본다.

1898년 1월 손병희와 함께 최시형을 예방한 이후 박인호는 교단재건의 중추적 역할을 담당하였다. 특히 이때 손병희와 함께 겸상을 하게 된 박인호는 사실상 손병희에 이어 교단의 핵심적 지도자로 부상하였다. 1898년 4월 5일 최시형이 피체되어 서울로 압송, 한성감옥에서 옥중생활을 할 때 박인호는 김명배·김주열131)와 함께 옥바라지를 하였다.132) 해월 최시형 사후 박인호는 손병희 중심의 교단지도체제에 가장 큰 역할을 하였다. 해월 최시형 사후 손병희가 교단을 수습할 때 이를 가장 적극적으로 지지하였으며, 1899년 3월 10일 손병희로부터 '춘암(春菴)'이라는 도호를 받았다.133) 뿐만 아니라 1900년 5월 손병

---

130) 『문장준역사』, 5~7쪽; 『북접일기』, 190쪽 참조.
131) 김주열은 박인호의 수교로 동학에 입도하였으며, 동학혁명 당시 홍주에서 기포하였다. 홍주성전투 이후에는 강원도 홍천로 피신·정착하였다.
132) 『동학·천도교약사』, 77쪽.
133) 『동학·천도교약사』, 79쪽; 『천도교창건사』 제3편, 17쪽.

희가 단일지도체제를 확립하기 위해 풍기에서 경자설법(庚子說法)을 할 때 박인호는 박희인과 함께 적극 지원하였다. 이로써 손병희는 법대도주로써 대종주 의식을 갖고 단일지도체체를 확립하는 한편 손천민을 성도주, 김연국을 신도주, 박인호를 경도주로 각각 임명하였다. 이로써 교단은 대도주 손병희 아래 김연국·손천민·박인호의 차도주가 보좌하는 체제가 확립되었다. 그러나 설법식 이후 손천민이 곧 체포 처형되고,134) 김연국도 1902년 체포됨으로써135) 박인호는 자연스럽게 손병희에 이어 교단의 최고 책임자가 될 수 있었다.

1901년 들어 동학에 대한 탄압이 재개되자 손병희는 망명을 준비하였다. 그는 관의 탄압을 피해 미국으로 외유할 것을 도모하였으나 손천민과 김연국의 반대로 뜻을 이룰 수 없었다. 이에 박인호에게 조심스럽게 일본 망명 의사를 타진하자, 박인호는 이를 적극 지지하였다. 이에 손병희는 1902년 3월 일본으로 망명하였다. 뿐만 아니라 동학에 대한 탄압은 박인호에게도 직접 내려졌다. 정부는 1901년 3월 충남 정산군에 은신하고 있던 박인호를 체포하라고 비밀리에 지시하였다.136) 그러나 한 달 후 공주군수 심건택은 박인호를 체포하지 못하였다고 보고하였다.137)

박인호는 손병희의 일본 망명 이후 실제적으로 국내의 교단을 지도하였다. 손병희가 일본 망명 중 민회운동을 계획하자 박인호는 홍병기

---

134) 「1894년 동학난의 주모자 서장옥·손사문에 대한 처분 보고」, 1900년 9월 20 일자, 『사법품보』을; 「서장옥과 손사문에 대한 교수형 집행 보고」, 1900년 9 월 23일자, 『사법품보』을.

135) 『시천교종역사』제3편 제4장 東渡遊學; 「평리원에서 동학교도의 처벌에 대해 문의」, 질품서 제10호 1902년 4월 25일자, 『사법품보』을.

136) 『각사등록』(근대편), 보고서 제14호, 1901년 3월 18일자.

137) 『각사등록』(근대편), 보고서 제22호, 1901년 4월 16일자.

　　　　　　　　　　　　　동학과 동학혁명의 재인식

· 권병덕 등과 함께 일본을 몇 차례 왕래한 후 국내에서 대동회(大同會)에 이어 중립회(中立會) 조직을 착수하였다. 그러나 동학에 대한 탄압이 점차 가중되자 손병희는 권동진·오세창 등과 협의한 후 중립회를 진보회(進步會)로 변경하고 이를 이용구에게 전권을 위임하였다.[138] 그런데 진보회운동에서 박인호의 역할에 대해 약간의 문제가 있는 것으로 보인다. 대동회와 중립회를 조직할 당시까지만 하여도 박인호와 홍병기가 중심 역할을 하였는데,[139] 진보회 조직과 운영에 대해서는 손병희가 이용구에게 사실상 전권을 위임하였기 때문이다. 이로 인해 박인호와 홍병기가 진보회운동에 소극적으로 참여하지 않았나 하는 의구심이 없지 않다. 왜냐하면 진보회운동의 전면에서 박인호 및 홍병기의 활동이 사실상 나타나지 않고 있기 때문이다. 그런데 또 한 가지 의문점은 진보회 개회 통고문에 의하면 대표자의 명의가 '박남수'로 되어있다.[140] 박남수는 '경중의 대선생'으로 불렀는데, 아마도 박인호로 추측된다.[141] 이러한 점에서 볼 때 국내에서 교단을 실질적으로 이끌고 있던 박인호가 진보회 개회를 위해 상징적으로 보냈을 가능성도 배제할 수 없다고 본다.

또한 진보회운동 과정에서 박인호계의 내포지역에서는 두드러진 활동은 보이지 않는다. 일본측 기록에 의하면 온양에서만 지회가 조직

---

138) 『동학·천도교약사』, 95~98쪽; 『천도교창건사』 제3편, 41~45쪽.

139) 1904년 7월 중립회 개최 통고문은 '北接法大道主(손병희)'와 '敬道主(박인호)'의 명의로 반포되었다. 이는 대동회와 중립회는 박인호를 중심으로 전개되었음을 알 수 있다.

140) 『대한매일신보』, 1904년 9월 14일자; 『황성신문』, 1904년 9월 13일자.

141) 「吳勉秀 신문조서(제2회)」, 『韓民族獨立運動史資料集』 13(三一運動 III), 국사편찬위원회, 1990, 25~26쪽; 정을경, 「일제강점기 박인호의 천도교활동과 민족운동」, 충남대 석사학위논문, 2006, 1쪽, 각주 1 참조.

되었는데, 회장은 정태영, 부회장은 이일준, 평의원 10명, 회원 200명이었다.[142] 또한 당시 신문에 보도된 진보회의 활동도 온양에서만 보인다. 그 내용은 다음과 같다.

온양군 보고를 거한즉, 음력 9월 초5일에 대소 인민이 읍중에 회집하여 진보회라 칭하는 무리들과 담판한 후에 진보회원을 모두 축출하였다더라.[143]

온양군의 경우, 진보회를 조직·개회하였지만 일반인에 의해 해산되는 등 여타 지역에 비해 활발한 모습을 보이지 못하였다. 이를 볼 때 박인호계의 내포지역은 온양에서만 진보회 지회가 결성되었을 뿐이다. 또한 그 활동도 제대로 이루어지지 못하였다고 할 수 있다. 다만 『천도교창건사』에 의하면, 한규복·김주열·최병헌·이진해·박풍균·엄재영·박동현·김병두·장세화·안재덕·안재형·최긍순·김교충·최영식·최재순·이규석·김상배·박용태·차동로·신태순·최청재·정태영·이규호·이세헌·박만영 등이 각 지역에서 개회하였다고 밝히고 있다.[144] 그러나 이들의 실제적으로 개회하였는지는 약간의 의문이 든다. 왜냐하면 앞에서도 언급하였듯이 내포지역에서는 진보회의 활동이 온양 이외에는 전혀 보이기 않고 있기 때문이다.[145]

---

142) 『주한일본공사관기록』 21, 국사편찬위원회, 1997, 490쪽 및 501쪽.

143) 『대한매일신보』, 1904년 10월 18일자; 『황성신문』, 1904년 10월 19일자.

144) 『천도교창건사』 제3편, 47쪽.

145) 1904년 11월 상순 당시 지역별 진보회 조직은 충북 1개, 충남 1개, 경기 8개, 강원 7개, 함남 7개, 평남 18개, 평북 12개, 황해 13개, 전북 10개, 전남 2개, 경남 1개 등이었다.

동학과 동학혁명의 재인식

이처럼 내포지역에서 진보회운동이 활발하게 전개되지 못한 것은 박인호의 영향이 분명히 있었을 것으로 추측된다.[146) 이러한 점에서 볼 때 진보회운동에서 박인호의 역할은 보다 분명하게 규명할 필요가 있다고 본다. 다만 본고에서는 자료의 한계상 다음 기회에 살펴보고자 한다.

민회운동으로 흑의단발 개화운동을 전개하던 진보회는 1904년 12월 일진회와 합동으로 동학교단은 존폐위기에 처하였다. 당시 일본에 있던 손병희는 그동안 동학이라 불려오던 교단을 1905년 12월 1일을 기해 천도교로 대고(大告)하였다.[147) 당시 일본에 머물고 있던 박인호는 손병희와 함께 천도교대헌을 제정하여 국내로 보내는 것을 시작으로 천도교의 조직을 본격적으로 개편하기 시작하였다. 이어 '퇴회신교'[148)를 통해 일진회를 천도교로부터 분리시켜나갔다.[149)

이후 박인호는 교단의 주요직책을 맡으면서 교단의 핵심적 인물이 되었다. 즉 1906년 2월 10일 교장 및 현기사 고문과원,[150) 2월 27일 교서편찬위원,[151) 4월 15일 현기사장 대리,[152) 6월 14일 금융관장,[153) 7월 24일 중앙총부 고문,[154) 7월 26일 경도사,[155) 8월 31일 대교당 건축

---

146) 이러한 양상은 홍병기에서도 보인다. 홍병기도 박인호와 마찬가지로 대동회-중립회로 이어지는 과정까지는 중심적 역할을 하였지만 진보회에 이르러서는 전혀 그의 활동을 확인할 수 없다.

147) 『제국신문』, 1905년 12월 1일자. 이 광고는 이후 15회에 걸쳐 게재되었다.

148) 퇴회신교는 일진회를 탈퇴하고 천도교만 신앙하겠다는 언약으로 당시 천도교 기관지였던 『만세보』를 통해 광고하였다.

149) 「종령 제49호」, 『천도교회공문존안』.

150) 「종령 제7호」·「종령 8호」, 『천도교회공문존안』.

151) 「종령 제11호」, 『천도교회공문존안』.

152) 「종령 제20호」, 『천도교회공문존안』.

153) 「종령 제28호」, 『천도교회공문존안』.

성금 충청남북도 교구순독[156)에 이어 1907년 7월 16일에는 천주(薦主),[157) 12월 10일에는 차도주(次道主)[158)로 선임되었다. 1908년 들어 대도주였던 김연국이 시천교로 떠나게 되면서 이해 1월 18일 대도주[159)로 승임되었다. 이외에도 박인호계의 김현구는 1906년 2월 10일 육임의 중정(中正) 및 금융관장대리 겸 금융원,[160) 8월 27일 금융관장,[161) 김명배는 1906년 2월 10일 전교사(서울),[162) 9월 18일 서무관 서무원,[163) 10월 20일 교당건립 평안도 교구순독,[164) 1907년 9월 5일 전제관장,[165) 그리고 박희인과 박용태는 1907년 10월 16일 천주(薦主),[166) 그리고 12월 10일 정주교사[167) 등으로 선임되어 활동하였다.

뿐만 아니라 1906년 1월 서울에 천도교중앙총부가 설치되면서 각 지방에서도 지방교구를 설립되었는데, 박인호계의 내포지역에는 제43교구와 제62교구 등 2개 교구가 설립되었으며 김명배과 송배헌이 각각 교구장에 임명되었다.[168) 이어 이해 12월 대교구제를 실시할 때

---

154) 「종령 제32호」, 『천도교회공문존안』.
155) 「종령 제33호」, 『천도교회공문존안』.
156) 「종령 제39호」, 『천도교회공문존안』.
157) 「종령 재74호」, 『천도교회공문존안』.
158) 「종령 제8호」, 『천도교회공문존안』.
159) 「선수문」, 『천도교회공문존안』.
160) 「종령 제7호」・「종령 제8호」, 『천도교회공문존안』.
161) 「종령 제38호」, 『천도교회공문존안』.
162) 「종령 제8호」, 『천도교회공문존안』.
163) 「종령 제46호」, 『천도교회공문존안』.
164) 「종령 제50호」, 『천도교회공문존안』.
165) 「종령 제2호」, 『천도교회공문존안』.
166) 「종령 제5호」, 『천도교회공문존안』.
167) 「종령 제8호」, 『천도교회공문존안』.

는 홍주대교구가 설립되었고 당진에서 기포하였던 박용태가 대교구
장에 선임되었다.[169] 이를 기반으로 1914년 박인호계의 내포지역에는
서산대교구와 8개의 교구로 발전하였다.[170] 당시 교구장 등 주요직책
을 맡았던 이진해·박용태·차동로 등은 박인호와 함께 동학혁명에
참여하였던 인물들이었다.

이상에서 살펴보았듯이 내포지역을 대표하는 박인호계의 동학세력
은 동학혁명 이후 동학교단을 재건하는데 적극 참여하였음을 알 수 있
다. 그러나 초기에는 예포대접주로 활약하였던 박희인-김연국으로 이
어졌으나 김연국이 체포와 시천교로 떠남에 따라 박인호를 중심으로
재편되었다. 이후 박인호계는 천도교의 중심세력으로 성장하였으며,
내포지역 동학세력을 이를 지원하는 후견역할을 하였다고 할 수 있다.
특히 1920년대 중반 이후 천도교가 신구 양파로 분화되었을 때 내포
지역의 박인호계는 구파의 중심세력이 되었다.

5. 맺음말

이상으로 박인호계의 동학혁명과 그후 동향에 대하여 살펴보았다.
박인호는 1885년 2월 충남 덕산군 양촌면 막동리에서 출생하여 1883
년 이전에 동학에 입도하여 내포지역의 중심인물로 성장하였으며, 동
학혁명기에는 박희인과 함께 내포지역 동학군을 지도하였다. 이후 관
과 유림의 탄압을 피해 정산군에 은신하였다. 1890년대 후반에는 해

---

168) 「종령 제14호」, 『천도교회공문존안』.

169) 「종령 제56호」, 『천도교회공문존안』.

170) 「종령 제106호」·「종령 제107호」, 『천도교회공문존안』.

월 최시형의 옥바라지와 교단재건을 위해 노력하였고, 1908년 천도교 대도주로 승임되어 천도교 최고지도자가 되었다.

박인호계의 동학 조직의 형성은 내포지역 동학 포교에서 비롯되었다. 특히 박인호의 생활무대인 덕산과 인접한 아산은 일찍이 물산이 풍부하고 세곡이 운송되는 길목으로 외부의 문화가 여타 지역보다 빨리 수용되었다. 또한 이 지역은 양반사족이 일찍부터 정착하여 봉건적 신분제 아래에서 농민들에 대한 수탈이 극심하였다. 이러한 사회적 배경으로 1870년대 동학이 포교되었으며, 박인호가 동학에 입도한 시기인 1880년대 초는 이미 동학 세력이 적지 않은 규모를 형성하였다. 박인호는 동학 입도 이후 덕산을 중심으로 온양·신창·당진·예산 등 내포지역의 동북부뿐만 아니라 서산·해미·태안·홍주·남포 등 서남부지역까지 포교하였다. 특히 박인호를 통해 동학에 입도한 박희인은 주로 서남부지역을 중심으로 예포를 형성하였고, 박인호는 동북부를 중심으로 덕포를 형성하였다. 이들 동학세력은 1893년부터 전개되었던 교조신원운동에 적극 참여하였으며, 보은 척왜양창의운동에서 박인호는 덕포대접주, 박희인은 예포대접주로 내포지역을 양분하였다. 그렇지만 이 두 세력은 넓은 의미에서는 박인호계에 속한다고 할 수 있다.

박인호계의 동학혁명은 덕산기포와 원벌기포를 기점으로 내포지역 전역에서 활발하게 전개되었다. 덕산기포는 박인호의 덕포를 중심으로, 원벌기포는 박희인의 예포를 중심으로 전개되었다. 호남지역의 동학혁명의 영향과 해월 최시형의 기포령에 따라 1894년 10월 그믐 내포지역에서는 총동원령이 내려졌다. 박인호는 아산에서 기포하여 관아를 점령하였으며, 박희인은 서산과 태안에서 기포하여 이들 지역의 관아를 점령하고 투옥된 동학지도자 30여 명을 구출하였다.

동학과 동학혁명의 재인식

이후 해미를 경계로 동북부와 서남부지역에서 독자적으로 활동하던 박인호계 동학군은 11월 11일 예산 목소리에 설치되었던 박희인의 예포대도소가 관군의 기습으로 무너지면서 박인호계 동학군의 연합전선이 형성되었다. 연합전선을 형성한 박인호계 동학군은 승전곡전투와 신례원전투에서 일본군·관군·유회군을 격파하고 홍주성에 집결하였다. 그러나 홍주성전투에서 대패한 박인호계 동학군은 후퇴와 해산을 거듭하면서 관군과 유회군의 토벌대상이 되었다. 박인호·박희인 등 동학군 주요지도자뿐만 아니라 동학혁명 대열에 동참한 동학군은 각지에서 은신하면서 목숨을 보존할 수밖에 없었다. 박인호는 여러 곳을 전전하다가 정산에 정착하였다.

동학혁명 이후 박인호는 동학교단의 재건에 적극 참여하였다. 피신에 피신을 거듭하던 박인호는 1898년 1월 손병희와 해월 최시형을 찾아뵌 이후 해월 최시형이 순도할 때까지 자신의 관내 교인들의 후원으로 뒷바라지를 하였다. 해월 최시형 순도 이후에는 의암 손병희를 가장 적극적으로 지지하여 교단지도체제를 확립하는데 기여하였다. 1904년 갑진개화운동으로 불리는 민회운동에서는 대동회와 중립회를 결성하기까지 홍병기와 함께 주도적 역할을 하였지만, 이후 이용구가 민회운동의 전권을 맡아 진보회를 조직하면서부터는 소극적으로 대응하고 있다. 여기에는 정치와 종교를 분리시켜 그 책임을 맡기고자 하였던 손병희의 배려가 아닌가 한다.

1905년 천도교의 대고 이후에는 손병희의 후원 아래 중앙총부의 핵심인물로 자리잡으면서 천도교를 근대적 종교로 탈바꿈시키는데 적극 노력하였다. 그리고 마침내 1908년 1월 18일 천도교의 최고책임자인 대도주로 승임되었다. 뿐만 아니라 박인호와 함께 하였던 박희인·김명배·김현구 등도 중앙총부의 주요직책을 맡으면서 박인호를 적극 후원하였다. 그리고 박인호계의 내포지역에는 2개의 교구가 설립되었으며, 대교구제 때는 홍주대교구가 설립되었다. 1910년 중반에는 서산대교구와 8개의 교구로 확대 발전하였다. 이후 내포지역의 천도교 세력은 3·1운동, 민립대학설립운동, 신간회운동, 멸왜기도운동 등 일제강점기 민족운동의 중심에서 그 역할을 다하였다.

이상에서 볼 때 박인호계의 동학세력은 내포지역 동학혁명의 중심이었고, 이후 동학교단을 재건하는데 적극 참여하였을 뿐만 아니라 일제강점기에는 다양한 민족운동을 전개하였다.

제13장

제2차 동학혁명과 삼례기포

1. 머리말

삼례는 오래전부터 호남의 관문이며 교통의 요충지였다. 전국의 중요지점을 역로(驛路)로 연결하였던 고려시대에 역참(驛站)이 설치되어 중요한 거점지로서 부상해 있었다. 조선시대에 이르러서는 전국을 연결하는 간선도로망 중 통영로(統營路)와 제주로(濟州路) 등 2개의 노선이 삼례에서 분화되었다. 이에 따라 호남지역과 관련된 정부의 지시나 지방관의 보고, 군사적 통신은 반드시 삼례를 거쳐 오갈 정도로 중요한 곳이었다. 이러한 삼례는 동학과도 밀접한 관련을 가지고 있다.

1861년 호남의 수부인 전주에 동학이 첫 포교된 이래[1] 1888년 1월 해월 최시형이 전주성 서문 밖 박공일(朴公日)의 집에서 기도식을 거행할 때 각 지역 두령이 참례할 정도로 교세가 확장되었다. 이를 계기

---

1) 「천도교전주종리원」, 『천도교회월보』168, 천도교회월보사, 1924, 30쪽, "布德2
年 辛酉에 大神師께서 布教次로 崔仲義氏로 率하시고 自南原으로 本郡에 駕하사
本府의 物態風俗을 周覽하신 후 布教를 爲始하시다."

로 1892년 10월 동학지도부는 삼례에서 교조신원운동을 전개하였다. 비록 삼례교조신원운동은 크게 성공하지는 못하였지만 수천 명이 집결한 군중집회는 후일 동학혁명의 가능성을 확인하였다는 점에서 적지 않은 의미를 부여받고 있다.[2] 뿐만 아니라 삼례는 동학혁명 과정에서 또 한 번 중요한 의미를 함축하고 있다. 즉 동학혁명 2차 기포[3]의 집결지로서, 그리고 항일전쟁의 선봉지로써 역할을 하고 있다.

전주화약 이후 호남 각지에 집강소를 설치하여 민정(民政)을 실시하던 동학지도부는 일본군이 경복궁을 침범하였다는 소식을 들었다. 동학지도부는 이 사진을 일본이 조선을 집어삼키려는 의도임을 간파하고 다시 기포를 결심하게 되었다. 서로 입장 차이를 보이고 있던 전봉준과 김개남은 9월 8일경 재기포를 확정하고 군기와 군량미 확보에 주력하였다. 재기포를 준비하면서 전봉준은 삼례에 도회소를 설치하고 이어 전주·홍덕·진안·무장·고창 등 각 지역 동학군에게 격문을 발송하였고, 이를 받은 동학군은 9월 17일경 각 군현의 무기고를 헐고 무장을 강화하였다. 동학혁명 제2차 기포지를 삼례로 정한 것은 교통의 요지로서 뿐만 아니라 전주와 가까이 위치하고 있으며, 서울로 가기 위해서는 반드시 거쳐야 하는 전략적 요충지였기 때문이다.

이 글에서는 기존의 연구성과를 반영하면서 동학군의 2차 기포와 관련하여 배경과 준비과정, 그리고 삼례기포의 성격과 의미를 살펴보고

---

2) 김은정·문경민·김원용,『동학농민혁명 100년』, 나남출판, 1995, 67쪽.

3) 제2차 동학혁명과 관련한 연구성과는 신용하,「갑오농민전쟁의 제2차 농민전쟁」,『동학과 갑오농민전쟁연구』, 일조각, 1993; 서영희,「1894년 농민전재의 2차봉기」,『1894년 농민전쟁연구』4, 역사비평사, 1995; 김양식,「농민군의 개기병과 농민도호소의 붕괴」,『근대한국의 사회변화와 농민전쟁』, 신서원, 1996; 신용하,「한일민족운동으로써의 제2차 동학농민혁명운동」,『동학농민혁명운동의 사회사』, 지식산업사, 2005 등이 있다.

자 한다.

2. 전주화약 이후 정세변화와 동학군의 동향

1894년 1월 10일 고부에서 반봉건의 기치를 내걸고 첫 기포를 한 동학혁명은 무장기포에 이어 고부를 비롯하여 여러 고을의 관아를 점령하고 관군을 격파한 후 호남의 수부인 전주에 입성하였다. 그러나 청일 양군의 출병으로 동학군은 조선정부와 전주화약을 맺고 전주성을 관군에게 내어준 후 폐정개혁을 위해 각지에 집강소를 설치하였다. 그렇지만 일본군은 동학군이 해산하였음에도 불구하고 철수하기는커녕 조선에 군대를 주둔한 채 청일전쟁을 일으키고 왕궁을 점령하여 정권을 마음대로 농단하고 내정간섭을 단행하였다.

이러한 위기상황에서 동학군이 1894년 9월 재기포를 한 것은 일본군을 조선에서 몰아내기 위한 것이었다. 전봉준은 재기포의 동기에 대하여 다음과 같이 밝히고 있다.

> 문(問) : 다시 기포(起包)한 것은 하고(何故)인가?
>
> 공(供) : 기후(其後)에 문(聞)한즉 귀국(貴國: 일본)이 개화라 칭하고 자초(自初)로 일언반사(一言半辭)도 민간에 전포(傳布)함이 무(無)하고 또 격서(檄書)도 없이 솔병(率兵)하고 우리 도성에 입(入)하여 야반(夜半)에 왕궁을 격파(擊破)하여 주상(主上)을 경동(驚動)하였다 하기로 초야의 사민들이 충군애국지심(忠君愛國之心)으로 강개(慷慨)함을 불승(不勝)하여 의려(義旅)를 규합하여 일인과 접전하여 차(此) 사실을 일차 청문(請問)코자 함이었다.[4]

4)「全琫準供招」,『나라사랑』 15, 외솔회, 1974, 154쪽.

문(問) : 재차 기포(起包)는 일병범궐(日兵犯闕)하였다 한 고(故)로 재
거(再擧)하였다 하니, 재거한 후에는 일병에게 무슨 거조(擧措)
를 행하려 하였느냐?

공(供) : 범궐(犯闕)한 연유를 힐문코자 함이었다.

문(問) : 연즉(然則) 일병(日兵)이며 각국인(各國人)으로 경성에 유주
(留住)하는 자를 모두 구축(驅逐)하려 했느냐?

공(供) : 그러함이 아니라 각국인(各國人)은 다만 통상만 하는데, 일인
은 솔병(率兵)하여 경성에 유진(留陣)하는 고로 아국(我國) 경
토(境土)를 침략(侵掠)하는가 의아함이었다.[5]
본년 6월 이래 일본군은 계속 아국(我國)에 상륙해 온 바, 이것
은 반드시 아국을 병탄하려는 것이라고 보고 지난날 임진(壬
辰)의 화란(禍亂)을 생각하여 인민들이 의구(疑懼)한 나머지
나를 추대하여 수령(首領)이 되어서 국가와 생사를 함께 하기
로 결심하여 이 거사를 일으킨 것이다.[6]

이상의 글에서 확인할 수 있듯이, 전봉준은 2차 기포의 원인을 일본
군의 조선 불법 침범과 경복궁 점령, 그리고 내정간섭임을 밝히고 있
다. 그리고 그 결과를 일본의 조선병탄으로 인식하고 있다. 이와 관련
하여 동학군의 제2차 기포 배경과 동학군의 동향에 대하여 좀 더 구체
적으로 살펴보자.

첫째는 일본군의 철병거부였다. 동학군은 관군과 전주화약을 맺고
전주성을 관군에게 넘겨주고 각 지역으로 돌아가 집강소를 설치하고
폐정개혁을 단행한 것은 조정으로 하여금 청군(淸軍)과 일본군을 철병
토록 하기 위한 조치였다. 이에 따라 조정에서는 청군과 일본군의 철

---

5) 「全琫準供招」, 『나라사랑』 15, 159쪽.

6) 「東學黨巨魁の審問」, 『報知新聞』, 1894년 3월 6일자; 신용하, 『동학과 갑오농민
전쟁연구』, 288쪽에서 재인용.

동학과 동학혁명의 재인식

병을 정식으로 요청하였다.[7] 청은 철병에 동의하였지만 일본은 오히려 대한강경방침(對韓强硬方針)을 결정하였다. 일본이 철병을 할 경우 조선에 대한 청의 영향권이 한층 더 강화되기 때문이었다. 일본은 아직 동학혁명이 완전히 진정되지 않았다는 것을 파병의 구실로 삼았으며, 또 동학군의 재기포 위험이 있기 때문에 이를 방지하기 위해 청일 양국이 공동으로 조선의 내정을 개혁할 것을 제안하였다.[8] 즉 일본은 이 기회를 이용하여 군사적 위협을 전제로 내정간섭을 통한 조선정부의 개혁과 조선에서의 청국세력을 구축하기로 하였다.

이처럼 상황이 급변하자 조선정부는 일본측에 전주성의 완전한 수복과 동학군의 완전 진압을 내세우면서 일본군의 철병을 재차 요구하였다. 그러나 일본측은 아무런 응답도 하지 않고 오히려 일본군을 증파하면서 청군을 일본군보다 먼저 철병시키자는 제안을 제출하였다.[9] 청측에서는 이를 거부하는 한편 앞서 제안하였던 공동간섭에 대해서도 거부하였다.[10] 이에 따라 일본은 단독으로라도 조선의 내정을 간섭하여 개혁할 것이며, 일본군 역시 철병할 수 없다고 청측에 통보하였다.[11] 이어 일본정부는 이른바 '조선내정개혁안'[12]을 결의하였다. 일본공사 대오규개(大鳥圭介)에게 조선내정개혁안을 조선 조정에 권고하는 한편 일본이 필요로 하는 철도부설권·전선가설권 등 각종 이권을 동시에 요구토록 하였다.[13]

---

7) 『日本外交文書』 27-2, 206쪽.

8) 『日本外交文書』 27-2, 206~207쪽.

9) 『주한일본공사관기록』 1, 국사편찬위원회, 288쪽.

10) 『日本外交文書』 27-2, 234~235쪽.

11) 『日本外交文書』 27-2, 235~237쪽.

12) 『주한일본공사관기록』 1, 294~298쪽 및 『주한일본공사관기록』 3, 135~136쪽 참조.

내정개혁안이 조선정부에 제출됨에 따라 조선정부는 신정희 · 김종한 · 조인승을 개혁조사위원으로 임명하고 일본측과 회동하였다.[14] 당시 조선정부에서도 개혁의 필요성을 인식하고 있었고, 이에 따라 교정청(校正廳)을 설치하였다. 이어 일본측에게 개혁을 분명히 단행할 것을 밝히면서 일본군의 철수를 요구하였지만 일본측은 이를 거부하였다.

이처럼 조선정부의 일본군 철병을 요구와 일본측의 거부, 그리고 내정개혁을 준비하는 동안 동학군은 호남지역에 집강소를 설치하면서 농민통치를 시작하고 있었다. 전봉준은 전라도 각지를 순회하면서 집강소의 운영실태를 점검하였으며, 김개남은 남원에서 남원대회를 개최하고 폐정개혁을 단행할 것을 결의하였다.

둘째는 일본군의 불법적인 경복궁 점령과 청일전쟁의 도발이었다. 일본군은 1894년 7월 23일(음 6월 21일) 새벽 4시를 기해 미리 준비한 계획에 따라 경복궁을 포위하고 침범하여 조선군을 무장해제한 후 고종과 민비를 감금하였다.[15] 조선의 '보호국화'라는 목적을 가지고 있던 일본은 고종을 강요하여 친일개화정부인 김홍집 내각을 수립하였다. 일본군은 이와 동시에 혼성여단을 아산으로 이동시켜 경복궁을 점령한 7월 23일 군사작전을 전개하여 아산에 진주한 청군을 기습 공격하였다.[16]

당시 남원에서 경복궁 점령과 청일전쟁의 소식을 들은 전봉준은 적

---

13) 『日本外交文書』 27-1, 585쪽.

14) 『주한일본공사관기록』 1, 300~301쪽.

15) 황현, 『매천야록』, 145~146쪽; 나카츠카 아키라(박맹수 역), 『1894년 경복궁을 점령하라』, 푸른역사, 2002, 71~74쪽.

16) 『주한일본공사관기록』 3, 144~145쪽; 박종근(박영재 역), 『청일전쟁과 조선』, 일조각, 1898, 48~90쪽.

동학과 동학혁명의 재인식

어도 김개남과 앞으로의 대책을 논의하였을 것이다. 김학진도 이 소식을 듣고 관민상화지책(官民相和之策)에 따라 집강소를 인정하고 전봉준을 전주로 초청하여 관군과 동학군이 함께 일본군의 간섭에 대응하자고 제의하였다. 전봉준 또한 이 뜻을 받아들여 상호 협력하기로 하였다.17) 그러나 아직 청일전쟁의 전황이 분명히 드러나지 않고 재기포도 준비되지 않은 상태에서 당장 기포를 할 수 있는 상황은 아니었다. 다만 전봉준은 일본군과의 전쟁이 불가피할 수밖에 없다고 정세를 판단하고 군수전과 군량미를 확보함과 동시에 군기와 군마를 수합하는 등 후일을 대비하였다. 즉 일본군의 한반도에서 몰아내기 위해 2차 기포를 준비하지 않으면 안되었다.

셋째는 청일전쟁에서 일본군의 승리를 예견한 조선정부 정책의 전환이었다. 청일전쟁에서 일본은 전세가 유리하게 전개되자 조선정부를 강요하여 군사동맹의 일종인 한일공수동맹(韓日攻守同盟)을 강제로 체결하였다.18) 이후 평양전투에서 일본군이 승리하자 조선은 완전히 일본의 지배하게 놓이게 되었다. 즉 일본은 청일전쟁에서 승리가 예견되자 조선정부에 대한 내정간섭을 더욱 강화하고 일본군에게 적극 협력하도록 강요하였다.

이 시기 동학군의 동향은 청일전쟁의 전황을 예의주시하면서 청군이 승리하여 일본군의 철수를 기대하기도 하였다. 그러나 전세가 청국이 불리하게 전개되자 동학군은 긴장하지 않을 수 없었다. 또한 이 시기 동학군 진영과 대원군과의 밀서가 왕래하였는데, 대원군은 동학군의 재기포를 촉구하였다.19)

---

17)「갑오약력」,『동학란기록』상, 국사편찬위원회, 65쪽.

18)『관보』, 1894년 8월 17일자.

19) '동학군과 대원군의 밀지'에 관해서는 김양식,「대원군 일파의 정변개혁과 농민

넷째는 일본군과 관군의 동학군 토벌준비였다. 청일전쟁을 치루면서도 일본군은 동학군의 동향을 파악하는데도 소홀하지 않았다. 집강소 통치기간에도 일본군은 첩자를 보내 동학군의 정보를 수집하였다. 특히 일본 천우협(天佑俠) 낭인들은 전봉준을 찾아가 자신들이 가지고 있던 폭약을 시험하면서 재기포하라고 요청하는 무리도 없지 않았다.[20] 이러한 첩보망을 가동하는 한편 일본군은 청일전쟁에서 승리가 전망되자 관군과 연합하여 동학군을 토벌할 준비를 하였다.

동학군은 청일전쟁에서 청군이 승리하기를 기대하였으나 일본군이 점차 승기를 잡게됨에 따라 이후 동학군을 토벌하게 될 것이라고 전망하였다. 오지영은 당시의 상황을 다음과 같이 기록하고 있다.

> 이때는 갑오 9월간이라. 정부에서는 동학당 토벌할 준비가 이미 성립되어 경병(京兵)과 일병(日兵)과 청군(淸軍)이 한데 섞이어 삼남지방을 짓쳐들어온다는 말이 들려왔다. 전라도 각읍에 있는 집강소에서는 하는수 없이 재기병을 하지 않을 수 없었다.[21]

즉 일본군과의 전쟁은 피할 수 없는 상황으로 전개되었다. 이에 따라 동학군도 일본군과 관군의 토벌에 대비하여 재기포를 하지 않을 수 없었다.

다섯째로는 동학군 내부에서의 대일항쟁 요청이었다. 청일전쟁 기

군과의 관계」, 『근대한국의 사회변화와 농민전쟁』, 신서원, 1996 및 유영익, 「전봉준 의거난」, 『동학농민봉기와 갑오경장』, 일조각, 1998을 참조할 것.

20) 이돈화, 『천도교창건사』, 천도교중앙종리원, 1933, 61쪽 및 강창일, 『근대일본의 조선침략과 대아시아주의-우익 낭인의 행동과 사상을 중심으로』, 역사비평사, 2002, 70~80쪽.

21) 오지영(이규태 역), 『東學史』, 문선관, 1973, 235쪽.

　　　　　　　　　　　　　　　　동학과 동학혁명의 재인식

간 일본군은 전쟁의 원활한 수행을 위해 서울과 부산간 전선을 가설하기 위해 조선인 인부를 강제로 동원하였다. 이 과정에서 적지 않은 저항이 일어났으며, 그 중에서도 동학군은 전선을 자르거나 병참부를 공격하는 등 적극적으로 참여하거나 이를 주도하였다.[22] 이러한 동학군의 정황에 대해 일본 언론에서는 다음과 같이 신속하게 보도하고 있다.

> 이미 양력 7월 30일경에는 동학군 거병의 조짐이 보이며, 그 이유로는 전에는 "폐정(弊政)을 개혁할 목적으로 일어났으나 조유(詔諭)를 만나 초토사(招討使)와 화약(和約)을 맺고 … 잠시 무기를 내려 놓고 있었지만 일본은 대병(大兵)을 파견하여 우리나라를 삼키려 한다", 조금이라도 나라를 걱정하는 사람들은 … 궁중의 일을 물을 겨를조차 없음으로 우리가 먼저 일어나 일병(日兵)을 막아야 한다.[23]

즉 동학군은 일본군의 경복궁 점령을 계기로 재기포를 준비하고 있었으며, 일본군의 불법적 침범은 조선을 식민지로 삼으려는 것으로 인식하고 있었다. 이러한 인식 아래 동학군은 이미 지역적으로 대일항전을 전개한 곳도 적지 않았다.

8월 들어 금강지역에 1,000여 명의 동학군들이 모여 기포를 준비하는[24] 한편 천안군에서는 동학군들이 8월 12일경 일본인 6명을 살해한 다음 이를 공공연히 방(榜)을 붙였다.[25] 천안·죽산·공주뿐만 아니라 호서지역에서 동학군들이 무기고를 습격하여 무장하려는 분위기

---

22) 『주한일본공사관기록』 3, 240~241쪽.
23) 『東京日日新聞』 1894년 8월 5일자; 박종근(박영재 역), 『청일전쟁과 조선』, 213쪽 재인용.
24) 『錦藩集略』, 1984년 8월 19일조.
25) 『주한일본공사관기록』 1, 118~122쪽.

가 점점 확산되었다.[26] 또한 충주 가흥(加興)에서는 일본군 병참부가 역인(役人) 100여 명을 모집하려고 할 때 지역 동학군이 일본군의 짐을 운반해주는 자는 모조리 죽여야 한다고 협박하기도 하였다.[27]

여섯째로는 중앙정부의 친일내각 구성이었다. 일본군이 평양전투에서 승리함에 따라 청일전쟁의 전황은 일본의 승리를 예견하였다. 전세가 유리하게 전개되자 일본은 온건 친일내각에 대한 간섭을 노골화하였고, 중앙정부 또한 친일적 개화인사들이 발호하였다. 또한 대원군이 평양에 주둔한 청군와 밀통한 사실이 밝혀짐에 따라 대원군과 군국기무처를 중심으로 한 정치세력간의 갈등은 격화되어 대원군의 제거는 시간문제였다. 더욱이 일본의 후원으로 일으킨 갑신정변의 주역이었던 박영효가 일본의 알선으로 정계복귀가 추진되었던 것이다.[28]

이상에서 살펴보았듯이 동학군의 2차 기포 배경은 다양한 관점에서 확인할 수 있다. 동학군과 관군과의 화약으로 청군과 일본군의 철병을 기대하였지만, 당시의 정세는 이와는 전혀 다른 양상으로 전개되었다. 즉 일본군의 철병거부와 불법적 경복궁 점령, 그리고 친일개화정부의 수립과 동학군 토벌 준비 등은 동학군의 재기포를 할 수밖에 없었던 요인들이었다. 이들 요인들은 시간적으로는 간극이 있지만 내재적으로 이어지는 요인들로 작용하였던 것이다.

---

26)『주한일본공사관기록』1, 131~132쪽.
27)『주한일본공사관기록』1, 122~123쪽.
28)『관보』, 1984년 8월 1일부터 5일자.

동학과 동학혁명의 재인식

3. 제2차 동학혁명의 전개와 삼례기포

동학군이 제2차 기포를 준비한 것은 대체로 1894년 9월 초였다. 그러나 8월 하순부터 동학군의 재기포의 조짐이 없지는 않았다. 남원에 있던 김개남이 대표적이었다. 전봉준은 8월 하순까지도 일부 접주들의 기포의 움직임과 요청에 대해 아직 사태를 더 관망해야 한다며 신중한 입장을 보였다. 이에 비해 김개남은 임실 상이암에서 남원으로 돌아온 후 8월 25일 재기포를 준비하였다.[29]

당시 일본의 정찰보고에 의하면 "8월 20일 이래 전라도 각읍으로부터 남원에 집결한 동학도의 수가 수십만 명으로 동헌에 도소를 두고 각면의 부호로부터 전곡을 징출하여 남원으로 수송했으며 또한 각면으로부터 수십 석씩을 징발했고, 군기는 남원부의 무기와 산성의 무기를 모두 빼앗아 무장하고 백성들에 대해서는 조금도 해를 입히지 않았으며 지휘자는 김기범(金基範: 김개남)이라"라고 하여 동학군의 동향을 보고하고 있다.[30]

이처럼 김개남이 남원에서 재기포를 준비한다는 소식을 들은 전봉준은 남원으로 즉시 달려가 재기포를 만류하였다.

> 지금의 정세를 살펴보면 왜(倭)와 청(淸)이 계속하여 전쟁 중이지만, 어느 한 쪽이 승리하든 틀림없이 군대를 옮겨 먼저 우리를 칠 것이다. 이렇게 되면 우리가 비록 인원수가 많다고는 하나 오합지중(烏合之衆)에

---

29) 황현, 『오하기문』 제2필, 갑오 8월초(김종익 역, 『번역 오하기문』, 역사비평사, 1994, 227쪽).

30) 『韓國東學黨蜂起一件』, 1894년 9월조, 일본외무성외교사료관 소장; 신용하, 『동학과 갑오농민전쟁연구』, 298쪽 재인용.

불과함으로 쉽게 무너져 우리들이 소망하였던 것을 끝내 실현할 수 없게
될 것이다. 사정이 이러하니 귀화(歸化)한다는 명분으로 각자 사방에 흩
어져 상황의 변화를 지켜보는 것이 더 낫겠다.[31]

전봉준은 각 지역 집강소의 체제를 유지하는 한편 청일전쟁의 정세
의 변동을 지켜보면서 유리한 입장을 마련해보고자 하였던 것이다. 그
렇지만 청일전쟁에서 승리한 쪽이 반드시 동학군을 토벌할 것으로 보
았다. 그리고 현재와 같은 동학군의 오합지졸의 상태에서는 패전할 수
밖에 없어 혁명의 뜻을 실현시킬 수 없다고 보았다. 이에 비해 김개남
은 "큰 무리가 한 번 흩어지면 다시 모으기 어렵다"는 이유로 전봉준
의 뜻을 선뜻 받아들이지 않았다. 전봉준이 김개남을 설득하는데 실패
하자 손화중 역시 김개남을 설득하였다.

우리가 봉기한 지 이미 반 년이 지나갔다. 비록 호남에서는 큰 반향을
불러일으켰다고는 하나 지식인 중에 조금이라도 덕망이 있는 사람은 추
종하지 않았고, 재물을 가진 사람들과 선비들 또한 추종하지 않았으며,
우리를 추종하여 접장이라고 부르는 사람들은 대개 어리석고 천하여 남
에게 해를 입히거나 빼앗고 훔치는 일을 즐겨하는 무리들일 뿐이다. 세상
인심의 향배를 가늠해보면 일이 성사되기 어렵게 되었음으로 사방에서
흩어져 온전히 살아남을 길을 도모하는 것이 나을 것 같다.[32]

손화중도 전봉준과 마찬가지로 성급하게 기포하지 말고 좀 더 신중
할 것을 권유하였던 것이다. 이러한 김개남의 강경한 움직임은 서두르
는 감은 없지 않았지만 전봉준을 정점으로 하는 호남지역 동학군의 제

---

31) 황현, 『오하기문』 제2필, 갑오 8월초(김종익 역, 『번역 오하기문』, 227~228쪽).
32) 『오하기문』 제2필, 94쪽(김종익 역, 『번역 오하기문』, 228쪽).

동학과 동학혁명의 재인식

2차 기포를 앞당기는데 적지 않은 영향을 주었다고 할 수 있다.

이밖에도 8월 하순부터 전봉준이 9월 8일경 제2차 기포를 결정하기 전까지 동학군이 각 지역에서 산발적인 기포가 적지 않았다. 이러한 동학군의 기포 동향은 당장은 아니더라고 전봉준으로 하여금 2차 기포를 결정하는데 결정적인 압력의 하나였다. 영호도회소 금구 출신 대접주 김인배는 9월 1일 하동공격을 시작으로 광양·순천에서 기포하였다.[33] 이는 대일항전의 2차 재기포 중 첫 기포로서의 의미를 지니고 있다. 그런데 김인배의 첫 재기포가 가능하였던 것은 첫째 영호도호소가 김개남의 영향권 아래 있었던 점, 둘째 7~8월 동안 영호도호소가 지방권력을 장악한 상태에서 인적 물적 자원과 기반을 구축하고 있었던 점, 셋째 7~8월간에 하동민보군과 끊임없는 충돌로 인한 전투력의 향상 등을 들 수 있다.[34]

또 9월 초에는 호남의 동학군이 무리를 지어 서울을 향하였는데 장차 보름쯤이면 서울을 범한다는 소문이 널리 퍼지기도 하였다.[35] 9월 9일에는 영남지역 성주에서 동학군 수백 명이 기포하여 관아를 함락하였으며,[36] 경기도 죽산과 안성에서도 동학군이 기포하여 관아를 점령하였다.[37] 정부에서는 장위영 영관 이두황을 죽산부사로, 경리영 영관 성하영을 안성군수로 임명하여 각각 군대를 이끌고 동학군을 진압

---

33) 『오하기문』 제2필, 101쪽(김종익 역, 『번역 오하기문』, 233쪽). 영호도회소의 재기포 활동에 대해서는 김양식, 「여호도회소의 활동과 대일항전」, 『근대한국의 사회변동과 농민전쟁』, 신서원, 1996과 표영삼, 「전라도 남동지역 동학혁명운동」, 『교리교사연구』 11, 천도교중앙총부, 2005를 참조할 것.

34) 김양식, 「여호도회소의 활동과 대일항전」, 『근대한국의 사회변동과 농민전쟁』, 271쪽.

35) 김윤식, 『속음청사』 상, 고종 31년 9월 7일조.

36) 『관보』, 1894년 9월 9일자.

37) 「양호우선봉일기」, 『동학란기록』 상, 국사편찬위원회, 1974, 259쪽.

토록 하였다.[38] 더욱이 정부에서 동학군을 진압토록 한 결정은 동학군 토벌이 본격화되었음을 보여주고 있다.

이처럼 호남지역뿐만 아니라 호서지역・영남지역・경기지역 등지에서 대일항전을 위한 동학군의 재기포는 전봉준으로 하여금 재기포를 결정하는데 큰 영향을 미쳤던 것이다. 이에 따라 전봉준은 8월 말 태인에 들렀다가 9월 초 금구 원평을 거쳐 삼례에 도착하여 제2차 기포를 위한 대도소를 정하였다.[39] 삼례는 전주 바로 북쪽에 인접한 역(驛)으로서 토지가 광활하고 호남 교통의 요충지로 2차 기포를 위한 전략적으로 가장 적합한 곳이었다.

전봉준은 삼례기포를 전후하여 진안의 동학접주 문계팔(文季八)・김영동(金永東)・이종태(李宗泰), 금구의 접주 조준구(趙駿九), 전주의

---

38) 『관보』, 1894년 9월 10일자.

39) 당시 삼례의 모임에 대해 菊池謙讓의 『近代朝鮮史』(下)에 의하면 다음과 같이 기록하고 있다. "마침내 전봉준은 다시 봉기할 생각을 굳히고 … 10월 7일 늦가을 바람이 불자 수하 3~4명을 이끌고 장성을 지나 삼례에 도착한 것은 10월 9일 밤이었다. 일찍이 이곳에는 김개남을 시작으로 하여 금구에서 조진구, 전주에서는 송일두와 최대봉, 대원군의 특사인 박완남 등이 와서 회람을 하였으며 … 동학교주 최시형이 이번 삼례집회에 출석한다는 소문이 있었는데, 마침내 각 지역에서 전쟁을 치룬 교도에게 화의와 평화를 전하고 경천안민의 도는 별도로 존재한다는 것을 역설하기 위해 손병희. 이용구를 거느리고 10월 10일에 삼례에 도착하였다. … 회의는 10일부터 11일까지 개최되었다. … 회의는 김개남의 주전론에 대하여 최시형의 화평론이 상대하여 한치의 양보도 없었다. 손병희는 사부인 최시형의 화평론을 지지하였지만, 형세상 주전론을 저지하기 어렵게 되어 있어 여러 논의는 한바탕 싸움을 치룰 상태였다. 그러나 수령 전봉준이 김개남과 손을 잡고 재차 봉기하기로 결정하였기 때문에 최 교주는 묵묵히 11일 밤 강원도 원주를 향해 떠나갔다."(菊池謙讓, 『조선근대사』(하), 鷄鳴社, 1937, 231~232쪽; 菊池謙讓, 「동학당의 난」, 『동학농민전쟁연구자료집(1)』, 여강출판사, 1991, 182~183쪽) 또한 이와 관련하여 『李容九小伝』에 의하면 金熙明 著 『흥선대원군과 민비』라는 책을 근거로 하여 전봉준과 최시형의 합동으로 재기포를 결정하였다고 기록하고 있다(西尾陽太郎, 『이용구소전』, 葺書房, 1978, 14쪽)

접주 최대봉(崔大奉)·송일두(宋日斗), 정읍의 접주 손여옥(孫如玉), 부안의 김석원(金錫元)·김세중(金世中)·최경선(崔景善)·송희옥(宋憙玉) 등과 2차 기포에 대해 모의하였다. 이어 전봉준 등은 9월 13일 무장에 있던 손화중을 비롯하여 다수의 동학군 지도부와 함께 전주·진안·홍덕·무장·고창 등 호남 53개 군현에 동학군의 재기포를 촉구하는 격문을 돌리는 한편 밀사를 파견하였다.[40] 그리고 동학군이 주둔하고 있는 인근 지역의 관아 무기고를 점령해 무장을 강화하는 한편 군량을 확보하였다.

당시 전라도관찰사 겸 도(都)순찰사의 보고에 의하면, 전봉준이 삼례에 모인 동학군 800여 명을 이끌고 전주 군기고를 습격하고 총 251자루, 창 11자루, 환도 442자루, 철환 및 각종 물품을 탈취하였다. 뿐만 아니라 남영 병정들이 해금할 때 총제영진(摠制營鎭)에 두었던 화포 74문, 탄환 9,773개, 탄자 41,234개, 환도 300자루를 탈취하여 무장을 강화하였다.[41]

삼례에 모인 동학군이 논산으로 출발하기 전인 10월 10일경 일본측의 보고에 의하면, 전주에 있는 관병의 무기 중 회룡총(回龍銃) 400정, 회룡총 탄환 40,000개, 회선포(回琁砲, 캇드링) 1문, 극로포(極老砲, 크르프) 1문, 개화포(開火砲, 구식대포) 1문, 그리고 대포탄환이 동학군 수중으로 들어갔다고 보고하고 있다. 그리고 당시 삼례에 모인 동학군은 7~8만 명이나 되었다고 하였다.[42]

일본측 첩보 외에도 삼례기포 이후 관에서 파악한 동학군의 무장 강화 상황을 좀 더 구체적으로 살펴보면 다음과 같다.

---

40) 「전봉준판결선언서」, 『나라사랑』 15, 146쪽.
41) 『주한일본공사관기록』 1, 129쪽.
42) 『주한일본공사관기록』 1, 161쪽.

고산 : 본월 초 9일 동도(東徒) 300여 명이 금구에서 온 동학당이라고
　　　칭하면서 제각기 총과 창을 들고 머리에는 가는 천으로 된 고깔
　　　을 쓰고 읍(邑)으로 들어와 하루밤을 잤다. 다음날 정오에는 고
　　　함을 지르며 군기고(軍器庫)로 가서 담장벽을 부수고 군기와
　　　물품을 탈취하여 전주·풍삭지방으로 갔다.

여산 : 금월 초 10일 밤 삼례에 모인 동학당들이 작당(作黨)을 하여 읍
　　　으로 들어와 … 군기와 물품 중에서 총약(銃藥)·탄환·창검
　　　(槍劍) 등 사용하지 않는 것을 골라 다른 곳으로 숨겨 놓고 그
　　　나머지 파손된 물품들을 군기고에 그대로 놔두었는데, 과연 13
　　　일 밤 그들 수백 명이 대포와 창을 가지고 남쪽 길에서 쳐들어
　　　와 갑자기 군기고로 돌입하여 모든 물건을 탈취해 갔다.

전주 : 금월 13일 심야에 동비(東匪) 수백 명이 징을 치고 대포를 쏘면
　　　서 성내로 들어와 군기고를 파괴한 다음 앞서 고부병(古阜兵)
　　　들이 출발할 때 그리고 초토사가 행군할 때 양차(兩次)에 걸쳐
　　　가져가고 남은 것 중에서 파손된 총통(銃桶) 10개, 환도(還刀)
　　　20자루만 탈취하여 본주(本州)의 삼천(三川)지방으로 향해 떠
　　　났다.

위봉산성 : 금월 16일 심야에 동비 100여 명이 산성 안으로 들어와 군
　　　기고에 있는 물품을 모두 탈취해 갔다.

태인 : 본읍 동구(洞口) 앞 여울가에 모인 동비들의 사통문(私通文)에
　　　도 군기고에 있는 화약·탄환·창포 등을 하나도 빠짐없이 대
　　　도소로 수송하기 바란다.[43]

　　그리고 군량과 군자금에 대해서도 징발하고 있는데, 그 과정은 다음
과 같다.

　　태인 : 본현(本縣)의 공형(公兄)과 집강들이 말하기를 "동학괴수 전봉

---

43) 『주한일본공사관기록』 1, 130쪽.

　　　　　　　　　　　　　　　　동학과 동학혁명의 재인식

준의 사통(私通)에 지금 이런 거사는 몹시 커서 비용이 많이 들
므로 공곡(公穀)과 공전(公錢)을 이용해야 하겠으니, 군수미
300석과 동전 2,000냥을 밤 사이 금구 원평의 도회소로 수송하
기 바란다"고 되어 있다.

김제 : 본군의 공형들이 금구 원평지방에 있는 동비 회소(會所)의 전통
(傳通)을 보니 군수의 비용이 매우 긴급하므로 본읍의 군목(軍
木) 20동(同)을 행군소(行軍所)로 수송하기 바란다.

고산 : 본현의 공형들이 동비 대도소의 전통문을 보니 백미(白米) 30백
석, 동전 2,000냥, 백목 50동을 여산부로 수송하라고 되어 있다.

군산 : 본진의 이방들이 삼례 도회소의 동비 전통문을 보니 유박미(留
泊米) 1,000석을 어떤 고을의 공곡(公穀)을 막론하고 즉시 전주
대장촌(大長村)으로 운반하여 공사의 비용으로 쓰게 하고 포군
들은 총들 들고 와 무장에 운반해 놓은 세곡 1,000석을 감독하라
고 하므로 부득이 보내주었다.

전주 : 본부(本府) 각면의 집강 소장(訴狀)과 민간 소장을 받아보면, 동
비들이 대도소에서 군수물자로 사용한다는 핑계로 금년 가을에
바친 세미(稅米) 중 각면과 각리에 배정한 숫자가 매우 많았으나
포군들이 돌아다니며 독촉하므로 견딜 수가 없다고 각군에서 민
망스러운 사정을 보고해 온다.[44]

즉 삼례에 모인 동학군은 고산을 비롯하여 여산·전주·태인 등에
서 무기뿐만 아니라 군량과 군자금을 징발하는 통문을 수시로 보내 전
력을 강화하였다.

이와 때를 같이 하여 김개남의 남원대도소에서도 재기포를 위해 군
기와 군수물자를 징발하였다.

44)『주한일본공사관기록』1, 130~131쪽.

남원 : 동부(同府) 회소(會所)의 동학배(東學輩)들이 군목읍리(軍木色吏)들을 난타하여 거의 사경에 이르게 하고 관고(官庫)에 사들여 쌓은 쌀과 상납할 각 군목 20동(同) 27필(疋)을 모두 탈취해 갔다.

능주 : 동비 20여 명이 포(砲)를 쏘고 본주(本州)로 들어와 남원대도소(南原大都所) 김개남(金開男)의 지휘라 하며 공형들을 불러내어 동전 2만 냥과 백목(白木) 30동을 남원대도소로 수송하라고 공갈을 하며 재촉을 하는데 …

광주 : 본주에 공형들이 남원대도소의 동도 사통문을 보니 군수물자가 매우 시급하므로 동전 10만 냥과 백목 100동을 수송하되 만약 이를 어긴 공형들은 군율을 시행한다.[45)]

김개남의 남원대도소에는 남원과 능주·광주 등지에서 군량과 군목·군자금 등을 관으로부터 징발 확보하였다.

2차 기포를 준비하는 과정에서 전봉준과 김개남이 서로 입장의 차이와 갈등은 있었지만 2차 기포 그 자체에는 큰 영향을 미쳤다고 보여지지는 않는다. 이에 따라 전봉준과 김개남은 2차 기포에 대해 어느 정도 합일점을 마련하였다고 할 수 있다. 이는 전봉준과 김개남이 거의 동시에 동학군의 전력을 강화하였음에서도 확인할 수 있다.

전봉준의 재기포 격문에 호응하여 즉각 삼례에 모인 동학군은 4,000명이 되었다.[46)] 그리고 이 격문에 호응하여 호남 각지에서 기포한 동학군은 <표 1>과 같다.

---

45) 『주한일본공사관기록』 1, 131쪽.
46) 「전봉준공초」, 『나라사랑』 15, 155쪽.

동학과 동학혁명의 재인식

〈표 1〉 호남지역에서 2차 기포 당시 참여한 동학군 조직[47]

지역	주요 지도자	참여 동학군	지역	주요지도자	참여 동학군
전주	최대봉 강수한	5,000	고창	임천서 임향로	5,000
태인	최경선	7,000	남원	김개남	10,000
금구	김득봉	5,000	함열	유한필	2,000
무장	송경찬 송문수 강경중	7,000	영광	오하영 오시형	8,000
정읍	손여옥 차치구	5,000	김제	김봉년	4,000
고부	정일서 김도삼	6,000	삼례	송혜옥	5,000
순창	오동호	1,500	원평	송태섭	7,000
장흥	이방언	5,000	해남	김병태	3,000
무안	배인규	2,000	장성	기우선	1,000
나주	오권선	3,000	함평	이○○	1,000
흥덕	고영숙	2,000	순천	박낙양	5,000
흥양	유희도	3,000	보성	문장형	3,000
광주	박성동	4,000	임실	이용거 이병용	3,000
담양	김중화	3,000			

1894년 9월 13일 삼례에서 2차 기포를 알리는 격문을 각처에 돌린 후 전봉준 등 동학군은 이곳에서 약 1개월간 주둔하였으며, 전봉준을 대장, 손화중과 김덕명을 총지휘로 하는 지휘체계를 갖추었다. 그리고 최경선이 이끄는 동학군은 광주에 파견하여 손화중이 지휘하는 동학군과 함께 광주와 나주에 주둔하면서 일본군의 남해안으로의 상륙과 배후공격을 차단하고 호남 일대의 집강소 체제유지를 위해 활동하였다.[48]

동학군이 삼례에서 머무른 이유는 크게 세 가지였다. 첫째는 각 지역 동학군의 기포와 무장의 강화 때문이었다. 호남 일대 동학군은 이미 집강소를 운영하여 어느 정도 무장은 갖추어져 있었다. 그러나 일본군과 전쟁을 하기에는 충분하지는 않았다. 앞서 언급하였듯이 삼례

---

47) 오지영(이규태 역), 『동학사』, 문선각, 1973, 236~237쪽.
48) 「전봉준공초」, 『나라사랑』 15, 165쪽.

기포를 전후하여 동학군은 각 지역별로 관의 군기고를 습격하여 무장을 강화하였다. 9월 17일 현재 김학진 관찰사의 보고에 의하면, 임실을 비롯해 29개의 군현에서 동학군에 의해 군기고가 열려 동학군의 무장을 강화하는데 적지 않은 도움을 주었다.[49]

호서지역에서도 2차 기포 이전부터 재기포한 지역이 적지 않았으며, 전봉준의 격문이 도착한 후에는 동학군의 기포가 광범위하게 이루어졌다. 특히 천안과 홍주지역에는 동학군을 토벌하기 위해 관을 도와 일본군이 파견되기도 하였다.[50] 괴산·충주·청주 등지에서 동학군의 기포가 활발하게 전개되었다. 괴산에서는 1,000여 명이 기포하여 문경을 공격하고자 한 바 있으며,[51] 충주지역 동학군은 9월 29일 수안보병참부를 소각하는 한편 충주 서창에서 2만여 명, 보은에서 수만 명이 기포하여 충주를 습격하려고 하였다.[52]

경기지역의 동학군도 호남의 기포에 호응하여 수원·안성·죽산 등 호서와 경계를 이루는 지역에서 기포하였다.[53] 특히 수원지역 동학군을 토벌하기 위해 일본군은 원전(原田) 소위가 지휘하는 1개 소대 49명을 파견하기도 하였다.[54] 뿐만 아니라 영남지역 동학군도 용궁현을 습격하여 무기고를 열어 무장하였으며,[55] 성주에서도 동학군이 기

49)『고종시대사』3(갑오), 국사편찬위원회, 1969, 621쪽;『승정원일기』, 고정 31년 9월 17일조 및『일성록』, 고종 31년 1894년 9월 17일조;『고종실록』, 고종 31년 9월 17일조 참조.
50)『주한일본공사관기록』1, 143쪽.
51)『주한일본공사관기록』3, 283쪽.
52)『주한일본공사관기록』3, 290~291쪽.
53) 경기지역 동학군의 활동에 대해서는 졸고,「경기지역 동학혁명과 동학군의 참여 과정」,『수원문화사연구』7, 2005 참조.
54)『주한일본공사관기록』3, 288쪽.
55)『일성록』, 갑오 9월 17일조.

포하여 무기고를 탈취하였다.[56] 그리고 하동과 진주 등 영남 남해안에
서도 동학군의 기포, 활발하게 대일항쟁을 전개하였다.[57]

이처럼 삼례기포를 전후하여 동학군이 각 지역의 관아를 습격하고
군기고를 열어 무장을 강화하는 것은 이 시기 동학군의 일반적인 경향
이었다. 전봉준은 삼례에서 뿐만 아니라 여타 호남지역을 비롯하여 호
서·영남·경기지역의 동학군들이 서로 호응하여 기포하는 한편 무
장을 강화할 필요가 있었던 것이다.

둘째는 추수가 끝나기 위한 시간과 군량미를 확보하기 위해서였다.
동학군은 전봉준의 격문에 호응하여 삼례에 집결하였지만, 여기에 참
여하지 못한 일반 동학군은 농민이었던 관계로 적지 않은 고심을 하여
야만 했다. 전봉준은 역시 9월 13일 2차 기포를 하였지만 적지 않은 고
심을 하지 않을 수 없었다. 본래는 추수가 끝나기를 기다려 기포를 하
려고 하였으나 김개남 등 각지 동학군의 기포 요청 및 이미 기포한 상
황에서 마냥 기다릴 수만은 없었다. 이에 따라 우선 기포를 한 후 동학
군의 요청을 수용하고 혁명군 조직체제와 지휘체제를 갖추는 등 두 가
지 목적을 수행하고자 하였던 것이다. 뿐만 아니라 동학군이 북상하여
서울로 진공해 들어가려면 막대한 군량미와 군자금이 필요하였다. 추
수를 앞둔 시점에서 이를 해결하기 위한 방편의 하나가 추수가 끝난
후에라야 조달이 가능하였던 것이다.

셋째는 각지 동학군과의 연합전선 구축의 필요성 때문이었다. 삼례
에 집결한 동학군은 4,000명으로 일본군과의 전쟁, 그리고 서울로의
북상은 전력상 한계를 지닐 수밖에 없었다. 이를 해결하기 위해서는
각지 동학군의 연합전선을 구축하는 해야만 하였다.[58] 이 연합전선의

---

56)『각도등보존안』, 개국 503년 9월 19일조.
57)『주한일본공사관기록』3, 355쪽 및 358쪽.

대상은 바로 최시형이었다. 이에 따라 전봉준은 오지영·김방서·유한필 등을 최시형에게 파견하여 호서동학군과 연합전선을 구축토록 하였다.[59] 이밖에도 황하일과 서장옥 등도 호남·호서동학군이 연합 전선을 형성하는데 일정한 역할을 하였다.[60]

그렇다면 제2차 기포와 관련하여 호서지역 동학교단의 동향을 살펴보자. 9월 들어 동학교단은 새로운 사태에 직면하였다. 청일전쟁에서 승리한 일본군은 관군을 지휘하면서 동학군에 대한 대대적인 토벌을 준비하였다. 서울에서 서로(西路)·중로(中路)·동로(東路)로 동학군을 무차별적으로 토벌하였다.[61] 특히 토벌로에 위치한 경기도 용인·안성·장호원 등지와 충청도 진천·괴산·음성 등지의 동학교인들은 토벌대에 쫓기어 최시형이 있던 청산 문바위골로 몰렸다.

이러한 동학군 토벌 소식은 최시형에게 교단의 조직에 대한 근본적인 상황에 빠뜨렸다. 즉 1차 기포에서는 교단과 교인의 보호가 최우선이었지만 청일전쟁에서 승리한 일본군의 동학군에 탄압은 교단 자체의 와해에 있었던 것이다. 더욱이 호남지역에서 동학군이 재기포한 상황에서 최시형은 초유문을 발표하고 청산대회를 개최하였다. 이 대회에서 최시형은 김연국 등의 반대에도 불구하고 오지영으로부터 호남 동학군 정세 보고와 손병희·손천민 등의 주장을 받아들여 9월 18일 기포령을 내렸다. 그리고 전봉준과 협력하여 사원(師冤)을 펴고 천도(天道)의 대원을 실현토록 하였다.[62]

58) 김양식, 「여호도회소의 활동과 대일항전」, 『근대한국의 사회변동과 농민전쟁』, 338쪽.

59) 오지영, 『동학사』, 241쪽.

60) 김양식, 「여호도회소의 활동과 대일항전」, 『근대한국의 사회변동과 농민전쟁』, 342~344쪽.

61) 『주한일본공사관기록』 1, 153~156쪽.

전봉준의 호남동학군과 최시형의 호서동학군의 연합전선은 교단의 와해를 당하는 상황에서 불가피한 선택이었다. 최시형은 연합전선이 형성된 후 전봉준에게 별도로 문서를 보내 논산에서 회합토록 하였다.[63] 이처럼 호남·호서동학군의 연합전선이 형성되자 최시형은 격문을 통해 이를 각 접주에게 통지하였다. 격문의 내용은 다음과 같다.

> 벌레 같은 왜추(倭酋)들은 일시적으로 날뛰어 경성을 침범하고 있으며, 군부(君父)의 위태로움은 조석(朝夕)에 있고, 종사(宗社)의 위태로움이 신민(臣民)의 철유(綴旒)에 있으니 어찌 한심스럽지 않겠습니까? 그러므로 우리 접주(接主)들이 힘을 합하여 왜적(倭賊)을 쳐야겠습니다.[64]

이 격문은 동학혁명의 실질적 지휘자였던 접주들의 인식이지만, 동학군의 전체적인 인식으로 확대할 수 있을 것으로 본다. 이러한 인식은 동학군의 상층 지도자와 일선 지휘자인 접주뿐만 아니라 일반 동학군에게도 직접적인 영향을 미쳤다고 본다.

이처럼 호남과 호서의 동학군이 연합전선을 형성하자 정부에서도 양호지역 동학군이 상호 연결되었으므로 새로운 대책 수립과 시행을 명령하였다.[65] 그리고 최시형의 기포령에 따라 호남지역에서 기포한

---

62) 이돈화, 『천도교창건사』, 천도교중앙종리원, 1933, 65쪽.
63) 「선유방문병동도상서소지등서」, 『동학란기록』하, 국사편찬위원회, 382쪽. 이 글은 공주창의소 의장 이유상의 상서 중에 전봉준과의 문답 내용으로, "求見全將 問了兵端 答以昨承法軒湖西都會之文 將以向北矣"이다. 또한 일본측의 정보에 의하면 "전라도 병사 수십만 명을 영솔하고 공주에서 30리의 거리에 이르러 이곳에 진을 치고 보은병과 서로 호응하고 있으므로 기세가 갑자기 확대되었습니다"라고 보고하고 있다. 『주한일본공사관기록』1, 173쪽.
64) 『주한일본공사관기록』1, 173쪽.
65) 『고종시대사』3, 갑오 9월 28일조; 『일성록』, 갑오 9월 29일조.

곳은 <표 2>와 같다.

〈표 2〉 9월 18일 기포령 후 호남지역에서 기포한 지역과 주요 지도자

지역	주요 지도자	지역	주요 지도지	지역	주요 지도자
함열	김방서 오지영	익산	오경선 고제정	옥구	장경화 허진
임피	진관삼	부안	김윤서 김낙철	만경	김공선
여산	최난선 고덕삼	고산	박치경	무주	이웅백
임실	이병춘	전주	서영도 허내원		

그리고 호남 이외의 지역에서 기포한 곳과 주요 지도자는 <표 3>과 같다.

〈표 3〉 9월 18일 기포령 후 기포한 기타 지역과 주요 지도자[66]

지역	주요 지도자	지역	주요 지도자	지역	주요 지도자
청주	손천민 이용구 서일해	보은	황하일 권병덕 김연국 최시형 강영석 임국호	목천	김복용 이희인 김형식
옥천	정원준 강채서 박석규 이권용	서산	박인호 이창구	신창	김경삼
덕산	김명배	당진	박용태 김현구	태안	김동두
홍주	김두열 한규하 김영필	오천	박희인	안면도	주병도
남포	추용성	공주	김지택 배성찬 장준환	안성	정경수 임명준
양지	고재당	여주	임학선 홍병기	이천	김규석 김창진
양근	신재준	저평	김태열	원주	이화경
횡성	유면호	홍천	심상현	황간	조경환 조재벽
회인	유일수 강영석 박성모	회덕	김복천 강건회	충주	성두환 신재련
문의	오일상 박동형	청산	이국빈 박태용 김경윤	영동	손광옥 손구택 최원식
연기	최명기	전의	임기준	은진	염상원
진잠	송석영	연산	박영래	면천	이화삼
한산	김약선	결성	천대철	서천	추용성

---

66) 오지영의 『동학사』와 『주한일본공사관기록』을 참조하였음.

동학과 동학혁명의 재인식

염성	김우경	부여	이종필	홍산	김종운
평택	김용음	아산	안교선	온양	방화용
예산	박닥칠	덕산	박용결	청양	유진하
단양	성두환	청풍	김선달	괴산	홍재길

호남 및 호서동학군의 연합전선이 형성됨에 따라 삼례에 집결하였던 동학군은 논산대회를 위해 선봉대를 10월 6일경 파견하였고 10월 7일 은진을 점령하였다.[67] 이어 전봉준의 동학군 본진은 10월 11일 삼례를 출발 12일 논산에 도착하였다. 손병희의 호서동학군은 10월 10일경 보은을 출발하여 13일경 논산에 도착하여 전봉준 동학군에 합류하였다.[68] 이로써 호남·호서동학군의 연합이 실현되었고, 동학군은 군세를 재정비하는 한편 전봉준을 총대장으로 추대하였다. 그리고 일본군 및 관군의 연합군과 공주 우금치 일대에서 일전을 준비하였다.

4. 맺음말 - 성격 및 의미와 관련하여 -

이상으로 전주화약 이후 전개되었던 정세의 변화를 통한 제2차 기포의 배경과 삼례기포의 전개과정을 살펴보았다. 삼례기포는 제2차 기포의 서막을 여는 중요한 위치를 차지하고 있다. 그렇다면 삼례기포가 갖는 성격과 의미는 무엇일까. 전봉준이 삼례에서 2차 기포를 하기로 결정하고 격문을 각지에 돌렸지만 그 내용이 분명하게 전해지지 않고 있다. 다만 일본 정보에 의한 사통(私通)의 내용만이 군데군데 전해

---

67) 『고종시대사』 3, 갑오 10월 8일조; 『일성록』, 갑오 10월 8일조; 『주한일본공사관기록』 1, 164쪽.

68) 『양호우선봉일기』, 갑오 10월 14일조; 『천도교창건사』 제2편, 66쪽.

지고 있지만 불분명하다. 그렇지만 「전봉준공초」를 통해 이를 확인할
수 있다.

전봉준은 다섯 차례 신문과정에서 삼례기포와 관련해서 다음과 같
이 밝히고 있다.

문(問) : 다시 기포(起包)한 것은 하고(何故)인가?
공(供) : 기후(其後)에 문(聞)한즉 귀국(貴國:일본)이 개화라 칭하고 자
  초(自初)로 일언반사(一言半辭)도 민간에 전포(傳布)함이 무
  (無)하고 또 격서(檄書)도 없이 솔병(率兵)하고 우리 도성에 입
  (入)하여 야반(夜半)에 왕궁을 격파하여 주상(主上)을 경동(驚
  動)하였다 하기로 초야의 사민(士民)들이 충군애국지심(忠君
  愛國之心)으로 강개(慷慨)함을 불승(不勝)하여 의려(義旅)를
  규합하여 일인과 접전하여 차(此) 사실을 일차 청문(請問)코자
  함이었다.[69]
문(問) : 재차 기포는 일병침궐(日兵犯闕)하였다 한 고로 재거(再擧)하
  였다 하니 재거한 후에는 일병에게 무슨 거조를 행하려 하였느
  냐?
공(供) : 범궐(犯闕)한 연유를 힐문코자 함이었다.
문(問) : 연즉(然則) 일병이며 각국인(各國人)으로 경성에 유주(留住)
  하는 자를 모두 구축하여 했느냐?
공(供) : 그러함이 아니라 각국인은 다만 통상만 하는데, 일인은 솔병
  (率兵)하여 경성에 유진(留陣)하는 고로 아국(我國) 경토(境
  土)를 침략하는가 의아함이었다.[70]
문(問) : 기시(其時) 효유문(曉喩文)을 여시지위진호(汝視之爲眞乎),
  위가호(爲假乎)아?
공(供) : 기시자관(旣是自官)으로 계부(揭付), 즉언유시지이가호(則焉

---

69) 『日本外交文書』 27-2, 206~207쪽.
70) 『日本外交文書』 27-2, 159쪽.

동학과 동학혁명의 재인식

有視之以假乎)아.
문(問) : 여기시지이진(汝既視之以眞), 즉호위재기호(則胡爲再起乎)아?
공(供) : 욕상귀국지리허이연(欲詳貴國之裡許而然)이로다.
문(問) : 기상리허후(既詳裡許後), 장행하사계야(將行何事計也)아?
공(供) : 욕행보국안민지계야(欲行輔國安民之計也)로다.[71]

즉 삼례기포는 일본이 개화를 빙자해서 군사행동을 함으로써 국권
을 위태롭게 하고 있는데 기인하고 있다. 그리고 기포 후에는 일본의
군사행동에 대한 책임을 추궁하는 것으로, 이는 다른 외국인은 통상만
하는데 일본인은 군대를 동원하여 서울에 주둔하고 국가를 침략하는
것으로 알았기 때문이었다. 또 기포 후 일본의 정세를 정확하게 파악
하고 그 다음에는 이에 대한 대처로 보국안민의 계책을 수립하고자 하
는 것이었다. 전봉준의 신문과정에서 밝힌 2차 기포, 즉 삼례기포는 반
봉건의 성격의 1차 기포와는 달리 항일민족운동으로서의 성격이 보다
분명하다고 할 수 있다.

한편 삼례기포에서 발한 격문의 성격은 전봉준이 논산에서 호남·
호서동학군의 연합이 실현된 후 양호창의영수의 자격으로 충청도 관
찰사에 전달한 글에서 찾아볼 수 있을 것이다. 이 글에서 동학군 기포
의 대의를 밝히고 있지만 논산대회가 삼례기포의 연장선상에서 이루
어졌기 때문이다.

복재(覆載) 간에 사람은 기강(紀綱)이 있어 만물의 영이라 일컫는 것이
니 식언(食言)하고 마음을 속이는 자는 인류로써 논할 수 없느니라. 장차
나라의 어려움과 근심이 있는데 어찌 감히 외칙(外飭)과 내유(內誘)로써
하여 천하 백일 아래 목숨을 가지고 숨실 수 있단 말인가?

---

71) 『日本外交文書』 27-2, 163쪽.

일본 침략자들이 험담을 만들고 군대를 움직여 우리의 군부(君父)를 핍박하고 우리 민주을 근심케 하니 어찌 참을 수 있겠는가? 옛날 임진란의 화에 오랑캐가 능침하여 궐묘(闕廟)를 불태우고 군친(君親)을 욕보게 하고 백성을 죽였으니, 백성들 모두가 분하게 여겨 천고에 잊을 수 없는 한이라. 초야에 있는 필부와 몽매한 어린아이까지 아직도 답답한 울분을 감추지 못하고 있으니 항차 각하는 세록(世祿) 충훈으로 평민 소부(小夫)보다 몇 배나 더하지 않겠는가? 오늘날의 조정 대신은 망령되이 생명의 안전만을 도모하여 위로는 군부를 협박하고 아래로는 백성을 속여 동이(東夷: 일본)에게 연장하여 남민(南民)에게 원(怨)을 이루고 친병을 망령되이 움직여 선왕의 적자를 해치고자 하니 참으로 어떤 뜻이며 무엇을 하려고 하는 것인가?

내가 하고자 하는 것은 그것이 극히 어렵다는 것을 알고 있으나 일편단심 죽음을 각오하고 천하의 인신(人臣)으로 두 마음을 품는 자를 소제하여 선왕조 500년의 유육(遺育)의 은혜에 보답코자 하니 원컨대 각하는 크게 반성하여 의로써 같이 죽으면 천만다행일까 하노라.[72]

이 글은 비록 충청도 관찰사에게 보내는 것이지만 일본이 군대를 동원하여 국왕을 핍박하고 민중을 도탄에 빠뜨렸을 뿐만 아니라 친일대신의 비판과 함께 항일전쟁에 참여할 것을 촉구하고 있다. 이러한 점에서 본다면 삼례기포는 근대사회로의 진입이라는 길목에서 항일민족운동의 효시적인 의미를 부여할 수 있을 것으로 본다.

또 하나 삼례기포의 중요한 의미의 하나는 대일항쟁의 민족연합전선을 가능하게 하였다는 점이다. 2차 기포 과정에서 호남과 호서의 동학군이 각각 기포하는 사례를 보이고 있으나, 관군과 일본군의 토벌로 인한 동학교단 조직의 '와해', 그리고 '항일'이라는 대의명분에 의해 연합전선을 형성하였던 것이다.

---

72)「선유방문병동도상서소지등서」;『나라사랑』15, 141쪽

　　　　　　　　　　　　　동학과 동학혁명의 재인식

동학군은 삼례를 떠나 논산에서 합류한 후 10월 12일 고시문(告示文)[73]을 발표한 바 있다.

무타라. 일본과 조선이 개국 이후로 비록 인방이나 누대 적국이더니, 성사의 인후하심으로 삼항을 개항하여 허개하여 통상 이후 갑신 시월에 사흉이 협적하여 군부의 위태함이 조석에 있더니, 종사의 홍복으로 간당을 소멸하고 금년 시월에 개화간당이 왜국을 체결하여 승양입경하여 군부를 핍박하고 국권을 천자하여 우항 방백 수령이 다 개화당 소속으로 인민을 무휼하지 아니하고 살육을 좋아하며 생령을 도탄함에 이제 우리 동도가 의병을 들어 왜적을 소멸하고 개화를 제어하며 조정을 청평하고 사직을 안보할세. 매양 의병이 이르는 곳의 병정과 군교가 의리를 생각지 아니하고 나와 접전함에 비록 승패는 없으나 인명이 피차에 상하니 어찌 불쌍치 아니하리오. 기실은 조선끼리 상전하자 하는 아니어늘 여시 골육 상전하니 어찌 애닯지 아니하리오. 또한 공주 한밭 일로 논지하여도 비록 춘간의 본원한 것이라 하나, 일이 참혹하여 후회막급이며 방금 대군이 압경에 팔방이 흉흉한데 편벽되이 상전만 하면 골육상전이라. 일변 생각건데 조선 사람끼리야 도는 다르나 척왜척화는 그 의가 일반이라. 두어 자 글로 의혹을 풀어 알게 하노니 각기 돌려보고 충군우국지심이 있거든 곧 의리로 돌아오면 상의하여 같이 척왜척화하여 조선으로 왜국이 되지 아니케 하고 동심협력하여 대사를 이루게 하옴새라.[74]

동도창의소 명의로 발포된 이 고시문은 비록 논산에서 발포하였지만 이미 삼례기포에서 구상한 것을 다시 한 번 확인한 것으로 볼 수 있다. 즉 동학군과 관군은 도는 비록 다르지만 일본군의 침략을 반대하

---

73) 이 고시문은 갑오년 11월 12일로 되어 있으나 이는 논산대회 직후 발표한 것이다. 이에 대해서는 신용하,『동학과 갑오농민전쟁연구』, 31쪽, 주 90을 참조할 것.

74)「고시경군여병영이교시민」, 앞의 책, 142~143쪽.

는 척왜와 청의 간섭을 반대하는 '척화'라는 같은 목적을 가지고 있음으로 같은 사람끼리 서로 싸우지 말고 연합전선을 호소하는 것이었다.

이를 계기로 당시 집권층이었던 유생들에게도 대일항전에 참여를 촉구하는 한편 일부 유생들은 뜻을 같이하여 대일항쟁에 참여하였던 것이다.[75] 이 연합전선의 형성은 비록 전 민족 구성원이 참여하는 완성된 모습은 아니었지만 적지 않은 의미가 있다고 할 수 있다. 이러한 점에서 삼례는 동학혁명의 대일항전을 여는 단초를 마련하였다고 할 수 있을 것이다.

---

75) 동학혁명 전개과정에서 유생과 관군의 참여가 적지 않았다. 대표적인 사례로는 공주 유생 이유상, 제천 유생 유인석, 여산부사 김윤식 등이 있다.

제14장

경기지역 동학혁명과 동학군의 참여과정

1. 머리말

동학이 경기도에 처음으로 포교된 시기는 동학이 창도된 지 2년 후인 1862년으로 보인다. 1860년 4월 5일(음) 경주 용담에서 동학을 창도한 수운 최제우는 이듬해 1861년부터 본격적으로 포교를 전개하였다. 초기 경주를 중심으로 포교되기 시작한 동학은 새로운 삶을 갈구하였던 민중들에게 크게 환영을 받아 수많은 사람들이 동학에 입도하였다. 이와 같이 동학에 입도하는 사람들이 점점 늘어남에 따라 수운 최제우는 1862년 경북 흥해(興海)에서 동학 최초의 조직인 접주제(接主制)를 실시하였고, 이때 경기지역에도 접소가 설치되어 본격적인 교단조직체로서의 모습을 갖추게 되었다.[1] 1883년 들어서는 손병희·박인호 등 경기도와 충청도 지역의 인물들이 해월 최시형을 방문하여 지도를 받는데, 이때 경기지역에서는 안교선(安敎善)과 서인주(徐仁

---

1) 이돈화,『천도교창건록』, 천도교중앙종리원, 1934, 42쪽.

周) 등이 참여하였다. 이후 안교선은 안교백(安敎白)·안교강(安敎綱) 등과 수원을 비롯하여 경기지역에 동학을 포교하는데 주도적인 역할을 하였으며 그의 문하인 안승관(安承寬)·김내현(金來鉉)[2]·이민도(李敏道) 등이 수원지방의 유력한 지도자로 급부상하였다.[3] 한편 서인주는 수원 출신으로 1883년 3월 손병희·김연국과 함께 해월 최시형을 방문한 이후 동학교단에 투신, 공주교조신원운동을 비롯하여 동학혁명에서 중요한 역할을 하였다.[4]

이 글에서는 호남이나 호서지역에 비하여 주목을 받지 못하였던 경기지역의 동학혁명에 대해 살펴보고자 한다. 이를 위해 먼저 경기지역에 형성된 동학의 포교 상황과 교단의 조직 과정을 살펴본 후 이어 이를 기반으로 동학혁명 기간 경기지역 동학군의 동향을 구체적으로 살펴보고자 한다. 그리고 경기지역에서 동학군의 활동이 어떻게 전개되었는지를 파악해 보고자 한다. 둘째, 이를 바탕으로 경기지역 동학 조직이 동학혁명 과정에서 어떻게 참여하였는지를 고찰하고자 한다. 이를 위해 『주한일본공사관기록』를 주로 활용하고자 한다. 『주한일본공사관기록』은 일제가 침략정책을 구체화하기 시작한 1894년부터 우리의 국권을 강제로 침탈한 1910년까지 17년간의 비밀기록을 수록하고 있다. 이 기록은 기밀에 속한다고 하여 그동안 한국인의 접근을 금지시켰으며, 한국침략과 관계된 것이라면 아무리 사소한 것이라도 상세하게 기록하고 있다. 동학혁명 당시 일본군은 동학군의 동향을 파악

---

2) 기록에 따라 金鼎鉉·金弼鉉·金昇鉉이라 불리고 있다.

3) 「수원군종리원연혁」, 『천도교회월보』191, 천도교회월보사, 1927; 「경기도의 사상과 종교」, 『경기도사』(조선후기), 경기도사편찬위원회, 2004, 338~339쪽.

4) 崔洪奎, 「京畿地域의 東學과 東學農民軍 活動」, 『京畿史學』창간호, 1997; 최홍규, 「경기지역의 동학과 동학농민군의 활동」, 『동학학보』3, 2002; 임해봉, 「경기지역의 동학혁명」, 『이천독립운동사』, 이천문화원, 1996.

동학과 동학혁명의 재인식

하기 위해 다양한 첩보원을 파견하여, 동학군과 일본군과의 전투상황을 상세하게 기록하고 있다. 이 첩보나 정보는 때로는 부정확한 것도 없지 않지만 당시 동학군의 활동을 파악하는데 주요한 자료이다. 5) 그 외에도 동학군을 진압하는데 적지 않은 역할을 하였던 관군의 기록도 활용하고자 한다.6)

2. 포교와 동학조직의 형성

성리학을 통치이념으로 한 조선은 후기인 19세기 말에 이르러 봉건적 모순이 한층 격화되어 '민란(民亂)의 시대'라고 불려질만큼 전국 각지에서 농민들의 봉기가 속출되었다. 봉건적 왕조와 지방관의 수탈에 대한 농민의 저항은 1811년 홍경래(洪景來)의 난을 기점으로 하여 1862년 진주민란(晉州民亂)을 거쳐 1894년 동학혁명이 일어나기 전까지 전국 40여 군현에서 발생하였다. 특히 농민봉기가 집중적으로 일어났던 철종 13년(1862)년에는 경상도 17회, 전라도 9회, 충청도 9개, 경기도·황해도·함경도에서 각각 1회 등 37회의 농민봉기가 발생하였다. 당시 농민봉기는 지역에 따라 정도의 차이는 있었지만 머리에 흰수건을 쓰고 몽둥이와 죽창으로 무장한 수십 명의 농민들이 읍성을 습격하여 동헌을 점령한 후 수령을 쫓아내거나 수령의 인부(印符)을 탈취하고 억울하게 옥살이하는 사람들을 풀어주었다. 또한 관아의 문서 즉 세금장부를 태우고 수탈을 일삼는 향리를 죽이고 그들의 집을 부수

---

5) 『주한일본공사관기록』 중 동학혁명과 관련된 내용은 제1권부터 제8권에 포함하고 있다.
6) 주로 「양호우선봉일기」(『동학란기록』상, 국사편찬위원회, 1974)를 활용하였다.

거나 불태우고 해당 군현에서 자행되던 폐단을 고쳐 달라는 요구가 대부분이었다. 더욱이 철종대에서 고종대까지 지속된 삼정(三政)의 문란과 지방관의 탐학, 한재(旱災)까지 겹쳐 사회적 불안은 고조되었다. 정부에서는 초기 삼정의 문란 때문에 농민봉기가 일어났다고 인식하고 수령을 처벌하는 것으로 수습하려고 하였다. 하지만 이것이 근본적인 해결책은 될 수 없었다. 농민봉기가 전국적으로 확산되자 1862년 5월 삼정이정청(三政釐整廳)을 설치하고 삼정이정절목(三政釐整節目)을 반포하였으나 별다른 효과를 거두지 못하였다.

경기도의 경우 1862년 10월 광주민란을 시발로 하여 1876년 12월 파주에서 명화적(明火賊)이 금천군의 상납전(上納錢) 약탈,[7] 도적이 각지에서 빈발하자 이듬해 2월 경외즙도령(京外戢盜令)을 공포하였다.[8] 1885년 2월에는 여주에서 퇴리(退吏)와 사민(士民)이 주동이 되어 과다한 결세의 남징(濫徵)에 대해 관아를 점령한 후 이를 불태우고 옥을 부수어 죄수를 석방하는 사건이 일어났다.[9] 또한 1889년 10월 수원에서는 전 승지와 군수의 가렴주구(苛斂誅求)가 원인이 되어 수백명의 농민이 관리의 집을 습격하고 부수는 등 민란을 일으켰다.[10] 그리고 이듬해 1890년 안성에서 읍민이 군수의 탐학에 대한 민소를 하기 위해 통문을 돌려 무리를 모은 후(發通聚黨) 민란을 일으켰다.[11] 1891년 6월에는 수원 화산 장헌세자와 정조의 능에 주둔하는 현륭원군(顯隆園軍)이 봉기하여 능참봉의 탐학과 토색질을 규탄하였다.[12]

---

7) 『일성록』, 고종 13년 12월 2일 및 14일조.

8) 『일성록』, 고종 14년 1월 25일조.

9) 『일성록』, 고종 22년 2월 27일, 3월 29일, 6월 25일조.

10) 『일성록』, 고종 26년 10월 17일, 11월 14일조.

11) 『일성록』, 고종 27년 1월 28일, 10월 29일조; 『비변사등록』, 고종 27년 윤2월 14일조.

1893년 인천에서도 관속인 이교(吏校)·수리(首吏)·수교(首校) 등이 주동이 되어 관아를 습격하고 관례(官隸)를 구타하는 등 민요를 일으켰고,[13] 이 해 11월 개성에서는 수령의 과도한 탐학에 대해 현감과 농민이 봉기하여 관아와 양반의 집을 부수는 등 민란을 일으켰다.[14] 조선후기 경기지역에서 발생한 민란을 정리하면 아래 <표>와 같다.

〈표〉 조선 후기 경기도 지역에서 발생한 민요

연도	지역	내용
1862. 10	광주	민란 봉기
1876. 12	파주	명화적 출현, 금천군의 상납전 약탈
1885. 2	여주	퇴리와 사민이 주동, 관아 점령, 방화 및 죄수 석방
1889. 10	수원	전 승지와 군수의 가렴주구에 대해 농민이 관아 습격
1890	안성	군수 탐학에 대한 민소, 발통취당으로 민란 전개
1891. 6	수원	현륭원군 봉기, 능참봉 탐학과 토색질 규탄
1893	인천	관속 이교 등이 주동, 관아 습격, 관노 구타
1893. 11	개성	수령의 과도한 탐학, 현감과 농민 봉기, 관아와 양반집 방화

이와 같은 삼정의 문란으로 수령·토호·서리·향리의 토색과 탐학에 의한 수탈로 민란이 속출하고, 대외적으로는 서구 제국주의 열강과 일본의 침략이 대두되던 19세기 말 경기도 지방에도 동학이 전파되었다. 경기도 지역에 동학이 포교된 것은 동학혁명 이전이었으나 어느 때 전래되었는지 명확하지는 않지만 처음 포교된 것은 1861년부터이다. 수운 최제우는 1860년 4월 5일 동학을 창도하였으나 이보다 1년 뒤인 1861년으로 경주를 중심으로 포교를 하였다. 이후 교세가 크게

12) 『일성록』, 고종 28년 6월 23일, 고종 29년 5월 14일조.

13) 『일성록』, 고종 30년 8월 13일조.

14) 『일성록』, 고종 30년 11월 23일 및 24일조.

확장되자 1892년 12월 흥해(興海)에서 접(接)을 조직하고 접주(接主)를 임명한 바 있는데, 접소(接所)와 접주는 다음과 같다.

경주에 이내겸(李乃謙)·백사길(白士吉)·강원보(姜元甫), 영덕에 오명철(吳明哲), 영해(寧海)에 박하선(朴夏善), 대구·청도 겸 경기에 김주서(金周瑞), 청하(淸河)에 이민순(李敏淳), 연일(延日)에 김이서(金伊瑞), 안동에 이무중(李武中), 단양에 민사엽(閔士燁), 영양(英陽)에 황재민(黃在民), 신령(新寧)에 하치욱(河致旭), 고성에 성한서(成漢瑞), 울산에 서군효(徐君孝), 장기(長鬐)에 최희중(崔羲仲) 제인(諸人)이러라.[15]

즉 경기지역에 김주서가 접주로 임명될 정도로 동학의 접조직이 형성되었던 것이다. 이에 비해『천도교백년약사』에 의하면 경기지역이 접주로 이창선(李昌善)이 임명되었다고 기록하고 있다.[16] 이 두 기록에서 경기지역의 동학접주가 김주서와 이창선으로 각각 차이를 보이고 있지만 적어도 1862년 동학교단에서 접소와 접주를 임명할 때 경기도 지역에도 상당수의 동학이 전래되었음을 확인할 수 있다. 다만 이 시기는 대체로 경기 남부지역으로 추정된다.

그렇지만 경기도 지역에 동학이 본격적으로 전래된 것은 이보다 20여 년 후인 1880년경이었다.[17] 1880년대는 동학교단뿐만 아니라 국내외의 정세가 급변하던 시기였다. 1880년 고종이 개화정책을 본격적으로 추진하면서 개화파 인사들이 중앙정계로 진출하였고, 1882년에는 조선과 미국이 수교함으로써 이후 서양 열강과 새로운 외교관계를 수

---

15) 이돈화,『천도교창건사』, 천도교중앙종리원, 1934, 42쪽.

16)『천도교백년약사』(상), 천도교중앙총부출판부, 1981, 96쪽.

17) 조성운,「일제하 수원지역 천도교의 성장과 민족운동」,『경기사론』 4, 2001, 183~184쪽.

동학과 동학혁명의 재인식

립하게 되었다. 동학교단도 초기의 위기상황에서 벗어나 점차 안정되어가는 모습을 보이고 있었다. 1871년 영해교조신원운동(寧海敎祖伸寃運動)으로 한때 교단 존립이 극도로 어려운 상황에 이르기도 하였지만 1873년 태백산 적조암(寂照庵) 기도를 계기로 동학의 포교가 점차 강원도 지역에서 경기도·충청도 지역으로 확산되었다. 또한 이를 기반으로 하여 1880년과 188년에 동학의 핵심 경전인『동경대전』과『용담유사』를 각각 간행하였다. 동학 경전의 간행은 동학 창도 이후 끊임없이 지속되었던 관의 탄압에서도 동학교단이 새로운 차원에서 포교를 할 수 있는 계기가 되었다. 이러한 상황은 경기도 지방에서도 예외가 아니었다.

1883년 3월 김연국(金演局)·손병희(孫秉熙)·손천민(孫天民)·박인호(朴寅浩)·황하일(黃河一)·서인주(徐仁周)·안교선(安敎善)·여규덕(呂圭德)·김은경(金殷卿)·유경선(劉敬善)·이성모(李聖模)·이일원(李一元)·여규신(呂圭信)·김영식(金榮植)·김상호(金相鎬)·안익명(安益明)·윤상오(尹相五) 등 중견지도자들이 강원도 인제에 머물고 있던 동학의 책임자 해월 최시형을 차례로 방문하여 지도를 받았다.[18] 이들은 대부분 경기도와 충청도 지역에서 활동하던 인물들이었다. 특히 안교선과 서인주는 경기도 지역에 동학을 전파하는데 가장 큰 역할을 하였다.

안교선[19]은 호남 출신으로 해월 최시형이 1883년 여름 경주에서『동경대전』을 간행할 때 윤상오와 함께 유사(有司)로 참여하였다.[20]

---

18) 오지영,『동학사』, 영창서관, 1940, 60쪽.

19) 안교선은 호남인으로 1870년대 후반에 입교한 것으로 보인다. 1879년 최시형이 강원도 인제 방시학의 집에 修單所를 설치할 때 安敎常이 書有司, 安敎一이 監有司, 安敎伯이 冊子有司, 安敎綱이 輪通有司로 각각 참여한 바 있다. 안교선은 이들과 형제 또는 친인척으로 보인다. 강수,『최선생문집도원기서』, 275~276쪽.

그는 1884년 2월경 수원과 화성을 비롯한 경기지역에 동학을 포교하는데 주도적 역할을 하였다. 이 시기에 안승관(安承寬)과 김정현(金鼎鉉, 金乃鉉)이 그에게 입도하였다.[21] 김정현은 수원뿐만 아니라 진위까지 포교를 하였다. 서인주는 수원 출신으로 1883년 3월 김연국·손병희 등과 함께 해월 최시형을 방문한 이후 동학교단의 핵심 지도자로 떠올랐다. 서인주는 해월 최시형과 함께 동학을 창시한 수운 최제우에게 수학하였지만[22] 교단 초기 큰 두각을 나타내지는 못하였다. 일찍이 불교에 입도하여 30여 년간 불도를 닦은 후, 동학의 핵심교리인 포덕천하와 광제창생에 크게 공감을 받고 동학에 입도하였으며, 서병학(徐丙學)과 함께 동학의 의식과 제도를 제정하는 데 적지 않은 역할을 하였다. 또한 서인주는 신체와 용모가 매우 작고 특이하여 당시 사람들로부터 '진인(眞人)' 또는 '이인(異人)'으로 불리기도 하였다.

이들은 수원을 중심으로 한 경기지역에 동학을 포교하는 데 선도적인 역할을 하였다. 이들의 포교활동으로 1880년 서병학·장만수(張晩秀)·이규식(李圭植)·김영근(金永根)·나천강(羅天綱)·신규식(申奎植) 등은 육임(六任)으로, 안승관은 경호대접주(京湖大接主)로, 김정현은 경호대접사(京湖大接司)로, 임병승(林炳昇)·백난수(白蘭洙)·나천강·신용구(申龍九)·나정완(羅正完)·이민도(李敏道) 등이 각각 접주로 임명되었다. 그리고 이들의 활동으로 수원을 중심으로 하는 경기 북부지역에 동학교인이 수만 명에 달할 정도로 교세가 크게 확장되었다.[23] 이로 보아 1880년대 후반에 이르러 경기지역의 동학은 비약

---

20) 『동경대전(계미판)』(『동학사상자료집』 1, 아세아문화사, 1987, 55쪽).

21) 「수원군종리원연혁」, 『천도교회월보』 191, 1926, 29쪽; 이병헌, 「수원교회낙성식」, 『천도교회월보』 292, 1936, 36쪽.

22) 황현, 『오하기문』 수필(김종익 역, 역사비평사, 1994, 73쪽).

동학과 동학혁명의 재인식

적 발전을 보게 되었으며,[24] 대접주·대접사·접주·육임 등 교단조
직을 갖추게 되었다.

이러한 교세를 바탕으로 경기지역의 동학은 1892년과 1893년 수운
최제우의 억울한 누명을 풀어주고 신앙의 자유를 얻기 위한 교조신원
운동(敎祖伸寃運動)에도 적극 참여하고 있다. 특히 초기의 이 교조신
원운동은 서인주와 서병학의 주도로 전개되었다. 1892년 10월 20일경
동학교인들은 충청감사를 상대로 수운 최제우의 억울한 죽음을 씻어
달라는 탄원서를 제출했다. 당시의 상항을 다음과 같이 기록하고 있다.

> (1892년) 7월에 서인주·서병학 2인이 신사(최시형: 필자주)께 찾아와
> 방금 우리들의 급한 당부(當務)는 대신사(최제우: 필자주)의 신원 일사
> (一事)에 재하니 원컨데, 선생(최시형: 필자주)은 각지 도유에게 효유하
> 여 소(疏)를 제(齊)하고 혼(魂)에 규(叫)하여서 대신사 만고의 원(寃)을 설
> (雪)하소서 했다. 신사의 일이 순성(順成)치 못할 줄 아시고 허치 아니 하
> 시니 2인이 온의(溫意)가 유하더라. 10월에 서인주·서병학 2인이 신사
> 의 언(言)을 불준(不遵)하고 도인을 공주에 회집하여 서(書)를 관찰사 조
> 병식에게 치(致)하다.[25]

서인주는 서병학과 함께 공주에서 교조신원운동을 가장 적극적
으로 주장하였으며, 그리고 공주교조신원운동에는 서인주가 포교한
경기지역의 동학교인이 적지 않게 참여하였을 것으로 보인다. 또한
1893년 초 광화문 앞에서도 신원운동을 전개한 바 있는데 역시 경기
지역 동학교인들이 참여하였다.

---

23) 「수원군종리원연혁」, 『천도교회월보』191, 29쪽.
24) 조성운, 「일제하 수원지역 천도교의 성장과 민족운동」, 『경기사론』4, 184~185쪽.
25) 『천도교교회사초고』 포덕 32년조, 천도교중앙총부, 1920.

그러나 경기지역의 동학의 포교현황은 1893년 3월 10일 충북 보은군 장내리에서 개최하였던 척왜양창의운동(斥倭洋倡義運動)을 통해서 유추해 볼 수 있다. 1892년과 1893년에 전개되었던 공주교조신원운동·삼례교조신원운동·광화문교조신원운동에서 신앙의 자유를 획득하지 못한 동학교단은 1893년 3월 10일 보은 장내리에 전국의 동학교인이 참여한 가운데 그 동안 전개하여 왔던 교조신원에서 벗어나 척왜척양을 부르짖는 반봉건적 성격으로 전환하였다. 이 척왜양창의운동에는 동학교인이 약 3만여 명이 참가하였는데, 경기지역 동학교인의 참여현황을 구체적으로 살펴보면 다음과 같다.

즉 3월 21일 보운관아의 보고에 의하면 척왜양창의운동에 참가한 동학교인들은 '척왜양창의' 깃발 외에 자신의 출신 접소를 알리기 위해 작은 깃발이 함께 나부꼈는데, 수원접(水原接)을 알리는 '수의(水義)'을 비롯하여 광주접(廣州接)의 '광의(廣義)', 죽산접(竹山接)의 '죽의(竹義)', 진위접(振威接)의 '진의(振義)', 용인접(龍仁接)의 '용의(龍義)', 양주접(楊州接)의 '양의(陽義)' 등이 경기지역에서 참가하였음을 알리고 있다.[26]

또한 3월 27일 보고에는 전날인 26일 수원·용인 등지의 동학교인 300여 명이 보은 장내로 왔으며, 28일 보고에는 "수원접에서 600~700여 명이 장내리 삼마장 장재평에 기를 세우고 진을 풀었다"[27]고, 30일 보고에는 "어제 들어온 접인들이 장재에서 광주 교인 수백 명과 함께 장내에 이입해 왔다"고 하였다.[28]

이밖에도 어윤중(魚允中)의 보고에도 경기지역 동학교인들의 참여

26) 「취어」, 『동학란기록』(상), 국사편찬위원회, 1971, 110쪽.

27) 「취어」, 『동학란기록』(상), 118쪽.

28) 「취어」, 『동학란기록』(상), 119쪽.

동학과 동학혁명의 재인식

상황을 살펴볼 수 있다. 즉 보은에 모였던 동학교인들의 해산과정에서 2일에서 3일에 이르기까지 돌아간 무리는 경기도 수원접 800여 명, 용인접 200여 명, 양주접과 여주접 270여 명, 안산접 150여 명, 송파접 100여 명, 이천접 400여 명, 안성접 300여 명, 죽산접 400여 명 등이었다고 기록하고 있다.[29]

이 보고에 의하면 보은 척왜양창의운동에 참가한 동학교인이 27,000여 명으로 이 가운데 경기도 지역에서 참가한 동학교인의 수는 2,660여 명으로 전체의 약 10%를 차지하고 있다. 수원을 비롯한 경기도 각 지역의 동학교인들은 대체적으로 3월 16일부터 4월 3일 사이에 참가하였다고 볼 수 있다.

그리고 동학교단측 기록에도 이러한 사실을 뒷받침하고 있다. 「수원군종리원연혁」에 의하면 "포덕 34년 계묘 2월에 해월 최시형 명의로 신용구·이민도 외 제씨의 주선으로 보은 장내에 수천 인이 왕참(往參)하다"라고 기록하고 있다.[30]

당시 보은 척왜양창의운동에 참어한 경기도의 동학 접소는 수원·용인·양주·여주·안산·송파·이천·안성·죽산·진위·광주 등 11개 지역으로 경기도 남부 지역을 모두 포함하고 있다. 이러한 사실은 1862년 경기지역에 포교되기 시작한 동학은 20년 후에 전개된 1883년 3월 보은 척왜양창의운동에 수천 명의 많은 동학교인이 참여할 정도로 교세가 상당히 형성되었음을 알 수 있다. 이는 이듬해 1894년 반봉건 반외세의 동학혁명으로 이어지는 여명기의 역할을 하였다.

---

29) 「취어」, 『동학란기록』(상), 124쪽.

30) 「수원종리원연혁」, 『천도교회월보』191, 29쪽.

3. 경기지역 동학군의 활동

1894년 3월 20일 고창군 무장에서 기포한 동학혁명은 호남지역과 호서지역을 거쳐 경기도 지역까지 영향을 주었다. 우선 고종이 광주에 있는 헌릉(獻陵)을 참배하고자 하였으나 '동학군의 기승'을 우려하여 연기할 정도였다.[31]

경기지역에서 동학군의 본격적인 활동은 8월 중순 이후부터 보이고 있다. 특히 왕궁와 가까운 송파 부근에 '동학군이 모인다'는 설이 돌 정도로 동학군에 대해 긴장을 하고 있었다. 그렇지만 송파 부근의 동학군의 동향은 현장조사 결과 군사적 활동을 하기에는 아직 미흡한 상황이었다.[32] 그러나 11월 25일경에는 송파에는 500여 명의 동학군이 집결하였다. 이는 송파에는 일본병참 송파분원이 있었기 때문이었다.[33] 일본군의 병참기지는 일제의 조선침략과 청일전쟁에서 중요한 군사시설이었다. 따라서 동학군 역시 이를 확보하는 것이 전략적으로 중요하게 인식하였던 것이다.

경기지역에서 동학군의 활동이 본격적으로 전개된 곳은 충청도와 경계를 이루고 있는 죽산·평택 등 경기 남부지역이었다. 일본인 순사 송본총시(宋本惣市)·교도미입(鮫島彌入)·창천신행(倉川信行)의 보고에 의하면 "죽산(竹山) 기타 각군에서 동학군의 행패가 심해져서 무기를 탈취하려는 낌세가 보인다"[34]라든가 "벌써부터 이 지방에 동학

---

31) 『주한일본공사관기록』 1, 국사편찬위원회, 1986, 5쪽.
32) 『주한일본공사관기록』 1, 118쪽.
33) 『주한일본공사관기록』 1, 192쪽.
34) 『주한일본공사관기록』 1. 121쪽.

동학과 동학혁명의 재인식

당이 다시 발동하여 극심하게 휘졌고 돌아다닌 것이 사실입니다"[35]라고 하여 동학군의 활동이 점차 구체적으로 조직화되고 있음을 알 수 있다. 이 지역 동학군의 지도자는 김형식(金瀅植)·김용희(金鏞喜)·김구섭(金九燮)·안치서(安致西)·홍승업(洪承業) 등으로, 김형식은 평택, 김용희과 김구섭은 목천(木川), 안치서는 온양, 홍승업은 천안 출신이었다. 이들의 활동지역은 직산·평택·천안·목천 등지로 경기도와 충청도의 경계를 이루는 지역이었다. 천안군의 경우 군민 10명 중 8~9명이 동학에 입도할 정도로 동학이 확산되었다. 이러한 현상은 경기도 지역에서도 마찬가지였을 것으로 추정된다. 결국 경기 남부지역의 동학군은 충청 북부지역 동학군과 연합하여 활동하고 있음을 보여주고 있다.

이와 같은 경기 남부지역의 동학군의 활동에 대해 중앙정부에서도 "요즘 비도들이 경기도 내의 죽산과 안성 양읍으로까지 침범한다"고 하여 그 대책을 논의하기도 하였다.[36] 이러한 상황에 대해 군국기무처에서도 "근일 동학도들이 창궐하여 경기지방까지 침범하였다. 이때에 지방관이 게으르면 걱정이다. … 죽산과 안성은 동학도 중 핵심인물들이 모여 있다. 잠시라도 게을리 하면 안 된다. 수령을 교체하되 능력 있는 자를 차출하여 병력을 이끌고 가서 포착하는데 힘써야 한다"[37]고 할 정도로 동학군의 활동이 관아를 위협하였다. 당시 평택 소사에 집결한 동학군을 1만여 명이 될 정도였다. 즉 수원유수의 보고에 의하면 경기 남부지역의 동학군 동향은 다음과 같다.

---

35) 『주한일본공사관기록』 1, 122쪽.
36) 『일성록』, 고종 31년 9월 11일조.
37) 『일성록』, 고종 31년 9월 11일조.

비도(匪徒: 동학군)들이 호남에서 공주(公州) 등지까지 가득 차 있어 서로 연락을 취하고 있고, 소사(素沙)에 있는 적(賊)들도 그 수가 만 명이나 됩니다. 그러나 수원에 있는 우리 병사는 200명뿐이고 귓병(貴兵: 일본군)들도 70명에 불과하여 그 중과가 너무 차이가 있음으로 감히 전진할 수가 없습니다.[38]

즉 경지지역과 충청지역 동학군이 평택 소사에 집결, 이 지역을 장악하고 있어 동학군을 진압키 위한 관군의 남하가 어려울 정도였다. 특히 소사는 전략적 요충지로서 청일전쟁 당시 일본군이 청군을 크게 이겨 전세를 전환시킨 곳이었다.

한편 수원에서도 동학군의 활동이 적지 않았다. 송정경사랑(宋井慶四郎)에 의하면 9월 10일경 "수원부에 수감 중인 동학비괴(東學匪魁)를 그 비당(匪黨)이 탈취(奪取)"할 것이라 하여 동학군의 관아 공격이 임박하였음을 보고하면서[39] 급히 일본군의 파견을 요청하고 있다.[40] 또한 수원 부근에 동학군이 집결하고 있다는 정보도 없지 않았다.[41] 이에 따라 남부병참부 이등우의(伊藤祐義) 병참감은 다음과 같이 명령서를 내렸다.

1. 파견하는 수비병은 1개 소대이고, 육군 보병 소위 원전상입(原田常入)이 이를 지휘한다.
2. 파견하는 우리 수비병은 금일 제물포를 출발하여 인천을 경유 과천현 남쪽 약 30리에 있는 군포장(軍浦場) 십자로(十字路)로 진출한

38)『주한일본공사관기록』1, 134쪽.
39)『주한일본공사관기록』3, 국사편찬위원회, 1988, 286쪽.
40)『주한일본공사관기록』1, 141쪽.
41)『주한일본공사관기록』1, 145쪽.

다. 내일 26일 오후에는 그 곳에 도달할 것이다.

3. 군포장에서 조선군이 오는 것을 기다린다. 따라서 조선군은 행군 속도를 배가(倍加)해서 그 곳에 도달하도록 노력해야 할 것이다.

4. 조선 관리는 우리 군사(軍士)의 병량(兵糧)과 말먹이의 구매와 숙사(宿舍)의 설치 등을 주선하도록 힘써야 할 것이다. 단 거기에 들어가는 비용은 우리 군에서 지불할 것이다.[42]

즉 수원지역 동학군을 토멸하기 위해 일본군은 원전(原田) 소위가 지휘하는 1개 소대 49명을 파견, 군포장에서 조선군과 연합을 기도하고 있다.[43] 이에 따라 일본군은 10월 25일(양) 새벽 5시, 조선군은 오후 4시에 각각 출동하였다.[44] 일본군은 수원 부근에서 오산동(烏山洞)에 거주하는 접주 홍경운(洪敬雲)을 잡아 수원부로 압송하였다.[45] 이로써 수원지역 동학군은 한동안 소강상태에 있었지만 11월 11일 삼촌(杉村) 서기관에 의하면 "동학군의 세력이 다시 회복하여 관아를 밀어닥칠 것이다"하여 동학군이 재기하여 수원부를 위협하였다. 이에 수원유수는 일본군의 주둔을 강력하게 요청하였다.[46]

뿐만 아니라 수원지역 동학군 역시 충청 내포(內浦)지역 동학군과 연합하여 활동한 사례도 있다. 11월 17일 내포의 대접주 이창구(李昌九)는 자신이 지휘하는 동학군과 수원의 동학군과 함께 수원과 내포 사이의 경계를 이루는 송학산(松鶴山) 민보(民堡) 즉 송학보(松鶴堡)를 점령하여 군량미를 확보하는 한편 조운(漕運)을 방해하였다.[47] 그러나

---

42) 『주한일본공사관기록』 1, 142쪽.

43) 『주한일본공사관기록』 3, 288쪽.

44) 『주한일본공사관기록』 1, 143쪽.

45) 『주한일본공사관기록』 1, 144쪽.

46) 『주한일본공사관기록』 1, 160~161쪽.

이들 동학군은 11월 27일 일본군의 내습을 피해 해미(海美)지역으로 피신하였다.[48]

죽산지역 역시 동학군의 활동이 활발하였다. 죽산지역 동학군은 그 활동범위와 활동이 과격하여 일본군조차 진압하기 어려울 정도였다. 당시 일본군측이 파악한 죽산지역 동학군의 동향을 살펴보면 다음과 같다.

> 죽산 부근에 있는 동비(東匪)들은 지금도 그 출몰이 무상(無常)하며, 그 곳에 있는 귀국 병정들은 부내(府內)에서만 지키고 있고 감히 앞으로 나아가 초토(剿討)하지 못하고 있는 형편이라고 합니다. 본사(本使, 井上馨)가 이 일을 생각해 볼 때, 귀(貴) 정부가 처음 병대(兵隊)를 파견한 것은 본래 비도(匪徒)들을 초멸(剿滅)하는데 목적이 있었지만 지금 그 부사(府使)는 600여 명이나 되는 대병(大兵)을 갖고도 초토에 나서지 않고 그 비도(匪徒)들을 멋대로 날뛰게 하여 폭력을 마음대로 펴게 하고 있느니, 그것은 이상하게 생각할 것도 없는 일입니다. 말을 바꿔서 한다면 이번에 우리 병대(兵隊)를 파견하여 초토하면 피차가 한 마음으로 협력하여 기어이 전공(戰功)을 올리게 됨을 말할 필요도 없는 일입니다.[49]

즉 죽산지역 동학군의 활동은 조선군이 진압하지 못할 정도였다. 이들은 죽산 관아를 검거하기도 하였다.[50] 이어 이들 동학군은 용인(龍仁)을 함락시키고 경성으로 진격할 예정이었다.[51] 이에 일본군은 조선군과 연합하여 동학군을 초멸코자 하고 있다. 이에 따라 일본군은 백

---

47) 『주한일본공사관기록』 1, 169쪽.
48) 『주한일본공사관기록』 1, 181쪽.
49) 『주한일본공사관기록』 1, 149쪽.
50) 「양호우선봉일기」, 『동학란기록』 상, 국사편찬위원회, 1974, 259쪽.
51) 『주한일본공사관기록』 3, 292쪽.

동학과 동학혁명의 재인식

목(白木) 중위와 궁본(宮本) 소위가 지휘하는 부대를 파견하였으며, 조
선군은 신정희 순무사를 통해 각 부대장과 지방관에게 일본군의 지휘
를 받아 동학군을 진압토록 하였다.52) 뿐만 아니라 정부에서는 장위영
영관 이두황(李斗璜)을 죽산부사로 임명하고 군대 약 300명53)을 출병
하여 동학군을 진압케 하였다.54) 그리고 죽산과 인접한 안성도 동학군
의 활동이 비교적 왕성하였다. 안성지역 동학군 역시 안성관아를 점거
하였고, 동학군 진압을 위해 경리청 영관 성하영(成夏泳)을 안성군수
로 임명하고 군대를 파견하였다.55) 이어 일본군도 동학군을 초멸하기
위해 용산수비대에서 1개 소대씩 안성과 죽산에 각각 파견하였다.56)

이천지역에서도 동학군의 활동이 적지 않았다. 이천지역은 호남에
서 동학혁명이 일어나던 시기, 즉 1894년 봄 수령과 토호들이 동학교
인을 탄압하자 이용구가 교인 수천 명을 이끌고 군수에게 강경하게 항
의, 감옥에 있던 동학교인을 석방시키는 한편 빼앗긴 재산을 돌려받기
도 하였다.57) 이러한 경험을 한 이천지역 동학군은 동학혁명이 일어나
자 9월 26일 새벽 음죽현 관아를 습격하고 군기고의 무기를 탈취하였
다. 이어 무장한 동학군은 일본과 관군의 연합부대와 부악산과 소정리
·마정리에서 대규모의 전투를 치루었다.58) 이 전투의 결과에 대해서
는 자세하게 밝혀지지는 않았지만 이천병참사령부 소속 일등군조 정
상남미태(井上楠彌太)가 전사하였다.59) 특히 이천지역의 동학군은 이

---

52)『주한일본공사관기록』1, 149~150쪽.

53)『주한일본공사관기록』5, 국사편찬위원회, 1990, 61쪽.

54)「양호우선봉일기」,『동학란기록』상, 259쪽.

55)「양호우선봉일기」,『동학란기록』상, 259쪽.

56)『주한일본공사관기록』3, 355쪽 및 356쪽.

57)『이천독립운동사』, 이천시·이천문화원, 1996, 72쪽.

58)『이천독립운동사』, 73쪽.

용구·김규석(金奎錫)·김창진(金昌鎭) 등의 지도로 보은전투를 비롯하여 청주 봉황산전투, 회인전투, 공주 이인·효포·우금치전투에 참여하였다. 그렇지만 11월 19일과 20일 양일간 연노성(延魯成) 등 8명의 동학군이 체포되는[60] 등 이천병참부와 곤지암병참부에 수명의 동학군이 피체되었던 것으로 보아 일부 동학군은 지역에 남아서 지속적으로 활동한 것으로 보인다. 이러한 사례는 여주에서도 보이고 있다.[61] 그리고 1895년 1월 17일 이천 장호원과 음성 사이에서 동학군 수백 명과 일본군 제16대대 석삼(石森) 중대와의 전투가 있었다. 이 전투는 경기지역 동학군의 최후의 전투로서 동학군 수십 명과 일본군 1명이 부상당하였다.[62]

이외에도 경기지역에 동학군의 활동이 활발하게 전개된 곳은 파주(坡州)와 금주(金州)였다.[63] 금주에서는 동학군 3,000여 명이 기포하여 일본병참부를 습격하고자 하였다. 이들은 무기와 폭약을 소지할 정도로 화력이 강하였다. 특히 파주의 동학군은 "범보다 빠르고 화살보다 빠르다"고 하였는데, 이는 산포수들이 동학군에 참여하고 있음을 보여주고 있다.[64] 금주지역 동학군의 동향을 다음과 같다.

> 지금 대전투가 벌어지고 있는 중이며 폭도는 수천 명이어서 세력이 창

---

59) 『주한일본공사관기록』 1, 191쪽.

60) 『주한일본공사관기록』 1, 182쪽.

61) 『주한일본공사관기록』 1, 220쪽.

62) 『주한일본공사관기록』 6, 16~17쪽.

63) 광주지역에서는 남대회·구연태·심상현 등 동학군의 활동이 있었다. 이에 일본군측에 의하면 동학군과는 무관한 것으로 보고하고 있다. 이에 대해서는 좀 더 정황을 살펴볼 필요가 있다.

64) 『주한일본공사관기록』 1, 185~186쪽.

궐, 막을 길이 없어 간신히 방어하고 있을 뿐이므로 경성에 전보를 쳐서 원병의 파견을 청했으나 원병이 오지 않아 마중 나왔는데, 이쯤에서 만날 것이라고 생각했으나 아직 만나지 못하였으니, 아직도 경성을 출발하지 않은 모양이다.[65)

이는 금주와 파주지역 동학군의 세력이 적지 않았음을 보여주고 있다. 이들 중에는 북한산까지 나아가 경성의 동향을 살펴보기도 하였다.

그밖에 경기 동부지역인 지평(砥平)에서도 민보군이 조직되어 동학군을 진압하였던 것으로 보아 이 지역에서도 동학군의 활동이 적지 않았던 것으로 보인다. 전(前) 감역(監役) 출신인 맹영재(孟英在)가 9월 20일경에 산포수 100여 명을 모아 민보군을 조직하여 동학군을 탄압하였다. 이로 인해 지평과 양근(楊根)지역 동학군 수백 명은 홍천군 남면으로 피하였으며, 22일경에 접소(接所)를 세웠다. 당시 홍천지역에는 오창섭(吳昌燮)과 심상훈(沈相薰)이 동학군을 지휘하였는데, 이들은 교통이 편리한 서면 양덕원(陽德院)에 도소를 설치하였다. 맹영재는 9월 24일경에 홍천 남면으로 포군을 이끌고 갔다. 즉 맹영재는 부약장(副約長)으로 추대되어 관포(官砲)와 민포(民砲) 100여 명을 이끌고 홍천으로 진입, 동학군 지도자 고석주(高錫柱)와 이희일(李熙一)·신창희(申昌熙) 등을 사로잡는 한편 동학군 5명을 참살하였다. 민보군은 창 58자루를 거두어 군기고에 반납하였고 포군 김백선(金伯先)은 부상을 당했다.[66) 특히 양근지방에는 동학군의 침범을 방어하기 위해 민단(民團)을 설립한 한 것[67)으로 보아 동학군의 활동이 적지 않았음

<hr>

65)『주한일본공사관기록』 1, 186쪽.
66)『계초존안』 제1, 9월 26일조.
67)『주한일본공사관기록』 1, 192쪽.

을 보여주고 있다.

경기지역 동학군이 활발하게 전개되었던 지역은 두 가지 특징을 보이고 있다. 하나는 일본군 병참기지가 있었던 곳이다. 일본군은 청일전쟁을 대비하기 위해 군용 통신망을 확충하였다. 이 통신망은 동학군의 대일항전에서 매우 중요한 전략적 요소였다. 이에 일본군측에서도 군용전신선을 지키기 위해 부산과 서울사이에 19개의 병참소를 설치하였다.[68] 이중 경기지역에는 광주의 송파진과 곤지암, 그리고 이천과 장호원, 파주 등 5개소에 병참소가 설치되었다. 경기지역의 경우 이들 지역에서 동학군이 비교적 활발하게 전개되었다. 둘째는 경기 남부지역으로 충청지역과 경계를 이루는 지역이었다. 내포와 경계를 이루고 있는 수원을 비롯하여 평택·안성·죽산 등이 대표적이라 할 수 있다. 이들 지역은 경기지역과 충청지역 동학군이 연합하여 광범위하게 활동하였다. 이밖에 경기지역에서 기포한 접주(接主) 이상의 동학지도자들은 다음과 같다.

▶광주 : 이종훈(李鍾勳)·염세환(廉世煥) ▶안성 : 임명준(任命準)·정경수(鄭璟洙) ▶양지 : 고재당(高在棠) ▶여주 : 홍병기(洪秉箕)·신수집(辛壽集)·임학선(林學善) ▶이천 : 김규석(金奎錫)·전창진(全昌鎭)·이근풍(李根豊) ▶양근 : 신재준(辛載俊) ▶지평 : 김태열(金泰悅)·이재연(李在淵)[69]

▶이천 : 고재당 ▶음죽 : 박용구(朴容九) ▶안성 : 정경수,[70]

▶용인 : 최영구(崔榮九) ▶죽산 : 염창순,[71]

---

68)『주한일본공사관기록』2, 354~355쪽.

69)『천도교서』(『동학농민전쟁사료총서』28, 사운연구소, 1996, 240쪽).

70) 박정동,『시천교종역사』, 시천교본부, 1914, 20쪽(『동학농민전쟁사료총서』29, 114쪽).

▶음죽 : 염창순(廉昌純) · 최종후(崔鍾厚) ▶용인 : 정경수 · 홍병기 · 이종구(李鍾球, 이종훈) · 신시경(申時敬)[72]

▶수원 : 김내현(金來鉉) ▶음죽 : 박용구 · 권재천(權在天) ▶안성 : 임명준(任命準) · 정경수 ▶양지 : 고재당 ▶여주 : 홍병기 · 임순호(林淳灝) · 신수집 · 임학선 ▶이천 : 전규석(全奎錫) · 전창진 · 이근풍 ▶양근 : 신재준 ▶지평 : 김태열 · 이재연 ▶광주 : 염세환[73]

▶안성 : 정경수 · 임명준 ▶양지 : 고재당 ▶여주 : 임학선 · 홍병기 ▶이천 : 김규석 · 김창진 ▶양근 : 신재준 ▶지평 : 김태열[74]

▶경기도 편의장 : 이종훈 ▶경기도 편의사 : 이용구 ▶지평 : 한○(韓○) · 김태열 · 이재연 ▶여주 : 이윤오(李允五) · 홍병기 · 신수집 · 임학선 ▶양근 : 신재규(辛載奎) · 신재준 ▶이천 : 김규석 · 전일진(全日鎭) · 이근풍 ▶안성 : 임명준 · 정경수 ▶양지 : 고재당 ▶광주 : 염세환[75]

그리고 1936년 천도교단에서 작성한『교보(教譜)』와『천도교창건록』, 그 밖의 기록에 의하면 다음과 같이 명단을 확인할 수 있다.

▶여주 : 洪秉箕(1892), 林淳灝(1893), 朴源均(1894), 李順化(1894), 辛明甫(1894) ▶이천 : 權重天(1894)[76]

▶여주 : 宋奭鎭(1894), 林東豪(1892), 林性春(1894), 林學已(1893), 李貞敎(1893), 李良汝(1893), 金鍾泰(1893), 鄭福伊(1894) ▶광주 : 韓槿會(1892), 韓九會(1892), 洪鍾秀(1892), 金正潤(1894) ▶이천 : 金龍植(

71) 강필도,『동학도종역사』, 1944(『동학농민전쟁사료총서』 29, 324쪽). 그밖에도 정경수 · 고재당 · 박용구 등이 화포영장으로 기포하였다.

72) 강필도,『동학도종역사』(『동학농민전쟁사료총서』 29, 336쪽).

73) 이돈화,『천도교창건사』, 65쪽.

74) 오지영,『동학사』, 영창서관, 1930, 140쪽.

75)『천도교회사초고』(『동학사상자료집』 1, 아세아문화사, 1978, 462~463쪽).

76) 이돈화,『천도교창건록』, 천도교중앙종리원, 1934.

1894), 金永夏(1893), 閔泳祚(1893)년, 金孟欽(1893) ▶진위 : 盧秉奎
(1894), 李敏盆(1889) ▶시흥 : 辛在元(1894), 金永淳(1893) ▶수원 : 李鉉
植(1892) ▶인천 : 安季植(1891)[77]

　　▶광주 : 延淳達 延甲辰 金文達 蓮谷 朴仁學 李永五 金基淵 金富萬 金桂
甫(1894) ▶용인 : 文在三(1894) ▶수원 : 羅崐(1889), 羅天綱(1889), 洪在
範, 洪鍾珏, 李秉仁, 丁朱亨, 金昌植, 丁大成, 尹敎興, 朴宗遠, 朴容華, 朴容
駿, 朴容日, 朴寅遠, 朴商盆, 林仲模, 金學敎 宋亨浩, 李圭植, 崔基連, 李元
善, 張基煥, 張泳寬, 張漢秀, 禹顯時, 金濟乙, 尹敎興, 崔鎭協, 韓世敎(1894)
▶진위 : 李承曄 (1890), 李圭成(1891), 李麟秀, 高文枉, 安領植, 張仁秀, 朴
仁勳.(1894) ▶여주 : 林性鳳, 黃河成, 金鍾泰(1894) ▶광주 : 李正雨, 韓槿
會, 韓九會, 金敎贊, 金日熙, 金晶熙, 金敎善, 白永根, 金慶熙, 金連盆, 洪在
吉, 洪鍾秀, 金敎福, 金正潤, 南宮鐵(樾), 黃敬達, 黃秀景, 崔顯模, 洪淳亨,
金敎永, 李龍震, 金敎成, 崔龍雲(1894) ▶이천 : 閔性鎬, 閔泳祚, 許湞, 洪
淳德, 金龍植, 劉明熙, 金明鉉, 金大濟, 金泳夏, 宋奭鎭, 金孟欽, 安鎭國, 林
云先, 林東豪, 李貞敎, 林性春, 林仲先, 林明漢, 權鍾錫, 李良汝, 朴秉俊, 安
根秀, 朴秉元(1894)[78]

　　이들 명단은 동학혁명 이전 또는 동학혁명 당시에 입교한 동학교인
으로서, 자세한 활동은 확인할 수 없지만 여타 지역과 마찬가지로 동
학혁명에 참여하였을 것으로 추정된다.[79]

---

77) 『한순회관내연원록』, 1936.

78) 『동학관련판결문집』, 총무처 정부기록보존소, 1994.

79) 호서지역의 경우 조석헌과 문장준은 1894년 3월에 입교하여 내포지역 동학혁명
　　에 참여한 사례가 있다.

4. 조일연합군의 동학군 토벌

1894년 9월 들어 국내의 정치상황은 적지 않은 변화를 가져왔다. 일본군은 조선을 강점하기 위해 대도(大島) 공사를 정상형(井上馨) 공사로 교체하였다. 그는 9월 27일(양, 10월 25일)에 조선에 부임하면서 일제의 저항세력을 무자비하게 말살시킬 방침을 세웠다. 우선 조선정부를 완전히 장악한 후 동학군 토벌에 나섰다. 이에 따라 정부는 관군 약 300명씩을 안성과 죽산에 각각 파견하였다. 이어 9월 21일에는 양호도순무영(兩湖都巡撫營)을 설치하고 호위부장(扈衛副將) 신정희(申正熙)를 도순무사(都巡撫使)로 임명하였다.[80] 그리고 9월 26일에는 장위영 정령 이규태(李圭泰)를 순무선봉장으로 임명함으로써 동학군 진압을 본격화화였다.

일본은 동학군을 초멸하기 위해 이른바 '동학군 토벌대'라 불리우는 후비보병 제19대대를 파견하였다.[81] 원래 후비보병은 두 개 중대로 나누어 1개 중대는 수원·천안·공주 등지를 경유하여 전주부 가도로, 다른 1개 중대는 용인·죽산·청주·성주 등지를 경유하여 대구부로 이어지는 가도의 동학군을 토벌할 예정하였다.[82] 그러나 동학군을 격파하고 그 화근을 초멸하기 위해 세 개 중대로 확대 편성, 서로·중로·동로 3개 노선으로 재조정하였다.[83] 3개 노선 중 서로의 과

---

80) 『선봉진일기』, 갑오 9월 21조.

81) 강효숙, 「제2차동학농민전쟁과 청일전쟁」, 『역사학연구』762, 청목서림, 2002, 26쪽.

82) 『주한일본공사관기록』1, 147~148쪽 및 151쪽.

83) 『주한일본공사관기록』1, 154~156쪽;『주한일본공사관기록』6, 국사편찬위원회, 1991, 63~68쪽.

전·수원·진위·안성(양성)·평택, 중로의 신원·용인·양지·죽산, 동로의 광주·이천·장호원이 경기지역에 속하고 있다.

한편 조선정부는 동학군은 진압하기 위해 일본군에게 우수한 무기를 공급해 줄 것을 요청하였다. 이에 대해 일본군 혼성여단장은 조선군을 손쉽게 지휘할 수 있도록 촌전식(村田式) 소총을 지급해 주자고 주장하였지만 일본 대사관측은 경복궁 점령 때 몰수했던 모젤 소총 1,000정 중 400정을 반환해 주었다.[84] 우수한 무기로 무장한 관군과 일본군이 토벌에 나서자 경기지역의 많은 동학군은 무기의 열세로 피신할 수밖에 없었다. 더욱이 9월 하순부터 정부는 유생층을 비롯하여 보부상 등 반동학 세력을 규합하여 민보군을 만들도록 권장하였다. 이후 동학군은 민보군에게 학살당하거나 재산까지 빼앗기는 사례가 빈발하였다.

우선 남하하는 이두황군의 경기지역 동학군 진압활동을 살펴보면 다음과 같다.

> 9월 21일, 용인에 이르러 … 삼경(三更)에 100명의 병력을 동원하여 직곡(直谷)에 있는 접주 이용익(李用翊, 用益)의 집에 가서 동학도 14명을 잡았고 또한 금량(金良場, 水餘面)에 사는 이삼준(李三俊)의 집에 가서 6명의 동학도를 잡아 양지읍(陽智邑)으로 압행(押行)했다.
>
> 9월 22일, 양지읍에서 어제 잡은 20명을 일일이 조사한 후 16명은 석방하고 이용익과 이삼준 그리고 양지읍에서 잡은 정용전(鄭用全, 龍全)과 이주영(李周英) 등 4인은 읍 앞 대로상에서 포살하였다.
>
> 9월 27일, 이참의(李叅議)가 보낸 글에 이천 일본병참소(兵站所)에서 잡은 동학도와 적당 30인을 구속하였다. 5명은 일찍이 놓쳐버렸고 나머지 20여 명 중 괴수 10명은 포살하고 나머지는 석방하였다. 안성군수 성

---

84) 『주한일본공사관기록』 5, 331쪽.

동학과 동학혁명의 재인식

하영이 도임하던 날인 24일에 비도 3인(魁首 兪九西, 接主 金學汝, 鎭川東徒 金今用)을 잡았는데 27일에 참살하였다.

10월 3일, 용인군 서이면(西二面) 장항(獐項)에 사는 우성칠(禹成七)을 잡아 가두었다. 4일 조사해보니 동도의 거괴이므로 처형했다.

10월 5일, 용인군 남일면 주천(注川) 등지에서 동학도 5명을 잡아 가두었다.[85]

이밖에도 진위에서 민공익(閔孔益) · 한홍유(韓弘儒) · 김명수(金命壽) 등 3명의 동학군이 피체되었다.[86] 이들은 모두 수원의 김정현의 권유로 동학에 입교하였다.[87]

이처럼 경기지역 동학군들은 각 지역에서 관군과 일본군에 밀려 희생자가 속출하였고, 결국 충청도 쪽으로 내려갈 수밖에 없었다. 경기 동부지역은 황산(黃山)과 진천 광혜원(廣惠院) 쪽으로, 진위지역은 목천(木川) 세성산(細城山) 쪽으로, 수원 · 남양 · 시흥 지역은 내포(內浦) 쪽으로 이동하였다.

9월 18일에 해월 최시형의 총기포령이 내리자 강원 · 경기 · 충청지역 동학군들은 광혜원에 모였다. 당시 상황을 『양호우선봉일기』에서 "장리(將吏)을 보내 동학도의 거취를 탐지한 결과 충주 무극장기(無極場基)와 진천 구만리(九萬里, 廣惠院) 두 곳에 몇 만 명이 모여 있다"[88]고 할 정도였다. 김구도 당시의 상황을 "선생에게 하직인사를 드리고 난 뒤 우리는 속리산을 구경하고 귀로에 접어들었다. 돌아오는 도중에

---

85) 「양호우선봉일기」, 『동학란기록』 상, 259~266쪽.
86) 「순무선봉진등록」, 『동학농민혁명국역총서』 2, 동학농민혁명군명예회복심의위원회, 2007, 393 · 395 · 411쪽.
87) 「순무선봉진등록」, 『동학농민혁명국역총서』 2, 412~413쪽.
88) 『양호우선봉일기』, 갑오 9월 초 6일조.

곳곳에서 흰옷을 입고 칼 찬 동학당을 만났다. 광혜원장에 도착하니 수만의 동학군이 진영을 차리고 행인들을 검사하였는데 그 곳에서 볼 만한 것은 양반으로 평소 동학당을 학대하던 자들을 잡아와서 길가에서 짚신을 삼게 하는 것이었다"[89]고 했다. 이들 동학군은 10월 3일에 충북 보은으로 이동하였으며,[90] 경기지역 동부 동학군과 강원도 일부 동학군들은 황산에 모였고 충주 신재련(辛在蓮) 휘하의 동학군들은 보평(洑坪)으로 모였다. 이들 동학군은 충의대도소(忠義大都所) 대접주 손병희가 지휘하였다.

경기지역 동학군은 호서지역 동학군과 대오를 재편성한 다음 10월 5일에 보은으로 향했다. 이는 군기를 확보하기 위해 괴산관아를 습격하기로 하였기 때문이었다. 6일 아침 괴산읍으로 전진할 때 병력을 두 갈래로 나누었다. 절반은 북쪽 길로 들어가고 절반은 남쪽 길로 들어가 협공하기로 했다. 북쪽 길로 가던 동학군은 괴산읍 북방 6키로 지점인 당동(唐洞)에 이르렀다. 그러나 이를 미리 알고 매복하고 있던 일본군은 일제히 사격을 가해왔다. 일본군 하라다(原田) 소위는 10월 5일 괴산에서 동학군이 공격해온다는 보고를 받고 길목이 좁은 당동으로 나와 포진하고 있었다. 동학군과 일본군의 당동전투는 오래 가지 않았다. 일본군은 동학군의 맹렬한 반격을 받고 오전 11시 30분경에 패주하였다. 한편 남쪽으로 들어간 동학군은 수성군이 도망쳐 버려 무혈입성을 하였다. 당시 전투상황은 다음과 같다.

지난(11월) 3일(음, 10월 6일) 하라다(原田) 소위가 2개 분대를 인솔하고 충주에서 괴산 지방까지 정찰하던 중 적군 약 2만 명을 만나 격전을

---

89) 김구, 『백범일지』, 나남출판, 2002, 30쪽.
90) 『양호우선봉일기』, 갑오 10월 초 7일조.

벌이다가 다음날(4일) 오전 6시에 충주로 돌아왔다. 하라다 소위 이하 4명이 부상했으며 사병 1명이 즉사했다.[91]

10월 6일에 동학도는 두 갈래로 들어왔다. 일본군 25명은 북쪽에서 동학도가 다가오자 출동했다. 남쪽으로 들어오는 적은 수성군이 맞아 싸웠으나 병력이 적어 버틸 수 없었다. 북쪽에서도 일본군 1명이 사망하였다. 수성군과 부민도 11명이 죽었고 중상자도 30여 명이나 되었다. 5동의 민가도 500여 채가 불탔으며 공해도 모두 파손되었다.[92]

호서·경기지역 동학군은 일본군과의 첫 전투에서 승리하자 사기가 충천했다. 8일에는 보은 장내리에 이르러 11일까지 머물렀다.[93] 그러나 이곳에서 이천 출신의 홍복용(洪卜用), 안성 출신의 신덕보, 용인출신의 이청학 등이 포살되었다.[94] 보은에서 충경포(忠慶包)와 문청포(文淸包) 동학군과 합류한 다음 11일에 청산으로 이동하였다.[95] 당시청산에는 영동과 옥천지역 동학군들이 기다리고 있었다. 총기포령을 내렸던 최시형은 호남동학군과 연합하여 항일전에 나설 것을 지시하였다. 그리고 이곳에 집결한 경기지역 및 호서지역 동학군은 통령이된 손병희를 중군으로 하여 경기 안성의 정경수(鄭璟洙)를 선봉진(先鋒陣), 이천의 전규석(全奎錫)을 후군으로 삼고, 광주 이종훈(李鍾勳)을 좌익, 황산 이용구(李容九)를 우익을 하는 등 동학군을 재편성하였다.[96]

이어 10월 12일(양, 11월 8일)에 호서·경기지역 동학군은 두 갈래

---

91) 『주한일본공사관기록』 1, 443쪽.
92) 『순무선봉진등록』, 갑오 10월 15일조.
93) 『양호우선봉일기』, 갑오 10월 15일조.
94) 『양호우선봉일기』, 갑오 10월 16일조.
95) 『양호우선봉일기』, 갑오 10월 15일조.
96) 『천도교회사초고』, 466쪽.

로 나뉘어 논산으로 향했다. 하나는 호서지역 동학군은 회덕(懷德)과 지명(芝明)을 거쳐 논산으로 향하였다.97) 그리고 손병희가 이끄는 동학군은 영동을 거쳐 논산으로 직행하였다. 논산에서 합류한 전봉준과 손병희는 공주성을 공략하였다. 그러나 공주 우금치전투에서 패배한 동학군은 경천으로 후퇴하였다. 이후 호서·경기동학군은 12월 1일에 오수(獒樹)로 넘어와 장수와 무주, 12월 9일에 영동을 거쳐 충북 보은까지 퇴진하였다. 그리고 보은 북실에서 최후의 전투를 하였다.

> 17일 오후 10시 30분 상주 한병(韓兵) 240명은 왼쪽 큰길로, 소관(桑原少尉)은 부하 14명과 이세가와 군조의 1개 분대를 이끌고 오른쪽 산길로 들어갔다. … 동학도 약 1만 명이 모닥불을 피워놓고 몸을 녹이고 있었다. … 사격하고 돌입하자 그들은 마을 밖으로 달아났다. … 이때가 오전 3시다.
> … 18일 아침 8시경에는 동학군이 함성을 지르며 공격해왔다. … 패주를 가장하여 200m가량 후퇴하였다. 그러자 함성을 지르며 맹공해 왔다. 거의 80m 안까지 들어왔다. 이때 일제히 사격하자 제1선이 머뭇거렸다. 아군은 틈을 주지 않고 돌격하자 그들은 두 갈래로 달아났다. … 이때가 오전 10시였다. 적도의 전사자는 300여 명이고 노획한 무기도 수십 점이었다.98)

이로써 경기지역 동학군은 일차적으로는 호서지역 동학군과 연합하였고, 이차적으로는 호남지역 동학군과 연합하여 대항일투쟁의 전면에 나섰던 것이다.

한편 이러한 동학군의 활동은 동학혁명 이후에 이어지고 있다. 동학

---

97) 『순무사정보첩』 기 26 (『동학농민전쟁사료총서』 16, 312쪽).
98) 『주한일본공사관기록』 6, 68~70쪽.

　　　　　　　　　　　　　　동학과 동학혁명의 재인식

혁명과정에서 조일연합군의 초멸작전으로 세력이 위축된 경기지역 동학군은 1896년 초 들어 새로운 활동을 개시하고 있다.[99] 이천지역 에서는 동학군여당의 출몰이 끊이지 않았다. 즉 이 지역 동학군여당은 이천과 곤지암을 중심으로 우편물을 탈취하는 한편 전선을 절취하기 도 하였다.[100] 그리고 안성에서도 1,000여 명의 동학군여당이 모여 친 위대가 내려올 경우 전투를 준비할 정도였다.[101] 광주지역 동학군여 당은 강원도 춘천지역의 동학군여당과 연합하여 전세를 형성하였을 뿐만 아니라[102] 3월 17일에는 대규모의 전투가 있었다. 당시 전투현황 은 다음과 같다.

춘천(春川)의 적(賊) 1,200명이 양근(陽根)까지 침범하였음. 금일 오후 광진(廣津) 상류에서 적 200명이 도강하여 광주적(廣州賊)과 연합하려 고 함. 한병(韓兵) 200명이 그 곳으로 향발하였는데 광주의 적은 동문에 서부터 300명이 돌진해 와서 한병을 습격하려고 함으로 한병이 위험하 여 대대장에게 원병을 청함에 1소대를 파견하였다함. 그래서 동문의 적 은 성중(城中)으로 도망하였으므로 한병은 성외(城外)에서 불을 놓아 지 금 교전 중에 있음[103]

즉 춘천의 동학군여당과 광주의 동학군여당이 연합하여 광주성을

---

99) 이들의 활동에 대해서는 좀 더 면밀한 검토가 필요하지만 여러 가지 정황으로 보아 동학군과 매우 깊은 관련성이 있어 보인다. 본고에서는 동학군이라는 표 현보 다는 이들의 활동이 동학혁명 이후인 점과 동학혁명 당시 활동과 차별성 을 위   해 '동학군여당'으로 표기하고자 한다.

100)『주한일본공사관기록』8, 국사편찬위원회, 1993, 213쪽.

101)『주한일본공사관기록』8, 221쪽.

102)『주한일본공사관기록』8, 225쪽.

103)『주한일본공사관기록』8, 226쪽.

공격하였고, 관군은 일본군의 도움으로 간신히 동학군여당의 공격을 막을 수 있었다.

또한 여주지역 동학군여당은 장날을 이용하여 일본군이 관할하고 있는 전선을 절단하는 한편 일본인을 살해하기도 하였다. 나아가 이들은 충주부를 점령하기도 하였으나 관군과 일본군 수비대에 의해 격퇴되었다.[104] 이밖에도 이천가도에서 600여 명의 여당이 일분수비대와 접전하여 10명이 숨지고 여주방면으로 피하기도 하였다.[105]

결국 경기지역 동학군은 동학혁명 이후에도 지속하여 일본군과 항일전쟁을 하였음을 보여주고 있다.

5. 맺음말

이상으로 동학혁명 과정에서 경기지역에서의 동학군의 동향과 경기지역 동학군이 동학혁명에서 어떠한 활동을 하였는지를 살펴보았다.

경기지역에서의 동학혁명은 전라도와 충청도에 비해 왕성하지 못한 것은 사실이다. 그러함에도 불구하고 경기지역 동학군은 동학혁명 과정에서 적지 않은 역할을 하였다. 그 활동을 정리하면 다음과 같다.

첫째 경기지역 동학군의 활동은 호남지역보다 늦은 적어도 9월 이후에 집중되고 있다. 이러한 모습은 동학혁명의 진원지인 호남지역이나 이후 동학군의 주요 활동무대였던 호서지역보다는 왕국이 있는 경성과 인접한 지리적인 관계로 관의 지목이 심해 많은 제약을 받았기 때문이기도 하였다. 뿐만 아니라 경기지역 동학군은 호남지역보다도

---

104) 『주한일본공사관기록』 8, 237쪽.
105) 「주한일본공사관기록」 9, 278쪽.

동학과 동학혁명의 재인식

지리적으로 인접한 호서지역의 동학군과 이들의 영향을 적지 않게 받았다. 호서지역 역시 동학혁명의 9월 총기포 이후 동학혁명에 직접적으로 참여하게 되었고, 이에 따라 경기지역 동학군도 동학혁명에 참여하고 있다.

둘째, 경기지역 동학군의 활동이 경기 남부지역에만 머물지 않고 경기 북부지역까지 확대되었다는 점이다. 그리고 이들의 영향력이 왕궁에까지 미치고 있다. 특히 경부북부지역은 왕궁과 인접한 파주와 금주에서 두드러지고 있다. 또한 이들 지역은 일본군의 병참기지들로서 전략적으로도 중요한 곳이기도 하였다.

셋째, 경기지역 동학군은 1차적으로는 호서지역과 2차적으로는 호남지역과 연합하여 동학혁명에 참여하였다. 호남지역에 동학군의 활동이 활발하게 전개됨에 따라 이에 호응하여 경기지역 동학군은 호서지역과 경계를 이루고 있는 지역, 즉 평택·안성 등지에서 활발하게 활동을 전개하고 있다. 그러나 조일연합군의 진압이 시작되자 우선 호서지역과, 이어 호남지역 동학군과 연합하여 공주 우금치전투에까지 참여하였다. 이후 호서지역의 마지막 전투인 보은 북실전투까지 그 활동이 이어지고 있다. 뿐만 아니라 경기동부지역의 동하군은 강원지역 동학군과도 연합하여 활동하였다. 이는 경기지역의 동학군이 한 지역에서만 한정하지 않고 다양한 지역에서 광범위하게 활동하였음을 보여주고 있다.

넷째, 경기지역 동학군은 동학혁명 이후에도 지속적으로 항일투쟁에 참여하고 있다. 이들은 동학혁명 과정에서 관군과 일본군의 초멸작전에서 한 때 위축되기도 하였으나 1896년 들어 새로운 전세를 형성하고 일본군과 직접적인 전투를 치룰 정도로 활발하게 활동하였다.

■ 찾아보기

가섭사 86, 350

가정리 23, 26, 64

가흥 400

간동 150, 151, 152, 155, 156, 159,
　　　171, 172, 372

갈담 115, 116

갑둔리 53, 87, 275

갑신정변 263, 400

갑진개화운동 70, 186, 345, 389

강수 43, 49

개벽 68, 79, 98, 99, 102, 206, 212,
　　　213, 376

개접 33, 349

개화정책 275, 426

검곡 23, 34, 38, 39, 40, 41, 42, 65,
　　　86, 90

검악포덕 41, 239

격문 100, 120, 180, 216, 237, 287,
　　　293, 301, 302, 303, 307, 315,
　　　323, 392, 405, 408, 409, 410,
　　　411, 413, 415, 417

결성 138, 156, 159, 169, 363, 414

겸이포 254

경복궁 점령 358, 394, 396, 399,
　　　400, 444

경자설법 382

고대촌 50

고부 104, 107, 108, 120, 122, 124,
　　　126, 127, 129, 161, 175, 177,
　　　178, 179, 180, 181, 182, 184,
　　　185, 189, 203, 246, 247, 257,
　　　286, 287, 288, 291, 292, 293,
　　　294, 295, 299, 300, 301, 304,
　　　310, 311, 312, 313, 314, 315,
　　　316, 318, 319, 328, 329, 331,
　　　332, 393, 409

고부교구 124, 128, 182, 183, 184,
　　　185, 186, 191, 203

고부기포 127, 128, 129, 177, 178,
　　　179, 180, 182, 184, 186, 204,
　　　285, 287, 288, 290, 292, 294,
　　　295, 301, 311, 312, 314, 315,

323, 338, 355

고석주 439

고운학 351, 363

고재당 414, 440, 441

고종 167, 168, 248, 274, 275, 396, 424, 426, 432

고창 287, 299, 300, 304, 310, 318, 328, 329, 331, 333, 392, 405, 409, 432

고치강 249, 251, 257

공우정 194

공주 59, 86, 87, 115, 117, 198, 204, 240, 241, 276, 281, 282, 283, 295, 350, 351, 377, 380, 382, 399, 414, 415, 419, 429, 434, 438, 443, 448, 451

공주교조신원운동 57, 59, 422, 429, 430

곽덕원 64

관덕정 61, 64, 65

관민상화지책 397

광주 305, 408, 409, 425, 430, 431, 432, 440, 441, 442, 444, 447, 449

광주접 430

광천 138, 363, 365

광혜원 446

광화문 57, 59, 276, 320, 336, 351, 352, 429

광화문교조신원 295, 344, 352, 430

광화문신원운동 276

교리강습소 71

교정청 396

교조신원운동 35, 42, 43, 59, 86, 97, 100, 101, 193, 280, 320, 336, 346, 351, 353, 388, 392, 429

구내리 87

구례교구 192, 194

구미산 23, 25, 26, 27, 64

구백의총 132, 149

구성제 349

구창근 239, 244

권동진 222, 223, 224, 226, 256, 383

권병덕 55, 224, 352, 382, 414

권일원 42

권전주 326

권종덕 226

금등곡 42

금산 52, 108, 293, 317, 318, 319, 320, 321, 322, 323, 324, 325,

326, 327, 328, 329, 330, 331,
332, 333, 334, 335, 336, 337,
338

금주 438, 439, 451

기독교 124, 125, 237

기봉진 194

기포령 104, 108, 109, 110, 114,
115, 117, 281, 282, 283, 362,
363, 388, 412, 413, 414

김개남 95, 96, 103, 124, 177, 181,
182, 197, 198, 203, 295, 296,
299, 301, 302, 304, 305, 314,
315, 316, 328, 332, 343, 392,
396, 397, 401, 402, 403, 407,
408, 409, 411

김경제 360, 361, 362

김경화 49

김계악 48

김교충 384

김구 108, 445

김구섭 433

김규석 414, 437, 440, 441

김기전 79, 80, 91

김기조 321, 336

김기창 351, 360

김기태 353, 361

김길수 249

김낙봉 104, 105, 286, 352

김낙삼 299

김낙철 224, 286, 295, 300, 414

김내현 422, 441

김덕명 295, 296, 299, 301, 302,
304, 305, 328, 409

김덕원 64

김도삼 127, 177, 180, 181, 182,
183, 304, 409

김명배 225, 378, 381, 386, 389,
414

김명수 445

김문행 299, 377

김문현 292

김방서 412, 414

김복한 137, 168

김봉년 240, 299, 304, 377, 409

김봉득 239, 244, 299

김사엽 299, 304

김상기 210

김상배 384

김상호 427

김석원 405

김성원 320

김성진 48

김세중 405

김안실 224, 245

김연국 50, 69, 221, 222, 256, 277,
   352, 378, 382, 386, 387, 412,
   414, 422, 427, 428

김영근 428

김영동 404

김영식 427

김영원 195, 197, 198, 199, 201,
   202, 203

김영필 360, 414

김영학 224

김완규 247

김용옥 68

김용희 433

김원섭 72

김원택 323, 324, 325, 326

김유영 224

김윤식 353, 356, 357

김윤필 354

김은경 427

김의형 378

김인배 304, 403

김재홍 190

김정만 326

김정현 428, 445

김종황 188, 190, 191, 192, 194

김주서 34, 348, 426

김주열 351, 381, 384

김주원 57

김지하 68

김진구 215

김창길 188, 192, 193

김창준 52, 53

김창진 414, 437, 441

김치운 280

김태열 414, 440, 441

김학우 225, 255

김학원 195, 197

김학진 397, 410

김현구 351, 386, 389, 414

김형식 414, 433

김호겸 271

김홍기 187, 188, 189, 197, 198,
   203, 304

김홍엽 195

김홍집 161, 396

나성뢰 354, 355, 360

나인협 224, 229

나정완 428

나주 110, 128, 183, 305, 311, 409

동학과 동학혁명의 재인식

나천강 428

남계천 41, 42, 102

남성갑 271, 272

남원 33, 64, 85, 89, 175, 177, 186,
187, 188, 189, 190, 191, 192,
194, 197, 198, 203, 204, 304,
320, 396, 401, 408, 409

남원교구 191, 192, 194, 203

남원대교구 194

남원대도소 407, 408

남원대회 396

남원성 189, 190

남원종리원 186

남포 138, 351, 354, 360, 388, 414

내수도문 51, 52, 53, 86

내원암 29, 30, 31, 32, 33, 65, 87

내칙 51, 52, 53, 86

내포 344, 345, 347, 348, 349, 350,
351, 353, 354, 358, 359, 360,
362, 363, 364, 366, 367, 371,
372, 374, 375, 378, 381, 383,
384, 435, 440, 445

노루목 87

논산 115, 250, 405, 413, 417, 419,
448

논산대회 415, 417

논학문 63, 85

높은터 50, 65, 86

느릅정이 50, 86, 379

단양 35, 60, 86, 87, 276, 348, 415,
426

당동전투 446

당성 212

당진 90, 134, 166, 347, 348, 350,
351, 354, 356, 363, 387, 388,
414

대교구제 386, 390

대동회 225, 245, 247, 253, 256,
383, 389

대원군 361, 397, 400

덕산 134, 135, 136, 138, 150, 154,
155, 165, 166, 344, 345, 346,
347, 351, 354, 357, 358, 360,
361, 362, 363, 369, 372, 378,
379, 380, 387, 388, 414, 415

덕산기포 347, 354, 355, 388

도훈소 330

동경대전 47, 99, 104, 275, 276,
280, 349, 427

동관음 59, 60, 61, 65, 87

동귀일체 98

동도대진소 367
동도소 321, 326
동도창의소 419
동막 88
동음치 296
동학 76, 81, 89
동학군여당 449, 450
동학란 175, 205, 208, 209, 210,
212, 213
동학외피설 126

러일전쟁 219, 224, 256
리델 신부 46

마곡사 56
마복동 39, 40, 42
막동 380, 387
만민평등 38, 41, 86, 101
만석보 180, 288, 291
말목장터 291, 292, 311
매곡동 23, 33, 34, 35, 65, 87
맹영재 439
면천 134, 345, 347, 351, 354, 356,
360, 363, 368, 369, 414
면학회 230
멸왜기도운동 345, 390

명화적 424, 425
목소리 363, 365, 366, 389
목소전투 371
무위이화 99
무은담 87, 275
무장 111, 197, 294, 295, 296, 298,
299, 300, 302, 304, 310, 318,
328, 329, 331, 333, 334, 392,
405, 407, 409, 432
무장기포 287, 288, 294, 299, 302,
305, 311, 312, 314, 315, 316,
318, 321, 328, 330, 337, 338,
355, 393
무장포고문 298
문경작변 35
문계팔 404
문관일 231, 232, 233, 245
문길현 196, 197, 199, 202, 304
문두곡 60
문명개화운동 190, 198, 199, 202,
203, 220, 221, 257
문바위골 86, 104, 113, 115, 281,
282, 283, 412
문암 320, 362
문암리 105, 111, 193
문익현 70

동학과 동학혁명의 재인식

문일평 211
문장로 354
문장준 346, 354, 380, 381
문학수 224, 251
미천 87, 275
민공익 445
민단 439
민란의 시대 261, 273, 423
민보군 115, 150, 155, 156, 159,
163, 164, 165, 166, 170, 171,
172, 203, 336, 376, 381, 439,
444
민사엽 35, 60, 426
민영숙 322, 323
민영순 238
민족주체사상 98
민종식 138, 143, 144, 147, 159,
172
민회 198, 272
민회운동 219, 246, 256, 382, 385,
389
민회활동 191, 257

박공일 391
박광호 351, 352
박남수 227, 383

박덕칠 135, 141, 153, 155, 346,
350, 351, 352, 353, 360, 361,
362, 363, 371, 373, 374
박만영 384
박봉양 189
박사직 215
박사헌 42
박씨 사모 27, 47, 59, 60, 61
박영효 222, 256, 400
박용걸 43
박용구 114, 440, 441
박용태 351, 384, 386, 387, 414
박원명 294
박은식 210
박인호 55, 134, 135, 141, 190,
222, 223, 224, 225, 228, 341,
344, 345, 346, 349, 350, 351,
352, 353, 359, 360, 362, 363,
367, 368, 371, 373, 378, 379,
381, 382, 383, 385, 387, 388,
389, 414, 421, 427
박준승 195, 198, 199, 202
박진경 190, 191, 192, 193
박치경 55, 56, 414
박하선 34, 42, 426
박형채 26, 225

박화생 195, 202, 239, 244

박황언 48

박희인 134, 345, 346, 360, 361,
　　367, 380, 381, 382, 386, 387,
　　388, 389, 414

반봉건 99, 161, 175, 205, 217,
　　256, 261, 281, 282, 283, 303,
　　307, 315, 341, 393, 417, 431

반제국 256, 303, 307, 308, 316

반침략 99, 316

방시학 349

방재성 354

방축기포 319, 327, 329, 330, 331,
　　335, 337

방축리 108, 329, 330

백난수 428

백산 107, 285, 286, 287, 288, 291,
　　292, 293, 294, 301, 302, 303,
　　304, 305, 306, 308, 310, 311,
　　312, 313, 314, 315, 316, 323,
　　328, 329

백산대회 285, 287, 305, 314, 315,
　　316, 328, 356

백산성 287, 301, 313, 314

백인옥 216

백학선 326

백현원 48

법헌 59, 125

병오의병 131, 132, 133, 137, 141,
　　142, 146, 147, 148

병풍바위 23, 87

보국안민 71, 216, 224, 231, 238,
　　239, 242, 278, 297, 298, 301,
　　311, 316, 329, 331, 338, 417

보령 165, 360, 363, 365

보부상 107, 108, 164, 168, 251,
　　324, 326, 329, 331, 333, 335,
　　336, 338, 343, 364, 444

보성전문학교 79

보은 36, 50, 56, 57, 59, 62, 86,
　　100, 116, 134, 179, 276, 277,
　　278, 279, 281, 282, 283, 286,
　　295, 344, 352, 353, 358, 361,
　　388, 410, 414, 415, 430, 431,
　　438, 446, 447, 448, 451

복호동 51, 52, 53, 65, 86

봉황산전투 438

부악산 437

부안 75, 88, 104, 246, 257, 286,
　　287, 293, 299, 300, 305, 310,
　　311, 313, 318, 328, 329, 331,
　　332, 371, 405, 414

부창 57, 87

북실 448, 451

분토동 310, 329, 331

불교 21, 124, 428

비인 138

49일 기도 30, 31, 32, 33, 47, 49,
54, 85, 186, 350

4대 명의 287, 288, 306, 307, 308,
309

사발통문 126, 127, 128, 177, 178,
180, 181, 182, 183, 184, 185,
186, 203, 204, 289, 290, 315

사자암 88, 178

산막 379

산포수 438, 439

삼례 59, 86, 123, 198, 276, 361,
391, 392, 404, 405, 406, 407,
408, 409, 411, 415, 419, 420

삼례교조신원운동 57, 59, 121,
123, 179, 286, 295, 392, 430

삼례기포 391, 392, 401, 404, 405,
409, 411, 415, 416, 417, 418,
419

3·1운동 125, 194, 202, 203, 204,
210, 211, 212, 345, 390

삼전론 223

삼정 261, 263, 265, 266, 274, 282,
322, 323, 326, 338, 424, 425

삼정문란 265

삼정이정절목 274, 424

삼화학교 202

새목터 87

새재 35, 36, 87

서공서 187

서병학 58, 59, 428, 429

서산 134, 142, 166, 169, 346, 347,
350, 351, 354, 355, 356, 361,
362, 363, 364, 367, 374, 380,
381, 387, 388, 390, 414

서인주 54, 56, 58, 59, 421, 422,
427, 428, 429

서장옥 122, 321, 323, 338, 412

서천 138, 351, 381, 414

서학 46, 58, 63, 100, 124, 189,
320

서헌순 62, 63

서형칠 187

성내리 23, 43, 65

성리학 261, 273, 317, 423

성지순례 84

성하영 403, 437, 444

세성산 86, 445

소밀원 61, 87, 275

소원제도 270

손병흠 222, 224

손병회 33, 50, 69, 86, 113, 114,
115, 116, 117, 190, 213, 219,
221, 222, 223, 224, 225, 226,
256, 258, 277, 281, 343, 345,
350, 352, 378, 379, 381, 382,
383, 385, 389, 412, 415, 421,
422, 427, 428, 446, 447, 448

손봉조 33, 34

손여옥 124, 181, 182, 183, 299,
304, 405, 409

손천민 50, 55, 69, 113, 114, 221,
222, 256, 352, 378, 382, 412,
414, 427

손화중 86, 95, 96, 103, 105, 107,
122, 124, 178, 197, 287, 294,
295, 296, 299, 301, 302, 304,
305, 313, 314, 315, 316, 328,
343, 402, 405, 409

송골 85, 221

송국섭 127, 128, 181, 182, 185

송대화 127, 128, 179, 180, 181,
182, 183, 184, 185, 186, 240,

304

송두호 128, 180, 181, 182, 183,
289

송배헌 386

송일두 405

송주옥 128, 181, 182, 183, 304

송파 431, 432

송학보 435

송희옥 301, 302, 405

수덕문 41

수레너미 50, 86, 379

수산리 23, 44, 45, 46, 47, 48, 60,
65, 86

수성군 376, 446, 447

수원 410, 422, 424, 425, 428,
430, 431, 433, 434, 435, 440,
441, 442, 443, 445

수원접 278, 430, 431

승전곡 90, 134, 368, 369

승전곡전투 345, 347, 369, 371,
389

시천교 26, 386, 387

시천주 82, 98, 100, 101

신간회 194, 204

신간회운동 203, 345, 390

신규식 428

동학과 동학혁명의 재인식

신덕보 447

신례원 134, 369

신례원 전투 345, 369, 370, 371, 389

신리 88

신백희 361, 362

신수집 440, 441

신양리 87

신용구 428

신인간 76, 81, 83, 84, 85, 92, 212, 221

신재련 114, 414, 446

신재준 414, 440, 441

신정희 162, 361, 396, 437, 443

신창 245, 347, 351, 354, 362, 363, 380, 388, 414

신창희 439

신태순 384

신택우 114, 118

심상훈 291, 439

심헌식 326

12조의 기율 287, 288, 306, 309, 315

아산 134, 166, 347, 348, 349, 352, 362, 363, 371, 388, 396, 415

안교강 349, 422

안교백 349, 422

안교상 349

안교선 134, 349, 350, 352, 353, 415, 421, 422, 427

안교일 349

안면도 351, 354, 381, 414

안병찬 168

안성 112, 403, 410, 412, 414, 424, 425, 431, 433, 437, 440, 441, 443, 447, 449, 451

안승관 422, 428

안승환 239, 240

안익명 427

안재덕 346, 351, 384

안재형 346, 351, 384

안치서 433

앵산동 85, 379

양국창 236

양근 243, 414, 439, 440, 441, 449

양득삼 187

양응삼 178, 182, 286

양주접 430, 431

어린이운동 80

어윤중 430

엄주동 225, 378

여규덕 427

여규신 427

여미벌 134, 368

여산 122, 244, 406, 407, 414

여시바윗골 27, 29, 30, 31, 32, 84, 85

역성혁명론 262

역촌 367, 371, 372, 380

역촌리 367

연합전선 287, 301, 302, 306, 315, 316, 328, 330, 331, 332, 333, 335, 338, 366, 367, 371, 389, 411, 412, 413, 415, 418, 420

염세환 440, 441

염창순 26, 440, 441

영월 43, 61, 86, 87, 275, 276, 279, 280, 348

영학당 343

영해교조신원운동 43, 45, 58, 86, 97, 106, 114, 276, 281, 283, 348, 427

영호도호소 403

예산 134, 135, 141, 142, 344, 345, 350, 351, 352, 354, 357, 358, 360, 362, 363, 366, 369, 370, 371, 372, 374, 380, 388, 389,

415

오면규 237, 244, 254

오세창 222, 223, 224, 226, 256, 383

오시영 299, 301, 302, 304

오응선 25, 224

오정선 327, 328

오지영 113, 122, 124, 301, 303, 304, 314, 328, 346, 377, 398, 412, 414

오창섭 439

오하영 299, 304, 409

온양 240, 242, 244, 383, 384, 388, 415, 433

올금당 39

와룡암 24, 25

완산전투 335

왕실촌 57, 58, 65, 86, 320

외서촌 53, 379

용담유사 47, 86, 98, 99, 104, 276, 280, 427

용담정 23, 24, 25, 26, 33, 34, 40, 62, 64

용담현 327, 328, 330

용산 50, 115

용인 430, 431, 436, 440, 441, 442,

443, 444, 445, 447

용인접 278, 430, 431

용화동 46, 48, 61

우금치전투 117, 198, 203, 204, 377, 438, 448, 451

울산종리원 84

원벌기포 355, 356, 357, 358, 388

원주 282

원주민란 263, 264, 265, 268, 269, 270, 271, 272, 273, 274

월계천 159, 165, 166, 172

위정척사운동 263

윗대치 23, 43, 44, 45, 65

유경선 427

유곡동 23, 27, 29, 30, 31, 35, 37, 38, 65

유교 22, 125, 160, 161, 163, 199, 298, 303, 307, 315

유무상자 98, 101, 351

유시헌 349

유준근 133

유치교 360

유태홍 123, 187, 188, 189, 190, 191, 192, 194, 197, 198, 203

유한필 299, 304, 409, 412

유허비 23, 26

유회군 142, 156, 168, 364, 366, 368, 369, 370, 371, 374, 376, 380, 381, 389

6·10만세운동 345

육임소 53

윤상오 41, 427

윤시영 169, 172, 371

은진포 239, 240

은척 379

을묘천서 27, 29, 30, 84, 85

을미의병 131

의회군 329, 330, 331, 333, 335, 338

이경화 275, 282, 283

이관영 114

이규석 384

이규식 428

이규태 443

이규호 384

이근풍 440, 441

이기동 187, 188, 190, 191, 192, 194, 304

이돈화 69, 74, 84, 85, 121, 214

이두황 374, 403, 437, 444

이등박문 139

이무중 35, 48, 426

이문형 128, 181, 182, 185
이민도 422, 428, 431
이병춘 50, 115, 196, 197, 198, 199,
　　239, 244, 414
이봉석 326
이상옥 114
이상헌 222
이선달 326
이설 137, 168
이성모 427
이세헌 384
이승여 272
이승우 145, 151, 164, 165, 168,
　　170, 360, 364, 366, 367, 369,
　　370, 374, 380
이용구 222, 224, 226, 227, 228,
　　254, 256, 258, 383, 389, 414,
　　437, 441, 447
이용규 144
이용태 228, 293, 294, 300
이원백 360
이원팔 49, 114, 277, 278, 279, 280,
　　281, 282, 283
이인언 42
이일원 427
이일준 244, 384

이재연 243, 440, 441
이정규 354
이종근 195, 199, 200, 201
이종옥 114, 224
이종율 363
이종태 195, 202, 404
이종훈 222, 224, 225, 440, 441,
　　447
이진해 351, 363, 384, 387
이진호 222
이창구 134, 145, 222, 351, 353,
　　360, 363, 367, 414, 435
이창선 348, 426
이천 85, 237, 238, 242, 243, 249,
　　414, 431, 437, 438, 440, 441,
　　442, 444, 447, 449, 450
이춘근 128
이치홍 54, 56
이필제 35, 42, 43, 281, 283
이학인 215
이한규 362
이홍화 178, 182, 286
이화경 281, 283, 414
이희일 439
일본군 90, 112, 115, 127, 135,
　　137, 138, 139, 140, 144, 150,

동학과 동학혁명의 재인식

152, 155, 157, 158, 159, 160,
162, 163, 165, 166, 167, 170,
171, 172, 208, 224, 225, 228,
231, 245, 246, 252, 253, 254,
255, 257, 343, 358, 368, 369,
371, 373, 374, 376, 377, 389,
392, 393, 394, 395, 396, 397,
398, 399, 400, 409, 410, 411,
412, 415, 418, 419, 422, 423,
432, 434, 435, 436, 437, 438,
440, 443, 444, 445, 446, 447,
450, 451

일진회　191, 200, 221, 243, 249,
252, 255, 256, 257, 258, 385

임례환　224, 229

임명준　414, 440, 441

임병승　428

임순화　243, 281, 283

임술민란　262

임실교구　195, 200, 201, 203, 204

임오군란　263

임익서　64

임정순　229

임천　359, 409

임천접　358

임학선　414, 440, 441

장건희　114

장기서　275, 276

장남선　188, 190, 191, 192, 193,
194, 239, 244

장도빈　121, 122

장만수　428

장붕기　272

장일순　68

장형기　188, 192, 193

쟁갈리　88

적멸굴　23, 29, 30, 31, 32, 33, 65,
85

적조암　86, 275, 276, 427

적현　151, 155

전거론　85, 379, 381

전규석　441, 447

전덕원　48

전봉준　95, 96, 103, 104, 105, 107,
108, 109, 111, 114, 115, 117,
119, 120, 121, 122, 123, 124,
125, 126, 127, 129, 177, 179,
180, 181, 182, 183, 197, 208,
211, 212, 287, 288, 289, 290,
291, 292, 293, 294, 295, 301,
302, 304, 305, 309, 314, 315,
318, 323, 328, 334, 336, 338,

343, 377, 392, 393, 394, 396,
397, 398, 401, 402, 403, 404,
405, 406, 408, 409, 410, 411,
412, 413, 415, 416, 417, 448

전성문 48

전성촌 54, 55, 56, 65, 86

전우기 236

전윤오 48

전주 76, 91, 123, 178, 244, 246,
247, 257, 286, 287, 292, 305,
310, 312, 328, 332, 334, 335,
336, 377, 391, 392, 393, 397,
404, 405, 406, 407, 409, 414

전주성 120, 161, 311, 316, 319,
333, 334, 335, 337, 338, 339,
391, 393, 394, 395

전주화약 112, 161, 203, 335, 392,
393, 394, 415

전창진 441

전학수 71

접주 34, 104, 107, 117, 120, 124,
125, 126, 129, 182, 188, 191,
192, 193, 197, 200, 224, 242,
279, 282, 283, 289, 348, 378,
401, 404, 405, 413, 426, 428,
429, 435, 440, 444

접주제 34, 35, 421

정감록 262

정경수 114, 225, 414, 440, 441,
447

정경원 360

정구룡 36, 61

정대철 360

정백현 301, 302

정산 358, 360, 379, 382, 387, 389

정소운동 270, 271, 272

정원갑 360, 362, 367

정유술 326

정읍교구 184

정익서 180

정치겸 48

정태영 244, 351, 384

제원기포 318, 319, 321, 322, 323,
325, 326, 327, 329, 330, 335,
337, 338

조기간 33

조동현 321, 336

조병갑 105, 127, 177, 180, 181,
182, 288, 289, 291, 292

조병식 57, 58, 429

조석걸 196, 198, 202, 304

조석헌 114, 346, 353, 361, 365,

동학과 동학혁명의 재인식

380

조선내정개혁안 395

조재벽 114, 320, 331, 336, 414

조준구 404

조필영 288, 289, 293

조항리 50, 115

조희연 222, 224, 226

종곡전투 281, 282, 283

좌도난정률 63

주유천하 29, 31

죽변 23, 44, 47, 48, 49, 61, 87

죽산 243, 304, 399, 403, 410, 431,
      432, 433, 436, 437, 440, 443

죽산접 430, 431

죽현 43, 44, 45, 46, 47, 86

줄포 75, 293, 300

중립회 225, 226, 234, 256, 383,
      389

지평 207, 242, 439, 440, 441

직동 43, 86, 275

진기서 326

진보회 127, 184, 190, 191, 198,
      199, 200, 203, 219, 221, 226,
      227, 228, 229, 230, 231, 233,
      234, 235, 236, 237, 238, 239,
      240, 241, 242, 243, 248, 249,
      250, 251, 252, 253, 254, 255,
      256, 257, 383, 384, 385, 389

진보회 통문 233, 234, 238, 240,
      242, 248, 251, 256

진산 108, 317, 318, 320, 329, 330,
      336, 337

진산기포 319

진안 305, 392, 404, 405

진위접 430

진잠 108, 358, 414

진주 89, 242, 244, 249, 312, 411

진주민란 270, 273, 423

집강소 112, 197, 203, 311, 315,
      319, 333, 335, 336, 337, 392,
      393, 394, 396, 397, 398, 402,
      409

집단지도체제 221, 378

차경석 239

차기석 214, 280, 281, 283

차동로 384, 387

차상찬 155, 214

차치구 181, 182, 299, 304, 409

창곡 379

척사령 58

척왜양창의 100, 278, 279, 430

척왜양창의운동 57, 134, 179, 276,
280, 281, 282, 283, 286, 295,
344, 352, 388, 430, 431

천도교 25, 46, 52, 62, 67, 68, 69,
70, 71, 72, 73, 74, 75, 76, 77,
79, 80, 81, 82, 83, 91, 92,
121, 122, 124, 125, 128, 129,
179, 181, 184, 185, 186, 191,
192, 194, 195, 200, 201, 203,
204, 205, 210, 212, 213, 216,
217, 220, 240, 343, 345, 378,
384, 385, 387, 388, 389, 390,
426, 441

천도교대헌 385

천도교부인회 25

천도교월보 76

천도교중앙총부 69, 76, 190, 191,
200, 347, 386

천도교청년회 75, 76, 79

천도교회월보 47, 179, 192, 195,
210, 212, 221

천안 86, 87, 371, 374, 380, 399,
410, 433, 443

천우협 398

천주교 46, 124, 317

청산 29, 84, 104, 105, 109, 111,

112, 113, 114, 115, 129, 281,
282, 283, 320, 358, 361, 362,
412, 414, 447

청야법 151, 374

청일전쟁 161, 358, 359, 393, 396,
397, 398, 400, 402, 412, 432,
434, 440

초곡 35, 36, 37, 65

최경선 127, 177, 181, 182, 183,
299, 301, 302, 304, 405, 409

최공우 321

최긍순 346, 351, 384

최대봉 305, 405, 409

최동신 351, 363

최병헌 351, 363, 384

최병현 123

최보현 229

최봉관 196, 197, 198, 199, 200,
245

최봉성 187, 195, 196, 197, 198,
203

최승우 196, 197, 198, 199, 200,
201, 202, 239, 304

최시형 22, 38, 65, 85, 86, 92, 95,
96, 97, 98, 100, 101, 102,
103, 104, 105, 106, 107, 108,

동학과 동학혁명의 재인식

109, 110, 111, 112, 113, 114,
115, 116, 117, 118, 125, 126,
178, 195, 219, 221, 256, 275,
277, 280, 281, 282, 283, 295,
307, 320, 343, 349, 350, 352,
361, 362, 377, 378, 379, 381,
388, 389, 391, 412, 413, 414,
421, 422, 427, 428, 429, 431,
445, 447

최안국 235, 252

최영구 225, 440

최영식 346, 351

최옥 24

최유하 196, 197, 198, 199, 239,
304

최재순 384

최정여 236, 254

최제우 22, 23, 25, 26, 27, 40, 64,
65, 85, 86, 92, 97, 98, 99,
100, 101, 102, 108, 120, 124,
126, 208, 219, 275, 276, 277,
316, 319, 320, 372, 421, 425,
428, 429

최종하 23, 24

최주억 229

최준이 43

최중희 35, 186

최청재 384

추용성 351, 360, 414

충주 53, 62, 240, 241, 244, 379,
400, 410, 414, 445, 446, 447,
450

친일개화정부 396, 400

태묘 23, 26, 27, 85

태안 134, 142, 166, 346, 347, 350,
354, 361, 362, 363, 364, 367,
374, 380, 381, 388, 414

태인 178, 239, 244, 246, 247, 286,
287, 299, 301, 304, 310, 329,
332, 333, 334, 404, 406, 407,
409

태인교구 184

터일 39

파주 424, 425, 438, 439, 440, 451

평택 415, 432, 433, 434, 440, 451

폐정개혁 120, 300, 325, 326, 327,
328, 335, 338, 393, 394, 396

포고문 100, 296, 315, 328

표영삼 67, 69, 121

표원묵 69, 71

표춘학 70, 71, 72

하동 89, 242, 249, 310, 329, 403, 411
하영석 194
한명보 360
한영태 196, 197, 199, 201, 202, 304
한웅고 360
한일공수동맹 397
한홍유 445
해미 137, 142, 145, 154, 156, 165, 172, 346, 350, 351, 354, 361, 362, 363, 364, 367, 374, 381, 388, 389, 436
해미성 374
허선 195, 197, 198, 199, 200, 243, 304
허탁 194
혁세사상 98, 102
형제봉 43, 65
홍건 155, 357, 360, 365
홍경래 211, 262, 273, 423
홍경운 435
홍계훈 333
홍기억 224

홍기조 224, 229
홍병기 222, 224, 225, 382, 383, 389, 414, 440, 441
홍복용 447
홍산 138, 145, 165, 415
홍성 131, 132, 149, 169, 370
홍성의사총 131, 132, 133, 148, 149, 155, 159, 160, 165, 172, 173
홍승업 433
홍종식 346, 351, 356, 357
홍주 134, 135, 137, 138, 139, 140, 142, 143, 145, 158, 163, 164, 166, 167, 168, 169, 170, 171, 172, 345, 351, 355, 356, 358, 359, 360, 363, 364, 367, 369, 371, 372, 373, 378, 380, 388, 410, 414
홍주대교구 387, 390
홍주성 131, 133, 134, 135, 136, 137, 138, 139, 141, 142, 143, 144, 145, 149, 150, 153, 155, 156, 157, 158, 159, 160, 164, 165, 166, 167, 170, 171, 364, 371, 372, 373, 374, 389
홍주성전투 131, 132, 133, 134,

135, 137, 141, 142, 143, 144,
145, 146, 147, 148, 155, 156,
158, 160, 165, 168, 169, 170,
171, 172, 345, 372, 373, 374,
378, 379, 380, 381, 389
홍주의병　149, 167, 168, 169, 170,
171, 172
화계동　56
환곡　263, 264, 265, 266, 267, 268,
269, 270, 271, 272, 274, 282,
283
환곡제도　266, 267
활빈당　343
활원　87
황등장터　239, 240

황룡촌 전투　316, 333, 334, 335,
338
황산　445, 446, 447
황재민　35, 48, 426
황주일　48
황토현　311, 332
황토현전투　316, 319, 327, 333,
335, 337, 338
황하일　54, 56, 412, 414, 427
회덕　111, 358, 414, 448
후비보병　443
후천개벽사상　263
흑의단발　184, 190, 199, 248, 385
흥덕　185, 287, 299, 310, 329, 331,
333, 392, 405, 409

동학과 동학혁명의 재인식

인쇄일 초판 1쇄 2010년 05월 25일
　　　　 2쇄 2016년 05월 20일
발행일 초판 1쇄 2010년 06월 01일
　　　　 2쇄 2016년 05월 23일

지은이 성 주 현
발행인 정 찬 용
발행처 **국학자료원**
등록일 1987. 12. 21, 제17-270호
서울시 강동구 성내동 447-11 현영빌딩 2층
Tel : 442-4623~4 Fax : 442-4625
www. kookhak.co.kr
E-mail : kookhak2001@hanmail.net

ISBN 978-89-279-0028-3 *93900
가 격 33,000원